主办：江苏师范大学当代中国马克思主义哲学研究范式创新研究中心
中共中央编译局江苏师范大学发展理论研究中心

当代中国马克思主义哲学研究

Marxist Philosophical Researches in Contemporary China

/2014

【总第3辑】

主　编　任　平
副主编　曹典顺　李惠斌

《当代中国马克思主义哲学研究》

学术委员会：

（按姓氏笔画排列） 丰子义　王南湜　孙正聿　刘森林　刘陆鹏
　　　　　　　　　张一兵　杨　耕　陈　忠　杨金海　汪信砚
　　　　　　　　　吴晓明　李景源　欧阳康　俞吾金　郝立新

主　编： 任　平

副主编： 曹典顺　李惠斌

编委会： 任　平　曹典顺　李惠斌　吴忠海　冯建华
　　　　　孔明安　于桂凤

本期执行编辑： 冯建华　于桂凤

主办单位： 江苏师范大学当代中国马克思主义哲学范式创新研究中心、
　　　　　　中共中央编译局江苏师范大学发展理论研究中心

江苏师范大学哲学范式研究中心

中心顾问

任平，1956年10月生，江苏高邮人，教授，博士生导师，中国人民大学哲学博士，江苏师范大学校长，哲学学科带头人。中央"实施马克思主义理论与建设工程"专家，教育部教学指导委员会委员，国家哲学社会科学基金项目评审专家。江苏省哲学学会副会长，江苏省政治学会副会长。

中心主任

曹典顺，1966年6月出生，江苏沛县人，教授；吉林大学哲学博士，美国克莱蒙神学院访问学者，江苏师范大学马克思主义哲学专业硕士点负责人。江苏省"333工程"中青年学术带头人。中国马克思恩格斯研究会常务理事，徐州市哲学学会秘书长。

中心简介

江苏师范大学哲学范式研究中心又称范式研究中心、范式中心和江苏师范大学当代中国马克思主义哲学研究范式创新研究中心。中心创建于 2011 年，中心顾问为任平教授，主任为曹典顺教授。中心设有范式创新研究中心、发展理论研究中心和过程哲学研究中心三个学术机构，现有专兼职研究人员 22 人。

范式中心是由我国著名马克思主义哲学研究专家、江苏师范大学校长任平教授指导创建的。依托任平教授主持的国家社科基金重点项目"当代中国马克思主义哲学研究范式创新研究"，研究中心以当代中国马克思主义哲学研究范式的深入研究与创新为研究课题和研究方向，展开资料收集和学术研究工作。目前，研究中心已经收集了全国 27 个马克思主义哲学博士点相关导师的著作暨其它著作（纸质版、电子版）4000 余册，论文近万篇，已经初步建立了中国马克思主义哲学研究范式资料库。在此基础上，研究中心围绕马克思主义哲学研究范式创新问题，对各类型马克思主义哲学研究范式展开了深入研究，在《中国社会科学》、《哲学研究》、《马克思主义研究》、《马克思主义与现实》、《江海学刊》等刊物上发表了一系列高水平的学术成果，在哲学界产生了一定影响，为推进当代中国马克思主义哲学研究的发展与繁荣发挥着自己的作用。

范式中心在继续发挥即有特色优势，争取建立当代中国马克思主义哲学研究"评价中心"的同时，进一步拓宽研究思路与视野，更新研究方法与观念，加强与国际哲学界的交流，争取成长为国内外有一定影响力的、特色鲜明的马克思主义哲学"国际交流中心"。

序《当代中国马克思主义哲学研究》2014年卷

努力行进在当代中国马克思主义哲学研究范式创新的途中

任 平

在硕果飘香的金秋季节,我们为持续关注本刊的热心读者奉上《当代中国马克思主义哲学研究前沿》2014年卷,请各位共同分享当代中国马克思主义哲学研究范式新进展的喜悦之余,我愿意再忝一序,旨为导读。

在与中央编译局深度合作和大力支持下,作为"当代中国马克思主义哲学研究范式创新研究中心"(以下简称"范式中心")的年度出版物,本卷一如既往地秉持"五个一"原则,即秉持"一个宗旨":深描当代中国马克思主义哲学创新学术史的"方法论自觉";"一条主线":致力于准确刻画和评价年度马克思主义哲学研究范式进展的前沿图谱;"一个目标":建立自觉、开放、完善的当代中国马克思主义哲学研究、创新、评价的深层互动系统;"一个框架":栏目设定具有连续性和相对稳定性,便于勾画图谱;"一个基地":推动"范式中心"从数据中心、研究中心、评价中心再到国际传播中心。

为宗旨所系,聚焦和深描当代中国马克思主义哲学创新学术史具有重大意义。当代中国30多年改革开放的伟大实践不仅形成了中国道路,也创造了马克思主义哲学中国化理论前所未有的大繁荣、大发展。深度描述当代中国马克思主义哲学创新学术史图景,寻找其学术地理中的主要脉落和创新趋向,从中可以总结马克思主义哲学与时俱进的创新逻辑，可以向海内外全面展示和系统传播创新成果。中国马克思主义学术史研究的宗旨在于用历史表明马克思主义在包括各门学术在内的意识形态领域指导地位的科学性与合理性，在于证明马克思主义是一个不断开放的创新体系，在于总结探索在中国学术语境中马克思主义理论创新的深刻经验和创新机制。正因为如此，中国马克思主义学术史研究需要着眼于"思想出场的逻辑"，着眼于中国历史语境变化与中国马克思主义出场之间与时俱进的逻辑关系。这就需要一种出场学视域，即把所有思想史、学术史与真实时代之间本质性关系按照出场逻辑来阐释的方式。

系统梳理研究方式和发展脉络的多样性是必要的，但是各种方式的重要性程度决不是等价的。历史描述性研究是相对初始和基础的方式。由于中国马克思主义创新学术史研究以往主要散见于专题、人物、事件、活动、关系、文本解读等的分门别类研究中，历史描述性方法首要的任务就是要收集整理所有的学术史料，然后按照时间顺序和学术编年方式将其转化一种首尾一贯的通史描述。其间的基本特点，就是列数所谓相对重要的人物和著作的思想介绍，将学术史仅仅当做当年列宁所批评的"人名和书名"的历史，或者如科林武德所批评的"剪刀＋浆糊"的历史。这一历史只能达到马克思所说的"完整的表象"或"感性的具体"，而根本无法到达"理性具体"。分列的学术史描述（如哲学史、经济史等等）之间根本不见思想的流动逻辑。这一方式为历史学或中共党史出身的学者所偏爱，他们的研究方式即所谓黑格尔曾经指出的"外史"，其根本缺陷就是对中国马克思主义学术史的人物、著作、学术活动、学术事件、学术关系等等的描述是外在于思想的逻辑的。他们忘记了：学术史不同于存在史之处，首先在于它是思想史，本质上就是思想创新的逻辑在时间中的出场。这一研究需要按照思想的逻辑（"内史"）而不单纯是时间的逻辑（"外史"）来理解和阐释，需要穿透"完整的表象"和"感性具体"而达到"本质性结构"，然后才能从"抽象上升到具体"，即将中国马克思主义学说史当做一个由若干本质性规定综合而成的"理性具体"来把握。正如马克思在《资本论》中运用的方法是辩证方法一样，如果不是马克思主义哲学专家，很难真正理解中国马克思主义哲学创新发展的内在逻辑。单纯的历史学研究如果不深度理解马克思主义哲学，其综合学术通史要么只能是"人名和书名"的历史，即成为一个盲目的"外在的路标"，要么就误解重重，成为一部误导读者的"史书"。由于学科背景的差距，除非通晓中国马克思主义各专门学术领域的大家，难以去贸然治综合通史。"外史"研究还有一个重大缺陷是：它将所有学科并列和分门别类地描述，而根本看不清中国马克思主义哲学相对于其他学科的龙头地位和前提性质，看不清只有深度理解中国马克思主义哲学的出场史，才能真正理解互动关系和其他学术领域的"马克思主义转向"。更由于中国马克思主义的发展呈现历史的放射状态，越久远的发生点和早期阶段资料越简约，而越近当代越繁荣，知识创新呈现爆炸性增长，学术创新关系纷繁复杂，即便是马克思主义哲学或经济学本领域的学者都很难将本领域内各种见解一一厘清，对于这一状况的描述，要想充当"百科全书"式的马克思主义学者，对一个单纯的历史学者来说，几乎是绝望的。如果强迫自己写自己根本不懂的东西，拼凑所谓"学术通史"，那么这就不单纯是"不合适"，而且几近"学风不正"。

对人物、著作、事件、活动等的专题性研究始终是深化综合思想史和学术史的最重要基础。但是思想史需要有一个总体的和综合的框架去理解和把握，否则永远会在这一领域"只见树木、不见森林"。传播史和理解史是各自从传播主体和理解主体两端去阐释思想的发展逻辑，在方法论层次上比单纯的"外史"描述要高明。但是两者都遭遇所谓解释学难题。施莱尔马赫和狄尔泰的客观解释学、海德格尔的主观解释学、迦达默尔的哲学解释学、哈贝马斯的批判解释学、利科的结构解释学等等，可以呈现多元视域，选择视域不同，最终的阐释就不同。而针对这一切，能够给予解答的，又只能是马克思主义哲学解释学。结论就是，只能回到马克思的辩证方法。

所以，"一条主线"就是聚焦描述当代中国马克思主义哲学研究范式的图谱。其路径就是直接通过中国马克思主义学术史本质性环节——

哲学史反思及其对于其他学术领域影响和互动关系的研究，去深度把握中国马克思主义创新学术史内在思想灵魂的出场逻辑。而超越外史的一种重新书写方式，就是用中国马克思主义哲学研究的"方法论自觉"——首先穿透"完整的表象"而达到抽象的规定——创新学术史所依赖的研究范式，把握学术史的范式图谱的构变，去深度理解和把握中国马克思主义的创新学术史。"方法与对象"之间的解释学循环，最终需要范式图谱去解决。哲学范式总是时代思维方式的集中体现，是哲学见解、观点和理论创新的根基和灵魂，也是学术史坐标和图谱的轴心。由范式轴心而形成理论创新的坐标，坐标扩展而成为理论创新的学术史图景。各种范式视域差异，因而推动理论创新的功能各不相同。多元创新范式之间既竞争又互补，共同构成范式图谱，因而总体展现理论创新的学术图景。科学辩识各研究范式的基本特征、创新功能、历史成因、存在问题和学术地位，以及与国内各个马克思主义哲学博士点的学科风格甚至学派的关联，是深描当代中国马克思主义哲学研究范式多元创新的整体学术图景的主要基础，也是认真总结其各自的理论创新经验，进一步推动理论创新、扩大创新的国际影响力的关键。只有认真考察各个范式以差异方式推动理论创新与马克思主义整体性发展图景之间的关系，才能把握这一时代创新的学术史，并根据马克思关于"人体解剖是猴体解剖锁钥"的"从后思索"方法，基于当代范式图谱构变的高度，可以追溯、透视和总结近百年马克思主义中国化学术史。

由于与全国29个马克思主义哲学博士点保持着密切的关联和互动关系，因此，我们的目标也日益接近。不少马克思主义哲学界的同仁不仅对上述我们范式研究中心的宗旨和主线十分熟悉并且高度认同，本不必赘述。但是，为了帮助年轻的新读者了解本卷，我们觉得仍有再复述的必要。只有越来越多的年轻学者了解并积极加盟我们的事业，那么才能形成真正的"研究、评价、创新"三者的互动关系图谱，才能达成我们"用创新评价助推创新研究"的实践目的。

关于框架，本卷保持着"发展理论"、范式专题"、"国外视点"、"学术争鸣"、"专家评论"和"2013年马克思主义哲学大事记"等栏目。作为主编,我首先应当感谢学界同仁们一如既往地热心支持。我总是迫不及待地在同事们发来文稿的当天就几乎将所有稿件匆匆阅读一遍。虽然书卷空间有限,但是从中惊鸿一瞥,可以及时追踪当年中国马克思主义哲学研究变动的前沿,仿佛真切地听到来自全国马克思主义哲学博士点的学术同仁们那孜孜不倦、奋斗不息的前进脚步声;我可以身临其境地感悟到全国学者们理论探索和范式创新的劳作的艰辛,置身于鲜活的写作整体图景中,与各位思想创造者们息息相通、休戚与共。我特别要感谢王南湜教授和何萍教授,以及国内非常熟悉的美国后现代过程研究中心的著名学者小约翰·柯布教授,以及王治河、樊美筠夫妇,为本书赐专稿。本书也按照时序要求,对2013年各研究范式的进展情况及其创新前沿,做了深度的分析。读者完全可以在感受来自前沿学术创新视角冲击波的同时,重新选择和调整自己的研究出发点。

是为序。

写于2014年10月江苏师大东院

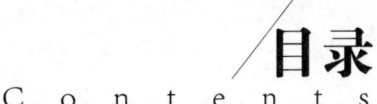

论马克思主义出场学研究的当代使命　任　平 …………………… 1

一　范式专题

论当代中国马克思主义哲学教科书范式创新
　　曹典顺　张丽霞 …………………………………………………… 3
2013 年中国马克思主义哲学史范式研究的进展　冯建华 ………… 20
返本而开新
　　——对 2013 年中国马克思主义哲学文本研究的有限考察和省思
　　高连福 ……………………………………………………………… 38
中国马克思主义哲学对话范式研究综述（2013）　郭　华 ………… 59
问题反思与范式转换的双向互动
　　——"反思的问题学"研究范式 2013 年研究综述　孟献丽 ……… 76
马克思主义哲学中国化研究范式的发展与创新　吴昕炜 ………… 100
合法性辩护与方法论创新：推进部门哲学研究范式创新的两大前提
　　——基于 2013 年部门哲学研究成果的分析　于桂凤 …………… 114
2013 年中国马克思主义哲学原理范式研究综述　郑萌萌 ………… 129
马克思主义哲学出场学范式的发展逻辑　张天勇 ………………… 148

二 专家评论

《1844年经济学哲学手稿》意义的再理解　王南湜 …………… 165
论当下中国文化观念的基本要素　何　萍 …………………… 184

三 学术争鸣

唯物史观视阈中的功利主义　袁凌新 ………………………… 205
现代性论域下唯物史观对人本主义乌托邦的超越　谢玉亮 …… 224
中华优秀传统价值观的马克思主义诠释与马克思主义转化
　　李金和 ……………………………………………………… 237

四 国外视点

后现代的希望在中国
　　——柯布博士访谈录　何慧丽　小约翰·柯布 …………… 249
超越离土教育，走向热土教育　王治河　樊美筠 ……………… 265

五 发展理论

论中国传统知识分子的公共性　岑　红 ……………………… 291
英国"新左派"社会发展理论评析　陈治国 …………………… 311

附录：2013年马克思主义哲学大事记 ………………………… 322

论马克思主义出场学研究的当代使命[*]

任 平

[摘 要] 出场学研究10年来，基于"方法论自觉"，深度分析马克思主义哲学当代出场语境、出场路径和出场形态，深描理论的创新范式及其图谱，全面阐释马克思主义与时俱进的逻辑。以范式研究中心为基地，研究团队不断扩大，学派气象日渐形成。深度考察各个范式如何以差异方式创新理论，创新转换马克思主义学术图景，更准确地描述当代中国马克思主义哲学创新学术史的本真结构，把握创新理论逻辑，成为出场学研究与范式研究中心的当代使命。

[关键词] 出场学研究；范式研究中心；当代使命

从"问题反思"转向"出场学视域"

十余年来，我提出并在许多论著中阐释了有关马克思主义出场学视域的基本原则。作为贯穿研究的灵魂，本文旨在系统阐释"出场学视域"，进而深入探索马克思主义当代出场问题。之所以如此，主要考虑以下几个方面。

---

[*] 本文系国家社科基金重大项目"当代中国马克思主义哲学创新学术史研究"（项目号：12&ZD108）的阶段性成果。

第一，为了深化对马克思主义当代出场问题的研究，需要从"问题反思"向"范式研究"转换。10年前，由江苏人民出版社出版的《当代视野中的马克思》，是我第一部较为系统地探索马克思主义出场路径的著作。此前，为配合该书的出版，我于2001年秋在昆山阳澄湖畔召开的"长江三角洲第二届马克思哲学论坛"上首次作了有关"马克思主义当代出场路径探索"的大会发言，引起与会代表的关注。此后，我在首届中国哲学大会上发表了题为"论马克思主义的当代出场路径"的演讲，《哲学研究》2004年第10期刊登了该演讲的内容，得到了国内学者特别是中青年学者的高度评价。近年来，人们对出场学的兴趣与日俱增，有关术语（如"出场"、"在场"及"出场路径"等）与研究范式也逐渐流行起来。但是，应当承认，在这样一部原初开辟出场学的著作中，我对马克思主义出场路径的探索还囿于应答时代挑战的"问题视域"，而没有深度地打开解答问题的"出场学视域"或研究范式，并加以更清晰完整的哲学阐释。其原因正如我一再指出的：提出马克思主义当代出场路径问题首先基于一个时代的挑战。"这是一个脱节的时代！"——《哈姆雷特》中的一句戏词，被法国后现代怪杰德里达用来指认一个并非完全没有戏剧性效果的事实：160年前《共产党宣言》宣告出场的"共产主义幽灵"，在新全球化时代的今天遭遇苏东剧变，使马克思主义当代性和在场性受到全球的严重挑战，马克思主义的话语权在被边缘化，甚至遭遇当代退场的危险。正因为如此，一种对"脱节时代"马克思主义命运的关注情怀，一种对马克思主义如何可能重新出场的"德里达之问"的解答完全占有了我的研究兴趣，因而使我对出场学视域和方法论本身的理解却产生了真正的"自我遗忘"。

马克思主义绝不是无根性封闭地自我仿真。追根溯源，马克思主义原初就是一种对资本批判的时代理论。马克思主义出场史，直接地说，是对新旧全球化时代变化史批判地反思的出场形态；在更本质层次上，是对资本全球化造就的历史场域的批判性精神再现。我们今天面临的所有问题本质上都依然是关于资本批判的科学性问题。马克思在《资本论》中宣告"炸毁"的资本外壳不仅依然在场，而且仍然在引领世界前行。相反，资本批判的话语及其后资本实践却在制度上遭受重大挫折。在西方新自由主义思想家福山狂热的话语中，似乎"马克思已经死了，共产主义已经灭亡，确确实实已经灭亡了，所以它的希望、它的话语、它的理论以及它的实践，也随之一同灰飞烟灭"。如何在一个"脱节的时代"重新回答"马克思主义向何处去"的问题，准确指认马克思主义言说新的时代语境，深刻反思当代问题谱系和理论前沿，"马克思主义向何处去"、"马克思主义能否重新出场"、探索马克思主义出场路径和出场形态，就成为全球左派学者深切关注的时代聚焦点。究竟资本在当代是否改变了它的宿命而重新焕发为一种新的世界历史存在？从当年到当代，资本究竟经历了怎样的改变？我们应当如何看待这一改变？这就是造就马克思主义所谓危局的根本原因。基于问题的严重性与紧迫性，解答方案也层出不穷：在批判苏联僵化教条的马克思主义的理解模式、深度反思苏东剧变经验教训的基础上，出现了一大批新的林林总总的思想设计，从德里达对马克思遗产"幽灵复活"路径的"幽灵学设计"，到詹姆逊以"意识形态批判"和"后殖民文化批评"理论为中心的新马克思主义；从哈贝马斯以"交往行动"为核心重建"历史唯物主义"的构想到德里克"弹性生产时代的资本主义批判"；从鲍德里亚对马克思《资本论》的"符号学解读"到吉登斯的"第三条道路与新历史唯物主义"；从大卫·格里芬对"美帝国"的重新批判到拉克劳和墨菲等人的形形色色的"没有马克思的马克思主义"或"后马克思主义"等等。随着 2008 年以来美国金融危机和欧债危机的爆发，西方世界又惊呼"马克思的回归"，英国马克思主义文化批评学家特里·伊格尔顿（Terry Eagleton）在《马克思为什么是对的》（*Why Marx Was Right*）一书中重新阐释马克思对资本批判的真理价值。"作为有史以来对资本主义制度最彻底、最严厉、最全面的批判，马克思主义大大改变了我们的世界。由此可以断定，只要资本主义制度还存在一天，马克思主义就不会消亡。

只有在资本主义结束之后,马克思主义才会退出历史的舞台。"①

无论如何,尽管"反思"而出场的理论方案有内在自觉的思维范式,但是如波兰尼所说的:人们对问题的强烈关注所形成的"焦点意识"(问题反思)遮蔽了"支援意识"(研究范式或解答方式),"问题中的哲学"遮蔽了"哲学中的问题"。《当代视野中的马克思》也是如此。尽管该著作高度聚焦于马克思主义当代出场的各个重大问题域,但在研究范式上仅仅以新全球化时代"反思的问题学"出场,强烈关注出场问题的"焦点意识"显然被锁定在"反思的问题学"层面,因而对作为一个研究范式和解答方式的"出场学视域"有所遮蔽,问题导向掩盖了前提批判。事实上,如果缺乏深度的前提批判和方法论自觉,没有对一种反思范式赖以出场的历史根基的先在把握,对问题的反思就很可能是"外在的"而不是"本质性"的,还没有达到海德格尔评价马克思历史观那样,真正的现实问题在本质性那一向度上被打开,场域之在被"照亮"。马克思打开的资本批判之门,也只有在资本创新逻辑的场域被重新打开之时才能够被真正理解。场域打开的关键在于对资本创新的当代批判。没有资本批判就没有马克思。然而从当年马克思"资本批判"到今天的"资本创新逻辑"的当代阐释,这一跨越"历史间距"的全面阐释是非常重要的。当年马克思所宣告的"被剥夺"、"被炸毁"、"被敲响丧钟"的资本依然"持续在场",其根本原因在于"资本创新"。逐利本性推动着资本可以将一切能够赢利的要素和形式都资本化,因而具有不断创新、转换资本形态的变革功能。资本创新具有产业内部创新、创新产业、拓展区域等形式,从当年马克思面对的占主导地位的工业资本到金融资本,再到知识资本和文化资本,人力资本和社会资本,以及消费品资本等等。资本创新造就了新的历史场景。这是历史场域的表象化结构,也是资本拜物教的景观社会或仿真社会。虽然资本一般本性和历史二重性作用并没有发生根本改变,资本创新和历史场景转换毕

---

① 特里·伊格尔顿:《马克思为什么是对的》,李扬、任文科、郑义译,北京:新星出版社2011年版,第6—7页。

竟造就了资本时代的形态和特征,有着种种不同于工业资本主导时代的特质和功能。无论鲍德里亚等人如何用"仿象"来描述工业资本生产过程及其社会关系,但是当代历史场景依然是资本创新的产物。我们既不能用低于历史水平的教条主义对待当代,否认资本创新所造就的历史场景变化;更不能跟着后马克思主义抛弃马克思的历史观的精髓。问题的解答归结为一点:就是需要有从当年马克思资本批判到当代资本创新之间的历史逻辑的深度阐释,进而呼唤当代的资本批判理论,即新的时代唯物主义历史观的出场。在马克思之后,从前的理论都只有断断续续的资本批判,如卢森堡、布哈林、列宁对帝国主义阶段资本逻辑的批判,拉美新马克思主义用"依附论"来描述的空间资本的批判,大卫·哈维对空间资本全球化的进一步批判,后马克思主义对于后工业社会中消费社会资本批判(鲍德里亚)、景观社会资本批判(德波)、文化资本批判(阿多诺、马尔库塞)、微观日常生活资本化批判(福柯、列斐伏尔)以及"弹性生产的资本主义批判"(德里克)。因此,全书的出场学视域关照,就是对资本创新逻辑批判的出场学阐释。资本创新逻辑及其批判,成为我们理解一切时代问题的核心。只有通过它,才能深度理解新旧全球化时代场域变化的本质;才能建立起一个出场学理解的坐标,从而去划分当年马克思和当代马克思主义并理解之间的出场差异;才能去界分当代创新的马克思主义和教条保守的马克思主义、新自由主义、新保守主义和"后马克思主义"各自的坐标定位。而当代马克思主义的主要理论任务就是批判地阐释资本创新逻辑,这本质上就是《资本论》的当代重写。正像《资本论》需要有一种"大写的逻辑"来打开资本形而上学的秘密一样,今天人们需要用出场学视域才能真正理解资本创新逻辑。没有一个正确的阐释范式与理解视域,就难以真正把握出场问题。随着问题研究的深入,人们越是频繁地使用专门术语和研究方法,越是可能在一系列涉及出场问题的理论、语词等基本指义上发生混淆。例如,学界对"出场"与"在场"、"缺场"与"空场"的所指不加区别,或者对"出场语境"、"出场路径"、"出场方式"、"出场形态"等基本概念缺乏一个起码的体认。问题研究召唤着研究视域的完整出场。问题反思的进一步深入需要一个准确而完整的研究视域。因此，如果说今天我们呼唤与《当代视野中的马克思》有重大区别的话，那么就是在深化"问题反思"的同时向"研究范式"的全面转向，从一个聚焦于出场问题的"反思的问题学"转向全面自我理解、反省的"出场学视域"。近年来，我在《中国社会科学》、《马克思主义研究》等学术刊物上发表了一系列论文，着力探索作为一个"出场学视域"的马克思主义研究范式的本真意义。但是限于篇幅，还难以全面系统地阐释。因此，今天出场学研究的宗旨就在于，以"资本创新逻辑批判"为中心，全面阐释"出场学视域"的本真意义与基本框架。

第二，出场学研究宗旨也是更加准确而哲学地阐释马克思主义出场问题、创新马克思主义研究范式的需要。一般来说，并不是所有"问题中的哲学"反思都能够直接达到对整个哲学研究范式的变革程度。只有那些反映一个时代的、整体性的问题群，才能成为研究范式"格式塔转换"的触发点。外在的反思没有触及事物本质性环节本身。内在的反思需要真正用本质性向度的打开来照亮事物的在场。"问题反思"只有到了没有库恩所说的"范式革命"思维进程就不再能前行的时候，才可能发生范式创新。出场学视域之所以出场，正是具备了这一时代性条件。资本创新逻辑、新旧全球化时代的转换逻辑、马克思主义从当年到当代转换的逻辑只有在出场学视域中才能被真正打开。正如我一再指出的：出场学视域也是对马克思主义中国化当代出场方式的深刻反思和"研究的方法论自觉"的产物。30年来，马克思主义出场学研究的当代使命、改革开放与建设中国特色社会主义伟大实践表明：马克思主义中国化的进程，本质上就是马克思主义在中国语境中不断重新出场、与时俱进的过程。随着革命、建设、改革、发展等"改变世界"实践主题的不断转换，马克思主义在当代中国化进程中的出场不仅"与时俱进"地形成了中国特色社会主义理论体系，同时也唤醒了学界的"方法论自觉"，推动了马克思主义研究范式的创新与转换。中国学界达成的一个基本共识是：对苏联与中国教条式的马克思主义，我们需要加以批判地否定的不仅是其见解与结论，而且包括其解答问题的僵化范式，因为教条的理论见解是僵化的研究范式的结果形态。思想的解放、理论的创新不仅包括要破除一系列教条观点和结论，而且要转换研究方法、研究范式与研究视域。"与时俱进"不仅是马克思主义的理论品质，也是马克思主义哲学研究的基本范式。按照库恩的见解，"范式"就是一种视野、规范、规则和方法论，它是一种见解、观点和理论的根基与灵魂。相对于理论结论或见解的变革而言，范式的变革是更为深刻与根本的变革。研究范式的创新与转换，可以带动整个理论视域、理论形态的变革与创新。因此，当代中国学界提出的教科书改革、文本学—文献学研究、与中西方思想的对话、问题的反思等等，都成为创新发展马克思主义哲学的研究范式。毫无疑问，这些范式在多方面深刻破除苏联教科书对马克思主义哲学僵化的理解方式，极大地推动了马克思主义哲学理解的深化与发展。但是，客观地评价这些研究范式，我们不能不看到，它们在很大程度上是通过对马克思主义哲学研究的某些领域、方面、路径的创新而达到对马克思主义哲学本真意义的重新理解，它们之间还存在着矛盾，带有一个时期的历史痕迹，还没有达到"与时俱进"研究范式应有的总体高度。

"教科书改革"应当说是 20 世纪 80 年代以来起步最早、成效显著的研究范式。这一范式在系统地传播马克思主义哲学的新观点、新理解、新运用方面起到了无可替代的历史作用。但是，这一范式的最大缺陷就是容易"非历史"地对待各个不同历史时期产生的马克思主义经典文本和思想，容易造成对"原理"的僵化理解。此外，"原理体系 + 事例"的叙述方式也不断遭人诟病。

因此，为了从历史发生的角度看待马克思主义经典文本思想的发展，主张"回到马克思"的学者批判以往教科书"非法（非历史）"引用文本的方法，主张从历史发生的角度，从文本学与文献学范式去重新解读马克思的文本，进而重新理解马克思哲学的本真意义。正如这一范式的提出者所说的：为了今天的理论创新必须"首先廓清理论的地平线",以时代的视野去重新理解马克思哲学思想的原初语境。① 这一阐释范式借助于当代解释学的许多成果和方法,无疑是具有重要价值的基础性方法。但是,"回到马克思"的原初语境不可能仅仅通过回到马克思的文本考订与解读、仅仅通过文本学—文献学研究来达到。马克思的文本思想形态对出场语境与出场路径具有深度的依赖性,因而是历史的出场形态。要科学深刻地理解马克思文本思想,必须要穿越文本,深入背后去把握历史语境、出场路径与文本形态的关联。

此外,"重新上手"解读马克思的文本意义,需要获得一种时代的视野,而时代视野来源于当代实践与当代对话。与当代西方思想积极展开深入的对话,于是成为一种新的、探索马克思主义当代性与在场性的研究范式。本着"马克思是我们的同时代人"和"让马克思走入当代"的基本判断,这一范式的倡导者认为:通过与当代西方一系列思想的对话,马克思主义的时代性与在场性才能够彰显。② 的确,马克思主义从来没有离开人类文明大道。不仅马克思的新世界观的诞生、而且马克思主义与时俱进的每一个重要发展阶段都需要借助于与自然科学、社会科学等各个相关领域展开积极思想对话来汲取一切优秀思想成果,实现自己的与时俱进。对话是打磨马克思主义思想之锋的砺石。但是,对话需要历史的底板、时代的基础和实践的尺度。否则,对话就失去了时代真理的标准。从历史实践这一语境出发去理解对话和评判对话,建立与时俱进的理解范式,这就重新呼唤出场学研究。

以"问题反思"为中心的研究范式同样需要出场学视域。这一范式涉及两个基本层面的相互关系:一是"问题中的哲学",就是将时代实践问题转换为哲学问题;二是"哲学中的问题",就是考察哲学的问题意识,看哲学如何反映、把握时代问题,并在哲学中加以解答。两者的结合,就是时代实践与哲学的与时俱进的关系,本质上就是如何从历史

---

① 张一兵:《马克思哲学的当代阐释——"回到马克思"的原初理论语境》,载《中国社会科学》2001年第3期。

② 俞吾金:《马克思仍然是我们的同时代人》,载《当代国外马克思主义评论》2000年卷。

语境出发去看待问题与哲学的关系。这一研究，不能不使我们面对出场学。因此，出场学视域就是在总体上与时俱进地把握马克思主义的研究范式，也应当成为其他的研究范式的进一步深化与拓展的必然产物。显然，这一重要学术创新的工作是对马克思主义出场问题研究的深化，难度也因此加深。如果说，在专门探索马克思主义出场问题的领域尽管需要创新的勇气，至少还有德里达等人"幽灵学逻辑"作为学术参考，那么，阐释"出场学视域"则需要做全盘的哲学思维方式和话语创新工作。我们需要的不是在原有阐释体系上的一点一滴的改良，而是整体视域、整体范式、整体思维和整体话语的转换，从而，这一阐释就是一种马克思主义哲学范式的重新出场。

第三，出场学研究包括两个核心范畴，也因此成为贯穿于研究始终的一对基本矛盾。"出场"与"差异"基于一个伟大而基本的"过程思维"："与时俱进"是马克思主义的理论品质，内在地召唤出场学视域。把在一个时代语境中形成的理论形态僵化为"永恒在场"的"终结真理"，这是一切旧形而上学的根本幻想。马克思主义哲学革命的意义就在于"推翻了一切关于最终的绝对真理和与之相应的绝对的人类状态的观念"，要求理论必须随着时代发展而不断重新选择出场路径与方式，与时俱进地创造新的在场形态。因此，笔者提出马克思主义出场学视域，旨在探索在差异化的时代和空间语境中马克思主义如何不断选择自己恰当的出场路径、出场方式和出场形态，进而与时俱进地把握马克思主义中国化的当代形态。

"出场与差异"成为出场学逻辑的内在理论张力。它意味着一种理论指向的转变。历史唯物主义曾经仅仅被当做唯一的"历史的科学"而在场。然而，狭义的马克思的历史观主要作为资本批判的世界观，对资本存在的本性、结构和全球在场方式做全面的批判，在批判旧世界中发现新世界，成为马克思历史观出场的主要理论旨趣。然而，资本全球化不仅是一种历史的在场，而且在统治世界和转嫁自己危机过程中更延展为一种空间的存在。资本通过空间的全球扩张来力图摆脱自己的危机逻辑，从而使批判资本的历史唯物主义发生着空间转向：必须变成一种如大卫·哈维所说的"历史（地理）唯物主义"。空间转向是资本创新的主要向度之一，从而使历史唯物主义变成"出场的"或者"场域的"唯物主义。历史在场域中，空间亦在场域中。所有社会关系和事件构成场域的内容。场域成为马克思主义出场语境。场域既是一种社会存在的结构，更是我们在场的立场、位置和方式。两重性的关系互动使我们出场，使马克思主义出场。而探索"出场与差异"就成为我们考量"场域"唯物主义变化的主题。

因此，在20世纪"场域"研究作为马克思主义在当代应否出场、能否出场、怎样出场问题的主题，与来自三个方面的思想资源对接。

首先，历史唯物主义解释图式空间转向的当代对接。穿越文本和话语层次，今日的马克思主义更需要寻找场域作为自己的安身立命之所，自己理论创新之根基。理论创新不仅需要思想的自由飞翔，更需要脚踏实地。作为历史和空间语境的统一，"场域"成为今日马克思主义出场的主要基础，直接与历史唯物主义的传统相衔接，同时又向前呈现出空间维度的理论时代的差异。"出场"与"差异"既是反复出现在马克思主义出场过程中的主题，也是一种必然出现的基本矛盾和内在张力，推动着马克思主义与时俱进地出场。一方面，以"改变世界"为己任的马克思主义哲学，按照时代实践语境要求而不断地坚定地出场，成为时代精神的精华、文明活的灵魂，成为马克思主义的一种历史使命；另一方面，出场绝不是一劳永逸的行动，因为历史时代的不断变化总是不断挑战甚至摧毁过去的在场方式和在场形态，因时因地而不断出场，就是马克思主义改变世界的实践根本原则。每一出场又不可避免地具有差异性，差异性原则是马克思主义出场的基本原则。自我同一性是在历史的和空间的差异语境中的本性复制。不断出场本身就是一种创新行动，是对过去论马克思主义出场学研究的当代使命历史地在场方式的否定与超越，同时又是在场要求的继承和延续。因此，德里达的"延异"就变成了一种马克思主义出场的差异性模式：不是幽灵学，而是出场学模式。每一个变化的历史时代和空间差异在造就马克思主义重新出场的必要性的同时就必然地造就其差异性条件。因此，探索"出场"与"差异"，就是探索马克思主义在时空差异语境中出场的逻辑。

其次,场域的展开直接超越现象学和哲学解释学,成为一种历史场域的构建。胡塞尔的现象学总是强调纯粹意识对周围世界的意向性生成、打开作用。海德格尔用 Dasein 强调在世之在对周围世界说来的生成。伽达默尔特别强调历史(效果史)对于理解的先在作用。然而,在他那里,历史是既成的而不是构境的。布尔迪厄以一个当代社会学家的敏锐强调"场域"在造就人们的社会分层和社会关系时的重要决定性作用,然而,布尔迪厄绝没有将场域视为一个总体在场的哲学范畴。在强调交往和"关系主义"前提下,"场域"常作为一种资本权力支配下制约着行动者的实践前结构或客观"惯习"网络。"从分析的角度来看,一个场域可以被定义为在各种位置之间存在的客观关系的一个网络,或一个构型。是在这些位置的存在和它们强加于占据特定位置的行动者或机构之上的决定性因素之中,这些位置得到了客观的界定,其根据是这些位置在不同类型的权力(或资本)——占有这些权力就意味着把持了在这一场域中利害攸关的专门利润的得益权——的分配结构中实际的和潜在的处境,以及它们与其他位置之间的客观关系(支配关系、屈从关系、结构上的同源关系,等等)。"① 资本支配下的知识场域可能就构成思想文化的决定性社会结构。但是,场域绝不仅仅是一种外在于实践主体的客观场,也不等于一种出场者的"场景"(幻像或仿真)。场景是场域的现象界,而不是场域的本真存在。在出场学看来,场域表现为一种历史主体或者思想出场的"场位"。"场"指总体的历史语境,"位"指出场者在这一历史语境中的具体方位,也同时包括出场者选择的立场。场位指一种思想得以出场的客观空间和主体位置(立场)。每一个出场者都是在一定的历史条件构成的宏观语境中出场的;而每一个出场者都是在一定的历史空间中创造和选择一定微观位置(立场)。前者构成了出场者的历史制约性;后者表征了在历史制约条件下的可能的主体

---

① 布尔迪厄等:《实践与反思》,李猛、李康译,北京:中央编译出版社1998年版,第133—134页。

选择性。"场"与"位"是不可分离的两个方面。没有"场"就没有"位",而没有"位"也不能显现"场"的存在。"在场之在"的辩证法曾经因为历史指向的变化而变化,从作为抽象思辨对象的在场、"感性直观"对象的在场走向"感性活动"创造的在场,进而走向改变世界的历史深处。在思辨终止的地方,历史才真正开始。然而,当我们唯物地打开历史大门、阐释历史、揭示思想赖以出场的历史语境之秘密时,"历史"本真意义并不必然地自明。正是在这一关键点上,马克思追问:历史究竟是一种现成在场、还是由人们的世世代代的感性活动构成的,因而是不断的出场过程?历史存在之"物"究竟是既成固化的在场,还是不断被实践构境的结构体?

马克思强调:历史场位不是一种外在于人和人的活动的在场,而就是由出场者的行动造就的历史语境或历史场域。这是出场者参与创造的对象化的历史境遇;而"置身",就是出场者的出场在变革历史、创造场位的过程中进场,创造并进入场位之中的行动。"场位"与"置身"的相互作用恰好就是构境历史的实践。马克思将社会生活本质上看做是实践的,将人理解为"历史中行动的人",从主体方面、从感性活动、从改变世界的实践方面去理解在场,历史场位因而就是人们世世代代实践活动的产物,也因此构成历史活动新的基础。从构境的场域观出发,我们才能真正进入实践的解释。

历史场位不是现存在场而是场位与置身之间辩证张力的构造体。没有感性活动、实践,就没有历史场位。因此,从来的在场都是一个独特的历史创造,它必须要从主体方面、从感性活动出发去理解。在场本质上不过是出场的结果形态。从实践出发去理解历史场位引出一个命题:人们怎样理解实践本性和结构,也就如何理解由实践、生产造就的历史场位。实践观与历史观之间具有高度等价性和对应性。长期以来,一个基本事实是:人们对马克思实践结构观具有截然不同的理解,因而,对在场、对历史场位的理解也就大相径庭,存在着客体向度、主体向度、主体际向度等不同的理解,最终指向交往实践观。

交往实践的唯物主义超越客体论、主体论、交往关系论的在场视域,这就真正触及到出场者置身于历史语境和历史场位的本真意义。在《德意志意识形态》中,马克思系统地提出了交往实践的思想,并进而在《资本论》中系统地提出了劳动二重性的经济学原理,对历史场位做了深度的经济学—哲学批判分析。马克思从物质生产、工业和交往出发,探索历史的基础是"以一定的方式进行生产活动的一定的个人,发生一定的社会关系和政治关系"。历史场位原初起步于物质实践、物质生产和物质交往,根源于人们的"能动的生活过程"的历史创造。历史场位本质上是交往实践,即多元主体间为了改造共同客体而结成交往关系的物质活动。

如果说,在场是一种交往实践构成的关系体系,那么,交往实践观甚至反对将交往关系、社会结构先在地固化为历史的本源,因而与哈贝马斯基于某种先验交往规则的"交往理论"、与广松涉等人将社会关系结构当做历史本源的"事的世界观"截然不同。历史场位固然是各种交往关系的总和,但是构成历史场位原点的不是交往关系,而是交往实践活动。出场活动就是交往实践活动。人们的交往实践活动构成了人们的历史联系,构境了他们的存在场位。交往实践活动不断采取新的形式,因而就表现为"历史"。交往实践双向建构和双重整合,形成交往关系、交往场域和交往形态。

其三,场域研究也是当代社会哲学的共同聚焦点。吉登斯在《社会的构成》、《现代性与自我认同》等著作中,与经典马克思的历史观展开对话,甚至批判(所谓历史唯物主义批判三部曲),其反复探讨的主要问题就是现代性社会的结构化和再结构化与个人的主体性之间的关系问题。现代性是一种多元因素的社会结构化,其中包括了国家因素。从绝对主义国家发展为民族—国家,历史过程从裂变型、阶级分化型国家向高度统一型、主权型、全民型国家的转型。在现代化不同阶段上,国家形态各不相同。与此同时,现代性也绝不是以淹没个人的主体地位和历史作用为代价的。个人也从原有的生活场域中"脱域"出来,"再嵌入"一种以国家为本位的现代性场域之中。场域成为伴随个人现代性的不同阶段的社会空间。其实，社会结构与个人的相互作用方式就是场域、场位的存在。场域对于个人而言，既是限定性生活实践的空间结构，又可能是自己营造、能够体现自己价值向度的存在条件。场域对于社会结构而言，则是一种相互作用的结构化状态，它使所有的相互作用形成的社会关系通过这一结构而得以凝固，并成为下一轮相互作用的前在的舞台。布尔迪厄则在《实践理论大纲》（1977）、《教育、社会和文化的再生产》（1990）、《语言与符号权利》（1991）、《实践与反思：反思社会学导引》（1992）等一系列著作中反复关注场域，认为场域既是一种社会关系，特别是一种多元主体间的交往关系，更是资本角逐下的力的关系，当然也是个人或群体在场的社会空间。出场学高度评价这些研究，认为场域作为历史场位和社会空间的统一绝不是单向度的在场。交往实践不仅存在着规范向度，同时也存在着否定向度和辩证向度，三重地构建历史语境和历史场位。或者说，场位空间内在地显现为三维向度。首先，交往实践具有规范向度，造就历史的规范结构和规范场位。在一个社会占统治地位的生产方式和交往方式，总是表现为这一规范的历史场位。然而，历史场位仍然存在着否定向度。它表现为生产方式多元差异的甚至是对立的意义结构，即多元之"位"意义的对立。马克思在《资本论》中分析工业资本生产的现象学时指出：同一生产过程对于相关多元的主体具有对立的意义；对资本家说来是财富积累的过程，对于雇佣劳动者说来正是贫困积累的过程。同一历史内部呈现多元立场和对立意义，表现为一种根本的异化，这正是历史的否定向度。资本全球化到处产生二元对立：资产阶级和无产阶级；富人和穷人；城市和乡村；东方和西方。对立意义、价值和否定向度呼唤双重的思想：为历史规范结构辩论马克思主义出场学研究的当代使命的思想价值形成占统治地位的意识形态；而否定向度呼唤革命的阶级意识和价值灵魂。因此，实践和思想的双重向度正好构成交往实践的辩证向度，也因此是历史场位内在的辩证法。在这三重结构中展开的历史辩证法和空间辩证法，随着否定向度转化为新的肯定向度，历史场位就显现为一种时代性间距和差异性，出场者就具有了新的历史地平线;肯定—否定双重向度的空间分裂,马克思主义的出场,正是在这一系列历史和空间差异中实现的。

其四,场域也与后马克思主义的理论脱域相关。马克思绝不是第一个资本批判者,也不可能是最后一位。资本存在历史有多久,资本批判也就会持续多久;资本创新变化形态有多少,资本批判的种类也就有多少。正如伊格尔顿所说:"一个出色的'反资本主义'的左派未必就从马克思主义那里接受过给养。虽然我认为左翼中'反资本主义'的主要声音来自马克思主义,但我不愿过多地拿马克思主义的正确性来说话。"[①] 虽然后马克思主义仍然秉持对资本批判的立场,但是,他们认为由于历史图景和社会结构的根本变化,马克思几乎所有理论批判武器——从阶级分析方法到社会基本矛盾,再到整个宏观的历史唯物主义方法,都已经过时,所以必须要创造一套新的资本批判武器。当然,这一新批判武器是与场域相契合的,而"过时"的马克思主义原有批判理论则是不能满足时代场域的理论需要。时代场域成为判定后马克思主义和马克思思想之间关系的一个参照系,而如何理解场域就成为评价后马克思主义的主要关键。德里达的幽灵学、鲍德里亚的象征交换和消费社会,拉克劳和墨菲的新社会运动,都是借口时代场域——历史图景发生了根本变化,因而与马克思主义渐行渐远,最终走向后马克思主义。虽然"过时论"一直是许多企图修正马克思根本世界观的各种学说的共同借口,但是,后马克思主义却有时空场域的"新证据"。因此,当代马克思主义需要创新,但是创新决不能离开马克思思想的根本,而如何建立恰当的场域坐标,准确把握创新发展的马克思主义与后马克思主义的关系,将场域阐释清楚,就至关重要。

---

① 特里·伊格尔顿:《马克思为什么是对的》,李扬、任文科、郑义译,北京:新星出版社2011年版,第6页。

深描当代中国马克思主义哲学创新学术史的"方法论自觉"

用出场学视域聚焦和深描当代中国马克思主义哲学创新学术史具有重大意义。当代中国三十多年改革开放的伟大实践不仅形成了中国道路,也创造了马克思主义哲学中国化理论前所未有的大繁荣、大发展。深度描述当代中国马克思主义哲学创新学术史图景,寻找其学术地理中的主要脉络和创新趋向,从中可以总结马克思主义哲学与时俱进的创新逻辑,可以向海内外全面展示和系统传播创新成果。中国马克思主义学术史研究的宗旨在于用历史表明马克思主义在包括各门学术在内的意识形态领域指导地位的科学性与合理性,在于证明马克思主义是一个不断开放的创新体系,在于总结探索在中国学术语境中马克思主义理论创新的深刻经验和创新机制。正因为如此,中国马克思主义学术史研究需要着眼于"思想出场的逻辑",着眼于中国历史语境变化与中国马克思主义出场之间与时俱进的逻辑关系。这就需要一种出场学视域,即把所有思想史、学术史与真实时代之间本质性关系按照出场逻辑来阐释的方式。

系统梳理研究方式和发展脉络的多样性是必要的,但是各种方式的重要性程度决不是等价的。历史描述性研究是相对初始和基础的方式。由于中国马克思主义学术史研究以往主要散见于专题、人物、事件、活动、关系、文本解读等的分门别类研究中,历史描述性方法首要的任务就是要收集整理所有的学术史料,然后按照时间顺序和学术编年方式将其转化为一种首尾一贯的通史描述。其间的基本特点,就是列数所谓相对重要的人物和著作的思想介绍,将学术史仅仅当做当年列宁所批评的"人名和书名"的历史,或者如柯林武德所批评的"剪刀 + 浆糊"的历史。这一历史只能达到马克思所说的"完整的表象"或"感性的具体",而根本无法到达"理性具体"。分列的学术史描述(如哲学史、经济史,等等)之间根本不见思想的流动逻辑。这一方式为历史学或中共党史出身的学者所偏爱,他们的研究方式即所谓黑格尔曾经指出的"外史",其根本缺陷就是对中国马克思主义学术史的人物、著作、学术活动、学术事件、学术关系等等的描述是外在于思想的逻辑的。他们忘记了:学术史不同于存在史之处,首先在于它是思想史,本质上就是思想创新的逻辑在时间中的出场。这一研究需要按照思想的逻辑("内史")而不单纯是时间的逻辑("外史")来理解和阐释,需要穿透"完整的表象"和"感性具体"而达到"本质性结构",然后才能从"抽象上升到具体",即将中国马克思主义学说史当做一个由若干本质性规定综合而成的"理性具体"来把握。正如马克思在《资本论》中运用的方法是辩证方法一样,如果不是马克思主义哲学专家,很难真正理解中国马克思主义创新发展的内在逻辑。单纯的历史学研究如果不深度理解马克思主义哲学,其综合学术通史要么只能是"人名和书名"的历史,即成为一个盲目的"外在的路标",要么就误解重重,成为一部误导读者的"史书"。由于学科背景的差距,除非通晓中国马克思主义各专门学术领域的大家,难以去贸然治综合通史。"外史"研究还有一个重大缺陷是:它将所有学科并列和分门别类地描述,而根本看不清中国马克思主义哲学相对于其他学科的龙头地位和前提性质,看不清只有深度理解中国马克思主义哲学的出场史,才能真正理解互动关系和其他学术领域的"马克思主义转向"。更由于中国马克思主义的发展呈现历史的放射状态,越久远的发生点和早期阶段资料越简约,而越近当代越繁荣,知识创新呈现爆炸性增长,学术创新关系纷繁复杂,即便是马克思主义哲学或经济学本领域的学者都很难将本领域内各种见解一一厘清,对于这一状况的描述,要想充当"百科全书"式的马克思主义学者,对一个单纯的历史学者来说,几乎是难以做到的。如果强迫自己写自己根本不懂的东西,拼凑所谓"学术通史",那么这就不单纯是"不合适",而且几近"学风不正"。

对人物、著作、事件、活动等的专题性研究始终是深化综合思想史和学术史的最重要基础。但是思想史需要有一个总体的和综合的框架去理解和把握，否则永远会在这一领域"只见树木、不见森林"。传播史和理解史是各自从传播主体和理解主体两端去阐释思想的发展逻辑，在方法论层次上比单纯的"外史"描述要高明。但是两者都遭遇所谓解释学难题。施莱尔马赫和狄尔泰的客观解释学、海德格尔的主观解释学、伽达默尔的哲学解释学、哈贝马斯的批判解释学、利科的结构解释学等等，可以呈现多元视域，选择视域不同，最终的阐释就不同。而针对这一切，能够给予解答的，又只能是马克思主义哲学解释学。结论就是，只能回到马克思的辩证方法。

直接通过中国马克思主义学术史本质性环节——哲学史反思及其对于其他学术领域影响和互动关系的研究，去深度把握中国马克思主义学术史内在思想灵魂的出场逻辑。而超越外史的一种重新书写方式，就是用中国马克思主义哲学研究的"方法论自觉"——首先穿透"完整的表象"而达到抽象的规定——创新学术史所依赖的研究范式，把握学术史的范式图谱的构变，去深度理解和把握中国马克思主义的创新学术史。"方法与对象"之间的解释学循环，最终需要范式图谱去解决。哲学范式总是时代思维方式的集中体现，是哲学见解、观点和理论创新的根基和灵魂，也是学术史坐标和图谱的轴心。由范式轴心而形成理论创新的坐标，坐标扩展而成为理论创新的学术史图景。各种范式视域差异，因而推动理论创新的功能各不相同。多元创新范式之间既竞争又互补，共同构成范式图谱，因而总体展现理论创新的学术图景。科学辨识各研究范式的基本特征、创新功能、历史成因、存在问题和学术地位以及与国内各个马克思主义哲学博士点的学科风格甚至学派的关联，是深描当代中国马克思主义哲学研究范式多元创新的整体学术图景的主要基础，也是认真总结其各自的理论创新经验，进一步推动理论创新、扩大创新的国际影响力的关键。只有认真考察各个范式以差异方式推动理论创新与马克思主义整体性发展图景之间的关系，才能把握这一时代创新的学术史，并根据马克思关于"人体解剖是猴体解剖锁钥"的"从后思索"方法，基于当代范式图谱构变的高度，可以追溯、透视和总结近百年马克思主义中国化学术史。

出场学研究的当代使命，就是要深度把握当代中国马克思主义哲学创新逻辑。为此，我们应当从方法论自觉的研究路径上加以开拓，把握以下三个任务。

第一，全面梳理和科学分析当代中国马克思主义哲学研究范式。全面辨识八个研究范式各自的成因和演变史；范式的基本特征和构成要素；范式的存在结构，范式的创新功能和基本缺陷。其学术价值和应用价值在于：对各个范式的理论创新功能作出实事求是的评价，对其范式发展的前景作出相对可靠的预测。

第二，全面分析各个学术图景和范式图谱构变相关变化。每一个时期都存在着起主导地位和支配地位的范式，构成了那一时期的理论学术发展图景的轴心；而轴心又生长出纵横两轴，构成那一时期理论学术图景的坐标；而围绕坐标形成的总体学术面貌，就构成了那一时期的学术图景。一旦轴心发生变化，则坐标相应变化，进而使学术图景发生相应改变。改革开放以来，马克思主义哲学研究曾经形成四大轴心范式，它们共同对应生成四个坐标和四个理论学术图景。轴心—坐标—图景转换称为构变，变化整体构成范式图谱，这就是当代中国马克思主义哲学创新学术史谱系。因此，学术史就变成一种范式图谱的格式塔转换。这一谱系进而极大地影响了整个当代中国马克思主义学术史的发展。虽然其他中国马克思主义学术领域的变化不完全是马克思主义哲学范式图谱变化的同构、同态、同步的复制，但是大致对应关系是不难找到的。作为灵魂和本质，中国马克思主义哲学范式图谱与其他马克思主义学术领域创新史之间存在着高度的映射关系。在这一意义上，范式图谱研究是打开当代中国马克思主义学术史本质规律、创新发展逻辑的锁钥。在"从后思索"的意义上，也是理解近百年中国马克思主义学术创新发展史的锁钥。

第三，以马克思主义出场学基本视域科学揭示当代中国马克思主义与时俱进的创新学术史。"出场学"，是指研究马克思主义与时俱进逻辑的哲学范式。她以新旧全球化时代大转换为坐标,科学分析从马克思思想出场的"原初语境"到马克思主义当代语境的深刻变化,深度阐释马克思主义形态的出场对于历史语境、出场路径的依赖性,深描马克思主义中国化、时代化的出场路径、方式和形态。对"出场语境"、"出场路径"、"出场方式"、"出场形态"等一系列基本概念作出十分准确的理论界定,这一范式坚决拒斥对马克思主义原理研究、文本学解读的教条倾向,从而将其看做是"随时随地以当时的历史条件为转移"不断创新的理论。

当代中国马克思主义各种研究范式的出场,乃至马克思主义中国化的各个理论创新,都是在一定的时代语境中、按照一定的出场路径、以一定的出场方式而出场的形态。相关学术的范式图谱构变史,就是与时俱进的出场史,它用两线(历史时代实践的线索和中国马克思主义哲学研究范式图谱线索)、四个模块(原初时代语境、当下时代语境、原初范式图谱、当下范式图谱)来深度解释中国马克思主义哲学范式演化构变的创新学术史逻辑,从而把学术史研究转化为一种对当代中国马克思主义学术与时俱进的创新逻辑分析,使研究转变为一种科学。

(作者任平系江苏师范大学校长、教授、博士生导师)

一

范式专题

论当代中国马克思主义哲学教科书范式创新

曹典顺　张丽霞

[摘　要] 当下主流的马克思主义哲学研究的"范式"概念，已经不是仅仅指代研究方法的意蕴，而是指包含形态等要素、具有"综合意蕴"的创新研究。蕴含形态存在的当代中国马克思主义哲学教科书，经历了从"辩证唯物主义与历史唯物主义"范式向"实践唯物主义"范式转换，"辩证唯物主义与历史唯物主义"范式向"实践观点的思维方式"范式转换，"辩证唯物主义与历史唯物主义"范式向"历史唯物主义"范式转换等三次大的范式转换，以及"辩证唯物主义与历史唯物主义"范式，"实践唯物主义"范式，"实践观点的思维方式"范式和"历史唯物主义"范式等四次大范式创新。

[关键词] 马克思主义哲学；教科书范式；形态；创新

当代中国马克思主义哲学教科书范式（以下简称教科书范式）的创新探讨，不仅是反思教科书研究成果的需要，更是提升中国学者文化自觉、增强中国道路理论自信的需要。当代中国马克思主义哲学教科书研究的反思，主要有两种路径，即形态研究和范式研究。范式研究作为研究马克思主义哲学教科书的理论逻辑，是以马克思主义哲学研究的问题意识为理论根据的，也是21世纪后才逐渐被学术界接受的研究方法。人们之所以质疑或否定马克思主义哲学范式研究，其原因不是根源于"范式"本身，而是认为范式只是研究方法的表征，无法取代形态作为哲学表征的哲学本性。事实上，当下主流的马克思主义哲学研究的"范式"概念，已经不是仅仅指代研究方法的意蕴，而是指包含形态等要素、具有"综合意蕴"的创新研究，即当下马克思主义哲学研究中的范式是指蕴含形态要素的范式。纵观哲学教科书研究的历史，作为形态存在的当代中国马克思主义哲学教科书，经历了三次大的范式转换，四次大的范式创新。三次大的范式转换是指，从"辩证唯物主义与历史唯物主义"范式向"实践唯物主义"范式转换，"辩证唯物主义与历史唯物主义"范式向"实践观点的思维方式"范式转换，"辩证唯物主义与历史唯物主义"范式向"历史唯物主义"范式转换。四次大的范式创新是指，"辩证唯物主义与历史唯物主义"范式创新，"实践唯物主义"范式创新，"实践观点的思维方式"范式创新和"历史唯物主义"范式创新。在我们看来，每一种范式创新，必定有着产生该创新的思维前提和属于该创新的逻辑建构。从思维前提看，不论是理论哲学，还是实践哲学，其哲学理论都应该是一种以概念为理论细胞的逻辑体系。这就是说，每一种不同的哲学理论，都应该有属于自己的概念体系，而概念体系的设立，不同的哲学理论有着不同的思维标准，我们把这种思维标准称之为思维前提。在此种意蕴上理解，每一种教科书范式的创新都应该有着属于自己的思维前提。思维前提与世界观前提和理论前提等有所不同，世界观前提主要指该理论研究的价值观基础，理论前提主要指该理论合法性存在的"理论假设"，而思维前提则是从该理论的研究目标出发的理论本质定位。所以，准确把握教科书范式的思维前提，也是系统研究教科书范式不可逾越的理论领域。从逻辑架构看，教科书范式经历了四次大的创新，划分每一次创新的依据是每一种范式不同的思维前提。但思维前提是一个十分宽泛的概念，这就是说，依据宽泛依据确立的范式形式必定也是宽泛的，即每一种宽泛意义上的教科书范式应该还具有多种不同的逻辑架构。限于本文研究的主题，我们不能逐一细化四大教科书范式之中的多种不同的逻辑架构，只能就四大教科书范式的理论性逻辑架构进行学理分析。所谓理论性逻辑架构，就是指可能的架构逻辑，或者说，是符合理论合法性的架构。

一、"辩证唯物主义与历史唯物主义"范式创新

从思维前提的视角理解,"辩证唯物主义与历史唯物主义"范式创新是一个相对的概念。因为,它的创新只是内涵上的创新,所以,该创新的思维前提,在本质上并没有明显的创新,只是进一步强调了该范式已经确立的思维前提,即"辩证唯物主义与历史唯物主义"范式的思维前提依然是,马克思主义哲学是一个具有知性思维意蕴的科学体系。新文化运动时期被介绍到中国的马克思主义哲学,或许没有人能够会想到它能够在中国迅速传播,更或许没有人能够会想到它能够成为中国崛起的思想基点,但社会历史发展的进程表明,马克思主义哲学之所以能够迅速成为中国意识形态的主流,是因为马克思主义哲学的确能够成为中国时代精神的表征,或者说,马克思主义哲学是中国时代精神的精华。这里所指代的时代精神不是一个抽象的思辨概念,而是一个与现实中国社会发展密切相连的现实性范畴。这就意味着,与时代精神相适应的马克思主义哲学必定是能够与中国社会发展密切相连的意识形态,即马克思主义哲学能够指导中国社会的变革和进步。众所周知,自科学技术产生的那一天起,科学技术就成为了人们改变自己生存状态的重要手段,为此,人们总是习惯用这种知性思维去理解哲学理论,即把哲学理论知性化。这就意味着,为了更好地改造中国的社会状况,把马克思主义哲学建构成一个具有知性思维意蕴的科学体系是时代精神的需要。马克思主义哲学是一个具有知性思维意蕴的科学体系,可以从三个视角理解。

其一,"辩证唯物主义与历史唯物主义"范式把马克思主义哲学理解为各门科学的概括与总结。每一个学习过马克思主义哲学的人,只要学习的马克思主义哲学教科书是"辩证唯物主义与历史唯物主义"范式,他们就会接触到一个问题,即哲学是自然知识、社会知识、思维知识的概括和总结,但又特别强调,这里的概括和总结又不是指哲学是科学知识的总汇(总和),也不是指哲学是科学之科学。在我们看来,不论哲学是否是科学知识的总汇和科学之科学,只要表征哲学是自然知识、社会

知识、思维知识的概括和总结,就意味着哲学与具体科学具有相同的思维逻辑,即哲学也具有知性思维逻辑。其二,"辩证唯物主义与历史唯物主义"范式希望马克思主义哲学能够为人类认识世界和改造世界提供一一对应的哲学根据。从哲学的起源看,哲学诞生在部分人的生活世界,他们的哲学人生似乎不同于常人的世俗生活,比如,苏格拉底即将被执行死刑之前,不是与家人在一起,而是与学生谈论哲学。在当代中国则不同,学习哲学正是为世俗生活服务,甚至千方百计地寻找哲学原理,以用来为人类认识世界和改造世界提供一一对应的哲学根据。这就是说,"辩证唯物主义与历史唯物主义"范式把哲学的功能直接科学化。其三,"辩证唯物主义与历史唯物主义"范式追求马克思主义哲学的"体系化"。"体系化"最高的规格就是"学科化",即对一门知识或技能最为肯定性的支持就是把它提升到"学科"发展的高度,马克思主义哲学在中国的发展历程表明,马克思主义哲学得到了这一对待——马克思主义理论已经成为一级学科。北京大学的黄楠森先生被视为"辩证唯物主义与历史唯物主义"范式的代表性人物,他的一生都在维护该范式的学科化。比如,在21世纪后,他还发表多篇相关论文。针对有人主张放弃马克思主义哲学学科,黄楠森先生在《论辩证唯物主义体系的不变性与可变性》一文中呼吁:"不能取消的就是作为一门学科的世界观。现在中外哲学界要取消这门学科的言论很多,包括一些信奉马克思主义的学者。"①

自1961年"辩证唯物主义与历史唯物主义"范式确立以来,这种范式经历了无数的荣誉,也受到了诸多的责难,但50多年过去了,该范式依然是马克思主义哲学教科书中的主流范式。前文已经提及,"辩证唯物主义与历史唯物主义"范式创新主要指逻辑架构的创新,但需要说明的是,所谓逻辑架构的创新,也是指理论表达和逻辑顺序中的创新,即"辩证唯物主义与历史唯物主义"范式没有实现内涵逻辑上的创

---

① 黄楠森:《论辩证唯物主义体系的不变性与可变性》,载《中共中央党校学报》2001年第4期。

新，或者说，都没有突破"物质本体论"的思维逻辑。"辩证唯物主义与历史唯物主义"范式，从构筑逻辑看，由四大部分组成。其一，唯物论。唯物论亦可称之为哲学逻辑的物质本体论，是指从物质与意识的关系出发确定自己的哲学党性原则，即界定自己的哲学是唯物主义哲学，还是唯心主义哲学。从已经出版的"辩证唯物主义与历史唯物主义"范式教科书看，诸多教材都是在教科书的第一章即展开"唯物论"叙述。比如，艾思奇1961年版的《辩证唯物主义 历史唯物主义》第一章是"世界的物质性"；李秀林2004年版的《辩证唯物主义与历史唯物主义（第五版）》第一章是"物质与世界"。这就是说，每一个"辩证唯物主义与历史唯物主义"范式教科书，尽管叙述的话语有所不同，但必须要阐释马克思主义哲学的"唯物论"立场。其二，唯物辩证法。唯物辩证法是辩证唯物主义另一种形式的表达，是指唯物主义与辩证法的有机统一。在"辩证唯物主义与历史唯物主义"范式教科书看来，唯物辩证法是马克思主义哲学的核心内容。尽管黑格尔辩证法的核心观点——"普遍联系"和"永恒发展"被借鉴到了马克思主义哲学，但马克思主义哲学的核心内容是唯物辩证法，不同于黑格尔哲学的唯心辩证法。"辩证唯物主义与历史唯物主义"范式教科书对唯物辩证法的三大规律，以及对立统一规律的核心地位都是认同的，差别之处在于，不同的教科书介绍三大规律的逻辑顺序有所不同。一般教科书首先介绍对立统一规律，但也有首先介绍其他规律的教科书，比如，李秀林2004年版的《辩证唯物主义与历史唯物主义（第五版）》就首先介绍"质量互变规律"。其三，认识论和价值观。所谓认识论，就是指马克思主义哲学所主张的认识世界的方法。在"辩证唯物主义与历史唯物主义"范式教科书看来，作为以改造世界为己任的马克思主义哲学，必须阐述自己认识世界和改造世界的认识论原则。价值观是标志人们为何要坚定马克思主义信仰的终极价值所在，所以，认识论和价值观也是"辩证唯物主义与历史唯物主义"范式教科书不能忽视的重要内容。然而，由于不同的时期，哲学发展的水平不同，因此，每一个不同时期的教科书对认识论和价值观的介绍也就不同。比如，艾思奇1961年版的《辩证唯物主义 历史唯物主义》用两章内容介绍，一章是"认识和实践"，另一章是"真理"；李秀林2004年版的《辩证唯物主义与历史唯物主义（第五版）》用至少四章内容介绍，即"认识与实践"、"认识形式与认识过程"、"认识活动与思维方法"、"真理与价值"。其四，唯物史观。按照"辩证唯物主义与历史唯物主义"范式教科书的理解，唯物史观亦可称之为历史唯物主义，或者唯物主义历史观，被视为马克思主义哲学关于人类社会发展规律的阐述，是马克思主义哲学不可分割的主要组成部分。关于唯物史观的介绍，不同的"辩证唯物主义与历史唯物主义"范式教科书有不同的介绍逻辑。比如，艾思奇1961年版的《辩证唯物主义 历史唯物主义》，集中在后七章介绍唯物史观；李秀林2004年版的《辩证唯物主义与历史唯物主义（第五版）》则是分开介绍了唯物史观的内容，用第三章、第四章、第七章和第十二章介绍。

二、"实践唯物主义"范式创新

在对以《关于费尔巴哈的提纲》为标志的马克思经典著作研究的基础上，学者们认为，马克思哲学是对以往理论哲学的革命性创造，本质上是"历史唯物主义"，所以，"实践唯物主义"范式的思维前提应该是，马克思主义哲学是以现实生活世界为认知根基的世界观体系。众所周知，世界观与方法论、认识论不好分割，那么，我们为什么说"实践唯物主义"范式是世界观体系，而不说是认识论体系呢？这主要是从"实践唯物主义"范式的侧重点来理解的。用北京师范大学杨耕先生在《北京社会科学》1998年第1期发表的《"实践唯物主义"的由来及其与"辩证唯物主义"的关系》一文的话讲就是，"实践唯物主义不仅是一种实践观，更重要的是一种世界观"①。随着中国的改革开放，包括现代西方马克思主义哲学的现代西方哲学，迅速在学者们中间传播，即便

---

① 杨耕：《"实践唯物主义"的由来及其与"辩证唯物主义"的关系》，载《北京社会科学》1998年第1期。

是被视为传统马克思主义哲学代表人物的学者也开始研究这些西方哲学，并且建议将西方现代哲学相关研究成果融入马克思主义哲学，用黄楠森先生在《更完整严密构建马克思主义哲学体系的必要性与可行性》一文中的话讲就是："西方哲学，特别是当代哲学中哪些理论、哪些观点可以经过改造而融入马克思主义哲学之中。"① 正是在这些马克思主义哲学前辈的支持下，中国哲学界一度热衷于生存论哲学研究。在我们看来，马克思主义哲学教科书的研究者和著述者，不但没有置身生存论哲学研究热的事外，恰恰相反，其将生存论哲学的成果融入了马克思主义哲学教科书的创新之中，其成果就是"实践唯物主义"范式的诞生。也就是说，马克思主义哲学教科书融入围绕人的生存而展开的生存论哲学研究理念，把马克思主义哲学教科书的思维前提定位为，马克思主义哲学是以现实生活世界为认知根基的世界观体系。这可以从三个视角理解：其一，"实践唯物主义"范式以能否反映时代精神作为教科书是否具有合法性的根据。马克思把真正的哲学视为自己时代精神的精华。当然，马克思所理解的时代精神是根源于现实生活世界的人类社会实践的概括，不是黑格尔理解的抽象和思辨的绝对精神。传统的马克思主义哲学教科书范式（即"辩证唯物主义与历史唯物主义"范式）把如何能够准确把握马克思的哲学思想视为教科书是否具有合法性的根据，而此种观念不利于人们更好地把握中国改革开放的哲学根据，即改革开放的实践使得以现实生活世界为根据的时代精神发生了变化。所以，"实践唯物主义"范式把能否反映时代精神作为教科书是否具有合法性的根据，就体现了"实践唯物主义"范式有其产生的哲学根据。其二，"实践唯物主义"范式把对现实生活世界的认识理解为具有本体意蕴的实践。实践是个抽象的概念，也是一个可操作性的现实性概念。正因为实践概念具有的这种二重性意蕴，"实践"一词就很难予以把握，但实践一词并不是现代哲学家才使用的，古代哲学家（如亚里士多德）、近代哲学家

---

① 黄楠森：《更完整严密构建马克思主义哲学体系的必要性与可行性》，载《北京大学学报（哲学社会科学版）》2007年第6期。

（如康德、黑格尔）都曾经使用实践概念。或许有学者认为，这些哲学家也是实践哲学家。但在我们看来，他们的实践不是对现实生活世界认识意蕴上的实践，而"实践唯物主义"范式中的具有本体意蕴的实践，则是指代现实生活世界认识意蕴上的实践。其三，"实践唯物主义"范式更为关注作为主体的现实生活世界中的人的能动性。中国改革开放以前的教科书，特别强调尊重经典作家的观点，这种认识严重阻碍了中国社会的创新性发展。改革开放非常需要提供尊重现实生活世界体验的哲学根据，于是，实践是检验真理的标准被重新提及。实践是检验真理的标准的一个核心问题是谁来掌握实践。这就意味着，必须更为关注作为实践主体的人，而且这个人是感性的人，即来自于现实生活世界中的感性的人。

许多学者发表文章论证"实践唯物主义"范式在理解马克思主义哲学中的准确性和价值性，甚至有学者也写出了教科书，但在我们看来，真正意义上的"实践唯物主义"范式教科书，只有辛敬良先生的《马克思主义哲学导论——实践的唯物主义》一书。这就是说，到目前为止，只有辛敬良先生的马克思主义哲学教科书是真正把实践作为思维前提的。所以，"实践唯物主义"范式的逻辑架构也就比较清晰。从构筑逻辑上看，"实践唯物主义"范式，由四大部分组成。其一，实践观。辛敬良先生之所以写《马克思主义哲学导论——实践的唯物主义》一书，是因为他认为，既然马克思、恩格斯在《德意志意识形态》一书中明确把自己的哲学称之为"实践唯物主义"，那么，还不如用"实践的唯物主义"取代"辩证唯物主义与历史唯物主义"。他的这一观点并不是根源于对经典作家原著的简单推崇，而是源于其认为马克思、恩格斯《德意志意识形态》的这种理解，的确是对马克思主义哲学最准确的表达。所以，辛敬良先生在"实践唯物主义"范式教科书中，首先论证马克思主义哲学的实践观。其二，自然过程观。在辛敬良先生看来，自然过程并不是纯粹的客体，也就是说，自然界虽然具有客观性和对人的优先地位，但它可以通过对象性向人呈现，即自然界可以通过其历史性的一面而与社会相统一。这种理解，不仅是"实践唯物主义"范式教科书在书写逻辑上的创新，也突破了"物质本体论"的解释原则。辛敬良先生的《马克思主义哲学导论——实践的唯物主义》教科书，用了整个第二编（以实践为中介的自然过程）的内容阐释马克思主义哲学的自然过程观。第二编包含三章内容，即"第四章自然界的客观性及对人的优先地位"，"第五章自然界的对象性及向人的呈现"，"第六章自然界的历史性及与人在社会中的统一"。其三，社会历史过程观。任何范式的教科书都把马克思的唯物史观视为马克思主义哲学的核心内容，"实践唯物主义"范式教科书也不例外。但在辛敬良先生看来，人类社会的历史更应该是一个过程，而且是一个以人的实践为本质的历史过程，为此，他把该部分内容命名为"以实践为本质的社会历史过程"。在构架唯物史观内涵体系上，"实践唯物主义"范式教科书更多地突出人的社会实践意蕴，而不是诸如"辩证唯物主义与历史唯物主义"范式教科书那样突出社会发展规律。对社会历史过程观的论述，"实践唯物主义"范式教科书用了整整八章内容阐述，即"第七章社会有机体"，"第八章历史的主客体和历史过程"，"第九章社会物质生产"，"第十章人自身生产和人群共同体"，"第十一章社会精神生产"，"第十二章精神产品的两大类型——意识形态和科学"，"第十三章社会形态及其演进序列"，"第十四章人、人性和人的全面发展"。其四，认识过程观。哲学既是世界观，也是方法论，也即是说，阐述认识逻辑，也是马克思主义哲学不能回避的内容。"实践唯物主义"范式教科书认为，人的认识是一个有着自己规律的过程，它给予了全新的逻辑架构。"实践唯物主义"范式教科书还把价值观的内容囊括在了认识过程观之中，即专门设立了"实践与真理"一章。在我们看来，"实践唯物主义"范式教科书或许只是想阐释认识真理的路径，并不是真正想表述马克思主义哲学的真理观。对认识过程观的论述，"实践唯物主义"范式教科书用了四章内容阐述，即"第十五章意识的发生和结构"，"第十六章认识过程"，"第十七章实践与真理"，"第十八章思维的规律和方法"。

三、"实践观点的思维方式"范式创新

"实践观点的思维方式"范式与"实践唯物主义"范式一样,都认为马克思主义哲学是以"实践"为逻辑基点的哲学,不同的是,"实践观点的思维方式"范式不是把现实生活世界作为"实践"的开端,而是以认知"实践"的思维方式为"实践"的开端,这就是说,"实践观点的思维方式"范式的思维前提是,马克思主义哲学是不同于思辨哲学思维方式的认知和改造世界的方法论体系。之所以将"实践观点的思维方式"范式称之为方法论体系,并不是说"实践观点的思维方式"范式不论及世界观,因为,没有不表征自己世界观的哲学逻辑,这里之所以把"实践观点的思维方式"范式称之为方法论体系,是因为该范式特别强调哲学思维方式和其他思维方式的不同。"实践观点的思维方式"范式发起人高清海先生对此曾有个解释,即高清海先生认为,哲学理论最重大最根本的变化,不是"世界观"的变革,而是哲学思维方式的变革,因为"不同的世界观表现的主要是人们对待世界的态度、看待世界的方式、理解世界的观点的不同,这在实质上就是对待世界和事物的哲学思维方式"①。纵观哲学史,"实践观点的思维方式"范式的产生背景与"实践唯物主义"范式产生有着相似之处,也就是说,"实践观点的思维方式"范式也与改革开放有关,即改革开放需要相应的哲学理论作为根据。换言之,中华民族是一个崇尚"敦行"的民族,而"敦行"的根据即为与世无争的儒家思维方式,所以,要想改革开放获得成果,必须改变人们传统的思维方式。马克思主义哲学是不同于思辨哲学思维方式的认知和改造世界的方法论体系,可以从三个视角理解。其一,"实践观点的思维方式"范式用"感性的人的活动"与"直观的人的活动"做了哲学本性上的切割。马克思在《关于费尔巴哈的提纲》一文中明确表明了自己的哲学与以往一切形式的哲学都有所不同。马克思在论及自己

---

① 高清海:《哲学的创新》,长春:吉林人民出版社1997年版,第82页。

的哲学与费尔巴哈的哲学的不同时指出,自己的哲学对现实生活世界的理解是"感性的人的活动",而费尔巴哈的哲学对现实生活世界的理解是"直观的人的活动"。"实践观点的思维方式"范式之所以要用"实践观点"与其他形式的哲学做切割,本质上是要表征马克思哲学是更为具有合理性的思维方式。其二,"实践观点的思维方式"范式始终贯彻"主客统一"的认识论原则。在"实践观点的思维方式"范式看来,马克思哲学之所以能够称之为真正意义上的"实践哲学",不仅是因为马克思哲学更为关注现实生活世界,还是因为马克思哲学能够消解"主客二分"的矛盾,即马克思哲学能够通过独特的"实践观点"理论,将主体的能动性与客体的对象性联系在一起。其三,"实践观点的思维方式"范式始终坚持使用认识世界的方法论原则书写教科书。从一定意义上理解,不同的教科书范式的差别就是教科书书写的差别。所以,衡量一本教科书的优劣与否,就要看该教科书使用的书写原则。与诸多教科书直接采取陈述相应的世界观理论方式不同,"实践观点的思维方式"范式坚持使用认识世界的方法论原则分析相关理论。因为,在该范式看来,无论是认识世界,还是改造世界,都是以认识世界为前提的,或者进一步讲,改造世界也可以理解为是一种宏观的认识。

1985年,人民出版社出版的高清海先生的《马克思主义哲学基础》,令学术界为之一振,该书的出版让人们看到了一个不同于传统教科书的马克思主义哲学教科书,但该书的影响也主要在学术界,即该教科书并没有在众多的高校中传播。需要说明的是,该书被视为"实践观点的思维方式"范式的教科书,是根据高清海先生的哲学思想所做的概括。也就是说,高清海先生起初只是要反对从"主客二分"出发理解马克思主义哲学的模式,并没有表明自己的教科书是"实践观点的思维方式"范式。比如,高清海先生在《走哲学创新之路——关于哲学教科书体系改革的心路历程》一文中提及:"原先的教科书尽管处处要同旧哲学对立、处处在批判旧哲学观点,它却并未跳出旧哲学思考问题的框架,它用以批判旧哲学的那个思维方式恰恰是传统哲学用以建立他们世界观理论的哲学模式,我称它为从两极对立出发的思维方式即'本体论化'模式。这是造成教科书在很多问题上同旧哲学总是划不清界线的深层原因。"① 从教科书的书写历史看,迄今为止,也是只有高清海先生的《马克思主义哲学基础》一本教科书真正属于"实践观点的思维方式"范式。从构筑逻辑上看,该范式由四大部分组成。其一,认识观。这里所指代的认识观不是指哲学内涵意蕴上的认识论,而是指"实践观点的思维方式"范式教科书对"认识"范畴的本质性把握。高先生把"认识观"放在教科书的第一篇,即把"实践观点的思维方式"范式教科书的四分之一篇内容都用在了阐述"认识的本质"上。之所以这样构筑教科书逻辑,在我们看来,正是要告诉人们,哲学就是思维方式,马克思主义哲学就是实践观点的思维方式。也就是说,高清海先生的"实践观点的思维方式"范式教科书,开篇就清晰阐释了自己的基本观点和基本立场。这一篇包括两章内容,即"第一章意识与存在的关系——认识的基本矛盾","第二章马克思主义哲学对存在与意识关系的科学解决"。其二,客体观。客体和主体的关系究竟是什么?和主体的关系如何?许多研究者不自觉地把客体与主体进行了划分,但它们本质上是不可分割的,所以,"实践观点的思维方式"范式教科书就摒弃了"主客二分"的客体观。"实践观点的思维方式"范式教科书的客体观只是要阐明"概括人类认识客体的一般进程和一般规律",用高清海先生的解释就是,客体观"就是马克思主义哲学对人类认识客体的一跃进程和一般规律所作的哲学的概括和总结,对人类认识客体所表现出的一般逻辑进程的说明"②。这一篇包括"第三章客体的规定性","第四章客体的规律性","第五章世界统一于运动着的物质"。其三,主体观。所谓主体观,在高清海先生看来,就是研究人的逻辑。之所以把"主体观"视为马克思主义哲学教科书所要研究的主要内容,用高清海先生的话讲,是因为两点,一点是人是人一切活动的出发点和归宿的原因,另一点是主体表

---

① 高清海:《走哲学创新之路——关于哲学教科书体系改革的心路历程》,载《开放时代》1996年第3期。

② 高清海:《马克思主义哲学基础》(上),北京:人民出版社1985年版,第206页。

现着思维与存在、精神与物质、主观与客观的矛盾，换言之，"只有对主体——人有了一个正确的了解，才能切实地掌握思维与存在的关系问题上的唯物主义和辩证法观点"①。需要说明的是，"实践观点的思维方式"范式教科书对主体的阐述与任何其他范式教科书对主体的阐述，在逻辑结构上都有所不同，即它不仅详细阐释了作为主体的人的规定性，还详细论证了主体能力的根据和发展。这一篇包括"第六章人作为主体的基本规定性"，"第七章主体能力的自然基础"，"第八章主体的社会规定性"。其四，主客体统一论。主客体统一论是"实践观点的思维方式"范式教科书最为特别的地方，因为，它理解的所谓的统一，已经不仅仅是主体、客体和实践三者之间的关系，而是赋予了价值内涵的综合性的统一。或者说，"实践观点的思维方式"范式教科书已经不仅仅把主客体的统一看做逻辑意蕴上的统一，而且还将其看做了哲学最高使命上的统一——人自由的实现。正是因为此，高清海先生把主客体统一论命名为"在实践基础上真善美的统一与自由的实现"。这一篇包括四章内容，即"第九章主客体统一的规定性"，"第十章实践"，"第十一章认识"，"第十二章自由"。

四、"历史唯物主义"范式创新

近年来，尤其是21世纪以来，"历史唯物主义"范式一度成为学者们关注的研究对象，仅中国社会科学院的《哲学研究》杂志就发表了40余篇关于"历史唯物主义"范式的研究论文，以吉林大学孙正聿先生为代表的学者的论文，非常清晰地阐明了"历史唯物主义"范式的思维前提，即马克思主义哲学是以历史唯物主义表征人的存在的逻辑。如果说"实践唯物主义"范式和"实践观点的思维方式"范式是从哲学理论是否具有现实合法性的视角进行的创新，那么，"历史唯物主义"范式的创新则有所不同，即"历史唯物主义"范式创新的出发点是回到原著去

---

① 高清海：《马克思主义哲学基础》（下），北京：人民出版社1987年版，第10—11页。

寻找马克思哲学的本质特征。在马克思主义哲学的研究中,有学者认为马克思哲学就是辩证唯物主义,或者是历史唯物主义、实践唯物主义、辩证唯物主义和历史唯物主义等,但也有学者认为马克思哲学就是社会理论或社会哲学。基于这些研究成果,以孙正聿先生为代表的一些学者,主张从马克思哲学的本质特征表征马克思主义哲学应该是更为准确的研究视角。那么,马克思哲学的本质特征不是实践吗?如果是实践,马克思哲学不就是实践唯物主义吗?当然,有的学者认为马克思哲学的本质特征是实践,但还有许多学者从马克思哲学的历史使命和基本内涵等视角理解马克思哲学,也就是说,马克思哲学的本质特征还有其他解释,包括"历史唯物主义"范式的解释。孙正聿先生在《历史唯物主义的真实意义》一文中,对此问题的解释是:"历史唯物主义关于'世界观'的解释原则,集中地、深切地体现了马克思的'解放何以可能'的哲学使命和马克思的'现实的人及其历史发展'的哲学内涵。"[1] 孙正聿先生的观点很明确,马克思主义哲学是表征人的存在的逻辑。马克思主义哲学是以历史唯物主义表征人的存在的逻辑,可以从三个视角理解。其一,"历史唯物主义"范式围绕人的活动展开逻辑框架构筑。马克思认为,"历史不过是追求着自己目的的人的活动而已"[2]。这就是说,历史唯物主义亦可称之为"人的活动逻辑"。与之相适应,"历史唯物主义"范式的逻辑框架构筑,就不能不围绕人的活动而展开。人的活动又可称之为人的社会历史活动,所以,围绕人的活动展开的逻辑框架,就应该是人类认识和改造世界的生产方式和生存方式。其二,"历史唯物主义"范式强调社会历史规律的研究价值。历史唯物主义是一种决定论的哲学逻辑,即建立在历史决定论的基础之上。历史决定论与各种非历史决定论的差别在于,历史决定论认为人类社会历史发展是有规律的,而各种非历史决定论认为社会历史发展是偶然因素的集合,人类社会的发展没有规律可言。所以,从一定意义上理解,"历史唯物主义"范式

---

[1] 孙正聿:《历史唯物主义的真实意义》,载《哲学研究》2007年第9期。
[2] 《马克思恩格斯全集》第2卷,北京:人民出版社1957年版,第118—119页。

就是要阐释人类是按照哪些社会发展规律从事社会活动的,或者说,"历史唯物主义"范式就是要阐释人类应该按照怎样的规律从事社会活动。其三,"历史唯物主义"范式把论证人的自由自在存在状态作为理论终点。既然"历史唯物主义"范式把"人的存在"视为最为根本的哲学问题,那么,它就必定要阐释自己的理论是如何规定人类自由的实现路径和实现状况。纵观哲学史,任何哲学理论都有自己对人存在状态的设想,比如,中世纪的神学理论,不论是哪种形式的神学理论,都把人的自由存在理解为彼岸世界的特权,即在此岸的现实生活世界,人类是不可能存在真正自由状态的。

将历史唯物主义作为马克思主义哲学的核心内容,学术界对此没有争议,倾向于认为马克思主义哲学就是历史唯物主义的学者也愈来愈多,但把历史唯物主义作为教科书范式进行书写的著作几乎不存在,或者说,按照"历史唯物主义"范式的思维前提加以对照,"作为'历史唯物主义'范式的当代中国马克思主义哲学教科书,严格意义上并没有出现,勉强有所接近的也就算赵家祥1999年出版的《历史唯物主义教程》,因为该版的逻辑起点是'人'(第一编是《人·自然·社会》),结论还是'人'(第六编是《人的本质和人类解放》),实现了以'人的观念'逻辑对'物质本体论'逻辑的取代"[1]。"历史唯物主义"范式,从构筑逻辑上看,由七编内容组成。其一,人、自然、社会。与"历史唯物主义"范式的思维前提相适应,该教科书首先把握人的存在。赵家祥先生认为,"人、自然、社会构成一个相互联系的整体"[2]。这就是说,人是不能单独存在的,或者说,人不能离开自然和社会而独立存在。为此,"历史唯物主义"范式教科书设计了三章内容来阐释人为什么要和自然、社会统一存在,即"第一章人和自然","第二章人和社会","第三章实践——人、自然、社会统一的基础"。其二,社会生产。

---

[1] 曹典顺:《语境与逻辑:当代中国马克思主义哲学教科书范式嬗变》,载《马克思主义与现实》2012年第2期。

[2] 赵家祥:《历史唯物主义教程》,北京:北京大学出版社1999年版,第45页。

在论证了人是社会中的存在之后,"历史唯物主义"范式教科书转向论述"社会生产"。之所以要论述社会生产,用赵家祥先生的话说就是:"社会生产是人类创造社会财富的活动和过程,是人类和人类社会得以存在和发展的前提和基础。"① 这即是说,之所以要论述社会生产,目的还是要阐释人的存在,只不过前者是描述人存在的本质,这里是描述人的存在方式。根据社会生产所包含的要素和社会生产的功能,"历史唯物主义"范式教科书设计了四章内容,即"第四章社会的物质生产","第五章人类自身生产","第六章社会的精神生产","第七章社会生产的整体结构和功能"。其三,社会结构。社会结构也是人的存在论述的延续,因为,如果说社会生产反映的是人的存在方式,那么,社会结构反映的则是人的存在状态。为此,"历史唯物主义"范式教科书虽然专列了"社会结构"整编的内容,但在赵家祥先生看来,这一编依然没有能够囊括所有"社会结构"的内容,即有些在其他篇章论述的内容,也是属于社会结构的内容。这一编,共有四章内容,即"第八章经济基础和上层建筑","第九章人群共同体的历史形式","第十章阶级和国家","第十一章社会意识及其形式"。其四,社会运行机制和社会发展动力。如果说第二编、第三编描述的是社会发展的静态系统,那么,社会运行机制和社会发展动力描述的则是社会发展的动态形态,即"历史唯物主义"范式教科书依然围绕人的存在展开逻辑架构。社会运行机制十分复杂,其是社会学的重要研究对象,马克思主义哲学教科书对其的把握只能是宏观层面上的,赵家祥先生认为:"社会运行机制包括需要和物质利益、分工协作、社会管理和社会预测、决策等。我们重点叙述需要和物质利益、分工及其在社会发展中的作用。"② 据此,这一编,共有六章内容,即"第十二章需要与利益在社会发展中的地位和作用","第十三章分工在社会发展中的作用","第十四章革命和改革在社会发展中的作用","第十五章科学在社会发展中的作用","第十六章人民群

---

① 赵家祥:《历史唯物主义教程》,北京:北京大学出版社1999年版,第107页。
② 赵家祥:《历史唯物主义教程》,北京:北京大学出版社1999年版,第303页。

众和个人的历史作用","第十七章社会发展的动力系统"。其五,社会形态及其发展过程。在赵家祥先生看来,马克思主义哲学的社会形态理论,"在历史唯物主义体系中占有十分重要的地位。讲清马克思主义的社会形态理论,对于理解历史唯物主义的其他原理,对于解释当代现实中向历史唯物主义提出的一系列重大研究课题,具有十分重要的意义"①。为此,"历史唯物主义"范式教科书单列了这一部分内容,这一部分共有三章内容,即"第十八章社会形态的划分","第十九章社会形态的发展是一种自然历史过程","第二十章社会形态发展的统一性和多样性"。其六,人的本质和人类解放。前文已经论及,论述人的本质和自由自在的存在应该是"历史唯物主义"范式教科书的终极目标。用赵家祥先生的话说,"人的本质是一个哲学范畴,实际上是指什么是人?人有哪些主要属性"②。这一编,共有三章内容,即"第二十一章人与人道主义","第二十二章人的价值和人生观","第二十三章社会进步及人的解放"。其七,历史认识论。"历史唯物主义"范式教科书把历史认识论单列一编,不仅是逻辑的需要,用赵家祥先生的话说:"本编所讲的历史认识论是以历史认识为对象,研究人们历史认识的结构、过程及其发展规律的一门哲学学科。"③ 这一编,共有三章内容,即"第二十四章历史认识论在唯物史观中的地位","第二十五章历史认识的客观性是历史认识论的中心问题","第二十六章历史认识的主体性与客观性"。

(作者曹典顺系江苏师范大学当代中国马克思主义哲学研究范式创新研究中心主任、教授,哲学博士,研究方向:哲学基础理论、社会哲学、文本文献学;作者张丽霞系江苏师范大学当代中国马克思主义哲学研究范式创新研究中心研究人员,讲师,哲学硕士,研究方向:伦理学、政治哲学)

---

① 赵家祥:《历史唯物主义教程》,北京:北京大学出版社1999年版,第443页。
② 赵家祥:《历史唯物主义教程》,北京:北京大学出版社1999年版,第497页。
③ 赵家祥:《历史唯物主义教程》,北京:北京大学出版社1999年版,第549页。

2013年中国马克思主义哲学史范式研究的进展

冯建华

[摘 要] 2013年中国马克思主义哲学史研究范式的突出特点是聚焦于当代中国马克思主义哲学史研究，孙正聿的当代中国哲学史研究、何萍的1949年以来中国马克思主义哲学史研究、任平的当代中国马克思主义哲学创新学术史研究是三种代表性的研究方式，虽然存在共同的研究领域、根本宗旨、基本目标，但是三者各具不同的学术特色，在总体特点、针对问题和提问方式、基本原则和书写方式、具体使用的二级范式都存在差异，因此，三种研究方式都有其独立的学术价值，对马克思主义哲学具有独特的创新意义。

[关键词] 当代中国马克思主义哲学史；当代中国哲学史；1949年以来中国马克思主义哲学史；当代中国马克思主义哲学创新学术史；断代史

一

近几年马克思主义哲学史范式研究相对平淡，没有出现有标志意义的通史类、断代史类著作，举办的活动也多局限于某个专题、人物、事件等专题史研究领域，或主要属于其他范式的研究。2013年这一范式研究举办的学术活动引人注目，"马克思哲学论坛"自2000年创立以来，一直在马克思主义哲学学科中规格最高、影响力最大。2013年10月

26—27日,在北京大学举办了"第十三届马克思哲学论坛",这次论坛第一次直接把马克思主义哲学史研究作为论坛主题(具体主题是:"马克思主义哲学史研究:经典与当代"),来自全国马克思主义哲学博士点的学术带头人和从事马哲研究的老中青三代知名学者近两百人济济一堂,论坛对马克思主义哲学史研究进行了全面总结和深入探讨,具体研讨了四个方面议题:"马克思主义哲学史学科反思与方法论检讨"、"马克思主义哲学史上重要文本、人物和思想研究"、"马克思主义哲学史研究与马克思主义哲学理论创新"、"国际视野中的马克思主义哲学研究"。这一活动系统盘点了我国马哲史研究范式的历史、成就、问题、前景,并对今后的发展进行了展望,反映了我国马哲史范式研究的最新进展,对推进中国马克思主义哲学史研究产生了重要作用。中国马克思主义哲学史学会照常举办了一年一度的年会,2013年年会在7月15—16日举行,由内蒙古大学哲学学院承办,年会主题是"中国道路与马克思主义哲学研究",北京大学、中国人民大学、复旦大学、南京大学、南开大学、武汉大学、中央党校、中央编译局等87个学术单位的160余名学者参会。学者具体讨论了中国道路、中国经验与中国梦的哲学问题,中国道路、中国经验与马克思主义创新,马克思主义哲学与当代中国发展中的问题,生态文明建设,中国化马克思主义与马克思主义哲学史等问题。

2013年出版的重要著作有侯才、毛卫平的《马克思主义哲学形态演变史》(黑龙江人民出版社出版)。复旦大学出版社开始出版"思想史视域的马克思主义研究丛书",这一丛书在专题史著作中较有代表性,已出版的著作有焦佩锋的《唯物史观与历史主义》,黄学盛的《青年马克思与启蒙》,张学岭的《揭穿"意识内在性"之幻相——马克思对意识的存在性质的探讨》,姜佑福的《历史:思辨与实践——论马克思与黑格尔历史观念的基本差别》。

2013年发表的重要论文有:何怀远的《思想史方法革命中的理论创新——张一兵现实的马克思主义哲学史方法研究》(《江苏社会科学》2013年第4期);卢德友的《思想史与现实中的马克思主义哲学史研

究》(《天津社会科学》2013年第1期);代建鹏的《从陌生化到再陌生化:我国马克思主义哲学形成史研究路径的回顾与前瞻》(《东南学术》2013年第5期);任平的《当代中国马克思主义哲学学术史的创新与发展》(《河北学刊》2013年第2期);何萍的《如何书写1949年以来的中国马克思主义哲学史》(《武汉大学学报》2013年第3期)。另外,王东等学者发表了数篇纪念我国马克思主义哲学史家黄楠森教授的论文:如王东的《马克思主义哲学创新的一面旗帜——纪念黄楠森先生》(《高校理论战线》2013年第3期);徐春的《黄楠森教授晚年关注的马克思哲学观问题研究》(《现代哲学》2013年第3期);董学文的《文艺学学科也要走科学建设之路——学习和追忆黄枬森的学术思想》(《文艺理论与批评》2013年第3期)。

在2013年的上述研究成果中,大致可分为四种类型:一类是具有通史和专题史性质的"马克思主义哲学形态演变史",这一研究延续了吴元樑教授主编的《马克思主义哲学形态演变》的研究领域,对于构建中国马克思主义哲学形态具有较大意义。第二类为专题史研究,以复旦大学开始出版的"思想史视域的马克思主义研究丛书"为代表,这一研究是从思想史角度深入阐发马克思主义哲学革命的实质,他从启蒙思想及古典自由主义向唯物史观及科学社会主义的转变历程,其对于现代哲学、新型社会科学的开启作用,对现代世界进程的全面影响,特别重视在思想史层面对马克思主义社会政治理论拓展、开掘,这一研究对于解决我国马克思主义哲学思想史研究滞后问题有较大开拓作用。第三类为人物思想研究,其代表是何怀远对张一兵马哲史方法研究、王东对黄楠森哲学思想的研究。前者系统梳理和总结了张一兵教授的马哲史研究方法的历程、特点及其贡献,作为文本学研究范式的开创者,张一兵教授一直强调马哲史研究的方法论,他的研究具有开创性和学术个性,对其这方面内容研究,在马哲史范式研究中具有较大意义。后者是对已故中国马哲史学科奠基人黄楠森教授的纪念性研究,王东总结了黄教授一生在马克思主义哲学各领域的重要贡献,尤其是在马哲史学科方面的杰出贡献，通过梳理黄先生在马哲史学科的贡献，有助于推动中国马哲史研究范式在当代的进一步发展。第四类是对当代中国马克思主义哲学史这一断代史的研究，以任平的《当代中国马克思主义哲学学术史的创新与发展》、何萍的《如何书写1949年以来的中国马克思主义哲学史》为代表，上述两篇论文和孙正聿教授在2011年开始的"当代中国哲学史"研究标志着这一领域研究已经形成一个学术热点，这些研究虽然正在进行之中，目前呈现出来的只是阶段性研究成果，最终的断代史著作问世尚需一段时间，但笔者认为这一断代史研究具有重大现实意义和学术意义，在近几年的中国马哲史范式研究中最为突出，最具代表性，吸引了以孙正聿教授、任平教授、何萍教授三位著名学者为首的三个学术团队共同关注，相信不久的将来随着最终成果的问世，将会使马哲史范式研究取得重要突破，带来马克思主义哲学史学科的繁荣发展，并进一步带动中国马克思主义哲学其他研究范式、研究领域的发展。虽然同时对同一领域进行研究，但三者问题不同、目标各异、角度不一、各具特点，彰显出不同的学术个性和特色，各自具有不可替代的研究价值和创新意义。由于在2013年马哲史范式研究中，这一断代史领域研究最具代表性，其成果最具成长性，最终成果将最具突破性，因此笔者具体比较研究三种不同的书写方式，并作为2013年马哲史范式研究进展的代表。

二

近几年，对当代中国马克思主义哲学史（以下简称当代中国马哲史）这一断代史领域有三种代表性的研究：孙正聿教授为首的"当代中国哲学史"研究、何萍教授为首的"1949年以来中国马克思主义哲学史"（以下简称"1949以来中国马哲史"）研究、任平教授为首的"当代中国马克思主义哲学创新学术史"（以下简称"当代中国马哲创新学术史"）研究，前者开始于2011年，后两者起步于2013年，三个有影响的学术团队同时从不同角度、以不同方式聚焦于这一断代史研究领域，使之成为一个学术热点，是近年来我国马哲史研究的一大景观。三种研究方式首先有着共同的研究宗旨：繁荣马克思主义哲学研究，促进马克思主义哲学其他领域的发展，推动中国马克思主义哲学的整体创新，建构中国马克思主义哲学形态，为中国深化改革、社会主义现代化建设提供更好的理论依据和理论指导。虽然存在共同的目标、根本宗旨、研究领域，在一些内容上也会相互交叉，但是作为各自独立的、路径不同的研究方式，三者在总体特点、针对问题和提问方式、研究和书写方式、具体采用的二级研究范式之间明显不同，凸显着不同的研究特色，各自具有不可替代的研究价值和理论创新意义。具体比较三种不同的研究方式，有助于三者之间相互对话、相互促进，有助于全面把握这一断代史研究领域的前沿，推动这一断代史研究领域的发展。鉴于三者是对同一领域的研究，其共同之处比较明显，因而本文重点研究三者在几方面的差异之处，以期深入把握各自的学术特色、创新之点、独立价值。

（一）总体特点的不同

关于"当代中国哲学史"属于马哲史研究范式的性质，笔者已做过论述①，此不赘述。当代中国哲学史研究基本特点是全面性、整体性，这一全面性、均衡性体现在四个方面：其一，政治性和学术性的均衡性。作为一部国家规划的教材，这一研究首先体现了政治性特点，胡锦涛、习近平等政治领导人的讲话，和《中国共产党中央委员会关于建国以来党的若干历史问题的决议》等重要政治文献，是这一研究的政治依托，党的领导集体的哲学思想，特别是毛泽东哲学思想、邓小平哲学思想、"三个代表"的哲学思想和科学发展观的哲学思想是这一研究的政治基础。同时，这一研究又突出学术性，它不是党的路线、方针、政策

---

① 参见冯建华：《2012年中国马克思主义哲学史范式研究的进展》，见任平主编：《当代中国马克思主义哲学研究（2013）》，北京：中央编译出版社2013年版。

的简单注解和舆论宣传，而是努力揭示党的领导集体思想背后的学理依据，以党的政治思想为指导，深层探讨各个时期的重大学术争论、重要哲学理论成果、哲学8个二级学科重要哲学家、哲学学者的学术成果，以学术的方式呈现中国发展的历史逻辑和中国马克思主义哲学发展的理论逻辑。在具体历史分期问题上，必然秉持政治事件和学术样式的复合标准，比如"文革"、改革开放，教科书、教科书改革、后教科书等标准。其二，形式和内容的总体性。当代中国哲学史的研究体现出形式和内容的统一性，理论方法和理论形态的统一性，无论形式和内容都是整体性呈现。一方面，它不是拘泥于形式研究、也不是拘泥于内容研究，而是在形式和内容的同一中进行研究。另一方面，无论是形式方面还是内容方面，都是整体性研究。在形式方面，它不拘泥于某一种研究范式、研究方法、研究路径，而是整体性包含各种马克思主义哲学研究的范式、路径、方法。在内容方面，它全面涵盖了中国马克思主义哲学在各个时期、各种哲学形态和理论体系的内容，甚至囊括了哲学所有二级学科发展的理论内容。其三，研究内容、论域的全面性。在内容上，全面涵盖哲学8个二级学科各自的发展历程及其成果。在论域上全面包括"历史研究、论域研究、问题研究和体系研究"①：问题研究是统帅，主要提炼、概括、梳理和回答当代中国哲学史的重大问题；领域研究是重点，主要概括、探讨和评价哲学8个二级学科的各个时期的研究状况和研究成果，具体研究各学科发展的典型代表、标志性成果、思想源流、经验教训；历史研究是基础，主要分析当代中国哲学史与当代中国史的具体的内在关系，以历史和逻辑相统一的方法揭示当代中国哲学史发展的内在规律以及它和当代中国历史演变的逻辑关联；体系研究是结果与综合，它是在内容研究的基础上，对问题研究、领域研究、历史研究的成果进行总体性和整体性的研讨。其四，史与论统一的全面性，史料与

---

① 孙正聿：《研究和撰写当代中国哲学史的几个问题》，载《吉林大学社会科学学报》2012年第1期。

逻辑的均衡性。逻辑与历史的统一、史与论的统一是其自觉的叙述方式，这种研究更体现出史与论的全面性。"史"全面涵盖了中国的马克思主义哲学研究史、中国哲学的争论史、中国哲学史，还包括现实的中国史。这里的"论"和"逻辑"全面体现在中国当代哲学争论史中的逻辑、中国化马克思主义哲学发展的理论逻辑、中国历史发展的现实逻辑。

"1949以来中国马哲史"研究的特点是个性化，研究范式和框架的专一性。与传统研究范式（马克思主义哲学史研究范式）相区别，它使用新的专一研究范式——马克思主义哲学中国化研究范式进行个性化创新研究，在此基础上提出一系列新观点。其一，认为这一断代史研究的创新之处，不在于内容，而在于研究形式、研究框架创新，即研究范式创新，不是采用传统的马克思主义哲学史研究范式，"提出研究1949年以来的中国马克思主义哲学史，其新意不在于内容的更新，而在于书写方式的更新"，"研究1949年以来的中国马克思主义哲学史，绝不是要复述马克思主义哲学史著作中已经论述的内容，而是要创造一种新的书写方式去重组这些内容，以此揭示马克思主义哲学在中国这样一个社会主义国家条件下的发展规律和内在转化机制，阐发20世纪中国马克思主义哲学的新观念、新理论"，认为"1949年以来的中国马克思主义哲学史的研究只有在马克思主义哲学中国化的研究范式中才有意义，而在马克思主义哲学史的研究范式中就没有意义"①。其二，把这一断代史定位为中国哲学思潮的一个部分。作者认为"中国马克思主义哲学不再是马克思主义哲学史上的一个阶段，而是中国近现代哲学诸思潮中的一个有机组成部分"，"1949年以来的中国马克思主义哲学史的课题只能在马克思主义哲学中国化的研究中提出，而不可能在马克思主义哲学史的研究中提出"，因为"马克思主义哲学史研究的理论框架是马克思主

---

① 何萍：《如何书写1949年以来的中国马克思主义哲学史》，载《武汉大学学报》2013年第3期。

义哲学传统和哲学形态，它所突出的是马克思主义哲学的背景，而马克思主义哲学中国化研究的理论框架是中国近现代哲学，它所突出的是中国哲学和中国社会的背景"。其三，在学术性和政治性的关系上，强调在马克思主义哲学中国化这一研究范式基础上，实现学术性和现实性的统一，反对脱离政治性、意识形态性的单纯学理性研究、认识论研究。"书写1949年以来的中国马克思主义哲学史必须把政治的因素纳入其中，在学术和政治的张力中探究1949年以来中国马克思主义哲学的学术结构及其变化。"其四，在内容上，虽然与"当代中国哲学史"一样，都把这一断代史的性质看做是马克思主义中国化的历史，但是它并不全面论述哲学各个二级学科的理论成果，只是着眼于马克思主义哲学、中国哲学的内容，以及马克思主义哲学与中国传统哲学的改造，中国传统哲学对马克思主义哲学的吸纳，创造出马克思主义哲学民族化形式的内容。

"当代中国马哲创新学术史"研究的基本特点是专题性、系统性。这一特点具体表现在五个方面：其一，"当代中国马哲创新学术史"不同于一般的马哲学术史、马克思主义学术史研究，它专题性地集中于马哲方法论、研究路径和视野问题，不去直接研究马克思主义哲学理论形态、原理体系，因而属于一种专题史。笔者之所以把它纳入当代中国马克思主义哲学史，作为断代史看待，是因为这一专题史非常特殊，方法论创新在理论创新中起决定作用，是理论创新的前提，它内在规定了不同理论形态的范围、方向、功能，方法论的创新史是整个马哲学术史的灵魂，内在决定了整个当代中国马克思主义哲学的学术创新图景。因此，"当代中国马哲创新学术史"是一种具有马哲断代史意义的专题史，甚至可以说，一部当代中国马克思主义哲学史就是一部马克思主义哲学研究范式创新的学术史，一卷马克思主义哲学研究范式的创新图谱。其二，在学术性和政治性的关系上，它突出表现为学术性的一面。马哲研究范式创新、学术图景转换的历史突出学术史这一特点，学术史就是学术研究的历史，即各专业领域的学理性知识发生、发展的历史。它不是历史事件、事例、事实的堆积，不是经验性描述这些历史事实的流变过程，而是将其提升为学术理性，建构学理性知识、形成学术问题和学术观念。书写学术史就是梳理、建构学术观念之间的内在联系，重构学术问题演变中的逻辑关系。哲学史和学术史的区别是，学术史舍去了作为外史的社会历史，也舍去了没有提升为哲学学术理论的经验观念以及仅仅作为舆论宣传的观念，集中呈现提升为学术思想的哲学观念及其发展和演变的内在逻辑。虽然它并不排斥政治性、意识形态性，但其只是作为每种学术范式产生和发展的研究背景，作为一个间接因素，而不是作为正面内容直接出现。在历史分期的标准上，其学术性表现在不直接把政治因素、政治事件作为分期标准，而是重视某一轴心范式的形成、对其他研究范式带动作用、构造的阶段性范式结构，以这种学术性的范式结构作为分期标准。其三，在形式与内容的关系上，这种研究属于形式研究，而舍去了众多具体内容。与其他马克思主义学术史研究不同，它不重点研究马克思主义哲学以外其他马克思主义学科的理论创新、其他相关学科的理论创新，这些内容都是某一研究范式的结果，属于附属性内容。各种历史事件、事变、事实等社会历史内容，党的决议、路线和政策等直接政治性内容，具体的人物、著作、会议、活动等学术性史料不是其研究对象，这些只是作为这一研究的背景。与"当代中国哲学史"研究不同，在马克思主义哲学创新成果中，这一研究不直接包含各种马克思主义哲学创新理论的内容、原理，以及它们之间的关系，更不全面研究哲学各二级学科发展成果的具体内容。它聚焦于各种马克思主义哲学理论的研究路径、方法、框架，即作为哲学方法论的研究范式，研究范式是各种马克思主义哲学理论的核心，是各种马克思主义学科理论的灵魂，居于支配地位，起主导作用。其四，方法论研究的总体性、系统性。与"1949以来中国马哲史"研究不同，它不局限于采用某单一范式进行研究，而是总体呈现当代中国马哲各种主要学术范式的产生、发展、存在的问题，形成的成果，同时它不是外在罗列各种学术范式各自的发展，而是力求揭示各种学术范式之间的内在关系，深入阐释由主导范式转换导致学术图景转换的内在规律。虽然"当代中国哲学史"研究也包括形式研究,也应该包括马哲研究中的各种范式,而不是局限于单一范式,但是,各种范式是隐含的、潜在的,不是作为书写的逻辑线索、主导内容,没有形成完整的范式体系、范式图谱,也不会深入研究各种范式的历史发展、它们之间的内在关系、范式转换的历史阶段性和规律性。其五,强调这一断代史的马克思主义哲学的根本性质。虽然在对待这一断代史的马克思主义性质、中国哲学性质上,三者并不存在根本矛盾,都认为二者是统一的,但由于研究方式的不同,前两种研究首先强调其中国哲学史性质,马克思主义哲学性质是第二位的。这一研究则认为其根本性质定位为马克思主义哲学学术史,而非中国哲学史、中国哲学学术史,其中国哲学史性质是第二位的。

(二)针对问题、提问方式各异

当代中国哲学史研究直接针对两方面问题,一方面是基于我国哲学学科内部二级学科发展不平衡,西方哲学处于强势话语,马哲学者普遍对西哲研究较为深入,而对中哲了解比较薄弱。另一方面,在哲学教学中,全面反映当代中国哲学学者理论成果和内在发展逻辑的教材还是空白,极大影响了哲学教学和学科建设。这一研究的直接宗旨是撰写具有系统、权威的当代中国哲学史教材,推动哲学学科建设、满足教学需要,也促进中国马克思主义哲学研究更好走向世界。

"1949以来中国马哲史"研究针对问题、提问方式表现在三个方面:一方面是基于马克思主义哲学中国化研究范式与马哲史研究范式的区别,而采用马克思主义哲学中国化作为新的研究范式,认为只有以马克思主义哲学中国化范式作为提问方式才能提出这一断代史问题,"1949年以来的中国马克思主义哲学史的研究只有在马克思主义哲学中国化的研究范式中才有意义,而在马克思主义哲学史的研究范式中就没有意义"[①]。新范式的提问方式是解答马哲与中国传统文化的关系、马哲

---

① 何萍:《如何书写1949年以来的中国马克思主义哲学史》,载《武汉大学学报》2013年第3期。

与当代中国社会实践的关系,论证马哲在中国近现代文化创造中的合法性、马哲对当代中国实践道路的重要意义。因而认为"1949以来中国马哲史"属于中国哲学思潮的一个部分,是中国近现代哲学的转折点。它的研究宗旨是揭示中国哲学的当代形态及其发展,展示中国人的新精神、新的价值理念和新思维。第二方面是立足于近30余年中国马哲研究,基于两种研究范式的比较而进行历史追溯,从而提出这一研究课题:"要说明研究范式的更新就必然要进行新旧研究范式的对比,而要对比新旧研究范式,就必须返回到以往的研究范式,这里所说的以往的研究范式是1949年新中国成立之后建立起来的,这就把30年来的中国马克思主义哲学研究扩大到对1949年以来的中国马克思主义哲学史的研究,从而提出了马克思主义哲学中国化研究的新课题。"第三方面,这一研究针对中国马哲史研究中存在任意套用西方马克思主义哲学的现象,而结合中国的历史和现实,深入研究中国马克思主义哲学的特点和内在机制,把握社会主义国家马克思主义哲学发展的特殊规律,思考中国马克思主义哲学的现状和未来发展。

"当代中国马哲创新学术史"研究针对三方面的问题:一方面针对中国马克思主义学术史研究中存在的研究对象、类型问题。目前中国马克思主义学术史研究中存在多种类型:有通史、断代史、专题史、中国马克思主义哲学史、中国马克思主义政治经济学史、中国马克思主义社会主义理论史、政治学史、法学史、新闻史、传播史等,而多种类型的研究之间关系混乱,主次不分。研究对象上存在多种理解:有的以马克思主义二级学科领域的历史为对象,有的以马克思主义哲学史、政治经济学史、社会主义理论史为对象,有的以马克思主义理论指导下的社会科学总体发展史(包括历史学、社会学、文学、法学、政治学等)为对象。第二方面针对中国马克思主义学术史存在的问题。目前这一研究基本采用历史描述性研究方式,收集整理所有的学术史料,使用"剪刀+浆糊"的方法,列举中国马克思主义学术史重要的人物、著作、学术活动、学术事件、学术关系,然后按照时间顺序和学术编年方式将其转化为首尾一贯的通史描述，这一学术史成为"人名＋书名"的汇集，结果陷入黑格尔所说的时间性的"外史"，只能达到马克思所说的"完整的表象"或"感性的具体"，而无法真正到达"理性具体"。而中国马克思主义哲学也失去了主导地位和前提性质，思想的流动逻辑淹没于分列的学术史描述之中，隐而不彰，被严重遮蔽。第三方面是针对当代中国马哲研究中的"学科壁垒"问题。改革开放后30余年中，中国学术空前繁荣，马克思主义哲学出现了多种创新理解、多种研究领域、多种创新理论形态、理论体系。但同时带来许多新问题，各种研究领域、理论形态、理论体系自说自话，彼此之间相互冲突、抵触，存在较为严重的"学科壁垒"，难以进行有效对话，马克思主义哲学研究失去了统一性，出现一定程度的失序，现实实践也陷入某种迷茫。

针对上述问题，作者在提问方式上实现相应变化：第一方面，马克思主义学术史的研究对象应当是一个有层次的概念。最内在的核心和灵魂应当是中国马克思主义哲学史。第二层次是中国马克思主义政治经济学史和中国社会主义理论史；第三层次才是在马克思主义基本原理指导下的社会学史、政治学史、法学史、文学史等。因此，深度阐释中国马克思主义哲学史如何引领中国学术创新、建构马克思主义中国化的学术体系，才是这一领域研究的提问方式。第二方面，针对目前这一领域历史性描述研究方式的弊端，作者认为历史描述研究是必要的，但却是相对初级的研究方式。学术史的本质是思想史，应该按照思想的逻辑（"内史"）而不单纯是时间的逻辑（"外史"）来理解和阐释，需要穿透"完整的表象"和"感性具体"而达到"本质性结构"，然后才能从"抽象上升到具体"，将中国马克思主义学说史当做一个由若干本质性规定综合而成的"理性具体"来把握，把马克思主义学术史作为思想创新逻辑在时间中的出场史。第三方面，针对当代中国马克思主义哲学研究中存在的问题，作者提出，为摆脱理论形态创新中的无序状态，需要理论主体的方法论自觉，打破各种研究范式的差异造成的"学科壁垒"，用统一的方法论研究统一各种理论研究，深度追问各种创新的马哲理论形态的方法论前提、研究路径和研究方式，揭示不同的方法论和研究方式对多种理论形态和体系的制约、规范作用，在范式创新的历史性结构变化中，实现对当代中国马克思主义哲学各种理论创新的统一把握。

（三）研究原则、书写方式的差异

在当代中国哲学史研究中，与作为国家规划教材的角色、全面性的研究特点相适应，其研究的基本原则是客观性，即以当代视野客观呈现建国以来中国马克思主义哲学发展的原貌，具体描述不同阶段中国哲学论争、理论建构、学科建设的成就和问题，突出当代中国哲学史的性质是在上述成果中坚持和发展马克思主义哲学的历史，马克思主义哲学中国化、时代化、大众化的历史。在研究内容上、写作体例上：以改革开放为界，前30年的成果与后30余年的成果均衡呈现，不会过分失衡，这一书写体例和书写内容不同于后两种书写方式，后两种研究方式都是站在后30余年马克思主义哲学成果的基点上，其内容都集中在这一时期，前30年的成果不会占有相同的比重，而只是作为附属内容。

"1949以来中国马哲史"研究和书写方式体现出高度个性化特点，这一个性化原则表现在三个方面：其一，由于把马克思主义哲学中国化研究范式、马克思主义哲学史研究范式相并列，认为前者是独立于后者的范式，因而在当代中国马哲史的性质上，认为"中国马克思主义哲学不再是马克思主义哲学史上的一个阶段，而是中国近现代哲学诸思潮中的一个有机组成部分"，"把1949年以来的中国马克思主义哲学史作为一个特定的对象加以研究，是马克思主义哲学中国化研究的结果，而不是马克思主义哲学史研究的结果"。这一定位否定了传统研究对此断代史的定位，也不同于"当代中国马哲创新学术史"的定位，后者首先强调其马克思主义哲学创新史性质。虽然这一定位初看起来有些片面，但由于作者强调这一定位是归属于研究框架、研究范式，而不是研究内容，因而在内容上，并不会否认其马克思主义哲学史的根本性质，由于视野转换还能够作出一系列新发现、新结论,彰显出新特色。其二,具体比较了两种范式在当代中国马哲史研究中的区别。研究任务不同:马克思主义哲学史研究的任务是探讨马克思主义哲学传统的形成和历史演变的问题,马克思主义哲学中国化研究的任务是解答中国社会发展和中国文化传统更新的问题。研究重点、学术理路不同:马克思主义哲学史的研究重在解决马克思主义哲学的形成和发展的问题,在学术理路上,着重探讨马克思主义哲学的本质和发展的内在机制。马克思主义哲学中国化的研究,沿着思考中国问题的方向发展,重在解决中国社会发展和中国文化变革的问题,在学术理路上,着重探讨马克思主义哲学在中国社会和中国文化变革中的作用,中国马克思主义哲学与中国其他思潮之间的关系。作者最后认为,二者区别的本质不在内容上,而在形式上、在理论框架上。马克思主义哲学史研究的理论框架是马克思主义哲学传统,它所突出的是马克思主义哲学的背景。马克思主义哲学中国化研究的框架是中国近现代哲学,它突出的是中国哲学、中国社会、中国文化的背景。其三,以学术结构及其走向作为具体书写方式,实现学术性和政治性在某一研究范式中的统一。学术结构是凝结于学术成果中的理性,是一定的知识结构、价值体系和社会职能构成的有机整体。作者认为价值体系是学术理性的精髓,是学术理性的内核。在近几年马哲史研究中,存在一种因循西方马克思主义倾向,把认识论研究与意识形态研究割裂开来,把认识论研究视为马克思主义哲学基础理论研究,而把意识形态研究当做应用哲学,造成理论研究与马哲教育脱节,学院派与讲坛派相互背离,马哲的认识论研究与意识形态问题研究脱离,理论研究一味追求逻辑严密性和文本的精深解读,排斥中国的政治和意识形态问题,政治和意识形态问题则沦为操作技术。作者提出马克思主义哲学的学术结构并非排斥意识形态,而是把意识形态纳入学术理性的知识结构之中,以认识论来说明意识形态。"书写1949年以来的中国马克思主义哲学史,绝不能舍弃了中国的政治和思想变革运动,必须把政治的因素纳入其中,在学术和政治的张力中探究1949年以来中国马克思主义哲学的学术结构及其变化。"

"当代中国马哲创新学术史"研究的提问方式内在规定了其研究方式、书写方式,其书写方式具体包含三个方面:第一,"从后思维"的书写方式,与时间性描述方式不同,这一研究采取马克思倡导的"从后思维"叙述方式。中国学术史最后的30余年是大繁荣、大发展的阶段,而现实中每一重大历史进步,首先由哲学观念的解放作为先导,因此,研究这一时期中国马克思主义学术史,本质上就是马克思主义哲学影响和指导下的学术创新史,也就是马克思主义哲学不断创新的历史。马克思主义哲学创新成为改革开放、社会发展、思想解放、观念进步、学术繁荣的思想动力和方法论前提。站在中国马克思主义哲学最后30年发展的高点上,能够更好揭示中国学术史近百年发展的内在机制和规律。第二,本质逻辑的书写方式,哲学范式是各种马克思主义学术理论的本质规定,是时代思维方式的集中体现,是哲学见解、观点和理论创新的根基和灵魂,规定了各种理论创新的方向和功能。马克思主义各种创新理论是由各种哲学范式作为本质规定而获得支撑,它们之间的关系也是由哲学范式间的联系而得以关联,各种哲学范式之间的出场逻辑是马克思主义理论的创新逻辑,就是马克思主义创新学术史的真正逻辑。以哲学范式这一本质规定研究作为研究对象,以范式之间的出场逻辑作为书写方式,才能穿透时间中依次出现的其他马克思主义学科的具体理论成果,超越历史描述研究这一"感性的具体",达到了对马克思主义创新学术史的"理性具体"。第三,范式图谱构变的书写方式,它是这一研究的总体书写范式,这一书写方式要求揭示中国马克思主义学术史谱系,揭示与时俱进的中国马克思主义学术创新逻辑。在马克思主义哲学研究中存在着多元研究范式,各种研究范式作为各种理论研究的方法论前提,是各种理论研究的本质结构,规定了各种理论创新的方向和功能。书写马克思主义学术史,并不是简单列举出多元范式,而是总体呈现各种范式组成的有机系统——范式图谱:从共时性上看,在各个时期,存在着一个由某种轴心范式决定、由其他相关范式共同组成的范式结构,这一范式结构构成了该时期理论创新的学术图景;从历史性上看,在不同时期,由于时代变化,由于多元创新范式之间既竞争又互补的关系,造成轴心范式转换,带动其他范式变化,实现范式结构的转换,学术图景的转换。范式图谱构变的书写方式既能具体研究每一研究范式的基本特征、创新功能、历史成因、发展历程、存在问题和学术地位,又可以深入揭示多元范式相互作用而生成的学术谱系,总体呈现各个时期范式结构、学术图景及其转换的内在机制,找到中国马克思主义创新学术史的本质结构和发展规律,揭示与时俱进的中国马克思主义学术创新逻辑。[①] 这一书写方式还具有强烈的当下性、生成性、发展性,可以同步、同态、同构地描画并助推当代中国马克思主义学术创新。

(四) 具体使用的二级研究范式不一

所谓二级研究范式,是区别于马克思主义哲学研究的根本范式,即根本路径、方法、视野,根本范式接近于独立学科意义,我们认为迄今为止,共存在 8 种根本研究范式(如无特殊说明,本文所使用的范式都属于根本范式——作者注):原理研究与教科书改革范式、马克思主义哲学史范式、文本—文献学解读范式、与西方思潮对话范式、马克思主义中国化范式、反思的问题学范式、部门哲学范式、马克思主义出场学范式。[②] 二级范式是指在某一根本研究范式中存在的具体研究范式,在地位上它从属于根本研究范式;在内容上,它不仅指研究路径、研究方法,还可以包括由相同的提问方式、解答方式、视野、规范乃至一些相同的观点和见解构成的整体,它接近于学术思潮、学术派别的意义。中国马哲学界有影响的二级研究范式有:本体论范式、认识论范式、实践哲学范式、生存论范式、实践人学范式、文本逻辑与历史分析范式、文

[①] 任平:《当代中国马克思主义哲学学术史的创新与发展》,载《河北学刊》2013 年第 2 期。

[②] 任平:《论当代中国马克思主义哲学研究范式的创新与转换》,见任平主编:《当代中国马克思主义哲学研究(2012)》,北京:中央编译出版社 2012 年版。

化哲学范式、政治哲学范式、经济哲学范式等。

在当代中国哲学史研究中，由于其具有全面性特点、形式和内容统一特点，因而虽然它不排斥形式、路径、方法论研究，但是由于不将其作为逻辑线索，因而并不属于某种特殊的范式研究，也不秉持某种特殊的研究范式，而是将不同的研究范式隐含于其中，也就不存在某种二级研究范式。

在"1949中国马哲史"研究中，其根本研究范式属于马克思主义哲学中国化范式，区别于马克思主义哲学史研究范式。在具体的二级范式上，持文化哲学研究范式，其对立面是科学理性的研究范式。文化哲学认为，传统的科学理性研究范式注重逻辑知识建构，它以能否正确地反映外部世界为前提和标准，以外部世界的必然性限定人的自由、人的实践的实现，影响了马克思主义哲学的创新和发展，传统的马哲教科书属于这种科学理性范式的代表。文化哲学认为人的文化创造活动是第一性的，人的文化创造活动的成果——人类的生活世界和历史规律是人类文化创造活动的基础，这样就颠倒了人的实践、人的自由与外部世界的关系：外部世界不是人的实践、自由的限定和尺度，而是人的实践、自由的表现，人的实践、人的自由的客观性应该在人所创造的文化史中得到说明。文化哲学视价值因素为学术理性的精髓，重视意识形态作用的分析。

"当代中国马哲创新学术史"研究具体采用出场学研究范式。前文已述，这一研究的对象是马哲方法论——作为各种马哲创新理论灵魂的哲学范式，是作为马哲方法论系统的范式图谱，其书写方式是描画各哲学范式之间的出场逻辑——即马克思主义理论的创新逻辑，这一研究提升到学科高度、提升到对方法论研究的研究这一原问题反思的高度上，就产生一种学理性的理论——"出场学"研究范式，即"范式学"。这一研究范式的本质是以学理方式全面揭示当代中国马克思主义哲学与时俱进的出场逻辑。出场学研究范式具有二重性：一方面它不属于某一种特殊范式，而是范式学的元理论，它涵盖所有的中国马哲研究范式，总体描画中国马哲研究的各种类型、各个阶段范式组成的范式图谱;另一方面,就其范式观立场而言,就其与其他马哲研究范式的区别而言,它持有一种特殊的范式观,对马克思主义哲学采取一种特殊的研究方式,即从"出场"的特殊角度研究马克思主义哲学在不同历史语境中在场的可能性,它也得出许多不同于其他研究范式的结论,因而又属于一种特殊的研究范式。

最后还需指出,与三种当代中国马哲史研究方式的区别相一致,三者的命名方式也正是基于各自的提问方式、书写方式、研究特点、二级研究范式,准确反映了三种研究方式的差异,因而并非随意命名,不能相互混淆、相互替代。三种各自独立、又相互补充的研究方式将会共同推动当代中国马哲史这一断代史研究的繁荣,促进马克思主义哲学史研究范式的发展。

(作者冯建华系江苏师范大学当代中国马克思主义哲学研究范式创新研究中心副教授,哲学博士,研究方向:马克思主义哲学原理、马克思主义哲学史)

返本而开新

——对 2013 年中国马克思主义哲学文本研究的有限考察和省思

高连福

[摘　要] 文本研究旨在返本而开新。就 2013 年马哲文本研究而言，可谓是返本归源求真道、开新呈现新气象。同时，在前行中反思，自觉省察其中的问题，探寻可能的化解路向，才能达致从马克思走向未来、开创未来。

[关键词] 马克思；文本研究；返本；开新；问题；路向

文本研究是基于对传统的马克思主义哲学教科书范式的反思而出场，并逐渐在场为国内马哲研究总体格局中的一个重要领域和研究范式。文本研究，就其旨归而言，可谓之返本而开新。所谓"返本"，并不是简单地"回到马克思"、"回到"马克思的一切现成结论上去，而是回到马克思文本中，通过重读、精研，力求更准确、更忠实地把握原文的意蕴，切其真义地弄清马哲的思想真谛和精神实质，"回到"在历史演进中被"遮蔽"的马克思真精神上来，回到马克思活的灵魂上来。可见，"返本"是为了正本清源，即澄明马哲的本真思想，使之从以前有意或无意的"误读、曲解、滥用"之遮蔽中开显出来。所谓"开新"，通常而言，就是通过"返本"破除长期以来对马哲的教条式理解和附加到马克思主义名义下的错误观点而实现理论突破，通过从文本"原有"的意义中不断开掘出其"应有"的意义而达致理论创新，开创马哲研究的新气象，进而建构马哲的中国学术话语体系。

而建构马哲的中国学术话语体系,归根到底不在于解释世界,而在于改变中国。因此,在根本的意义上,"开新"就是勇于担当马哲"改变世界"的历史使命,直面当下现实,审视社会问题,并基于对当代中国发展重大历史与现实问题的反思,着力阐发马哲思想的当代意义,为解决现实问题提供思想智慧和实践力量,引领当代中国的发展,以现实世界的切实改变,开创当代中国社会的新气象。本文试以"返本"和"开新"为坐标,对2013年国内马哲文本研究做一有限考察和省思,以期其能够进入当代中国人的现实生活,真正成为我们建构民族精神、解决现实问题的一种有效资源,成为实现每个人的自由、解放和发展梦想的动力。

一、进 展

在学者们的不懈努力下,2013年国内马哲文本研究继续扎实稳步推进,取得了较为可观的进展,涌现出一批可圈可点的研究成果。综观这些研究成果,一言以蔽之,可谓是:返本归源求真道,开新呈现新气象。这归源求真道体现为:立足文本,澄清了一些对马克思思想的错误理解,如认为马克思本人拒斥、批判道德和正义而否认历史唯物主义中包含道德、正义之维;开显了马克思某些原来隐而不彰的思想,如文化思想、精神生产理论;回归了马克思哲学的本命,如开始关注马克思"改变世界"的思想等。这新气象表现在:对当今中国面临的一些重大现实问题勇于发出自己的声音,如文化问题、生态问题、社会冲突问题、城乡问题;对有些长期"集体失语"的重大现实问题终于敢于作出应答,如关涉当前中国贫富差距的公平正义问题以及国家稳定的民族宗教问题;对国内学术界一直回避且具有现实意义的某些重大问题开始有所突破,如政治自由问题、人权问题等。具体而言,这些"返本开新"的新成果和新进展体现在经典著述的编译出版、经典文本研究、专题思想研究等方面。

(一) 经典著述的编译出版

文本是马哲研究的永恒性基石。文本的真伪直接规定着研究能否真实地呈现经典作家思想的本真面貌。因此，提供较为原貌的文本依据无疑是文本研究的基础性工作之一。这决定了经典著述编译出版的重要性。为此，针对《马克思恩格斯全集》中文第1版在收文不全、误收他人文献为马恩著述以及译文质量有待改进等不足，依据《马克思恩格斯全集》历史考证版 MEGA^2（按原貌完整展示马克思恩格斯著作及其写作过程的版本——作者注）所作的文献甄别和考证工作及其附卷所提供的大量新文献，同时参考德、英、俄等版本，中央编译局于1986年开始编译《马克思恩格斯全集》中文第2版。人民出版社于1995年起开始出版《马克思恩格斯全集》中文第2版，至2008年共出版了21卷。经过编译者几年的努力，2013年《马克思恩格斯全集》中文第2版家族又喜添新成员，即出版了《马克思恩格斯全集》中文第2版第14卷和第35卷。同时，在"专题摘编"方面，中国社会科学出版社2013年继续推出了"马克思主义经典作家专题摘编"丛书，分别为：张小山主编的《马克思、恩格斯、列宁、斯大林论农业、农村、农民》；王希恩主编的《马克思恩格斯列宁斯大林论民族》；杨圣明主编的《马克思恩格斯列宁斯大林论国际贸易》；毛巧晖、王宪昭、郭翠潇主编的《马克思恩格斯列宁斯大林论民族民间文学》；唐晓峰主编的《马克思恩格斯列宁斯大林论宗教》；余斌主编的《马克思恩格斯列宁斯大林论政治经济学》；吴伟主编的《马克思恩格斯列宁斯大林论俄国—苏联和东欧中亚》；黄平、倪峰主编的《马克思恩格斯列宁斯大林论美国》。这些经典著述的编译出版为马哲研究提供了非常有价值的文献资源，进一步开拓了文本研究新的学术空间，在一定程度上夯实了国内马哲研究的文本基石。

对文本的历史和思想语境的把握，是文本研究的资源背景。这一背景显然有助于较为切其原义地理解马哲的真实思想面貌。因此，对文本的写作背景、过程、文体、版本及其传播历程等内容的研究也是文本研究不可或缺的重要内容之一。为此，中国社会科学出版社2013年出版了"中国社会科学院文库·马克思主义研究系列"丛书，其中包括：李锐著的《〈共产党宣言〉的创作与思想：MEGA 视野下的文本、文献研究》；魏小萍著的《通向〈资本论〉之路：前〈资本论〉时期马克思劳动价值论的探索轨迹及分析：以 MEGA^2 为基础的解读》；徐素华著的《马克思恩格斯著作在中国的传播：MEGA^2 视野下的文本、文献、语义学研究》。具体而言，《〈共产党宣言〉的创作与思想：MEGA 视野下的文本、文献研究》一书通过重回到《共产党宣言》"三个稿本"即《共产主义信条草案》、《共产主义原理》和《共产党宣言》的创作历史中，对《宣言》的创作及其创作过程中的文献学问题、《宣言》创作史中重要文献的文本内容、"三个稿本"间的思想和理论问题、《宣言》七篇序言的问题进行了较为综合全面、客观公正地探寻，深化了对《宣言》"三个稿本"的思想及其背后的思想家关系原貌的理解。《通向〈资本论〉之路：前〈资本论〉时期马克思劳动价值论的探索轨迹及分析：以 MEGA^2 为基础的解读》一书借助于《马克思恩格斯全集》历史考证版（MEGA^2）第二部分马克思的《资本论》及其政治经济学手稿的出版，以马克思的原文本为基础，对前《资本论》时期马克思劳动价值论的发展历程和研究思路进行了研究，并结合当下人们对马克思劳动价值论提出的挑战以及当今社会现实的新发展，对马克思的研究思路和核心概念进行了具体的分析和深入的发掘。《马克思恩格斯著作在中国的传播：MEGA^2 视野下的文本、文献、语义学研究》一书对马恩文本在中国的传播、研究中，自最初的介绍、翻译出版至新 MEGA 被接受这样一个历史过程进行了深入、具体的梳理，并对《共产党宣言》、《路德维希·费尔巴哈和德国古典哲学的终结》、《反杜林论》、《哲学的贫困》、《家庭、私有制和国家的起源》、《政治经济学批判》、《自然辩证法》、《德意志意识形态》、《资本论》等经典著作作了文献、文本研究，尤其对主要著作中部分核心概念如"消灭私有制"中"消灭"、"经济的社会形态"、"自为的阶级"等进行了语义学的探讨。这些著述的出版对于人们进行有效的文本研究具有一定的启发性意义和参考价值。

尤其值得一提的是，中国社会科学出版社出版的韦正翔所著《〈共产党宣言〉探究（对照中、德、英、法、俄文版）》一书。该书最大特点是将德、英、法、俄文版进行了字对字翻译。通过字对字的翻译，使读者可以看到五种不同文字的《共产党宣言》的语言表达之间的细微差别。有的词在不同语言中，第一个词义是相同的，而到第二、第三个词义之后就有了区别，并且有的词在德文版中没有贬义，而在其他语种的文本中则有贬义。在有的文本翻译中出现了加词或换词的现象。通过查阅本书，能够快捷地发现其德、英、法、俄的相应单词，在对比中可以加深理解，从而有助于更容易透彻地把握和理解原文的思想意蕴。

（二）经典著作研究

经典作为人类历史发展的不同时期沉淀下来的、在关乎人类发展的关键问题上作出重大思想原创，并始终能够经受时间考验，而被人们公认的、具有典范性和权威性的思想文本，必然为研究者所首重。马哲文本研究一直非常重视对经典著作的研究。这种研究以经典著作之意义的未完成性及其思想的问题性作为自己的出发点。2013年马哲经典著作文本研究进一步加强，体现为：

1. 以著作形式呈现的研究成果

中央编译出版社出版了杨金海、李惠斌主编的"马克思主义经典著作研究读本"系列，包括：聂锦芳、彭宏伟著的《马克思〈资本论〉研究读本》；吕梁山、潘瑞编著的《马克思〈詹姆斯·穆勒政治经济学原理一书摘要〉研究读本》；姜海波编著的《马克思〈哲学的贫困〉研究读本》；李义天、田毅松编著的《马克思〈路易斯·亨·摩尔根《古代社会》一书摘要〉研究读本》；曹典顺著的《马克思〈人类学笔记〉研究读本》；薛俊强编著的《恩格斯〈社会主义从空想到科学的发展〉研究读本》；裴晓军编著的《马克思〈哥达纲领批判〉研究读本》；白云真编著的《马克思〈路易·波拿巴的雾月十八日〉研究读本》；李惠斌编著的《马克思〈法兰西内战〉研究读本》；袁雷、张云飞著的《马克思恩格斯"论东方村社"研究读本》。这套丛书的编写体例主要由五部分内容构成：历史考证—研究状况—当代解读—经典著作选编—附录。历史考证部分主要对写作背景和过程、国内外主要版本和传播情况进行梳理；研究状况部分则对国内外研究的历史流变包括"修正"、重构和发展等进行考察；当代解读部分则对文本的理论结构和内容、重要理论观点及其当代性问题予以阐明。同时，中央编译出版社还出版了杨金海主编的"马克思主义研究资料"系列丛书（第一批），分别为：第1卷《〈德意志意识形态〉研究》、第2卷《共产党宣言》研究、第3卷《经济学笔记研究1》、第4卷《经济学笔记研究2》、第5卷《〈1857—1858年经济学手稿〉研究》、第6卷《〈1861—1863年经济学手稿〉研究》、第7卷《〈1863—1865年经济学手稿〉及1867年后经济学手稿研究·恩格斯编辑〈资本论〉工作研究》、第8卷《〈资本论〉版本及传播研究》、第9卷《〈资本论〉结构形成研究》、第10卷《〈资本论〉基本理论问题研究》、第17卷《马克思主义经济理论研究1》、第18卷《马克思主义经济理论研究2》。人民出版社2013年陆续出版了"走进经典"系列丛书，其中包括：陈学明著的《永不消逝的"幽灵"：重读〈共产党宣言〉》；鲁品越著的《人间正道：重读〈社会主义从空想到科学的发展〉》；何萍著的《在社会主义的入口处：重读列宁〈国家与革命〉》；余源培著的《政治是一种艺术：重读列宁〈共产主义运动中的"左派"幼稚病〉》；韦定广著的《历史悬崖上的思考：重读〈论粮食税〉和〈论我国革命〉》。复旦大学出版社出版了孙承叔所著《资本与历史唯物主义：〈资本论〉及其手稿当代解读》；科学出版社出版了杨丽珍著的《〈德意志意识形态〉中的马克思历史观新探》；社会科学文献出版社出版了张周志、周树智主编的《唯物主义历史观——马克思恩格斯〈德意志意识形态〉研究文集》以及周树智主编的《马克思的新世界观：马克思〈关于费尔巴哈的提纲〉研究文集》；中国人民大学出版社出版了刘秀萍著的《马克思"巴黎手稿"再研究》。

2. 以选读、导读形式呈现的文本研究

高等教育出版社出版了《马克思恩格斯列宁经典著作选读》编写组编写的《教育部马克思主义理论研究和建设工程重点教材：马克思恩格斯列宁经典著作选读（2013年修订版）》。本《选读》按照"写作背景"、"主要内容"、"历史地位与当代价值"、"延伸阅读"、"思考题"

五个模块设计编写,充分体现马克思主义思想的发展历程,深刻揭示马克思主义的真理性价值及其当代意义。高等教育出版社还出版了陈新夏主编的《马克思主义经典著作导读》。该《导读》的导读部分既注重对文本深入浅出的阐释,也注意理论联系实际,以便读者能较好地理解马克思主义原著的含义及其当代价值和意义。重庆大学出版社出版了王桂林、揭臣相、郑瑜主编的《马克思主义经典著作选读》。在内容上,全书包括马克思主义哲学原著选读、马克思主义政治经济学原著选读、马克思主义科学社会主义原著选读三个部分;在体例上,每部分又分为原著选篇、原著选读导读、思考题三大板块。中共中央党校出版社出版了李海青主编的"马克思主义经典著作导读系列",其中包括:焦佩锋著的《〈《政治经济学批判》序言〉导读》;李海青著的《〈共产党宣言〉导读》;唐爱军著的《〈黑格尔法哲学批判〉导读》;王巍著的《〈德意志意识形态〉导读》;赵培著的《列宁晚年著作导读》。

3. 以论文形式呈现的研究成果

就马克思恩格斯的几本主要经典著作来看,中国期刊网共收录以《资本论》为篇名的论文144篇,论文讨论的主要问题包括《资本论》的哲学思想、生态经济思想、风险思想、经济危机理论、经济增长理论、正义观、拜物教思想、虚拟社会批判、资本逻辑批判、民生思想、人学思想、伦理思想、空间生产理论、剩余价值理论、生产关系理论、社会形态理论、创作史研究、现代史观、从抽象到具体的方法等;以《共产党宣言》为篇名的论文107篇,论文讨论问题主要有现代性思想、生态思想、文化(全球化)思想、人学思想、意识形态思想、纯洁性思想、国家观、共产主义观、历史观、经济学思想、全球化思想、马克思恩格斯思想关系问题、七篇序言问题、文献学问题、"两个必然"理论、空间革命、和谐社会理论等;以《1844年经济学哲学手稿》为篇名的论文101篇,论文讨论内容主要有《手稿》的哲学观、经济哲学思想、道德的元哲学问题、文化思想、生态伦理思想、幸福思想、劳动思想、人学思想、美学思想、人道主义问题、共产主义理论、人的需要观、劳动异化、人的异化、消费异化、人与自然关系理论、实践社会观、存在论、私有财产概念等；以《德意志意识形态》为篇名的论文 52 篇，论文内容涉及唯物史观、实践思想、交往思想、人学思想、世界历史思想、精神生产理论、意识形态理论、分工理论、自然观、"现实的个人"概念等；以《关于费尔巴哈的提纲》为篇名的论文 27 篇，论文主要讨论了实践观、人的本质理论、生活世界观、唯物史观认识论、教育思想、两种"社会"概念、改变世界的观点、宗教批判思想、对旧唯物主义的批判，并对第 1 条、第 2 条、第 3 条、第 8 条、第 10 条、第 11 条进行解读或考辨。

其他文本的解读、释义、考证等大致有：顾海良的《马克思经济思想的"历史路标"——读马克思〈1861—1863 年经济学手稿〉》；孙承叔的《资本与历史唯物主义——〈马克思恩格斯全集〉中文第二版第 30、31 卷的当代解读》；王学荣的《异化：马克思共产主义学说史上的"逻辑中介"——基于〈1844 年经济学哲学手稿〉和〈政治经济学批判〉（1857—1858 年草稿）的"链接式解读"》；刘同舫、陈晓斌的《哲学的命运与无产阶级的救赎——马克思〈《黑格尔法哲学批判》导言〉释义》；许斗斗的《马克思哲学的现实性和彻底性转向——马克思〈《黑格尔法哲学批判》导言〉新探》；寇东亮的《青年马克思人学思想变革的逻辑脉络——从〈黑格尔法哲学批判〉到〈神圣家族〉》；张添翼的《论作为同化的启蒙——从政治哲学角度重释马克思〈论犹太人问题〉》；田旭明的《马克思廉政思想的政治伦理向度——重读〈法兰西内战〉》；高健、秦龙的《马克思〈法兰西内战〉中的人民管理思想及其当代价值》；王晶的《马克思论报纸利益与政治——对马克思〈伦敦《泰晤士报》与帕麦斯顿勋爵〉一文的考证》；吴璟薇的《马克思"人民报刊"理念提出的背景考证：读马克思关于〈莱比锡总汇报〉被查禁的系列通讯》；岳鹏的《青年马克思的理性择业观及其现实启示——重温马克思〈青年在选择职业时的考虑〉》；陈绚的《报刊的价值：不能让揭露"失去意义"——马克思恩格斯〈《新莱茵报》审判案〉一文的原著考证研究》；卢家银的《马克思主义新闻政策与党内意见交流的重要文献——恩格斯〈给《社会民主党人报》读者的告别信〉考证研究》；陈继静的

《书报检查、出版法与出版自由——马克思〈普鲁士出版法案〉管窥》;俞良早的《马克思对俄国走新式社会发展道路可能性的评估——研读〈给维·伊·查苏利奇的复信(初稿)〉》等。

此外,《学习与探索》杂志专门开辟了"《资本论》哲学思想的当代阐释(系列专题讨论)"栏目,陆续刊出了聂锦芳的《〈资本论〉哲学思想研究的学术史清理》、孙承叔的《〈资本论〉哲学思想与马克思的现代史观》、周可的《恩格斯晚年对〈资本论〉哲学思想的阐扬》、赵家祥的《资本逻辑与马克思的三大社会形态理论——重读〈资本论〉及其手稿的新领悟》、姚顺良的《〈资本论〉与"自我所有权"——析柯亨的"马克思批评"和"后马克思"转向》、高广旭的《资本逻辑的存在论批判——〈资本论〉辩证法思想的当代阐释》、陈忠的《〈资本论〉对城市哲学研究的方法论意义》等具有相当资料价值和分析深度的论文。

(三) 专题思想研究

专题思想研究旨在通过对同一思想在不同文本中演变历程的梳理、勾勒和提炼,以求总体地把握马克思思想的丰富内涵和准确含义的一种研究。2013年马哲文本研究在专题思想研究方面取得了较为可观的进步,涌现出一批具有较高学术水平的著作。主要有:中央编译出版社出版的彭富明所著《马克思恩格斯正义批判理论研究》;时事出版社出版的刘斐然所著《马克思政治自由思想研究》;山西人民出版社出版的邢媛所著《马克思社会冲突思想》;中国书籍出版社出版的胡海波、郭凤志所著《马克思恩格斯文化观研究》;学习出版社出版的陶火生所著《马克思生态思想研究》;中国社会科学出版社出版的岑乾明所著《马克思恩格斯的城乡观及其当代价值研究》、常江所著《阐释与创新:马克思历史观的整体性研究》、李萍所著《马克思意识形态论》、马新晶所著《唯物史观视阈中的交往理论研究》、曾红宇所著的《马克思社会有机体思想研究》、熊文所著《马克思的实践辩证法思想研究》以及刘从德主编的"马克思主义发展史·列宁专题思想研究丛书",包括:李曼、车华所著《列宁人权思想研究》、郑流云所著《列宁民族平等思想研究》、田文峰所著《列宁帝国主义理论及其当代价值研究》、顾训宝所著《列宁执政党学习思想研究》；中国人民大学出版社出版的顾海良所著《马克思主义如何改变世界》、郗戈所著《超越资本主义现代性：马克思现代性思想与当代社会发展》；黑龙江人民出版社出版的边立新所著《马克思恩格斯哲学形态研究》；宗教文化出版社出版的牛苏林所著《马克思恩格斯宗教思想研究》。这些研究多本着"立足文本、关注现实"的态度，对具有现实意义的重大问题以回归经典文本的方式作出应答，力求尽可能准确地展现马哲在相关领域的基本立场和观点以及解答现实问题的思想方法和路径，尽可能有效地做到用马克思主义理论来认识现实、分析现实、引领现实。

二、问题

在前行中反思 2013 年马哲文本研究，省察其中可能存在的问题或不良倾向，对之保持高度的自警自省，"战战兢兢，如临深渊，如履薄冰"，是文本研究能够走高走远、健康发展的不竭动力。概而言之，以下几个问题值得我们着力思考和认真对待：

（一）文本的新旧、多寡能否决定对马哲思想的研究高度？

毫无疑问，马哲文本研究矫正了过去研究中存在的无视文本基础寻章摘句、断章取义的做法，以对文本的本真意蕴、深刻内涵、精神实质的系统发掘和当代意义的阐发，提升了中国马哲研究的学术水准，开创了中国马哲研究的新气象。显然，这与国际上《马克思恩格斯全集》历史考证版（$MEGA^2$）的编辑出版有着密不可分的关系，因为如前所述，$MEGA^2$不仅提供了大量我们以前没有见到的文献资料，而且通过考证发现过去被收入《马克思恩格斯全集》俄文版和中文版中的文献有的是误收，即把不是马克思的著作当成了马克思的著作；$MEGA^2$所做的辨别真伪的工作及其所提供的新的文献资料，为马克思研究开拓了新的学术空间，是文本研究兴起的资源背景。但是，这并不必然意味着文本越新、文献越多，对马哲的解读水准和所达到的思想深度就越高，因为文本文献并不就是思想本身，文本文献只是思想的载体而已。然而，不能不看到,目前的文本研究中存在这样一种倾向,那就是认为:文本的新旧、多寡,直接决定着对马哲思想的研究高度,即文本越新、文献越翔实,就越能体现或贴近马克思的本真思想,反之离马克思的思想就会越来越远。如有学者就认为,只有利用新材料,才能作出新结论;在 MEGA² 新材料不断发表的情况下,如果仍然局限于《马克思恩格斯全集》(中文第 1 版) 50 卷,就会在马克思文本解读研究中落伍;因此就中国学者来说,应在充分占有和利厡新材料上下工夫。为此,他提出要进一步深化马克思文本解读研究,研究者至少应有以下四个方面的方法论自觉:第一,马克思文本解读研究要基于 MEGA²(《马克思恩格斯全集》历史考证版);第二,马克思文本解读研究要建立在充分了解国外马克思学相关研究成果的基础上;第三,马克思文本解读研究要以马克思文献学研究的新成果为基础;第四,马克思文本解读研究要善于参照主要语种的马克思著作版本。① 在这些建议影响下,有些文本研究总是一味地标举自己在研究中使用的新文献、新成果、新材料,出现了以"新"为美、唯"新"是尚的不良倾向。而就这些建议而言,尚且不论"充分占有和利用新材料"之"充分"是否可能,仅就参照德、英、法、俄"主要语种的马克思著作版本"而言,国内的绝大多数马哲研究者要弄懂这几国语言,恐怕就到了颐养天年的年龄了,更别提直接通过原文通晓文本内容了。更何况,历史地看,卢卡奇在写作《历史和阶级意识》的时候,也没有看到包括《手稿》和《形态》在内的文献,但其所达到的理解水平和思想深度,岂是苏联教科书所可比拟的?日本学者三木清在 20 世纪 20 年代末,仅仅凭借梁赞诺夫版《德意志意识形态》所达到的对马克思思想的解读水准,又岂是当时手中掌握了这个版本的苏联马克思主义者所可比拟的?以此观之,把文本文献的新旧、多寡作为衡量马哲思想研究高度的标尺,恰是以占有财富的多少作为衡量一个人思想道德境界和人生品味高低的标尺一样,显然是不妥的,而且是有害的。

---

① 聂锦芳、鲁克俭、韩立新:《建立中国马克思主义研究的文本学派》,光明日报 2007 年 4 月 10 日。

（二）研究的学术性是否就等同于研究的思想性？对文本的忠实真的就是对思想的忠实吗？

文本研究中，有的学者提出要"回到学术层面"进行探讨，还设计了"文本学解读"的一般路径，这就是对文本的产生背景、写作过程、版本源流、文体结构、内容与思想、研究历史与最新动态以及现实价值与意义等多个方面一一进行翔实的梳理、考证、分析和阐发。在这种路径指导下，文本研究越来越走上了学术规范的轨道。这也就是说，文本研究的学术性越来越强。然而，目前的文本研究（不仅仅是文本研究）却出现了以研究的学术性来取代研究的思想性的倾向，或者是把研究的学术性当做研究的思想性的问题。比如，一些文本研究的论文和著作，形式上非常精致，精致得你无可挑剔，先有一个观点，再有材料支撑，并且加以论证，有大量的参考文献，还得有外文的，非常地符合所谓的"学术规范"。似乎越如此，越能体现一个人的学术水平、代表一个人的学术思想。也就是说，文本研究越来越变成了学术成果表达上的一系列技术性的操作。这样的研究，总给人一种变了味的感觉，一种缺了点什么的感觉。缺点什么呢？缺的恰恰就是思想，即人们常说的"学术凸显，思想淡出"。换言之，文本研究的学术性恰恰遮蔽了作为文本研究宗旨的思想性。这种遮蔽具体表现为：一些文本研究把马哲研究等同于对马克思主义经典作家哲学文本内涵的简单发掘和理论阐释；一些文本研究聚精会神于版本的枝节考证而遗忘了对思想的总体关注；还有一些文本研究似乎特别忠实于文字表面的意义，实际上离马克思的本真思想越来越远，出现了阿尔都塞所批评的"青年黑格尔主义的马克思主义"只满足于对马克思著作字面上的理解而没有抓住精神实质的现象。如在《德意志意识形态》中，马克思多处提出"消灭劳动"，其本意无非是指消灭不自由不自觉的异化劳动，恢复劳动的自由自觉性；如果囿于字面的意义，执意地认为马克思就是要通过消灭人类的一切劳动、人人都不需要劳动，来实现人的自由和解放，显然与马克思的本义南辕北辙。这样的研究无疑背离了马哲文本研究的初衷和旨趣。因此，如果按照这种路径来研究马哲的话，马哲文本研究就真的变成了一种纯粹技术性的文本分析,而与思想无涉。这样走下去的话,就不仅害了文本研究,而且害了马哲。

(三) 文本研究怎么样才能关注现实?关注谁的现实的问题?

有学者曾指出:"我们的马克思主义理论研究还比较多地停留在学理层面,那种能够切中今天的社会历史现实,直面人类发展重大问题的有影响力的研究成果还不够多。"① 这就要求马克思主义理论研究不应停留在书斋之学、满足于哲学体系的建构,而要把关注社会生活、解决现实问题、推动实践发展作为自己的任务。马哲文本研究对此责无旁贷,理所当然须关注社会现实问题,要在"回到马克思"中,用马克思的真精神来回答当今时代面临的重大现实问题。从目前研究状况来看,无论是马哲经典文本研究还是专题思想研究,大多能自觉地以"当代意义"或"现实意义"的方式来表达和体现对社会现实问题的关注。而问题在于:以这样的方式关注社会现实,有多少能够真正有效地触及现实生活?所谓"有效地触及",就是说能够真正像马克思那样透过社会现象,深入社会生活的本质,从学术、学理方面对现实生活进行解剖,指出它的问题和变化的原因,把握社会发展的规律,发现推进社会进步的力量,提供社会发展的路径,从而变革现实生活。② 依此为衡准,可以说是少之又少。因为,大部分文本研究的所谓关注现实只是对社会问题的简单描述,"一、二、三"地罗列出当前社会存在这样或那样的问题,如社会冲突问题、生态问题、道德滑坡问题等等,然后草草收兵,再"一、二、三"地指出马哲的某一理论对于解决这些问题具有这样或那样的现实意义。这根本就是一种形式化的东西。更何况,这不是个别的现象,而是一种普遍的现象。以这样的方式来现实关注,既没有对问题产生的原因的分析,也缺少对马哲怎么就能够解决这样的现实问题的论证。这就让人禁不住要问:

---

① 衣俊卿:《马克思主义研究必须直面人类重大问题》,载《党建》2012 年第 1 期。
② 鉴传今:《不能用学术性消解马克思哲学对现实的关注》,载《长江日报》2007 年 5 月 24 日。

马哲难道就是以这样的方式来关注现实的吗？马哲的现实意义难道以这样的方式就能够展现吗？因此，问题不在于是否需要关注现实，而在于以怎样的方式关注现实。作为学术来讲，怎么样才能关注现实，这是文本研究一直没有解决的一个问题。

关注谁的现实的问题，关涉文本研究的价值取向。既然是马克思主义哲学研究，尤其是马克思主义哲学的文本研究，首先就必须弄清马克思关注的是谁的生活现实。简单温习一下，在《1844年经济学哲学手稿》中，马克思指出，资产阶级公然"把工人只当做劳动的动物，当做仅仅有最必要的肉体需要的牲畜"①。这样，工人"在自己的劳动中不是肯定自己，而是否定自己，不是感到幸福，而是感到不幸，不是自由地发挥自己的体力和智力，而是使自己的肉体受折磨、精神遭摧残"②。在《资本论》中，马克思指出："一切提高社会劳动生产力的方法都是靠牺牲工人个人来实现的；一切发展生产的手段都变成统治和剥削生产者的手段，都使工人畸形发展，成为局部的人，把个人贬低为机器的附庸品，使工人受劳动的折磨，从而使劳动失去内容，并且随着科学作为独立的力量被并入劳动过程而使劳动过程的智力与工人相异化；这些手段使工人的劳动条件变得恶劣，使工人在劳动过程中屈服于最卑鄙的可恶的专制，把工人的生活时间变成劳动时间，并且把个人的妻子儿女都抛到资本的札格纳特车轮下……"③教科书也明确指出，马克思主义哲学的革命性，突出地表现为它的无产阶级的阶级性，公开申明自己为无产阶级和人民大众的利益服务，是无产阶级的革命的思想体系，是无产阶级认识和改造世界的锐利武器。很显然，马克思关注的是无产阶级和人民大众的生活现实。弄清了马克思关注的是谁的现实，马哲文本研究应该关注谁的现实的问题，也就不言而喻。然而，关注谁的现实这一价值取向问题，却是目前马哲文

---

① 《马克思恩格斯全集》第42卷，北京：人民出版社1979年版，第57页。
② 《马克思恩格斯全集》第42卷，北京：人民出版社1979年版，第93页。
③ 《马克思恩格斯全集》第23卷，北京：人民出版社1972年版，第708页。

本研究中一个没有得到很好地加以解决的问题。

（四）文本研究如何才能担当起马哲"改变世界"的历史使命？如何关注人的自由、解放和发展的问题？

马克思在《关于伊壁鸠鲁哲学的笔记》中曾指出："哲学把握了整个世界以后就起来反对现象世界。"① 这里的反对既不是逻辑的反对也不是思想的反对，而是"实际地反对并改变现存的事物"。为此，在《关于费尔巴哈的提纲》中，马克思提出了"哲学家们只是用不同的方式解释世界，而问题在于改变世界"② 的科学论断，从而为自己的哲学确立了"改变世界"的历史使命。这就是说，"改变世界"是马克思哲学的本命。在马克思看来，观念地谈论"改变世界"是一回事，现实的"改变世界"是另一回事。马克思关注的重心不是对"改变世界"的理论界定，而是"改变世界"的现实条件。纵观马克思主义的发展史，可以说就是一部波澜壮阔的"改变世界"的历史。既然"改变世界"是马克思哲学的本命，那么马哲研究尤其是马哲的文本研究，如何才能担当起这一历史使命呢？这是一个尤需文本研究着力思考和认真对待的问题。

马克思主义是"改变世界"的理论，也是人的自由、解放和发展的理论。实现人的自由、解放和发展，这是马克思主义哲学的哲学主题，也是马克思主义哲学的最高价值取向。既然是马哲的本文研究，那么理应直面这一哲学主题，把如何实现人的自由、解放和发展这一最高价值取向作为主线贯穿在研究中。然而，目前的文本研究是如何来安顿人的生命的呢？又把人及人的价值放在了什么地方？可以说，在这方面，文本研究并没有较好地关注人的价值、人的生存和人的发展，做到"以人为本"。如果文本研究忽略或者遗忘了马哲的这一哲学主题和价值取向，那么就可能不再是与马哲意义相称的文本研究了。这不仅是文本研究的一个问题，而且是一个较为根本的问题。

---

① 《马克思恩格斯全集》第40卷，北京：人民出版社1982年版，第136页。
② 《马克思恩格斯选集》第1卷，北京：人民出版社1995年版，第61页。

三、建 议

马克思说："主要的困难不是答案，而是问题。"① 这不仅因为"提出一个问题，往往比解决一个问题更重要"②，而且因为问题的提出本身就已经蕴含了解决问题的方向和思路。更何况，大多论文所提的"对策"或"措施"，在行家里手看来，无异于隔靴搔痒。因此，下面主要介绍学者们的建议，兼谈自己一些并不成熟的思考，意在促进马哲文本研究的不断深入，实现返本与开新并举、思想与时代共进。

（一）文本的新旧、多寡不应作为对马哲思想理解正确与否的标准

很显然，文本并不就是思想，文本的新并不意味着思想的前沿，文献的多也不代表着思想的丰富。因此，不应以文本的新旧、多寡作为对马哲思想理解正确与否的标准。针对以文本的新旧、多寡来决定对马哲思想的理解高度这种状况，杨学功曾指出："把文献学事实的新旧当做思想解读是否有价值的唯一标尺，是错误的甚至是疯狂的。"③ 为此，他还提出如下的忠告："首先，过于倚重 $MEGA^2$ 不现实。我以为不能以 $MEGA^2$ 和版本研究的新成果，完全否定以前的解读方式及其结论的有效性（被证伪的部分除外）。一来 $MEGA^2$ 与原来的版本特别是国际版（MEW）比较，除了没有定论的手稿和原来未曾收录的笔记和读书批注以外，差别并不是那么大。何况 $MEGA^2$ 还有半数以上没有出版（55/114 卷），研究者不能等，也等不起。……二来版本研究的新成果是需要鉴别的，并非可以拿来就用。现在有争议的版本问题主要集中在《德意志意识形态》和《资本论》及其手稿。我的基本判断是：即使 $MEGA^2$ 编出更接近马克思原始手稿面貌的文本，也只是为我们的解读提

---

① 《马克思恩格斯全集》第 1 卷，北京：人民出版社 1995 年版，第 203 页。
② 爱因斯坦：《物理学的进化》，北京：科学技术出版社 1962 年版，第 66 页。
③ 杨学功：《关于马克思文本学研究的几个问题》，载《学术界》2012 年第 8 期。

供了更可信的文本依据和解读对象,它们本身并不能构成对马克思思想解读的重大改写,真正有可能构成对马克思思想解读重大改写的还是解读者自己独到'眼光'或问题意识,以及这种问题意识与文本'化合'所形成的新解读成果。"① 并断言:仅仅凭借 MEGA² 和版本考证的新成果,在细节上改写马克思思想史是可能的,但要构成对马克思思想解读的整体性重大改写则不可能。对于目前新出版的 MEGA 版,张一兵认为这不是具有终极意义的文献版本,我们对它不能过度迷信,并提醒我们要注意到文本传入的选择性(即国外想让你知道哪些文本)、译文的准确性等问题;还有"更值得我们关注的一个理论动向是,西方马克思学的方法和立场简单地成为一些人的膜拜对象,而西方马克思学文献研究中带有意识形态色彩的许多错误观点被当做是'新成果',无批判无分析地推销到国内学术界来"②。这些建议或忠告是诚恳的,对于矫正马哲文本研究中出现的以"新"为美、唯"新"是尚的不良倾向无疑是一副清醒剂。

(二) 深化对社会历史的研究,把握马哲的真精神

众所周知,马克思主义哲学的产生是为了解答他们所生活的时代和社会历史发展所提出的种种现实问题。因此,马克思的每一部著作都有它的历史,撇开历史性基础,就难以理解和把握原著的精神。鉴于此,马哲文本研究要注重分析时代背景,把握历史语境,即:在马哲经典作家思想发生与发展的特定语境中来把握其本真意义,着重把握马哲的真精神、活灵魂。切不可把文本看成一个孤立的结构,孤立地考辨一些概念、释义一些具体话语、分析一些具体论述,孜孜不倦于文本、版本的枝节考证而遗忘了对思想的总体关注。而只有当"我们'得意忘言',不再固守马克思的一些具体结论、一些具体论述、一些具体话语时,马克思思想的精神生命力将得到空前的展示,将真正与我们同行,与人类

---

① 杨学功:《关于马克思文本学研究的几个问题》,载《学术界》2012 年第 8 期。
② 张一兵:《回到马克思》,南京:江苏人民出版社 2009 年版,第 7 页。

同行，成为我们的精神世界和价值世界的本质性维度和内核"①。

对此，有学者建议要深化对社会历史的研究。因为，依马克思之见，历史是"正本"，是原型、原本、根本，而文本则是"副本"，是对历史的阐发和反映。这就要求研究文本必须研究文本产生时所处的时代历史。解读马克思文本也要求把马克思文本放在时代背景中，在时代精神中把握马克思文本，通过对马克思生命活动和思想肖像的原生态再现，来克服和解决马克思文本解读中的问题与争论。正如杨学功所言："对于马克思文本的研究来说，以文本为本位的研究还有可能陷入某种文本中心主义的误区，把马克思的文本封闭起来，只注意其内部一定语境中语词、语句之间的相互关系，割断文本与环境现实之间的联系，其结果是不可能揭示马克思文本的真实意义。因为马克思的文本不是孤立的事件，它们的产生正是为了回答马克思所生活的时代和社会历史已经提出的种种问题，这些文本的意义和存在价值来源于它们对问题的回应。所以，我们必须从它们所面对和回答的问题中，去寻求把握文本意义的线索。从这种意义上说，离开了对产生环境的深刻把握，就不可能理解马克思文本的真实意义。也就是说，文本虽然是我们的直接对象，但却不是我们的解读的最终根据，最终根据只能是生活实践中所产生的问题。如果封闭在文本自身范围之内，字面上的忠实有可能使我们离马克思的精神实质越来越远。"② 阿尔都塞提出了"征候读法"，认为阅读马克思的文本，不能停留在表面的词句上，而应通过文字的阅读，深入下去，挖掘出它的内在结构来，把文章本身中被掩盖的东西揭示出来，开显出其本真的意义和应有的意蕴。这些看法对于解决文本研究中如何永葆思想性的问题是有所裨益的。

---

① 衣俊卿：《马克思思想：人之存在的本质性文化精神》，见北京大学哲学系等编：《21世纪哲学创新：黄楠森教授八十华诞纪念文集》，北京：中央编译出版社2001年版，第285页。

② 杨学功：《从解释学视角看马克思文本研究》，载《学术研究》2003年第9期。

(三）立足现实问题，深入挖掘马哲的当代意蕴

马哲不是经院哲学，而是实践哲学。马哲的实践本性决定了对马哲不能进行"纯文本"的研究，决定了马哲文本研究必然离不开对现实问题的观照。同时，急剧变化的现实世界本身也向哲学提出了各种各样的问题，迫切需要哲学面向自己时代的现实问题，把问题作为研究的出发点。列宁曾说："现在必须弄清一个不容置辩的真理，这就是马克思主义者必须考虑生动的实际生活，必须考虑现实的确切事实。"① 因此，马哲文本研究必须回归现实，立足社会现实问题。所谓立足社会现实问题，既不是用理论来图解、注释社会现实问题，也不是根据社会现实问题从经典文本中寻找现成答案，而是恢复马哲对社会现实问题的本质揭示和批判性引导，凸显马哲与现实生活之间的内在本质性关系。这即是：以哲学批判性反思的方式，用马克思的真精神叩击中国现实问题，追溯问题的现实根源，明晰其发展脉络，把握问题的本质，探寻解决问题的方法；通过解答现实问题，解决中国现实社会的矛盾，进而实现对中国社会的改造，以此来彰显马哲的当代意义。

关于马哲文本研究如何关注社会现实的问题，有学者提出了三点建议：第一点，马哲当代意义的展现应当回到马哲的起源上来看，可从它本身和社会的关系，从它对人和社会的理解上来考察，然后考察它的批判性和改变世界的方式，再然后考察它的哲学的方向及其价值的实现。这是因为从向工业化转变这一社会发展的阶段来看，我们现在所处的历史发展阶段和马克思当年所处的社会历史发展阶段有着一定相似。所以马克思的问题恰恰是我们今天遇到带有普遍性的问题。那么他研究问题的方式以及价值取向对我们今天的研究来说仍旧是有巨大意义的。所以真正从马克思这个角度，从他的哲学原典上来进行哲学思考的话，对我们今天仍旧是十分有效的一个角度。这是马克思哲学获得当代意义的一个基础。第二点，要真正使马克思主义哲学获得当代意义的话，必须关注我们今天现实生活当中遇到的问题，比如说，对现在我们社会所出现

---

① 《列宁选集》第 3 卷，北京：人民出版社 1995 年版，第 26 页。

的分化，进而对人的存在、人的价值、人的解放、人的自由、人的全面发展，这些问题怎么去考虑。第三点，关于公平、正义的问题也成为非常突出的一个问题。马克思当年尽管还没有明确提出这样的概念，但是他通过不同的方式深入分析并且试图解决这些问题。今天，如果说马克思主义哲学要获得当代意义的话，一定要对这些现象和问题作出分析，甚至提出解决问题的方式。如果说你对这样一些现实问题加以回避的话，马哲的当代性意义就永远只能是一个抽象性问题。① 这为文本研究如何体现马哲的当代性意义，提供了非常值得参考的路向。

（四）哲学与实践互动，思想与时代共进

马克思为自己的哲学确立了"改变世界"的历史使命，从而实现了哲学向现实世界的回归。这种回归不是为了达到对现实世界的正确理解，而是为了批判和改变不合理的现实世界，以实现人的自由、解放和发展。这就决定了马哲本质上是面向社会实践，以变革现实世界、实现人的自由和解放为己任的哲学。因此，马哲文本研究必须立足社会实践，思考：这种研究对社会生活的变革有什么意义？对我们作为社会实践主体的人有什么意义？马哲应该以何种品格在现时代亮相或登场？如何以马哲的批判现实之力来履行马哲的改变世界之职？文本研究如何"做"，才算得上研究者尽了自己的"本命"、担当起了马哲的使命？也就是说，文本研究应从抽象的概念世界转向对人的现实生活的关注，通过对现实世界的批判，解答当代中国人生存和发展中面对的现实问题，化解中国现实社会的矛盾，实现对中国社会的改造，为人的自由、解放和发展创造现实的条件。

对此，有学者认为哲学的真正任务是提出一种以实现人的自由与解放为内在尺度的"改变世界"的世界观和方法论，使现实的人能够得到问题的答案；并建议研究应"从人直接生活的物质生活条件出发，考察现实社会的历史发展与人的自由、解放程度及其关系，由对世界抽象的

---

① 鉴传今：《不能用学术性消解马克思哲学对现实的关注》，载《长江日报》2007年5月24日。

理性'解释'转向对'改变世界'具体历史进程的关注;由对世界的道德理想预定转向对世界过程的客观经济分析,在学理上开辟了一条返回生活实践的路径"①。也有学者提出:"以往学界习惯于从体系化的理论知识去解读马克思哲学,使马克思哲学革命的批判的特性被遮蔽,作用的发挥受局限。……实际上,马克思哲学不仅仅是科学的理论思想体系,更是人类解放的革命武器,只有澄明了'改变世界'的实质,才能真正理解马克思哲学的革命变革,才能使其更好地溶入时代语境,指导实践。"②

总之,"问题并不在于实现某种空想的体系,而在于要自觉地参加我们眼前发生的改造社会的历史过程。"③唯有如此,马哲文本研究才有可能像高清海教授所冀望的那样:"从马克思走向未来、开创未来。"④

(作者高连福系首都师范大学博士后、副教授,哲学博士,主要从事马克思主义人学研究)

---

① 王志红:《人的存在与马克思"改变世界"哲学的价值诉求》,载《安徽大学学报》2004年第5期。

② 庄严:《"改变世界"的革命哲学:马克思哲学的伟大变革》,载《学习与探索》2005年第5期。

③ 《马克思恩格斯全集》第19卷,北京:人民出版社2006年版,第137页。

④ 高清海:《思想解放与人的解放》,哈尔滨:黑龙江教育出版社2004年版,第58页。

中国马克思主义哲学对话范式研究综述
（2013）

郭 华

[摘 要] 对话范式是中国马克思主义哲学研究的重要范式之一，它的基本要求是：立足文本、面向现实、有效对话。2013年，中国马克思主义哲学对话范式研究在以上三方面都取得了较大进展。在对西方哲学和马克思主义文本文献的研究中，注重文本研究方法的创新和应用，关注 MEGA² 的最新进展，对马克思主义经典文本内容进行深入挖掘，凸显文本的思想史价值和现实意义。在当前关注的理论和现实热点问题上，如公平正义、历史唯物主义方法论、资本主义、资本批判等，国内外马克思主义学者展开积极对话，推动了历史唯物主义研究的深化。最后，对话范式研究要坚持马克思主义的原则和立场，关注中国问题，积极推进中国学术话语体系的构建，实现马克思主义的创新和发展。

[关键词] 马克思主义哲学；对话范式；文本；历史唯物主义

任平教授提出中国马克思主义哲学研究的九大范式，对话范式是其中重要的一种。作为对话范式，它强调在马克思主义哲学研究中，必须立足文本，在细致的文本解读基础上，积极加强同国内外学者的沟通交流，通过有效对话，实现思想碰撞、推进学术研究，回答现实问题。所以，对话范式研究的基础是"文本"，核心是"对话"，目标是"现实"。即深耕文本、加强对话、指向现实，以此推进中国马克思主义哲学研究。

在2013年，通过学界同仁的共同努力，中国马克思主义哲学对话范式研究取得了较大进展，主要体现在如下四个方面。

一、通过对西方哲学文本的细致解读，注重文本研究方法的创新和应用，并就这一研究方法在学界同仁中展开积极对话，促进问题的澄明

在这方面，引人注意的是南京大学的张一兵教授。他在核心刊物上连续发表了十余篇文章，集中探讨了海德格尔、福柯以及当前在国际学术舞台上具有重要影响的西方左翼激进学者如朗西埃、阿甘本等人的文本和思想。具体言之，张教授对福柯的《规训与惩罚》、《词与物》、《认知考古学》，海德格尔的早期著作《存在论：实际性的解释学》，朗西埃的《政治的边缘》，阿甘本的《论潜能》等进行了细致的文本解读，在这些解读中，不仅体现了张教授对他们文本思想的深刻把握和阐释，同时也潜在地贯穿了他阐释文本的新方法——构境论。

构境论是张一兵教授在2007年提出的，按照我的理解，它是指面对文本的一种特定研究方法。在张一兵教授看来，不同于以往的文本学方法，它"至少在文本学基础上往后走了一步"[1]。这"一步"之差体现了面对文本的不同旨归，即如果说以往的文本学研究旨在还原解读对象的原初语境、直接达及作者的客观思想的话，那么构境论则不以此为旨归，它强调"任何一种思想研究都是特定思想家在特定的历史条件下，面对一个文本所产生的特定研究结果"[2]，承认相对和有限的客观性，承认主体解读本身具有无法消除的生产性，所以，"我们的主体性解读永远不可能完全达到认识论上的逼真……大写的绝对真理在今天已经不存在了"[3]，因此，构境论具有两个非常明显的特征，即历史性和生产性，这与历史唯物主义具有逻辑承袭关系，是对马克思主义文本理解的推进。

---

[1] 张一兵、周嘉昕：《承认相对和有限的客观性——关于构境论的对话》，载《理论探讨》2013年第4期。

[2] 张一兵：《不可能的"回到事物本身"》，载《哲学分析》2013年第3期。

[3] 张一兵：《不可能的"回到事物本身"》，载《哲学分析》2013年第3期。

然而,"构境论"自提出以来,一直受到学界的普遍质疑。在2013年,苏州大学的王金福教授对此再次提出了激烈的批评意见。他围绕张一兵教授的"回到"(《回到马克思》、《回到列宁》、《回到海德格尔》等,尤其是《回到列宁》)系列哲学思想史研究著作,连发文章,在肯定张教授在马克思主义哲学研究方面重要学术贡献的基础上,对其"思想构境论"提出了强烈质疑。王教授认为从《回到马克思》到《回到列宁》,张一兵教授的解释学立场从原来的文本学解读过渡到思想构境论,实际上是从"客观主义"变成了"主观主义",并批评说:"一兵自己把'思想构境论'看做是他的'哲学创新',我则认为,一兵在文本解读理论上没有什么进步,反而是在后退。"① 思想构境论的提出,制造了文本解读理论和文本解读实践的割裂和矛盾,形成了"张一兵难题"。对此,张一兵教授给予了回答。他认为王教授"并没有进入我所讨论的理论对象的特定'场境'"②。他并没有如王金福教授所说的否定文本及其意义的客观存在,陷入"主观主义",只是承认主体理解的有限性、历史性和相对性,由此来展现文本解读的新的客观性。他认为,二者的解释学立场是有所不同的。为了更好地说明构境论,张一兵教授通过与周嘉昕博士的对话做了进一步说明。他指出构境论不是主观论,"不是一种主体的随意论,它都是建立在一个非常准确的客观条件的基础上,依据对列宁文本的更精细的分析,在特定条件下对列宁文本的分析,而我本身所具有的主观认知条件也造成了我的认知前提,它实际上是在一定历史条件下所产生的东西,但是我把这种产生的东西视为某种必然的结果,而不是一种随意的乱说或理解"③。它的基础是马克思历史唯物主义中的非实体关系场境。它是在解释学基础上更高的一个层次,是在主体生成新理解的过程中,推进文本研究的深入。

由于构境论思想的复杂性、缺乏完整性等,目前还难以得到学界的

---

① 王金福:《"张一兵难题":"回到"是否可能?》,载《学术评论》2013年第1期。
② 张一兵:《不可能的"回到事物本身"》,载《哲学分析》2013年第3期。
③ 张一兵、周嘉昕:《承认相对和有限的客观性——关于构境论的对话》,载《理论探讨》2013年第4期。

完整理解和认同。张一兵教授通过与王金福教授的对话,以及他同周嘉昕博士的对话,对构境论思想做了进一步说明。当然,为了更好地为学界所理解,理论往往也要采取迂回道路。张一兵教授在 2013 年发表的一系列关于福柯、海德格尔等人思想的研究成果,目的就是通过寻找在思想的某一方面与他具有共同点、同时又为学界所熟识的思想同盟者,来说明其构境论,摆脱就构境谈构境的枯燥和生硬。这是继回到列宁、回到海德格尔之后,他对构境论思想的说明和阐释。

二、在对马克思主义文献、文本进行详尽考证和研究的基础上,促进马克思主义的世界化、时代化,确立经典文献、文本的思想史价值,突出其现实意义

首先,在文献考证方面,国内学者始终关注国外 MEGA^2(《马克思恩格斯全集》"历史考证版")的研究情况和研究成果,产生了一些值得注意的研究成果。中国社科院的魏小萍对此进行了梳理,指出"这些成果主要体现在对马克思早期手稿文献、《德意志意识形态》文本和文献的研究之中,除此之外,《资本论》之前的政治经济学研究也已经取得了初步的成果,《资本论》文本、文献的研究正在进入学者们的视野"[①]。但是,MEGA^2 提供了大量文献材料,在此基础上形成的重新解读和研究,必然会对传统的马克思主义研究产生冲击,或者对其盲目拒斥、或者过度拔高。魏小萍认为,这两种态度都是不可取的,"MEGA^2 的基本特征是呈现原文本、原创作过程,以及马克思和恩格斯的阅读资料、通信等能够收集到的全部信息。借助于 MEGA^2 提供的文本文献资料研究马克思和恩格斯思想,有其独特的理论价值,这点不可忽视,但是对 MEGA^2 加以无限拔高或者使其神秘化的做法也是不可取的"[②]。中国人民大学的陈浩博士对 MEGA^2 在日本的编辑现状和编辑工作的特点进行了专门介绍,肯定了日本学界深厚的文献学积累以及在此过程中形成的问题

[①] 魏小萍:《MEGA^2 与马克思主义哲学史研究》,载《中国社会科学报》2013 年 1 月 30 日。

[②] 魏小萍:《MEGA^2 与马克思主义哲学史研究》,载《中国社会科学报》2013 年 1 月 30 日。

意识，为"MEGA 编辑工作印上了独特的日本'烙印'……相比'MEGA²'众多纯粹的文献学编辑，附带有更强的问题意识色彩，因而也更能引发研究者的认同与共鸣"①。我认为，在对国外 MEGA² 的研究问题上，我们既要肯定他们严谨的学术态度和扎实的文本研究，重视其研究成果，但是也要防止陷入"文本陷阱"，为文本而文本，失去立场。

其次，在文本研究方面，马克思主义经典的政治经济学著作成为理论研究的热点。学者们通过对文本的学术史研究、文本内容的深度挖掘等，突出了文本研究的现实关注和当代价值。

文本的学术史研究主要针对马克思的《资本论》。北京大学的聂锦芳教授对《资本论》的哲学思想进行了学术史梳理，认为可以把《资本论》第一卷发表近一个半世纪以来的哲学思想研究分为如下类型："战友和学术的阐释和宣传"、"政治领袖的理解和推动"、"《资本论》研究中的'苏联模式'"、"西方马克思主义的'嫁接'和东欧'新马克思主义'的'发现'"、"'马克思学'的指归"、"MEGA 版的编纂原则"。在肯定国内学界研究所取得的成果的基础上，聂锦芳教授进一步指出研究中存在的几点问题，如"没有形成一支《资本论》研究专家队伍，出现有世界影响的论著"；在文献考据方面不足，"缺乏真实、完整而权威的文献基础"；"与国际《资本论》研究界的状况严重脱节"等，他提出自己的研究观点："权威的文献材料的准确把握、文本结构的完整理解、思想内容的详尽解读、论证过程和逻辑的完整梳理和深刻揭示、问题和观点的到位提炼与概括、思想内涵的深度分析和客观评价。"② 南京大学的孙乐强博士从《资本论》的政治形象、学术形象等方面梳理了西方学界对《资本论》形象的认知变化。他认为："在西方学术界，《资本论》的形象出现了四重'分裂'：首先，由原来的'工人阶级的圣经'转化为一种'失效的旧约'，政治影响力日益衰退；其次，由原来集哲学、

---

① 陈浩：《"MEGA²"在日本的编辑现状》，载《学术月刊》2013 年第 4 期。
② 聂锦芳：《〈资本论〉哲学思想研究的学术史清理》，载《学习与探索》2013 年第 1 期。

经济学于一体的《资本论》,被解读为各自独立的哲学或经济学著作,在整体形象上出现了重大分裂;再次,由原来作为有机整体的'完整著作'被解构为各自独立的'手稿片断',实现了由'科学著作'到'虚构伪书'的全面退化;最后,在资产阶级经济学家眼中,《资本论》的形象也由原初的'资产阶级的判决书'转变为资本主义均衡发展的'科学指南',抹杀了《资本论》的党性原则。"① 对此,他提出我们必须重构《资本论》形象,捍卫马克思主义在中国的指导地位,这具有重大的理论和现实意义。

在文本内容的深度解读方面,主要集中于《巴黎手稿》、《1857—1858年经济学手稿》、《资本论》等文本。聂锦芳教授发表了三篇研究《巴黎手稿》的学术论文②,在对《1844年经济学手稿》整体内容、文本结构的细致分析中,推敲笔记本Ⅱ的思想内容和构架;指出其中重要的思想主题,如异化、自在自然和人化自然、人的本质等,揭示它在马克思哲学研究中所达到的思想高度;以及具体探讨重新研究《巴黎手稿》的路线图等。《1857—1858年经济学手稿》的文本研究,在学者中形成了理论研究的一个热点。他们充分肯定了它在马克思思想发展中的独特地位,并从不同的角度挖掘、阐释其思想及其当代价值。如复旦大学的孙承叔教授从资本与历史唯物主义的角度对《马克思恩格斯全集》中文第二版第30、31卷进行了解读,指出它具有独特的学术地位,"是马克思的历史唯物主义与经济思想相结合的最经典表述,它的明晰度要远远超过《资本论》正版和以后的马克思著作"③,在这里马克思系统研究了资本与现代社会的关系,第一次提出了三大社会形态理论,这是

---

① 孙乐强:《〈资本论〉形象的百年变迁及其当代反思》,载《马克思主义与现实》2013年第2期。

② 聂锦芳:《"巴黎手稿"笔记本Ⅱ内容探佚》,载《北京行政学院学报》2013年第3期;《"巴黎手稿"再研究》,载《社会科学报》2013年1月3日;《关于重新研究"巴黎手稿"的一个路线图》,载《马克思主义与现实》2013年第3期。

③ 孙承叔:《资本与历史唯物主义——〈马克思恩格斯全集〉中文第二版第30、31卷的当代解读》,载《西南大学学报》2013年第1期。

马克思深入研究第二大社会形态（即资本主义）的结果，"从理论的深刻性和正确性讲，马克思是研究市场经济的第一人"①，指出马克思对资本的思考在哲学方面也取得了突破性进展，认为资本是一个哲学范畴，现代社会的根本问题是正确对待资本，既要看到其对现代社会发展的积极方面，又要防止资本原则的滥用，避免其消极影响。中国人民大学的安启念教授强调从时代需要出发重新解读《1857—1858年经济学手稿》，打开为历史所遮蔽的思想资源。他从文本依据的角度，着重分析了马克思在《手稿》中关于"自动的机器体系"的思想，指出"随着自动机器体系的出现，工人在生产中的地位边缘化，传统意义上的劳动价值理论和阶级剥削理论受到冲击"等，但随着个人自由时间的增加，也为人的解放提供了条件，这些变化实际上是"科学技术发展的产物，科学的发展使生产力的性质发生重大变化"②，这些思想为马克思主义的时代化提供了思想资源，具有重要的现实意义。南京大学的孙乐强博士从马克思经济哲学的视角认为《1857—1858年经济学手稿》在马克思经济哲学思想发展中的重要作用，结合文本分析，指出马克思在价值理论、剩余价值理论等方面的突破与存在的理论不足，深化了对《手稿》的研究。当然，作为理论研究最大热点的《资本论》得到了学界的高度重视。对《资本论》的文本研究从多个方面展开。北京大学的赵家祥教授从基本概念和基本理论的角度展开对《资本论》及其手稿的分析，如他对生产方式概念、生产关系理论、三大社会形态理论、自由王国与必然王国等问题的研究；北京大学的聂锦芳教授从"当代"视角出发，展开对《资本论》文本和思想的研究，强调必须在扎实的文本研究的基础上，结合新的时代境遇和资本当代发展重新解读《资本论》，推进理论研究的高度，凸显其思想史地位和当代价值。他特别强调，不能简单地"从现实问题出发去文本中寻求解决方案，或者单纯靠一个外在的理论框架或当

---

① 孙承叔：《资本与历史唯物主义——〈马克思恩格斯全集〉中文第二版第30、31卷的当代解读》，载《西南大学学报》2013年第1期。

② 安启念：《马克思关于"自动的机器体系"的思想及其当代意义——兼论马克思主义哲学时代化的文本依据问题》，载《马克思主义与现实》2013年第3期。

代流行的思潮和方法去'挖掘'和'阐释'其思想"①，必须以扎实的文本研究为依托，站稳理论立场，结合资本的当代发展态势来研究。复旦大学的孙承叔以"现代史观"的视角解读《资本论》，他认为《资本论》的核心是马克思的现代史观，马克思的现代史观实质就是马克思对现代社会（即资本主义社会）的根本看法，"深刻揭示资本、市场经济、现代社会的关系构成马克思现代史观的主要内容"②，指出现代史观是历史唯物主义思维方法的革命，马克思历史观的真正确立是在现代史观形成之后。还有学者从政治经济学批判的角度展开对《资本论》的解读，如吉林大学的白刚教授等。

应该看到，在对文本文献研究中，我国学者重视文献的收集、关注国际相关研究的进展，强调踏实、严谨的研究风气，既注重研究的思想史价值，更突出研究的现实关照，这是文本文献学研究中值得肯定的，为进一步的国际交流与对话，促进马克思主义的国际互动奠定了良好的基础。

三、在与国内外马克思主义学者的对话中，促进历史唯物主义相关研究的深化和发展

首先，在公平正义问题上，国内学者进行了充分研究，并展开了积极的交流与对话。公平正义可以说是国内学界研究的一个热点，这与当前资本的全球化布展以及中国日益严峻的贫富差距等现实是有密切联系的。从目前学界的研究状况来看，对公平、正义问题的研究主要体现在以下几个问题上，即历史唯物主义是否具有正义理论（武汉大学李佃来教授认为历史唯物主义与正义不是互相对立的，而是互相兼容的，必须在历史唯物主义理论基础上展开马克思的正义思想），马克思的正义理论是关于事实性的理论还是关于价值性的理论（中国人民大学的段忠桥教授认为正义在马克思著作中是价值判断而不是事实判断；李佃来教授

---

① 聂锦芳：《〈资本论〉研究的"当代"视角省思》，载《光明日报》2013年8月27日。
② 孙承叔：《〈资本论〉哲学思想与马克思的现代史观》，载《学习与探索》2013年第1期。

认为必须对此进行澄清,即历史唯物主义不是单纯的事实性理论,是具有强烈价值承诺的价值性理论),马克思的社会公正观研究(中山大学的徐俊忠认为马克思社会公正观虽然不否定社会公正观念的积极意义,但是基本上不属于肯定性和倡导性的,而是建立在对社会不公正的基础和源头清除的基础上,因此是属于批判性和否定性的;南京大学的唐正东教授结合马克思文本,详细论证了公正观的历史唯物主义方法论基础,认为马克思的公正观具有生产关系的基础和社会历史过程的基础,只有深化对这两种方法论基础的认识,马克思才能解答资本主义社会的不公正之谜),马克思的正义理论与西方理论家的正义理论的关系如何(李佃来教授主要比较了马克思与自由主义正义理论在理论旨趣等方面的差异,说明二者是有根本分殊的,难以形成实质性的对话),中国社会发展中的公平正义的问题(复旦大学余源培教授认为公平正义是社会主义的要求,没有公平正义就没有科学发展,公平正义的发展必然要坚持以人为本的发展,从百姓的现实需要出发,以收入分配作为促进公平正义的突破口;段忠桥教授结合马克思《哥达纲领批判》的相关论述,指出中国目前的贫富差距是不正义的,推动了马克思主义对现实问题的回答),以及以西方政治哲学的研究为基础,探讨正义问题,如吉林大学的姚大志教授对桑德尔、沃尔策等人正义思想的研究,等等。

可以看到,学界从多方面对公平正义问题展开探讨,并已经形成了较多的理论成果,但研究中的分歧也较大。在此基础上,针对共同问题,学界同仁间进行了积极的理论交锋。中国人民大学的段忠桥教授与吉林大学的姚大志教授就分配正义问题多次交流,形成了学术争鸣。段教授认为姚教授在2012年《再论分配正义》的文章中,没有直接回应他的不同意见,并对他的不同意见有一些误解,因此,他发表了《也谈分配正义、平等与应得》的文章,进一步说明二者的分歧,力图促进问题的澄清。在分配正义问题上,他认为姚教授没有直接回应他的观点,反而错误地推断他的观点"依赖于一种外在的分配正义观念"。关于平等的分配,段教授认为姚教授对他的观点存在误解,同时没有阐明自己的观点。关于应得，段教授同意姚教授反对以"拉平"解决中国贫富差距问题，但是却错误地把他引用的西方学者的观点当成了他的观点，即把应得当做分配正义的原则视做段教授的主张，这也存在着误解。姚教授在《三论分配正义》中对批判意见做出了回应，集中在"外在的（客观的）分配正义观念"、"平等的分配"和"应得"三个问题上。针对双方都根据文章判断对方具有一种外在的分配正义观念，姚教授承认对段教授可能会有一定的误解，并阐明自己在此问题上持一种"建构主义"的观点，否认自己主张存在外在的分配正义观念。关于"平等的分配"，姚教授指出二者的分歧在于对"平等的分配"具有不同理解，并认为段教授对此的理解是不清楚的，段教授认为平等的分配是把人当做平等者来对待，但这只是程序性标准，无法界定什么是平等的分配，无法解决分配正义这样的实质性问题。关于"应得"，姚教授认为段教授在应得问题上引用了西方学者的观点，但没有明确阐明他的观点，这是问题所在。就实质性的分配正义问题，姚教授认为二者讨论和交锋的核心问题是"平等的观念"，导致双方分歧的一个重要因素就是对平等理解的不同，指出二者应进一步澄清平等含义。可以说，二者都是从中国社会现实出发，从学理上探讨分配正义问题，通过双方的争论，有助于问题的澄清和理解的深入，对我们深入思考和解决中国社会的正义平等问题具有重要的理论和现实意义。在对正义问题的探讨上，我国学者也有意识地推进同国外学者的交流和对话。中国人民大学的臧峰宇博士在对英国伦敦国王学院教授亚历克斯·卡利尼科斯的访谈中，提出"作为平等的正义何以可能？"卡利尼科斯教授指出："正如马克思在《哥达纲领批判》中所指出的，个人的需求是不同的。这是他所完全认同的共产主义分配原则的部分理由——各尽所能，按需分配。在我看来，这种关于平等获得幸福机会的观点为实现这种原则指明了路径。这个观点在论述平等主义正义论的哲学文献中得到了彻底的讨论，它的一个优势在于，提供了自由和平等的范围：正义包括机会均等，然后由个人来判断如何实现这些机会。"① 自觉促进同国外学者就理论热点的探讨,是我国学者在研究中值得肯定的方面。

其次,通过与西方马克思主义及俄罗斯学者的对话,廓清了历史唯物主义的方法论,促进了对列宁等人马克思主义理论的理解,推进了历史唯物主义认识的深化。

对历史唯物主义方法论的研究是马克思主义理论中的一个重要课题。南京大学的唐正东教授从对西方学界的几种社会批判理论的批判入手阐释了历史唯物主义的方法论视角及其学术意义。在他看来,历史唯物主义有两个基本的方法论视角,即历史的和社会关系的。这两个视角是内在统一的,"历史的方法论"是社会关系的历史的方法论,"社会关系的方法论"是历史性的社会关系方法论。尤其值得注意的是历史性的社会关系方法论不是停留于历史经验层面,而是深入到社会发展的本质层面,以生产力和生产关系的矛盾运动作为揭示私有制社会历史发展的本质线索。但是,随着资本在经济、政治等多方面的成功殖民,以及西方社会发展带来的阶级结构等方面的变化,西方左派学者对这种历史唯物主义的方法论视角产生了质疑,转而以文化范式批判为入口解读马克思哲学并展开对资本主义的批判。如英国的卡弗教授、美国的吉布森、澳大利亚的格雷汉姆教授等都持此种观点。不过,以文化范式批判为入口建构社会批判理论,尽管具有一定的深刻性,但由于没能进一步追问文化范式的来源等,在学理逻辑上还具有明显的局限性。唐教授指出:"他们在微观话语权力的层面展开对资本主义的批判,却在宏观话语权力的层面陷入了资产阶级的意识形态",必须"深入到资本主义社会历史过程的内部去寻找其内在矛盾的根源,去寻找社会危机的真正可能性,去寻找文化批判或文化反击的社会经济基础并梳理出文化反击的现实可能性路径,这才是我们基于历史唯物主义视角来思考文化批判问题

---

① 臧峰宇:《经典马克思主义与作为平等的正义——亚历克斯·卡利尼科斯教授访谈录》,载《江海学刊》2013年第6期。

时所应该持有的方法论立场"①。他进一步指出,这一方法论立场是我们准确把握马克思主义思想以及马克思主义经典作家的学术思路的前提条件,同时也能使我们更好地坚持自己的学术立场,审视西方学术思潮,构建自己社会批判理论的前提条件。当前,政治经济学批判成为当今世界马克思主义理论研究热点,对于政治经济学批判何以可能,唐正东教授再次指出这恰恰在于它能够超越经验主义、人本主义的方法,而立足于历史唯物主义方法,这"不是简单的生产关系批判理论,而是生产力生产关系的矛盾运动理论"②。

结合落后国家如何对待资本主义、如何建设社会主义等现实问题,国内学者对苏联时期的资本主义、帝国主义理论进行了研究。如南京大学的刘怀玉在《俄国民粹主义的资本主义观:一个历史的述评》一文考察了俄国民粹主义对资本主义批判的历史过程;在《论布哈林在帝国主义理论发展史上的重要地位》一文中指出他的帝国主义理论是列宁帝国主义理论的重要思想资源,并论证了其理论的贡献与不足等;武汉大学汪信砚、周可在《列宁的资本主义理论及其当代意义》中分析了列宁的资本主义理论,并指出它对当代发展中国家如何看待资本主义、如何发展等具有重要意义。可以看到,列宁思想仍是研究的重点。在对列宁思想的研究中,国内学者已经不再停留在苏联时期的相关研究上,而是关注俄罗斯哲学的发展,关注他们的新成果,并展开对话,进行理论探讨,推进了相关学术进展。中国人民大学的安启念教授对俄罗斯著名的马克思主义哲学家 T. N. 奥伊则尔曼关于列宁的认识问题展开了批评,表达了不同的见解。奥伊则尔曼认为马克思恩格斯在早、晚期关于无产阶级革命的思想是不同的,列宁一生坚持马克思早期思想(暴力革命论),从这点看,他是一个教条主义者;列宁无视或曲解马克思恩格斯晚期思想(议会选举获得政权),从这点看,他同样是个修正主义者。

---

① 唐正东:《历史唯物主义的方法论视角及学术意义——从对西方学界的几种社会批判理论的批判入手》,载《中国社会科学》2013 年第 5 期。

② 唐正东:《政治经济学批判何以可能?》,载《中国社会科学报》2013 年 10 月 28 日。

安启念教授认为,他的看法是站不住脚的。他认为,列宁是坚持从实际出发的辩证法大师,他选择了马克思早期的思想,是从沙俄的现实出发,而且也不是完全照搬。奥伊则尔曼指责列宁是修正主义者,有一个未经言明的前提,即把马克思恩格斯的晚期思想视做马克思主义的正统,这是成问题的。实际上,马克思恩格斯早晚期思想都是正确的,之所以不同,是因为客观情况发生了变化,即"马克思早期思想与晚期思想分别客观地反映了资本主义早期阶段与日趋成熟阶段的不同情况"①,所以都是正确的。另外,对于列宁的苏联社会主义与马克思恩格斯的设想不完全一致,招致了众多批评。对此,安启念教授认为列宁的批评者过于强调理论、普遍性,而列宁则是实践家,注重俄国的国情,尽管与马恩的设想不尽相符,但却是当时唯一符合俄罗斯实际的制度,所以列宁不是教条主义者,而是真正的辩证法大师。

最后,在对话中,马克思主义研究的新的理论增长点获得了进一步发展,如政治哲学、空间哲学、政治经济学批判等。在政治哲学方面,围绕正义、公平等问题展开了集中探讨,在此不再赘述。值得注意的是,学者们不再完全依赖西方学术资源,而是结合中国问题,在马克思主义理论当中深入挖掘学术思想,系统阐释相关问题,这充分体现了学者们的理论自觉和现实意识。空间哲学近年来在学界获得了长足发展,成为吸引众多学者研究的热门领域。国外学者如亨利·列菲伏尔、大卫·哈维、爱德华·索亚等在空间哲学方面的探讨成为国内对此问题探讨的重要理论资源。苏州大学的车玉玲教授从空间和文化关系的角度,探讨了空间变迁的文化表达以及给当代都市人带来的生存焦虑问题,提出要重视空间的文化特征,为人们提供合理的生存空间,使人惬意生活。苏州大学的庄友刚教授探讨了历史唯物主义视野中空间生产研究应遵循的原则与理路,他认为,空间生产研究应既要遵循一般唯物主义原则,更要突出历史唯物主义的原则和要求。可以从空间生产与物质生产

---

① 安启念:《列宁对马克思的继承与发展:关于列宁主义的再认识》,载《教学与研究》2013年第3期。

逻辑关系的理论阐释、空间生产视角的生产方式分析图式的重构、当代空间生产视域中资本批判三个基本方面展开历史唯物主义空间研究的理路。另外，他还从空间和资本关系的角度探讨空间生产问题，提出资本空间化和空间资本化是社会发展的需要，是从现代性向后现代性发展的转换，都根源于资本的本性，是资本自身的逻辑创新。南京大学的刘怀玉教授立足当今世界的全球化、城市化和跨国的区域化发展趋势的现实，从历史唯物主义视野中探讨空间化问题及其本质。南京大学孙乐强博士立足于《资本论》文本，详尽阐释了其中的空间理论，评价了西方学者列菲伏尔、苏贾等在空间理论上的贡献与不足，推动了对历史唯物主义空间理论的认识。政治经济学批判无疑成为当今世界马克思主义新的学术生长点。学界围绕当代资本批判问题，在资本创新形态、资本剥削形式等方面进行了研究，推进了马克思主义的时代化。江苏师范大学的任平教授就资本创新逻辑进行了当代阐释，他认为资本之所以能够一次次度过危机，持续在场，根本原因在于资本具有创新功能，从而推动资本形态的变革，即"资本的主导形态从当年马克思面对的工业资本，经过工业资本与银行资本的结合而转向金融资本，进而再转向知识资本和文化资本，拓展为社会资本、人力资本、消费品资本等等"[①]。但不管资本形态如何变化，马克思在《资本论》中对资本本性和资本主义基本矛盾等的分析依然是正确的，所以必须反对否定或背弃马克思的各种后马克思主义思潮，随着时代的变化，我们必须建构资本批判理论的当代出场。南京大学的唐正东教授对西方学者麦克尔·哈特和安东尼奥·奈格里的"非物质劳动"观点进行了批判性解读，指出这一概念反映了资本主义劳动范式的转型，即从工业时代的物质劳动转向后工业时代的"非物质劳动"，显示了他们较强的理论思辨能力，但以此来证明资本外在于劳动过程，劳动者之间是合作关系，无视劳资关系的重要性，并在此基础上提出劳动者的主体解放的可能性，却是不成立的，充其量只能是一种缺乏现实历史纬度的伦理呼唤。

[①] 任平：《资本创新逻辑的当代阐释》，载《学习与探索》2013年第3期。

四、在与各种思潮的对话中,马克思主义理论研究者应坚持原则,坚定立场,立足中国实际,关注中国问题,推进马克思主义发展

针对近年来马克思主义研究中出现的试图以非意识形态化方式创新马克思主义哲学的倾向,以及企图用西方生存论等哲学取代马克思主义认识论的倾向,中国社会科学院的侯惠勤教授指出马克思主义哲学是具有共产主义内核的,这在马克思主义哲学的两个标志性文本《德意志意识形态》和《共产党宣言》当中都有体现。在中国,马克思主义研究不能陷入纯粹的文本研究,不能以苏解马,更不能以西解马。他指出,中国的马克思主义研究是具有意识形态性的,我们应该正视这一点,任何时候,共产主义信念不能丢。马克思主义哲学的创新要坚持共产主义理想信念,要在二者的统一中实现创新。在马克思主义哲学创新上,要坚持马克思主义的应用,即坚持中国立场、关注中国现实,他批评了"时下出现的那种鄙视中国现实问题、热衷于在西方话语圈子讨生活的倾向"①,认为这对马克思主义的创新是极为有害的。当然,关注现实问题要以勇于正视现实为前提,我们不能否认在"西强东弱"的情况下,共产主义信念的缺失是客观存在的,如何增强理论自信,侯惠勤教授提出要有正确的思想方法:"关键是正确看待马克思关于两个'必然'和两个'决不会'判断间的关系。两个'必然'是马克思主义的战略思想,即从历史的发展规律和当今历史的总趋势上,资本主义的灭亡和社会主义的胜利同样是不可避免的;两个'决不会'是一个战术思想,就具体的国家或地区以及具体的历史发展阶段而言,资本主义不但还有自我调整的空间,而且在科技和经济上的优势地位也不会立即丧失。两者不能错位。如果把战略变成了战术,就可能犯超越历史阶段的错误;而如果将战术变成战略,则可能犯迷失方向、悲观失望的错误。用两个'决不会'去否定两个'必然',就是犯了用战术思想取代战略思想的错

---

① 侯惠勤:《马克思主义哲学的共产主义底蕴》,载《中国社会科学报》2013年4月24日。

误。"① 复旦大学的陈学明教授也认为，马克思主义与共产主义是有内在关联的，《共产党宣言》中所揭示的人类历史发展规律以及确立的共产主义信念是不能动摇的，它们在今天显得尤为重要。中国人民大学的陈先达教授认为我们应重视以科学态度对待马克思主义的学者，不能一概把他们（包括西方马克思主义、后马克思主义、左翼学者等）的研究视为异类，衡量马克思主义的标准是"贯穿全部马克思和恩格斯著作中反复论述且不断出现的具有规律性的论断"②，共产主义理想就是其中之一。同时，针对马克思主义在中国的发展现状，陈先达教授指出，马克思主义理论研究者应该具有理论自尊、自强和自信，这才能更好地促进马克思主义的研究和传播。中国社会科学院的崔唯航进一步提出理论自觉与马克思主义哲学中国学术话语体系的当代建构问题，并认为这是近年来我国马克思主义哲学研究最有价值的进展。他充分肯定了我国国外马克思主义研究的较大发展，但在繁荣表象背后也存在问题，如研究总体上还处于简单的介绍和综述阶段，停留在纯理论研究，对重大的现实问题表现淡漠，缺乏对中国问题的反思与回应等。对国外马克思主义研究的理论自觉是对其进行前提批判，并立足中国实际推进国外马研究。这必然导致中国学术话语的建构。他认为"中国马克思主义哲学研究必须从流行的西方话语体系中解放出来，从抽象空洞的教条主义中解放出来，而代之以新鲜活泼的、为中国人民所喜闻乐见的马克思主义哲学的中国学术话语体系"③，即要让马克思主义说"中国话"，关注中国实际，应答中国问题。这已经成为近年来学界共同关注的问题。

总的来看，在面对西方思潮和国外马克思主义的研究中，我们既要重视他们的研究成果，注重吸收、借鉴，同时也不能为学术而学术，沉迷西方话语。我们必须坚持马克思主义的理想信念、基本理论，承认其

---

① 侯惠勤：《只有坚持唯物史观才能坚定共产主义理想信念》，载《中国社会科学报》2013年1月30日。

② 陈先达：《不朽的马克思》，载《中国社会科学报》2013年3月6日。

③ 崔唯航：《理论自觉与马克思主义哲学中国学术话语体系的当代建构——对近年来马哲研究的一个有限观察和评论》，载《学术研究》2013年第1期。

在中国的意识形态领导地位，不能盲目的去意识形态化。在此基础上，关注中国问题，积极推进中国学术话语体系的构建，实现马克思主义的创新和发展。

（作者郭华系江苏师范大学当代中国马克思主义哲学研究范式创新研究中心研究人员，讲师，哲学博士，研究方向：马克思主义哲学、国外马克思主义哲学）

问题反思与范式转换的双向互动

——"反思的问题学"研究范式 2013 年研究综述

孟献丽

[摘 要] "反思的问题学"研究范式以"问题"为中心,突破和超越马克思主义哲学研究的传统教条模式,成为马克思主义哲学研究创新的必然路径。2013 年,学术界主要聚焦于"中国梦"、生态文明、公平正义等当代中国重大现实问题。一方面,通过不断聚焦、反思这些时代重大现实问题,问题的根源逐步暴露,问题的本质逐步显现,问题的解决指日可待;另一方面,通过对这些时代重大现实问题的反思和解答,马克思哲学研究的视域进一步拓展,方式方法进一步丰富,马克思主义哲学研究不断创新。致力于反思、解决时代重大问题,同时又促进马克思主义哲学研究范式的转换和创新,这是同一个过程的两个方面。两者相互影响、相互促进,是一种紧密的有机互动关系。

[关键词] 反思的问题学;问题反思;范式转换;双向互动

"问题是时代的格言,是表现时代自己内心状态的最实际的呼声。"① 问题与理论是一对孪生兄弟。关注现实、切中问题是当代中国马克思主义哲学实现研究范式转换,摆脱理论困境的唯一出路;同时,当代中国马克思主义哲学研究范式的转向与创新,也是不断解决当代中国诸多重大时代问题的必然要求和现实选择。所以,问题反思与范式转

---

① 《马克思恩格斯全集》第 1 卷,北京:人民出版社 1995 年版,第 203 页。

换之间是一种双向互动、相互促进的耦合关系。"反思的问题学"作为马克思主义哲学研究的一种范式,一方面以反思、解决时代重大问题为使命,另一方面又在反思、解决这些问题中丰富和创新马克思主义哲学研究。

一、"反思的问题学"的内涵和要义

"反思的问题学"指涉实践论和"问题学"立场,强调哲学本质上是问答逻辑。[①]"反思的问题学"是马克思主义哲学研究的一种具体路径和形式,也是马克思主义理论与实践紧密结合的重要体现。"反思的问题学"具有"以问题为中心展开研究"、"反对'问题的实证主义'"、"反思的问题学是理论创新的范式"三个基本特点。[②] 问题是时代的声音、体系的根据、创新的源泉。如果离开"问题意识",就背离了马克思主义哲学的本意和实质。因此,作为马克思主义哲学"反思的问题学"研究范式,就是通过反思和解答新全球化时代带来的种种问题对马克思主义哲学在场性的当代挑战。马克思主义哲学永远需要在历史的和地域的差异境遇中不断出场,因而造就了新的出场形态。[③]

"反思的问题学"范式起源于对破除教条主义的新路径的探索。"反思的问题学"范式以问题为中心展开哲学研究。生活不断提出问题,引导哲学打破教条,重新反思问题、解答问题,不断引导理论创新。问题视域打破以往的范式壁垒,成为引导理论走向时代、走向实际的主要路径。反思的问题学在解答问题过程中包括哲学但不限于哲学视域,其多学科知识特点使问题解答在转化为"学"的过程中可能大多没有上升到哲学反思的高度。"反思的问题学"研究范式呼唤领域哲学或部门哲学

---

① Ren Ping, *The theory of question-oriented reflection and its contemporary significance*, Social Sciences in China, Vol. XXIX, No. 2, May 2008.

② 任平:《当代中国马克思主义哲学研究范式的创新与转换》,载《哲学研究》2012年第3期。

③ 任平:《创新时代的哲学探索》,北京:北京师范大学出版社2009年版,第11页。

的研究。通过领域创新路径来推进马克思主义哲学研究，成为反思问题学的必然逻辑。①反思现实问题不仅是马克思哲学研究的重要内容，而且是实现马克思哲学当代出场的重要路径选择。问题研究就是通过捕捉和回答现实问题，开展马克思哲学研究，丰富和发展马克思哲学。基于问题范式的马克思哲学，始终是对现实问题的解答，永远指向未来的时代性思想。这样，马克思哲学才具有时代性和强大生命力，才可能不断出场。② 在新全球化时代的大背景下，文化的多元化使得各种思想相互交融碰撞，开展有效对话、占领文化高地已经成为当代马克思主义出场路径的重要方式，我们要丰富载体，创造平台，拓展马克思主义哲学出场的路径。

二、2013 年学术界聚焦的重大现实问题

"反思的问题学"范式以问题为中心展开研究。2013 年，学术界主要聚焦于"中国梦"、生态文明建设、公平正义保障等当代中国发展中遇到的重大现实问题。

（一）"中国梦"

自习近平总书记参观复兴之路时首次提出"中国梦"后，"中国梦"便成了最"热"的研究话题。中华民族是个充满梦想的民族，在人类浩瀚激荡的历史长河中，中华民族曾经创造出举世瞩目的文明成果，点燃人类梦想的火炬，引领着世界其他民族的发展，为促进人类文明发展谱写下壮丽的篇章。但自第一次鸦片战争后，中国开始陷入半殖民地半封建社会的梦魇。为了民族独立和国家富强，无数仁人志士进行了艰辛无比的探索；随着技术救国、文化救国、宪政救国等梦想破灭，中国共产

---

① 刘德中：《论我国马克思主义哲学研究的基本样式》，见任平主编：《当代中国马克思主义哲学研究（2012）》，北京：中央编译出版社 2012 年版，第 250 页。

② 任政：《问题反思与理论建构——面向"中国问题"的马克思哲学研究范式》，载《中共天津市委党校学报》2013 年第 4 期。

党最终担负起实现国家富强、民族振兴和人民幸福的"中国梦"重任。实践的追梦必然伴随理论学术的追梦,"中国梦"理论研究主要从以下方面展开。

1. "中国梦"的内涵和价值

"中国梦"站在历史和时代的高度,把马克思主义的基本原理与现阶段基本国情的新特征、人民群众的新期待和现代化建设的新实践紧密结合,科学回答了新形势下如何坚持和发展中国特色社会主义的一系列重大问题,为马克思主义中国化的最新成果——中国特色社会主义理论体系注入了新的科学内涵。有学者依据习近平总书记在参观国家博物馆《民族振兴》展览时提出的"实现中华民族伟大复兴,就是中华民族近代以来最伟大的梦想"为契机,采用史论结合的方式,简单梳理了中华文明的发展历程,然后以第一次鸦片战争为转折点,阐述中华儿女为"中国梦"所进行的艰苦卓绝的斗争,彰显了中国共产党带领中华民族为实现"中国梦"的雄浑历史和所做出的伟大举措,指出实现中华民族"追求国家富强、实现人民的幸福生活、为世界作出更大贡献"是最伟大的"中国梦"。[①]"中国梦"的基础是中国特色社会主义,其强大影响力和感染力源自中华民族不断发展壮大、走向伟大复兴的历史实践,以及由此而形成的道路自信、理论自信和制度自信。[②] 有学者强调,对近代中华儿女来说,实现中华民族伟大复兴绝不是一句豪言壮语,而是有着十分深刻的内涵,这就是"国家更强盛、人民更幸福、中华民族对世界作出更大贡献"。[③] "中国梦"的内涵,就是实现国家富强、民族振兴和人民幸福。学习领会"中国梦"的精神实质,一是把握好国家富强、民族振兴、人民幸福"中国梦"的基本内涵;二是把握好坚持中国道路、中国精神、中国力量这一"中国梦"实现的战略要求;三是把握好

---

① 参见王英梅、王晋京:《中国梦学习读本》,北京:国家行政学院出版社2013年版。
② 侯惠勤、辛向阳:《中国梦与中国特色社会主义共同理想》,载《红旗文稿》2013年第12期。
③ 辛鸣:《中国梦:内涵、路径、保障》,载《理论导报》2013年第1期。

"中国梦"是人民的梦这一本质属性。① 所以，从根本上说来，"中国梦"就是实现国家富强，民族振兴，人民幸福。具体说来，"中国梦"就是现代化之梦，社会主义之梦，民族复兴之梦。② 这表明"中国梦"不是"单向度"的梦，而是三位一体的复合梦。从国家层面看，"中国梦"是国家富强梦；从民族层面看，"中国梦"是民族振兴梦；从人民层面看，"中国梦"是人民幸福梦。

"中国梦"不仅是属于中国的，也具有世界意义和价值。有学者认为，不仅中国人需要"中国梦"，放眼全球，世界也需要"中国梦"。如果我们通过各种传播手段，让世界了解一个个中国人关于"中国梦"的真实故事，那将会很受欢迎，因为人类的梦想总是相通的，让世界了解"中国梦"，可以减少中国崛起的阻力，加深世界对一个真实中国的了解。③ 章传家强调，实现中华民族复兴，价值问题带有终极意义；事实上，走向伟大复兴的中华民族，能否真正形成领先世界的根本优势，归根结底将取决于它能否形成令人仰慕的价值优势；这个现代化总目标，理所当然成为了实现中华民族复兴的价值愿景；这个价值愿景是前无古人的，它不仅是对中国古代盛世文明价值所曾达到的历史高度的总体性超越，也是对现代资本主义文明价值的历史性超越；坚持以人为本的事业，是最得民心、最为壮丽、最有前途的正义事业；在中国特色社会主义道路上，实现中华民族复兴的以人为本价值愿景越是得到深入贯彻，这个千秋伟业就越是深切地同人民大众美好愿望相契合、同人类文明发展趋势相贯通，就越是具有不可限度的远大前程。④

"中国梦"与中国道路紧密相连。有学者认为，中国道路哲学研究的"元问题"首先就是核心概念的辨析。"中国特色"、"价值共识"与"中国价值"是其中最为核心的重要概念。"价值共识"是"中国特色"

---

① 侯远长：《实现中华民族伟大复兴的中国梦》，载《郑州大学学报（哲学社会科学版）》2013年第4期。
② 陈晋：《从中国道路到中国梦》，载《光明日报》2013年3月19日。
③ 吴建民：《中国梦：中国和世界都需要》，载《光明日报》2013年2月6日。
④ 章传家：《实现中国梦的伟大道路》，载《光明日报》2013年3月22日。

的"精神路标"。"中国价值"不仅具有"中国特色",而且也是具有"世界价值"意蕴的"价值共识"。当今中国所创造的"中国道路"能够保障中国按照"中华民族伟大复兴"的理想健康快速地发展,正是源于"中国道路"中所展现出来的具有"中国特色"的独属于中国的"中国价值"。从"世界价值"的原则看,"中国价值"应该遵循"世界价值"。①

"中国梦"是马克思主义理想观在当代中国理想领域的现实体现;"中国梦"体现了马克思主义理想观的价值取向。② "中国梦"赋予了中国人民奋斗的目标与动力,开辟了世界文明多样化发展的新范式。

2. 实现"中国梦"的原则和路径

"中国梦"归根到底是人民的梦,实现"中国梦"必须走中国道路、弘扬中国精神、凝聚中国力量。习近平主席在第十二届全国人民代表大会第一次会议上的深刻阐释,无疑道出了当代中国最耀眼的时代主题。实现"中国梦",要走中国道路,要弘扬中国精神,要凝聚中国力量。最实在的、最核心的就是走中国道路,即中国特色社会主义道路;其次是弘扬中国精神,即以爱国主义为核心的民族精神和以改革创新为核心的时代精神;第三是凝聚中国力量,中国力量,凝聚起来,无坚不摧,凝聚不起来,就是一盘散沙。③

实现"中国梦"的总路径就是坚定不移地走中国特色社会主义道路。中国特色社会主义道路是实现伟大"中国梦"的必由之路。党的十八大对这条道路进一步作了明确界定——在中国共产党领导下,立足基本国情,以经济建设为中心,坚持四项基本原则,坚持改革开放,解放和发展社会生产力,建设社会主义市场经济、社会主义民主政治、社会主义先进文化、社会主义和谐社会、社会主义生态文明,促进人的全面发展,逐步实现全体人民共同富裕,建设富强民主文明和谐的社会主义

---

① 曹典顺:《"中国道路"哲学研究的核心概念之辨》,载《理论探讨》2013年第5期。
② 刘建明:《用马克思主义理想观解读中国梦》,载《百家讲坛》2013年第11期。
③ 谢春涛:《实现中国梦与坚持中国道路》,载《山东社会科学》2013年第6期。

现代化国家。曹典顺撰文探讨了中国道路的哲学意蕴，认为从本体论的视角看，"社会主义"贯穿"中国道路"的始终，是具有"本体意蕴"的社会存在；从认识论的视角看，"中国道路"具有"主体意蕴"，是中国人民的"道路自觉"；从价值论的角度看，"社会主义核心价值"是"中国道路"的价值自觉，即"中国道路"具有"价值意蕴"。① 欧阳康认为，实现中华民族伟大复兴的"中国梦"，必须坚持科学的指导思想和坚定的正确方向，科学的指导思想就是科学发展观，坚定的正确方向就是高举中国特色社会主义伟大旗帜。同时，实现伟大的"中国梦"，还需要在思想、道路、制度和行动等方面全面展开。②

而实现"中国梦"的具体路径，由于学者们的研究视角不同，观点也不尽相同。张奎良认为，30多年的中国特色社会主义实践也凝练出中华民族伟大复兴的三大法宝——以人为本、社会和谐、科学发展观。以人为本奠定了中华民族伟大复兴的"基石"，是对社会发展主体和动力的极大地肯定和提升；社会和谐是在以人为本的基础上形成的新的人际关系，并以人际和谐为中华民族的伟大复兴铺就了一条黄金之路；发展是中华民族伟大复兴的核心内容，科学发展观解决了如何发展的重大问题。这三大法宝相互连接、相互包容，作为马克思主义中国化的最新成果，既是实践经验的理论升华，又是理论对现实的指引和关照。③

有学者指出，经济建设、政治建设、文化建设、社会建设、生态文明建设和党的建设是实现"中国梦"的基本路径。促进经济建设，推动经济社会科学发展，为"中国梦"的实现奠定坚实的物质基础；发展中国特色社会主义民主政治，推进政治体制改革，促进政府由行政型政府向服务型政府转变，为"中国梦"的实现奠定坚实的政治基础；推动文化建设，弘扬以爱国主义为核心的民族精神和以改革创新为核心的时代精神，为"中国梦"的实现提供精神动力；推进社会建设，促进社会和

---

① 曹典顺：《中国道路的哲学意蕴》，载《马克思主义与现实》2013年第6期。
② 欧阳康：《吹响加速中华民族伟大复兴的集结号》，载《中国高等教育》2013年第2期。
③ 张奎良：《中华民族伟大复兴的三大法宝》，载《党政干部学刊》2013年第2期。

谐，大力改善民生，为"中国梦"的实现提供坚实的社会基础；建设生态文明，建设美丽中国，实现中华民族永续发展，为"中国梦"的实现奠定生态基础；加强党的建设，强化立党为公、执政为民的执政理念，为"中国梦"的实现提供坚强的领导核心。①

3."中国梦"的国际视野研究

"中国梦"不能局限于自我玩赏，"中国梦"要走向世界，就需要在宏大的国际视域中审视自己、完善自己、实现自己。

有学者对"中国梦"和"美国梦"进行了深入的研究和分析。认为"中国梦"的基石是"集体主义"，"中国梦"是一个民族的梦、全体中国人的集体梦，需要每一个中国人的共同努力来实现它。集体主义强调个人利益服从集体、民族，阶级和国家利益。"美国梦"强调"自由、平等、民主"。"美国梦"强调个人利益得到最大满足，是一种相信个人在美国只要经过不懈的奋斗便能获得更好的物质生活的理想。所以，"中国梦"和"美国梦"的相同点是："中国梦"和"美国梦"都是涵盖了两国人民的奋斗史。在两国的奋斗史中，两国人民都是克服了艰难，赢得了民族的独立和国家的解放。不同点是："中国梦"和"美国梦"的历史差异性在于，中国人民追求"中国梦"的历史在近代是全民族团结一致抗争外国侵略和封建统治，实现民族独立的历史。在现代，则表现为中国人民共同努力建设社会主义现代化，使国家走向繁荣富强。而"美国梦"在国家独立实现后则表现为不断地向外扩张，为了达到个人利益的最大化，可以牺牲他人的利益。"美国梦"的这种扩张体现了美国的"霸权主义"和"强权政治"。"美国梦"十分强调历史人物的贡献如罗斯福、华盛顿等，而忽略了人民的奋斗，这是美国"个人主义"盛行造成的结果。②也有学者指出"中国梦"和美国梦的相同之处，那就是两国民众都用国家梦来表达对不平等、社会阶层固化的不

---

① 张富文：《中国梦的实现路径探析》，载《河南社会科学》2013年第9期。
② 王然、秦梦茵：《中美政治演讲中"中国梦"与"美国梦"概念隐喻的对比研究》，载《教育学研究》2013年第11期。

满。同时,学者也强调,"中国梦"必须有独特的吸引力,不同于美国梦。中国民众似乎并不只满足于财富积累,这点是很好的——美国已经证明,国家梦很容易被利用来为贪婪自私消费文化辩护,最终导致灾难性后果。一些中国人已经看到了走美国路的危险了。①

还有学者与国外学者一起探讨了"中国梦"、"美国梦"和"欧洲梦",认为"中国梦"、"美国梦"和"欧洲梦"就是人们希望中国、美国或欧洲成为什么理想的样子。大多数美国人的梦想是个人自由,他们希望挣更多的钱,甚至成为白宫的主人。机会对每个人来说都是平等的,但它几乎是不可能的,这就是美国梦;欧洲梦始于20世纪50年代,具体有两方面内容,一个是结束战争的渴望;另一个是创立一个越来越大的经济联盟,也是政治联盟,尽管这个政治联盟不强大;"中国梦"不是一个单一的梦想,是梦想在一个和谐、平等、快乐的环境里幸福地生活。②

全球化是当今世界最大的特征。在各国利益高度融合的时代,实现"中国梦"不仅需要我们自己实干苦干,还需要处理好与外部世界的关系,学习和借鉴其他国家追求梦想的经验教训。深入分析中国梦与美国梦、俄罗斯梦、日本梦、欧洲梦等大国梦、地区梦在内涵、路径选择、理论基础、制度保证等方面的异同,有助于吸取他国经验教训,助推"中国梦"早日实现。

(二)生态文明建设

生态文明是人类社会继工业文明之后的一种崭新形态,是人类摆脱日益严峻恶化的生态危机的智慧和对策。2013年,生态文明建设理论研究主要从以下方面展开。

1. 生态文明及中国特色社会主义生态文明的内涵

马凯指出,生态是自然界的存在状态,文明是人类社会的进步状态,生态文明则是人类文明中反映人类进步与自然存在和谐程度的状

---

① 孟睿思、杨一婧:《中国梦?美国梦?》,载《中国经济报告》2013年第6期。
② 臧峰宇:《马克思政治哲学与中国梦》,载《中国社会科学报》2013年12月25日。

态。从这一表述可以看出,生态文明与物质文明、精神文明、政治文明等一样,都是人类文明体系的重要组成部分。他强调,生态文明与其他文明的不同之处在于,它是从人与自然界关系角度反映人类文明进步程度的范畴;生态文明同其他文明一样都是历史范畴,也随着人类文明的发展经历着由低级向高级不断演进的过程。我们党所追求的生态文明,是人类社会与自然界和谐共处、良性互动、持续发展的一种高级形态的文明境界,其实质是要"建设以资源环境承载力为基础、以自然规律为准则、以可持续发展为目标的资源节约型、环境友好型社会"。① 刘湘溶认为,随着文明的前行,作为人类存在方式的文明应当把人类逐渐引入同自然相对和谐的状态,但实际情况正好相反,工业文明并没有这样,而是不断加深了人与自然的矛盾,这种矛盾已经上升为对抗冲突,引发了生态危机。人类要摆脱这一生态危机,它呼唤着一种更高级的文明形态——生态文明。②

田心铭把"生态文明"置于整体性、综合性的文明概念体系之中,认为随着实践和理论的发展,出现了反映文明内部结构的物质文明、精神文明、政治文明等一系列概念。它们是对文明的又一种划分,即对文明内部不同部分的划分。这些概念之间的关系,反映了文明在内部矛盾运动中前进的规律。"生态文明"就是继物质文明、精神文明、政治文明之后这一系列中的又一个概念,应该把它放到这个系列中去理解和阐释。生态文明概念的提出,反映了对文明内部结构及各部分之间相互关系认识的深化,丰富了对文明的内容和文明建设规律的认识。③

也有学者基于农业文明、工业文明和生态文明之间的关系对生态文明进行了解读。认为生态文明是一种历史继承与发展,对先前的农业文明和工业文明是一种扬弃取舍,生态文明强调人与自然和谐相处,体现

---

① 马凯:《大力推进生态文明建设》,载《求是》2013年第9期。
② 刘湘溶:《中国的生态文明建设:现实基础与时代目标》,载《马克思主义与现实》2013年第4期。
③ 田心铭:《文明、生态文明与中国特色社会主义》,载《思想理论教育导刊》2013年第11期。

出强烈的亲生态性和可持续性。对于农业文明，生态文明继承的是其亲生态性，摒弃了农业文明下的自发生态意识，将其发展成为以新兴的生态科学为基础的主动生态意识。对于工业文明，生态文明继承了工业革命以来的大生产、大市场、大流通、全球化等有益经验，抛弃了工业文明所遵循的二元对立逻辑、同一化逻辑、进步逻辑和最大化逻辑，在工业生产中注入生态观念、引入生态技术、发展循环经济与低碳经济，努力实现工业生态化和可持续性。[①]

还有学者对中国特色社会主义生态文明的概念进行了研究，认为中国特色社会主义生态文明是中国特色社会主义制度优势和人类生态文明普遍要求相结合的产物。强调中国特色社会主义生态文明的内涵具体表现为：第一，中国特色社会主义生态文明是生态发展和人的全面发展的有机统一，在尊重自然规律和人类社会发展规律基础上的崭新生态文明，这是其性质所在；第二，中国特色社会主义生态文明是建立在公有制基础上的生态文明，这是其基本方向和基本原则；第三，中国特色社会主义的根本任务是共同富裕，发展生态文明要求经济公平、生态公平和社会公平的有机统一，这是其制度优势；第四，中国特色社会主义生态文明强调国家宏观调控和市场调节的有机结合，特别重视发挥政府在国家宏观调控中的特殊优势，这是其政策优势。[②]

2. 马克思主义生态文明思想及其价值

学者们普遍认为，尽管马克思恩格斯等马克思主义经典作家没有明确使用"生态文明"一词，但这并不意味着他们没有关于生态文明的思想体系。所以，戴圣鹏认为，马克思恩格斯的生态文明思想，主要体现在两个方面，即人与自然之间的物质变换或说新陈代谢思想，以及人与自然、社会的共同进化理念，也即可持续发展理念。在马克

[①] 王铭玉、余江、李强：《大国之梦与生态文明——基于美、欧、中的比较》，载《南京社会科学》2013年第9期。

[②] 苏星鸿：《中国特色社会主义生态文明三题——新时期马克思主义价值建构研究之二》，载《东南大学学报（哲学社会科学版）》2013年第4期。

思恩格斯的历史观与文明观的视域中,生态文明,实质上就是一种以实现人与自然、人与社会、自然与社会的和谐发展、可持续发展为目的的新的生产方式。因此,生态文明的历史诉求或历史使命就是要对到目前为止的一切生产方式进行批判与扬弃,就是要对迄今为止的一切旧有的生产方式以及依附于它上面的整个社会制度进行完全的变革,就必须扬弃与超越过去一切旧有的文明形态与文明形式,就必须处理好生产行为与自然与社会的关系,处理好人与自然的关系,处理好人的眼前利益与长远利益的关系,处理好当代人与后代人的关系,从而做到人与自然的健康有序发展,从而实现人、自然、社会三者之间的和谐发展、可持续发展。①

董军、萧玲认为,马克思恩格斯思想所及的自然,是具有历史性的自然,是自然与历史融合共生,既形成自然的历史,又形成历史的自然,与以前的一切抽象自然观具有本质的区别。马克思恩格斯正是在批判黑格尔客观唯心主义和费尔巴哈形而上学唯物主义抽象自然观的基础上,克服其割裂人与自然、历史与自然关系的致命缺陷,将自然置于人类活动的视野,提出并建构起属于历史唯物主义的自然观。他们强调,马克思主义的自然历史性理论,为中国当代进行生态文明建设提供了科学的自然观基础。其一,历史是自然的历史,人类的一切社会实践必须以自然为基础,要尊重自然,保护自然环境,这是人类实践活动得以展开的前提,也是人类历史得以展开的前提;其二,开发自然,利用自然,发展生产,这是人类实践活动的本质;其三,节约资源,减少污染,维护生态平衡,坚持绿色发展。同时,当代中国所提出的生态文明建设,是对马克思主义历史自然观的深刻认识和理性把握,标志着中国共产党人的理论觉悟和实践自觉。②

---

① 戴圣鹏:《生态文明的历史诉求——马克思恩格斯的生态文明思想探析》,载《学术界》2013 年第 5 期。

② 董军、萧玲:《马克思主义的历史自然观与当代中国的生态文明建设》,载《自然辩证法研究》2013 年第 5 期。

3. 生态危机的根源及生态文明的核心问题

有学者指出，当代生态危机的根源在于人与自然的对立，如何消除人与自然的对立，实现人与自然的和谐相处是解决生态问题的关键。人类的生存和发展离不开自然界，也不可能超越自然界的限制，但人类必须尊重自然规律，按照自然规律办事，对自然的索取必须控制在自然界的承载能力范围之内。①

余谋昌认为，我们的社会实际上是处于从工业文明向生态文明发展的过渡时期，我们面临的问题仍然是非常严峻的。主要体现在环境保护问题举步维艰，资源保护问题任重道远，生产方式仍然主要遵循"原料——产品——废料"这一非循环、线性的生产方式。②

卜祥记、何亚娟也探讨了生态危机的发生机制，认为当哲学把生态危机的发生根源归结于人与自然关系的断裂，而经济学指向自然资源稀缺性与人类欲望无限性之矛盾的时候，它们都忽略了造成断裂与矛盾的现实性根源——支配人类经济社会生活的资本逻辑。正是资本呼唤出人类的无限欲望，造成了作为一种历史现象的资源稀缺与欲望无限的矛盾，而这一矛盾又通过观念层面的"欲望支配世界"、"经济个人主义"以及"价值通约主义"等，无限地放大了作为矛盾一方的"欲望无限"，从而直接导致人与自然关系的断裂与生态危机的呈现和加剧。在资本逻辑尚不可摧毁的现时代，破除"资本原则"的永恒性、目的性、终极性理念，消解观念化的资本逻辑——"欲望支配世界"、"经济个人主义"与"价值通约主义"的生存理念，重构欲望与生存、自然与人生、财富与责任、个人与社会、价值与意义等存在意识，就成为推进生态文明，建设"美丽中国"的观念改造方案。③

---

① 王铭玉、余江、李强：《大国之梦与生态文明——基于美、欧、中的比较》，载《南京社会科学》2013 年第 9 期。

② 余谋昌：《生态文明：建设中国特色社会主义的道路——对十八大大力推进生态文明建设的战略思考》，载《桂海论丛》2013 年第 1 期。

③ 卜祥记、何亚娟：《经济哲学视域中的生态危机发生机制透析》，载《马克思主义与现实》2013 年第 3 期。

生态危机的根源探寻决定了生态文明建设的关键和核心问题。马凯指出：生态文明的核心问题是正确处理人与自然的关系。人与自然的关系是人类社会最基本的关系。大自然本身是极其富有和慷慨的，但同时又是脆弱和需要平衡的；人类人口数量的增长和生活质量的提高不可阻挡，相应地人类对自然界的影响也不断扩大，但人类归根结底也是自然的一部分，人类活动不能超过自然界容许的限度，即出现不可逆转丧失自然恢复的能力，否则将危及人类自身的生存和发展。生态文明所要强调的就是要处理好人与自然的关系，既要获取又有限度，既要利用又要保护，促进经济发展、人口、资源、环境动态平衡，不断提升人与自然和谐相处的文明程度。①

3. 推进生态文明建设的战略策略

生态文明建设归根到底要落实到实践上，落实到具体操作措施上。马凯认为：应加快转变经济发展方式，促进生产方式转型。合理引导消费行为，形成文明生活方式。着力加强生态保护与修复，营造良好生态环境。大力推进科技进步，支撑生态文明建设。② 黄勤认为，在机制保障上，应进一步落实和细化空间均衡机制，建立综合决策和协调管理机制，并对工业文明价值理念下的评价考核体系、区际协调机制、激励机制以及区域政策等，进行生态化改造和绿色提升。并落实和细化经济与人口资源环境相匹配的空间均衡机制，建立综合决策和协调管理机制，走"融合共建"之路。建立差异化的激励机制，探索各具特色的区域实现模式。③ 周宏春强调，加强生态文明建设，需要明确生态文明建设的总体思路、目标和路径选择，以避免我国走"先发展后治理"的老路；生态文明建设的重点在于优化空间布局、促进区域平衡协调发展、减轻单位经济的物质强度、加大生态建设和环境保护力度等；推进生态文明

---

① 马凯：《大力推进生态文明建设》，载《求是》2013 年第 9 期。
② 马凯：《大力推进生态文明建设》，载《求是》2013 年第 9 期。
③ 黄勤：《我国生态文明建设的区域实现及运行机制》，载《国家行政学院学报》2013 年第 2 期。

建设需要加强基础工作，支撑生态文明建设的扎实推进，需要完善经济政策，加大生态文明建设的投入，需要健全市场机制，积极开展相关产权交易试点，需要提高创新能力，搭上"第三次工业革命"快车，需要完善法律法规，加大监督和执法力度，需要转变思想观念，构筑生态文明建设的良好氛围。①

欧阳志远认为，建构生态文明，首先需要调整生产技术，在人和自然之间的物质变换方式上实现飞跃，争取在自然界中实现自由。但是，要在自然界中实现自由，又必须以社会中的自由为手段，以意识中的自由为前提，所以它的建构必然要求在行为文化、制度文化和精神文化三个层面得到响应。这与农业文明和工业文明的建构有相似之处，但这是一场触及根基的革命，在行为文明上要求重新布局，政治文明上要求密切跟进，精神文明上要求高度协同。② 李玉香认为，首先生态文明建设从思想基础入手，即"树立尊重自然、顺应自然、保护自然的生态文明理念，把生态文明建设放在突出地位，融入经济建设、政治建设、文化建设、社会建设各方面和全过程"；其次，"坚持节约资源和保护环境的基本国策，坚持节约优先、保护优先、自然恢复为主"的推进生态文明建设的基本政策和根本方针，生态文明建设重在实践，全社会都应做生态文明的践行者。③

余谋昌认为，当前建设生态文明的主要方针是，坚持节约资源和保护环境的基本国策，坚持节约优先、保护优先、自然恢复。主要途径是，着力发展生态技术和工艺，推进绿色发展、循环发展、低碳发展，形成节约资源和保护环境的空间格局、产业结构、生产方式、生活方式；主要目标是，从源头上扭转生态环境恶化趋势，为人民创造良好生产生活环境，为全球生态安全作出贡献。所以，当前建设生态文明的具体措施主要有四个方面：优化国土空间开发格局、全面促进资源节约、

---

① 周宏春：《关于生态文明建设的几点思考》，载《中共中央党校学报》2013年第6期。
② 欧阳志远：《热话题与冷思考——关于生态文明和社会主义的对话》，载《当代世界与社会主义》2013年第2期。
③ 李玉香：《哲学视角下关于生态文明建设的思考》，载《理论界》2013年第3期。

加大自然生态系统和环境保护力度、大力加强生态文明制度建设。① 刘湘溶则从"五位一体"总体布局出发,为把生态文明建设放在更加突出的地位,关键在于做到以下三点:第一,要弘扬共容精神,守护共生理念,学会与自然万物共容共生,尊重与促进文化与自然的多样性统一;第二,要始终坚持节约资源和保护环境的国策和节约优先、保护优先、自然恢复为主的方针,着力推进绿色发展、循环发展、低碳发展;第三,要加快完成当前最为迫切的环保任务,创新管理体制机制,着力提高对经济社会发展与人口、资源、环境关系进行统筹协调的科学性、有效性。②

日益严峻的生态环境问题,迫使人们不得不停下奔忙的脚步,驻足思考应该如何存在、如何发展这一根本的问题。所以,2013 年,关于生态文明的研究仍是一个热点,取得了不少成绩。但我国生态文明建设到底应该如何进行?是不是应该像某些生态学家们所宣扬和鼓吹的那样,人类需要用放弃自身的自由全面发展来换取与自然万物的和谐相处呢?这些问题有待于进一步探索研究。

(三)公平正义保障

公平正义是人类社会的不懈追求,也是社会主义本质的必然属性和中国特色社会主义的内在要求。2013 年,公平正义理论研究主要从以下方面展开:

1. 公平正义及相关概念的辨析

对于什么是公平正义,学者们的观点见仁见智。余源培认为,公平正义,说到底是现实人与人之间的利益关系是否合理的问题。所谓"是否合理",基本含义就是是否符合和有利于人的全面发展。他强调对公平正义的理解应当多维度。公平正义本质上应当属于生产关系和上层建

---

① 余谋昌:《生态文明:建设中国特色社会主义的道路——对十八大大力推进生态文明建设的战略思考》,载《桂海论丛》2013 年第 1 期。

② 刘湘溶:《中国的生态文明建设:现实基础与时代目标》,载《马克思主义与现实》2013 年第 4 期。

筑，应当包括生产关系方面的公平正义、政治制度方面的公平正义、法律方面的公平正义，以及道德公平正义。公平正义的多维性取决于人的需要和利益不是单一的，它的内涵在历史上是不断发展的，与文明的进步同步。① 张文喜认为，正义标示着人与人之间关系的正当性。它首先是协调人际关系之社会秩序的可能而非必然的品质，促进的是他人的善；其次正义才是人的德行：如果人的行为因符合社会秩序中所公认的公正规范，则此人便是承认和尊重共同体法则的"正直的"市民。② 刘绵勇认为，社会公平正义是指全体社会成员平等地享有社会基本权利，社会的经济利益、政治利益和其他利益在社会成员之间合理而又平等分配的状况；其实质就是对一定社会中人与自然、人与人、人与社会关系进行善恶与否、合理与否的价值评判标准。③ 寇志霞指出，公平正义体现着一种合理的社会状态，涉及社会生活的各个方面，是直接关系到全体人民各项民生权益的重大问题。只有实现社会公平，人民才能心情舒畅，社会才能和谐稳定。当然，世上没有绝对的公平，公平具有历史性和相对性，我们只能立足当前实际尽力而为、量力而行，最大限度地实现高水准的公平正义。正义与公平相似，但它的内涵更多的指向是非观及荣辱观。它呼吁人们弘扬正气，自觉维护社会清明，抵制邪恶，坚决打击歪风邪气。④

公平、正义、公正这些看似相似的概念之间是怎样的关系呢？史瑞杰撰文指出，公平是对人际间利益关系与非利益关系的度量、描述和评价。按照公平的一般要求，相同的情况要同等对待，不同的情况要不同等地对待，社会对资源的分配必须根据个人的贡献、需要和能力来决定。公平必须在现实人际关系的比较和处置过程中才能显现，而这需要社会基本制度作保障。这恰是正义要解决的问题。正义是在一定的社会

---

① 余源培：《科学发展与公平正义》，载《中共宁波市委党校学报》2013年第3期。
② 张文喜：《唯物史观语境中的正义理论之基本特征》，载《马克思主义与现实》2013年第5期。
③ 刘绵勇：《维护社会公平正义若干问题思考》，载《科学社会主义》2013年第2期。
④ 寇志霞：《改善民生必须坚持公平正义》，载《人民论坛》2013年第10期（下）。

基本制度环境中,对权利和义务、资源和利益在社会群体之间、社会成员之间的适当安排和合理分配。他认为,正义是统辖公平和公正的最高范畴。现实社会中人们追求的首要价值是公平和公正,但是社会中的人又是千差万别的,这就需要用正义原则加以校正。当所确立的社会规范模式或社会制度基本上是公平的时候,正义作为一个原则起保护这一秩序的作用;当现存的秩序是不公平的时候,正义就成为一个要求社会变更的改革原则。因此,公平总是相对的、有条件的和历史的,而正义恰是处理从公平到不公平再到新的公平的矛盾运动过程的基本原则和价值指向。①

2. 马克思公平正义思想的进一步挖掘和解读

马克思对公平正义有着深刻的见解和丰富的论述,随着人们对社会公平正义关注的日益提高,马克思的公平正义思想被进一步挖掘,赋予其更大现实意义。李佃来认为,马克思在推进其历史唯物主义理论时,并没有消解正义观念,而是在强烈的价值担当的承诺中,厘定了其阐发正义思想的独特路径,使其正义观念呈现出异质于自由主义正义观的几个重要特质:其一,马克思的正义观不是一种补救性的社会价值,而是在革命之问题意识下确立起来的思想规范;其二,马克思的正义观不是基于所有权的,而是基于"人的自我实现"的;其三,马克思的正义观不是超历史的,而是在历史性的视域内提出来的。把握马克思正义观的这些特质,需要我们有一种清醒的划界意识。② 臧峰宇认为:马克思更看重正义实现的社会基础,而贫富差距是社会不平等的根源。分配不公正的直接结果是,穷人的一部分劳动所得被合理地移交到富人的手中。穷人经历着这种社会不公正分配现象的"合理化",但因为自身知识和社会地位等方面的限度而无法使之"合理化"改变,因而选择在罢工、抗议、游行等活动中表达自己的声音。③ 张文喜认为,马克思当然有一

---

① 史瑞杰:《公平、正义、公正及其关系辨析》,载《红旗文稿》2013年第22期。
② 李佃来:《论马克思正义观的特质》,载《中国人民大学学报》2013年第1期。
③ 臧峰宇:《经典马克思主义与作为平等的正义》,载《江海学刊》2013年第6期。

种归属于唯物史观的正义理论,关键不在于对此相互理解的人数,而在于它的力量。说它是相对正义论、阶级正义论或流俗正义论,目的都是要把唯物史观正义概念的伦理价值归属于实用性真理;就其本质而言,如果唯物史观也谈论正义,那么它的谈论是立足于实践存在论意义的阐发。马克思讲的"正义"其实是"正义的原因",是某种更为根本的东西。①

段忠桥指出,正义在马克思的论著中是价值判断而不是事实判断。马克思认为资本主义剥削是不正义的,因为资本家无偿占有了本应属于工人的剩余产品;马克思认为社会主义的按劳分配仍存在不正义,这表现在它的两个弊病上,即由偶然的天赋和负担的不同所导致的人们实际所得的不平等。②段忠桥还指出,马克思《哥达纲领批判》中关于按劳分配的论述蕴涵着一种不同于剥削不正义的正义观念,即由非选择的偶然因素导致的实际所得的不平等是不正义的观念,这一观念有助于理解导致我国当前贫富差距的主要原因,即不同的身份等级、不同的生活环境和不同的天赋,从而为当前贫富差距之不正义提供一种新的论证。③徐俊忠认为,马克思的社会公正观基本上不属于肯定性或倡导性的,而是批判性或否定性的。马克思政治哲学思维并非建立在对不公正社会进行校正、改良的基点上,而是建立在铲除产生社会不公正的基础上。马克思的社会公正观从来都没有站在维护既定的社会公正观的立场上,而是旗帜鲜明地反对一切以公平正义的名义去损害广大劳动者利益的所谓社会公正观;马克思从来不把关于美好社会的理论停留在充满模棱两可的"美好"字样上;马克思依据历史唯物主义的理论原则,提出了一系列破解诸如"社会公正"这类道德与法权观念之谜的重要理论;尽管马

---

① 张文喜:《唯物史观语境中的正义理论之基本特征》,载《马克思主义与现实》2013年第5期。
② 段忠桥:《马克思正义观的三个根本性问题》,载《马克思主义与现实》2013年第5期。
③ 段忠桥:《当前中国的贫富差距为什么是不正义的?——基于马克思〈哥达纲领批判〉的相关论述》,载《中国人民大学学报》2013年第1期。

克思并不否认"社会公正"观念具有一定的积极意义，但他一直拒绝把"社会公正"作为其理想社会目标的重要选项。显然，这是革命的要求而不是改良的要求。①唐正东认为，马克思思想资源中的公正观有三个特点：一是强调公正问题的生产关系基础；二是强调不公正问题的社会历史过程性；三是强调资本主义条件下不公正问题具有的独特本性。凸显马克思公正观的历史唯物主义本性，有利于我们从整体上推进对公正观的思考力度，并且有利于在实践上为解决相关现实问题提供方法论的启示。②

马俊峰认为，国内学者对马克思主义公正观大致形成了以下四个方面的共识：第一，马克思不仅留下了关于社会公正问题丰厚的思想资源，甚至存在着一个能超越西方传统以"物权"或"法权"为基础的观念、从人的解放来理解社会公正问题的理论框架；第二，研究马克思公正思想要注意区别两种意义的公正观，即作为无产阶级的价值观念的公正观和以辩证的历史的唯物主义为基础而科学分析和揭示社会公正的奥秘的理论，包括对当时流行的各种公正观的讥讽和批判，对公正及公正观的历史性和民族性的分析；第三，社会公正是一种非常复杂的价值现象。人们的公正观以及以此为标准对一定制度和政策是否公正所进行的评价，是这些制度和政策的社会作用的观念反映；第四，社会公正是社会主义的核心性价值内容，是社会主义制度优越于资本主义制度的重要表现。但他指出，学者们之间在这一问题上也存在着观点分歧，关键有两点：一是如何理解和处理科学与价值、真理原则与价值原则的关系问题；二是如何理解、处理文本依据和义理诠释的关系问题。③

---

① 徐俊忠：《马克思社会公正观：一个批判性的范本》，载《中国社会科学报》2013年3月27日。

② 唐正东：《马克思公正观的历史唯物主义方法论基础》，载《武汉大学学报（人文社会科学版）》2013年第6期。

③ 马俊峰：《建构马克思主义哲学公正观》，载《中国社会科学报》2013年12月30日。

3. 推进实现公平正义的对策建议

公平正义是社会主义的本质属性，失去公平正义，社会主义失去了灵魂。如何实现公平正义呢？余源培认为，解决公平正义问题，不仅要经济利益的导向，而且需要正确的政治和道德导向。思考和处理公平正义问题不能仅仅局限于分配领域，解决分配领域的公平正义不能脱离生产关系和上层建筑诸方面。公平正义不是抽象的东西，实现社会公平正义应当加以具体化、现实化、实践化、人本化。为此，他建议：第一，要看到公平事业的全面性和紧迫性。这涉及对社会主义初级阶段主要矛盾的认识和表述；第二，以收入分配当做促进公平正义的突破口；第三，注意社会政治领域里的公平正义；第四，抓好市场经济条件下的社会风气。① 寇志霞认为，推进社会实现公平正义，首先坚持科学发展是根本途径，经济社会发展与促进社会公平正义之间是相辅相成、相互促进的关系；其次，加强制度建设是实现公平正义的重要保障。最后，提高全民族的思想道德素质是实现公平正义的基础条件。② 付长珍认为，社会公正，涉及一个社会如何分配收入与财富、义务与权利、权力与机会、公共服务与荣誉等。只有坚持权利公平、机会公平、规则公平，才能打破固化的利益格局和防止利益格局的固化。而打破利益格局固化，应是目前讲公正的要害问题。公正是社会创造活力的源泉，也是提高人民满意度的一杆秤，政府理应是社会公正的守护者。③

丰子义认为，社会转型期实际上也是利益不断分化和重组的过程，这是市场经济发展的一个必然现象。只要将利益分化保持在一个合理的范围内，就能够最大限度地激发人们的积极性、主动性和创造性，就能够实现社会财富的充分涌流，有利于社会的发展和进步。但是，如果利益差距过大，则必然会严重影响社会公正，影响社会有序发展。因此，

---

① 余源培：《科学发展与公平正义》，载《中共宁波市委党校学报》2013年第3期。
② 寇志霞：《改善民生必须坚持公平正义》，载《人民论坛》2013年第10期（下）。
③ 付长珍：《公平正义：中国梦的价值基石》，载《探索与争鸣》2013年第7期。

建立公平正义的原则对利益调整和利益分配至关重要。① 陈国富指出，深入推进制度设计、制度安排是实现社会公平正义的重要保障。制度在保障社会公平正义中具有稳定性和长期性，制度一经实施，就能起到持久而稳定的作用。深入推进制度设计、制度安排就能够促进社会分配公平与分配正义并举，能够促进全体劳动人民共建共享改革开放发展成果。② 欧祝平、陈石明认为，我国实现社会公平正义面临的突出问题主要表现为权利机会不公平、规则制度不公平、收入分配不公平。所以推进社会实现公平正义，就应积极培育社会主义核心价值观，营造实现社会公平正义的思想氛围；着力推进科学发展，打牢实现我国社会公平正义的物质基础；加强制度建设，创造公平正义的社会环境。公平正义是制度的生命力所在，也是制度的最大效用所在。加强制度建设，必须致力于提高制度的科学性、合理性，必须在制度建设中最大限度地体现社会公平正义。③

作为人类社会孜孜以求的崇高理想，公平正义成为学术界研究的持续热点问题。2013 年学术界关于公平正义的研究进一步推进和深入。一方面，学者们对马克思公平正义思想进一步深入挖掘和阐发，对马克思公平正义思想的特征有了更本质的把握；另一方面，学者们的研究也更加关注当代中国的重大实践问题，比如对贫富差距扩大等问题的关注和探索等，这使得公平正义理论越来越具有现实力量，越来越体现重大现实价值和意义。但整体来说，关于公平正义的研究还存在不足和局限。主要体现在系统的中国特色公平正义理论还未形成，这就要求学者们以其独特的学科视角对中国特色社会主义公平正义思想的内涵、本质、特

---

① 丰子义：《从马克思的理论看如何协调国家和社会利益关系》，载《党政干部论坛》2013 年第 8 期。

② 陈国富：《马克思主义视域下的中国特色社会主义公平正义实践》，载《理论导刊》2013 年第 8 期。

③ 欧祝平、陈石明：《论社会公平正义的地位及其实现途径》，载《中南林业科技大学学报（社会科学版）》2013 年第 4 期。

点、原则、内容、实现途径等一系列问题进行全面深入系统的研究,力求建构中国特色社会主义公平正义理论。

三、"反思的问题学"的反思和发展

作为马克思主义哲学研究的一种范式,"反思的问题学"研究范式具有两大使命。一方面通过不断聚焦、反思时代重大现实问题而追溯问题的根源、探寻问题的本质,直至解决问题;另一方面,又以这些时代重大现实问题为中心,拓展马克思哲学研究的视域,丰富马克思主义哲学研究的方式方法,不断创新马克思主义哲学研究。致力于反思、解决时代重大问题,同时又促进马克思主义哲学研究的创新,这是同一个过程的两个方面。两者相互影响、相互促进,是一种紧密的有机互动关系。这也可以说是"反思的问题学"研究范式未来发展的方向和需要重点解决的问题。

"反思的问题学"研究范式未来发展的核心问题就是"问题"聚焦。这也决定反思、解决时代重大问题和促进马克思主义哲学研究创新两大使命能否完成的关键。马克思曾强调:"一个时代的迫切问题,有着和任何在内容上有根据的因而也是合理的问题共同的命运:主要的困难不是答案,而是问题。因此,真正的批判要分析的不是答案,而是问题。"①"反思的问题学"以"问题"为中心展开研究,其核心要义是找准、解释、反思、回答和解决时代重大现实问题。

当代中国的发展日新月异,其中的问题也纷繁复杂、日益严峻突出。"反思的问题学"要指向、聚焦当代中国发展遇到的"真"问题。所谓"真"问题就不是那些无关痛痒的、细枝末节的、表面肤浅的问题,而是那些直指问题本质的、关键的、根本的、重大现实问题。为此,就要求学者们密切关注当代中国的发展变化,时刻捕捉有效信息,

---

① 《马克思恩格斯全集》第1卷,北京:人民出版社1995年版,第203页。

通过敏锐的学术眼光和深刻的分析研究能力，在纷繁复杂的问题中"选择和把握"住"真"问题，这也是马克思主义哲学研究的根本出发点和落脚点所在。聚焦、反思和解决"问题"是马克思哲学的使命，也是马克思哲学研究创新的必然路径。

（作者孟献丽系江苏师范大学当代中国马克思主义哲学研究范式创新研究中心研究人员，副教授，硕士生导师，博士。主要从事马克思主义理论与社会发展研究）

马克思主义哲学中国化研究范式的发展与创新

吴昕炜

[摘　要] 近年来，马克思主义哲学中国化研究范式又获新突破。其主要特点体现在重视文本解读，注重历史反思，强化人物研究，直面现实问题和探索具体方法等五个方面。这些发展与创新表明，马克思主义哲学中国化研究范式已经日趋成熟，并在推进当代马克思主义哲学研究的进程中发挥越来越重要的作用。

[关键词] 马克思主义哲学中国化；范式研究；发展；创新

随着当代中国马克思主义哲学研究的深入推进，马克思主义哲学中国化研究范式逐渐成为学界关注的热点问题。近年来，马克思主义哲学中国化研究范式又获新突破，形成了重视文本解读，注重历史反思，强化人物研究，直面现实问题和探索具体方法的特点。本文拟以近年来，特别是2013年的最新研究成果为例，从上述五个方面论述马克思主义哲学中国化研究范式所取得的发展与创新。

＊ 本文为武汉大学自主科研项目（人文社会科学）研究成果，得到"中央高校基本科研业务专项资金"资助。

一、重视文本解读

重视文本解读，实现从教科书范式到文本学研究范式的转变，是马克思主义哲学中国化研究范式发展中的一个重要突破。长期以来，教科书一直是马克思主义哲学中国化思想在场的主要方式。然而，这种方式在创新马克思主义哲学过程中存在诸多矛盾，例如教科书阐释的原理性与历史性矛盾、相对与绝对的矛盾、个体理解和普遍认同的矛盾等。教科书的体系哲学特性直接导致思想僵化，而要突破这一教条，就必须从历史和马克思文本的原初语境中重新解读马克思主义哲学的发生、发展及变化，重新思考思想的出场过程，恢复马克思摒弃一切在场形而上学的本性。正是基于这一认识，学界加强了对马克思主义哲学经典文本的解读，形成了文本学研究的全新范式。对此，任平指出：文本学研究范式是开创和引领新的学术创新图景的新的轴心范式，开创了历史创新研究的新局面和新图景。[①] 文本学研究范式的形成，不仅推进了马克思主义哲学史研究，同时也促进了中国马克思主义学者与当代西方马克思主义展开对话，从而实现了马克思主义理论的创新。

文本学研究范式着力于文本的深度解读，注重发掘经典文本对于马克思主义哲学中国化的启示。例如，在纪念毛泽东诞辰120周年之际，学界对毛泽东著作进行了新的解读。许全兴考察了《实践论》和《矛盾论》对马克思主义哲学中国化的启示。[②] 他认为，毛泽东的《实践论》和《矛盾论》是马克思主义哲学与中国革命实践、中国传统哲学优秀成果三者相结合的产物，丰富和发展了马克思主义认识论和辩证法。这两部著作是马克思主义哲学中国化的典范，为进一步推进马克思主义哲学中国化提供了有益的启示：将丰富的实践经验上升为哲学理论，学习和

---

① 任平：《当代中国马克思主义哲学学术史的创新与发展》，载《河北学刊》2013年第2期。

② 许全兴：《〈实践论〉和〈矛盾论〉对马克思主义哲学中国化的启示》，载《中国社会科学》2013年第12期。

吸取当代马克思主义哲学最新成果，继承和发展中国传统哲学的优秀遗产，从具体哲学问题入手，推进马克思主义哲学的中国化，把哲学变成民族的事业。除已有文本获得阐发外，新发现的文本也引发了学界的关注。最近，李达著《毛泽东对马克思主义认识论的发展》铅印本重获发现，这不仅对于李达文献是一个重要的补充，而且对于推进李达研究和马克思主义哲学中国化研究都有着积极的意义。这个铅印本是李达继《〈实践论〉解说》、《〈矛盾论〉解说》之后，在1960年2月所撰写刊行的又一部阐释毛泽东认识论思想的著作。如果说前两部著作都是对毛泽东认识论著作所做的文本解读，那么这本铅印稿则是对毛泽东认识论思想所做的系统阐发。但由于这本铅印稿不是正式出版物，印数有限，传布不广，在经历"文革"之后已经很难找到，因此一直未能进入李达研究和马克思主义哲学中国化研究视域。近期，李维武在自己的藏书中找出了这本著作，并进行了初步的研究。他认为，这本书对于马克思主义哲学中国化的重要性在于：第一，凸显了认识论在毛泽东思想中的重要地位，强调了学习毛泽东思想的关键在于学习毛泽东认识论思想；第二，通过对毛泽东认识论思想的阐发，强调了马克思主义认识论首先是反映论，只有从反映论入手才能正确地把握和运用马克思主义认识论；第三，通过对毛泽东认识论思想的阐释，强调了马克思主义认识论是与辩证法相结合的，而这种结合的实质就在于从矛盾入手来认识和把握客观世界；第四，通过对毛泽东认识论思想的阐释，强调了毛泽东把认识论转化为工作方法的意义；第五，针对当时理论界正在探讨的主观能动性与客观规律性的关系问题，予以了高度重视和明确回答。①

---

① 李维武：《新发现的李达著作〈毛泽东对马克思主义认识论的发展〉》，载《武汉大学学报（人文科学版）》2013年第3期。

二、反思历史进程

自20世纪90年代起,马克思主义哲学中国化研究就逐渐成为了中国马克思主义哲学研究的一个重要领域。经过20多年的发展,学界在总结马克思主义哲学中国化研究所取得的丰硕成果的同时,进一步提出了反思马克思主义哲学中国化历史进程的任务。

首先是对马克思主义哲学中国化本质的反思。通常,我们对马克思主义哲学中国化涵义的理解是使马克思主义哲学的基本原理适合于中国的具体实际,这已经成为我们理解马克思主义哲学的基本印象。然而,这种理解也只是阐释了马克思主义哲学中国化的途径,即要实现马克思主义哲学的中国化,就必须将马克思主义哲学的基本原理与中国革命和建设的具体实践相结合,至于马克思主义哲学中国化的本质涵义依然未得到清晰的解读。解决这一问题由此成为了反思马克思主义哲学中国化的首要任务。针对通常意义上对马克思主义哲学中国化的理解,薛广洲认为,把马克思主义哲学基本原理与中国革命和建设的具体实际的相结合,与中国优秀的哲学思想传统相结合,存在着一种创造性的特征,即通过二者相结合而使马克思主义获得创造性发展。因此,马克思主义及其哲学中国化的本质应该归于创造,没有创造,就没有中国化。[①] 汪信砚将马克思主义哲学中国化定义为中国哲学的现代传统。[②] 他认为,中国哲学传统曾经历了由古代传统到近代传统再到现代传统的三重变奏。中国哲学的古代传统是在中国古代哲学自殷周之际到明清时代的长期演进过程中形成的,具有重人道或人生、重心性和道德修养、重体悟和直觉及强调天人合一、知行合一、中和之道等区别于西方哲学的鲜明特点。1840年鸦片战争以后,中国哲学的古代传统开始向近代传统转变,

---

[①] 薛广洲:《"中国化"本义解读——马克思主义哲学中国化的实质》,载《现代哲学》2013年第3期。

[②] 汪信砚:《中国哲学传统的三重变奏》,载《学术月刊》2013年第9期。

它构成了中国近代哲学革命的根本内容。1919年"五四"新文化运动以后，中国哲学传统发生了又一次重大变革，即形成了中国哲学的现代传统——马克思主义哲学中国化。它的鲜明特点是：哲学探索的目标在于用马克思主义哲学改造中国；哲学探索的方法是普遍与特殊相结合；哲学探索的路径是马克思主义哲学与中国实践之间的双向互动。

其次是对马克思主义哲学中国化基本问题的反思。马克思主义哲学中国化自身的合法性及其展开与实现问题是我们推动马克思主义哲学中国化，用马克思主义哲学中国化的研究范式进行中国马克思主义哲学研究的重要前提性问题。在这些基本问题中，马克思主义哲学中国化何以可能决定着马克思主义哲学中国化命题是否成立；马克思主义哲学中国化如何实现则决定着在马克思主义哲学中国化的过程中，它的基本精神是否会流失，是否会教条化、简单化和庸俗化。当前，学界对这些基本问题所涉及的诸多领域进行了更加深入的探讨，例如，从基本问题这一角度清理马克思主义哲学中国化与马克思主义中国化的关系。自毛泽东在党的六届六中全会上明确提出马克思主义中国化这一命题以来，很少有论者讨论"马克思主义中国化的基本问题是什么"这样的问题，而20世纪90年代，马克思主义哲学中国化提出后不久，在很短的时间内就有许多论者开始提出并讨论这个问题。皮家胜认为，造成这一差异的原因除了两个命题提出的时代条件、反映的内容和追求的目标不一样外，还有态度和研究思路方面的区别。① 态度的差异是指我们在提出马克思主义中国化时所抱的主要是一种实践的态度，要解决一些当下最要紧的问题；而我们提出马克思主义哲学中国化时更多采取的是一种理论的态度，目标是要创立新的理论。思路差异是指我们在推进马克思主义中国化的过程中，主要采取的是把抽象的理论具体化，用马克思主义理论来提升和改造中国的社会实践，并用中国的社会实践充实、丰富和发展马克思主义。这种具体化和相互作用是不会将我们引入到对基本问题的思

---

① 皮家胜：《马克思主义哲学中国化的基本问题及其研究路径》，载《武汉大学学报（人文科学版）》2013年第1期。

考中去的，而在推进马克思主义哲学中国化的过程中，我们虽然也要把理论具体化，但更多的是在马克思主义哲学的指导下对以往的实践活动进行概括和总结，是要从实践的具体上升到理论的具体，是要用马克思主义的哲学来对整个中国的历史文化进行深刻总结和反思，这就需要提出并深入思考基本问题。

再次是对马克思主义哲学中国化研究中提出的新课题进行反思。随着理论与实践的不断发展，马克思主义哲学中国化研究出现了许多新课题，新中国马克思主义哲学史就是其中最为突出的一个。新中国马克思主义哲学史进入马克思主义哲学中国化的研究范式，意味着我们对于这一断代中国马克思主义哲学史的研究不能再运用马克思主义哲学史的研究范式，而必须转换为马克思主义哲学中国化的研究范式。研究范式的转换必然带来新材料的发现、研究视角的更新和新的研究领域的开辟。这一系列的新研究无疑会打开我们的思维空间，使我们对中国社会主义时期马克思主义哲学的发展，对中国当下的实践和未来发展有一个更为清晰的认识。在新的研究范式中开展新中国马克思主义哲学史的研究，首先要面对的问题是何谓新中国马克思主义哲学研究的新范式，这个新的范式是怎么提出来的，它的内容和结构是怎样的？等等。何萍在解答这些问题中，论证了把马克思主义哲学中国化作为新中国马克思主义哲学史研究范式的意义和必要性，并在中国社会主义的实践、中国政治思想变革和中国马克思主义哲学学术结构变化的三维空间中阐发了马克思主义哲学中国化研究范式的内容和形式，揭示了新中国马克思主义哲学的结构和发展的内在机制，从而为重新书写新中国马克思主义哲学史提供了可靠的历史根据。她认为，研究1949年以来的中国马克思主义哲学史至少有两方面的重要意义[①]：一是能使我们把握社会主义国家马克思主义哲学发展的特殊规律，而不至于随意地、碎片化地套用西方马克思主义哲学的成果；二是能使我们结合中国的历史和现实，深入地研究

---

① 何萍：《如何书写1949年以来的中国马克思主义哲学史》，载《武汉大学学报（人文科学版）》2013年第3期。

中国马克思主义哲学的特点和内在机制，思考中国马克思主义哲学的现状和未来发展。

三、深化人物研究

近年来，马克思主义哲学中国化研究范式在人物研究方面取得了新的进展，一批马克思主义哲学中国化过程中具有代表意义的人物获得深入研究，例如陈独秀、瞿秋白、张申府和张岱年等。这一研究的共同特点是将上述人物置于具体的历史环境并着力揭示其思想的当代意义。

在陈独秀、瞿秋白研究中，学界采取了一些新的研究角度。一是从"科玄论战"看陈独秀、瞿秋白的理论贡献。20世纪20年代的"科玄论战"是在近代中国面对民族生死存亡的背景下，先进的知识分子为寻找各种救国良方而展开的理论论争。当时，西方各种哲学思潮陆续传入中国，各派思潮的拥护者联系中国的现实问题争鸣不已。在科学派和玄学派之间展开的论战就是当时的思想大笔战。这两个派别实质上所奉行的分别是来自西方的实证主义和唯意志论。论战后期，陈独秀和瞿秋白也参与其中。李白鹤认为，他们运用唯物史观和辩证唯物论对科学的作用、东西文化优劣等问题进行了详细的分析，对于科玄两派的观点都进行了批判，对当时中国面临的时代问题予以积极回应，彰显了马克思主义哲学的理论力量，推动了马克思主义哲学中国化的进程。[①] 二是从马克思主义与中国传统知识分子的关系角度考察瞿秋白。马克思主义哲学中国化的过程是马克思主义理论与中国传统思想、现实社会诉求相互对撞激荡的过程。在这一过程中，中国传统的知识分子——士发挥了重要作用，他们在文化、思想、行动的新旧融合中历练自己，在精神和肉体两个方面都作出了牺牲。毕芙蓉认为，瞿秋白就是这样一个典型的知识分子，他是一位接受了马克思主义的坚强战士，更是一位坚持操守的坚

[①] 李白鹤、王丹桂：《科玄论战与早期的马克思主义哲学中国化》，载《江汉论坛》2013年第7期。

贞之士。他的生平充分体现了马克思主义与士的关系。①

在张申府、张岱年研究中，学界着力挖掘其思想对于新时期推进马克思主义哲学中国化的重要意义。首先是肯定了张申府作为独树一帜的学者，为马克思主义在中国的早期传播及其中国化作出的独特贡献。抗战时期，面对亡国灭种的民族危机，张申府发起并参与了新启蒙运动，提出了"科学中国化"问题，促进了"中国化"思潮的产生和深入。当毛泽东发出了"马克思主义中国化"的号召后，张申府迅速作出积极响应，对中国化问题进行广泛论证与宣扬，并且，从哲学的高度提出和阐发中国哲学、西方哲学、马克思主义哲学"三流合一"、文化辩证综合思想，为马克思主义哲学的中国化开辟了新道路。据此，刘霞认为，深入挖掘张申府的这些宝贵思想，对于新时期进一步推进马克思主义中国化具有重要的学术价值和现实意义。② 其次是凸显了张岱年的人生哲学在马克思主义哲学中国化过程中的地位。人生哲学既是中国传统哲学的核心，也是马克思主义哲学中国化的重要内容。张岱年从 20 世纪 20 年代末开始在马克思主义综合创新文化观的指导下融会中国哲学、西方哲学、马克思主义哲学的人生哲学资源，创立了系统化的中国化马克思主义人生哲学体系，为中国传统人生哲学的现代转化和马克思主义哲学的中国化探索了一条新路，为中国社会的现代转型和持续稳定发展提供了一种精神信念的支撑。因此，杜运辉认为，加强张岱年人生哲学的研究既有助于我们更全面地理解中国化马克思主义的壮丽图景，也有助于我们更准确地理解张岱年哲学体系的真实内涵，实事求是地评估张岱年对建立中国现代马克思主义人生哲学的理论贡献，并为当代建构具有中国特色的新人生哲学提供极其有益的借鉴。③

---

① 毕芙蓉：《在马克思主义与"士"之间——马克思主义中国化进程中的瞿秋白》，载《山东社会科学》2013 年第 3 期。

② 刘霞：《张申府对马克思主义"中国化"问题的有益探索》，载《马克思主义与现实》2013 年第 1 期。

③ 杜运辉：《张岱年的中国化马克思主义人生哲学》，载《现代哲学》2013 年第 2 期。

四、直面现实问题

马克思主义哲学中国化不仅是一个理论问题，同时也是一个生动的实践问题。近年来，马克思主义哲学中国化研究范式一方面在理论维度进行探索，另一方面也从实践维度加强考察，在对马克思主义哲学中国化范式进行明确定位的基础上，就现实和实践提出的问题进行了深入思考和明确回应。

首先是对马克思主义哲学中国化范式进行了清晰的定位。改革开放以来，在马克思主义研究中，人们提出了各种关于马克思主义研究的理论范式。在这其中，马克思主义哲学中国化范式可以被视为一个根本的理论范式。这一范式，在具体的研究过程中有多种表现，人们提出的多种范式，大多可以看做是它的不同侧面，它们与马克思主义哲学中国化的根本范式可以并行不悖。因此，赵士发认为，从理论上定位马克思主义哲学中国化范式，对促进马克思主义中国化的理论与实践的发展大有裨益。① 作为马克思主义研究的根本理论范式，马克思主义哲学中国化研究继承了马克思主义哲学的真精神，即马克思所开创的现代实践哲学。这种现代实践哲学强调物质生产实践的意义，适应中国社会生活变化的匹配性要求。马克思主义哲学中国化研究发扬现代实践哲学的优良传统，把马克思哲学的真精神落到实处，坚持从现实问题出发，始终根据翔实的材料对历史事实进行可靠的分析。例如，王南湜明确指出，马克思主义在中国的早期传播，当时先进的中国人并没有真正全面理解马克思主义的精髓。只是经过几代中国共产党人的不懈探索，马克思主义才逐渐在中国大地上扎根，成为中国人民的精神武器。② 这就揭示了马克思主义中国化不是一蹴而就的，而是一个根据现实需要而不断深入的

---

① 赵士发：《论马克思主义中国化的理论范式及其发展》，载《理论视野》2013年第6期。

② 参见王南湜：《中国哲学精神重建之路——马克思主义哲学中国化探讨》，北京：北京师范大学出版社2013年版。

发展过程。

其次是结合马克思主义哲学中国化实践中产生的问题开展理论研究。近年来,马克思主义哲学中国化的实践提出了新的问题,其中有三个问题是关涉马克思主义哲学中国化的方向和方法的原则性问题:一是中国马克思主义哲学的普遍性问题;二是中国马克思主义哲学大众化的问题;三是中国专业马克思主义哲学家对马克思主义哲学中国化的贡献问题。① 在这些问题中,居于核心地位的前提性问题是中国马克思主义哲学的理论普遍性问题,而这一问题恰恰又长期被人们忽视。由于忽视了这个问题,马克思主义哲学中国化的研究始终停留经验的层面上,一部马克思主义哲学中国化的历史被描述为马克思主义哲学在中国的传播和运用史。这种经验性的研究方式不仅阻碍了马克思主义哲学中国化的理论研究,而且也影响到中国马克思主义哲学的理论创新和发展,使中国马克思主义哲学理论的创造落后于中国改革开放的实践。为了解决中国马克思主义哲学发展的问题,学界提出对中国马克思主义哲学的理论普遍性问题进行深入的理论研究。在这一问题上,何萍认为,结合马克思主义哲学中国化的实践和思想史的进程,我们应开展三个方面的研究:第一,从理论上阐发中国马克思主义哲学的双重普遍性,澄清对中国马克思主义哲学的理论普遍性的各种误读;第二,辨析"马克思主义中国化"概念,改变对马克思主义哲学中国化的经验性解读;第三,探讨马克思主义哲学中国化的哲学史书写问题,建立中国马克思主义哲学史的新的书写范式。②

再次是回答马克思主义哲学中国化如何实现的问题。如何实现马克思主义中国化的问题并不是一个纯粹的理论研究问题,而是一个现实的、生动的实践问题。它既需要理论维度的探索,也需要从实践维度加以研究。以往,人们对实践中的马克思主义哲学如何有效传播、运用、

---

① 郭广:《论马克思主义哲学中国化研究的问题本身》,载《武汉大学学报(人文科学版)》2013年第3期。

② 何萍:《论中国马克思主义哲学的理论普遍性》,《马克思主义哲学研究(2013年卷)》,武汉:湖北人民出版社2013年版。

创新等关注的相对较少，也缺乏这方面深入的发掘和总结。这种状况导致马克思主义哲学中国化问题的研究和推进难以有效开展。针对这一问题，学界提出要从实践维度进行重新思考。马克思主义哲学在中国丰富的社会实践中得到广泛的运用、全面的传播和不断的创新，既是马克思主义哲学中国化的初衷和落脚点，也是检验马克思主义哲学是否实现了中国化的重要标准。据此，陈树林认为，实践活动是马克思主义哲学创立和存在的理论源泉和生命力之所在，而中国当代伟大的社会变革实践是马克思主义哲学中国化的坚实基础和植根的沃土，实践中的不断探索和扎实推进是实现马克思主义哲学中国化的重要途径。① 除了实践维度以外，学界还提出要在实践中把握马克思主义哲学中国化的内在逻辑。例如，薛广洲认为，马克思主义哲学中国化虽然既是一个实践问题，也是一个理论问题，但是，从本质的意义上说，它主要是一个实践问题。尽管我们的研究目的是要从理论上说明这一命题，但却必须依据马克思主义哲学中国化的实践过程来完成这一研究任务。作为过程而言，实现马克思主义哲学中国化，在理论上应该具有什么标志，或者说实现马克思主义哲学中国化的目标尺度是什么，在什么状况下才是马克思主义哲学中国化目标的实现？对这些问题的解答，必须要把握马克思主义哲学中国化的内在逻辑。从这个角度来说，马克思主义哲学中国化应该完成三个转变：从实践向理论的转变，从西学向中学的转变，从传统向现代的转变。② 这也意味着，要实现马克思主义哲学中国化，必须坚持运用马克思主义哲学的基本原理来指导中国实践，以马克思主义哲学的基本立场、观点和方法来分析中国的具体实际，从中国革命、建设和改革实践的经验和教训中总结、概括新的理论认识，以马克思主义哲学为指导推动中国现代化的发展，并用发展着的社会实践丰富马克思主义。

---

① 陈树林：《实现马克思主义哲学中国化的实践维度》，载《教学与研究》2013年第8期。

② 薛广洲：《马克思主义哲学中国化实现过程的三个转变》，载《毛泽东邓小平理论研究》2013年第6期。

五、探索具体方法

马克思主义哲学中国化研究范式的新进展还体现在对具体方法的探索之中,涉及在马克思主义哲学中国化研究中运用中介和比较等方法。

首先是综合运用多种方法处理中国传统文化和马克思主义文化的关系。当前,中国传统文化和马克思主义文化的关系问题已成为构建中国现代文化的核心问题。如何合理地处理他们之间的关系也成为马克思主义哲学中国化所必须面对的关键问题。当代中国学界对于这个问题已经用马克思主义中国化、时代化和大众化进行了回应。其中,马克思主义哲学中国化又居于核心地位。但是,我们在马克思主义哲学中国化的过程中也还需要回答更多问题,例如,在这一过程中,马克思主义文化与中国文化谁处于主体地位?马克思主义文化和中国文化如何展开对话?马克思主义文化是否包括西方马克思主义或者新马克思主义?中国文化是否包括现代新儒家?西方文化在马克思主义中国化的过程中扮演什么角色?马克思主义中国化与马克思主义时代化和大众化的关系如何?马克思主义中国化能否进行微观研究?如何处理马克思主义中国化的微观研究和宏观研究的关系?等等。为了回答这些问题,我们需要在基本原理上探索新的路径,并实现理论与实践统一的辩证法。刘然认为,这个新的路径就是运用中介方法。[①] 所谓中介方法,就是一种辩证方法,一种在微观和宏观之间前进和回溯的方法,也是实现马克思主义哲学中国化的有效途径。具体而言,马克思主义哲学中国化的中介方法存在三个维度:历史维度、上下维度、层次维度。它们恰好和马克思主义的时代化、大众化、中国化形成基本的对应关系。只有实现这三个维度,并将宏观研究和微观研究进行有机结合,马克思主义哲学中国化研究才能健康发展,中国现代文化才能顺利构建。

---

① 刘然:《马克思主义中国化的中介方法研究》,载《山西师大学报(社会科学版)》2013年第5期。

其次是在总结经验教训的基础上进行不同范式的比较研究。关于马克思主义哲学中国化的经验教训，学界已多有讨论，例如，施雪华认为，我们的主要经验在于坚持实事求是的思想路线，坚持党的群众路线，坚持普遍性与特殊性的辩证统一，坚持实践创新与理论创新的有机结合。主要教训则是神圣化地看待马克思主义，不恰当地解读马克思主义，非理性地运用马克思主义，教条式地对待马克思主义。① 近来，学界在总结这些经验教训的基础上进一步提出不同范式的细化比较问题。这既包括马克思主义哲学中国化内部不同范式之间的比较，也包括马克思主义哲学中国化研究范式和其他研究范式之间的比较。例如，陆剑杰开展了对马克思哲学范式与其后裔诸范式的比较研究。他认为马克思的哲学范式具有原创一元性，而马克思之后的哲学范式则逐渐分化，形成实践唯物主义、辩证唯物主义、实践人道主义等诸多范式。在马克思主义哲学中国化的过程中，产生了张岱年哲学、毛泽东哲学、冯契哲学等多种形式，而最终形成的中国马克思主义哲学体系，则是马克思主义哲学中国化的完整成果。② 除了马克思主义哲学中国化以外，学界还相应提出了西方哲学中国化的问题。例如，谢昌飞认为，西方哲学中国化是马克思主义哲学中国化的必然要求。③ 马克思主义哲学中国化之所以能获得成功，原因在于它将马克思主义哲学注入了中国式问题和中国式表达，使其与中国社会的关系不仅停留在理论上和意识形态上，更成为一种实际和实践的迫切需求。与此同时，西方哲学作为马克思主义哲学的思想语境和理论背景，在伴随马克思主义哲学中国化的过程中，也需要自觉实现自身中国化，否则就会出现马克思主义哲学与西方哲学的断层。西方哲学无疑为马克思主义哲学提供背景和前提，造成的

---

① 施雪华：《新中国成立以来马克思主义中国化的经验与教训》，载《理论探讨》2013年第1期。

② 陆剑杰：《对马克思哲学范式与其后裔诸范式的比较研究》，载《学术研究》2013年第5期。

③ 谢昌飞：《西方哲学中国化的经验借鉴》，载《东北师大学报（哲学社会科学版）》2013年第5期。

结果是马克思主义哲学好像成为了无源之水、无本之木。西方哲学更加成为不知所云的天书，或理论稻草人。因此，要更好地推进马克思主义哲学中国化，就必须对西方哲学的中国化作出说明，将西方哲学用中国的方式和话语重新诠释和理解，实现其融入本土文化并为中国社会实践服务的目标。

综上所述，通过在理论定位、表达方式、理解方式和实践运用等方面的深入思考，马克思主义哲学中国化研究范式已经逐步走向成熟。可以预见，作为推动当代马克思主义哲学走向实践、不断创新的重要力量，这一研究范式必将为构建具有中国特色的哲学话语体系作出更大的贡献。

（作者吴昕炜系武汉大学哲学学院讲师，武汉大学西方马克思主义哲学研究所、马克思主义理论与中国实践协同创新中心研究人员，哲学博士，研究方向：马克思主义哲学史、文化哲学、政治哲学和批判理论）

合法性辩护与方法论创新：推进部门哲学研究范式创新的两大前提

——基于 2013 年部门哲学研究成果的分析

于桂凤

[摘 要] 部门哲学的蓬勃发展推进了当代中国马克思主义哲学的繁荣与发展，但远未达到理论和实践发展所要求的水平，还有待于进一步提高。要使部门哲学研究提高到一个新的水平，必须自觉探究和推进部门哲学研究范式的创新与转换。从部门哲学研究的现状来看，合法性辩护与方法论创新是推进部门哲学及整个哲学研究范式创新与转化的两大前提。其中，在科学界定学科性质、研究对象的基础上，明确自身的理论边界，是为部门哲学的合法性进行辩护的关键，并需要丰富的理论资源作支撑。方法论创新主要包括各部门哲学自身方法论及其意义的反思，整体研究思路、范式、视野的提升与转换，具体研究方法、方式的发掘与创新。推进方法论创新，需要加强学科间的对话与联盟。

[关键词] 部门哲学；合法性辩护；方法论创新

近年来，部门哲学的蓬勃发展，已在理论与实践的双重层面推进了当代中国马克思主义哲学研究的繁荣与发展。然而，从目前已经取得的研究成果来看，部门哲学研究虽然取得了一些可喜的进展，但远未达到理论和实践发展所要求的水平，还有待于进一步提高。而要使部门哲学研究提高到一个新的水平，不断开拓其新的发展空间，获取新的生长点，就必须自觉探究和推进部门哲学研究范式的创新与转换。推进部门哲学研究范式的创新与转换，必将在促进部门哲学自身繁荣与发展的同时，进一步推动马克思主义哲学乃至整个哲学的理论创新与发展。本文以价值哲学、政治哲学、文化哲学、管理哲学等领域 2013 年发表的代表性研究成果为例，试析推进部门哲学及整个哲学研究范式创新与转化的两大前提性问题。

一、合法性的论证与辩护

"发现理论困难是哲学创新的首要前提。"① 当前，部门哲学研究面临的困难之一就是部分学者对其存在的合法性的质疑。从历史上看，不断为自身存在的合法性进行辩护，是哲学固有的一大特点，也是哲学进一步发展的前提。当代中国部门哲学研究的发展与创新尤其需要这种合法性辩护。这对推进部门哲学研究范式的创新与转换具有清理地基的重要意义。

经过近 30 年的发展，价值哲学、政治哲学、文化哲学、经济哲学等部门哲学已日益成为中国哲学创新的重要生长点。但时至今日，关于部门哲学合法性的争论从未停止。最近的一场争论发生在苏州大学的王金福与陈忠两位教授之间，值得学界关注。在《哲学的死亡与复活——从马克思、恩格斯反哲学的立场看"部门哲学"、"应用哲学"的兴起》一文中，王金福从马克思、恩格斯思想发展历程从"哲学"时期到"反哲学"时期的转变及其实质出发，对部门哲学的合法性提出了质疑，认为"部门哲学"如果意味着应用哲学原理来解决"部门"的问题，那么，这样的"部门哲学"就是马克思、恩格斯曾经有过而后来加以否定的哲学。"部门哲学"的兴盛，标志着死去了的哲学的复活，同时也是作为世界观理论的马克思主义哲学的冷落和衰退。② 在《哲学本性与"部门哲学"、"应用哲学"的合法性——以"城市哲学"为例兼与王金

---

① 孙正聿：《哲学创新的前提性思考》，载《求是学刊》2001 年第 9 期。
② 王金福：《哲学的死亡与复活——从马克思、恩格斯反哲学的立场看"部门哲学"、"应用哲学"的兴起》，载《学术月刊》2013 年第 2 期。

福教授商榷》一文中，陈忠以"城市哲学"为例，从哲学的本性出发，对这种观点给予了积极回应，认为哲学本质上是一种问题哲学、语境哲学，"部门哲学"的问题性与语境性，决定了"部门哲学"作为哲学而存在的知识与学科合法性；同时，哲学在本质上又是一种生活哲学、实践哲学，对哲学发展新对象、新视域、新线索的不断进入和开启，是"部门哲学"在方法论层面的合法性依据。"小微化"、"日常化"是哲学发展的重要趋势，"城市哲学"等"部门哲学"之所以在批判和质疑中不断繁荣，其根本合法性依据正在于这种研究适应社会发展的民主化、生活化趋势。因此，部门哲学的当代兴起，不仅不是哲学的倒退，反而是哲学的发展，是哲学自觉进行跨界研究、可能性研究的一种重要形式。①

上述争论从一个侧面反映了学界在部门哲学的合法性问题上存在的两种对立的观点，也在一定意义上凸显了当代中国部门哲学发展面临的最大困境——合法性的质疑。关于部门哲学合法性的质疑源于学界在其学科性质、研究对象等基础性问题的理解上存在很多争议，始终无法达成一致。从学理上讲，每一门哲学学科都有自己特定的规定性，体现在研究对象、研究方法、研究内容等方面。这些特定的规定性意味着任何哲学学科都应该具有相对独立的理论边界，以特定实践领域为研究对象的部门哲学更应如此。当部门哲学无法清晰而准确地界定自身的理论边界时，它就有可能出现以下两种情况：一是因为与哲学和其他具体学科争抢地盘而导致越界行为和泛化现象，一是陷入与哲学和其他具体学科保持距离而局限于狭小空间、不敢越雷池一步的封闭境地。前者无疑会使部门哲学过高估价自身的理论功能，从而附加自身过多的且又难以完成的本不属于它的思想任务，后者则有可能使部门哲学过低估价自身的理论价值，从而放弃某些它本该承担的理论责任。这两种情况都会影响到部门哲学的理论建构与功能发挥，进而危及到部门哲学的合法性，也

---

① 陈忠：《哲学本性与"部门哲学"、"应用哲学"的合法性——以"城市哲学"为例兼与王金福教授商榷》，载《学术月刊》2013 年第 2 期。

会在一定程度上影响和制约哲学和其他具体学科的深入发展，从而不利于中国学术与学科建设的整体进步。

部门哲学理论边界的模糊直接与人们对其研究对象的理解的相对"不确定性"有关。众所周知，每一门部门哲学都有自己特定的研究对象，如政治哲学的研究对象是"政治"，文化哲学研究的对象是"文化"，社会哲学研究的对象是"社会"，价值哲学的研究对象是"价值"，管理哲学的对象是"管理"等等。但是，什么是政治？什么是文化？什么是社会？什么是价值？什么是管理？与之相应的部门哲学并未给出明确而统一的回答。相反，政治哲学对"政治"范畴的理解，文化哲学对"文化"概念的界定，社会哲学对"社会"内涵的解读，价值哲学对"价值"含义的定位，管理哲学对"管理"分析，都是五花八门、多种多样的。这种多样性、差异性的理解，虽然在一定意义上拓展了人们关于"政治"、"文化"、"社会"、"价值"的理解空间，但却使政治哲学、文化哲学、社会哲学、价值哲学的研究对象呈现出不统一而模糊的特点，并由此导致诸多的理论纷争，影响了人们对其学科性质的准确把握，最终威胁到各部门哲学存在的合法性。这种现象普遍存在于部门哲学研究中，阻碍了部门哲学的进一步发展。鉴于此，有必要重新审视并厘定各部门哲学的研究对象，只有对自身的研究对象有了准确的定位，部门哲学才有可能沿着正确的方向发展和创新。

从 2013 年的相关研究成果来看，学者们不仅意识到了这一点，而且进行了积极的探索。其中，价值领域的研究相对突出。在《重新厘定价值哲学的研究对象——兼论价值关系说是一种狭义价值论》一文中，兰久富就明确指出，价值哲学研究领域的许多争论就是因为对价值概念的不同理解造成的，只有对价值哲学的研究对象有了清晰、准确的把握之后，价值哲学才能找到正确的发展方向。他认为，作为价值哲学研究对象的"价值"有两种，一种是在"有用"含义上把握的价值，指的是有用性；另一种是在"重要"含义上把握的价值，指的是重要性。有用性专指用来满足需要或达到目的的手段价值，即使用价值，是狭义价值；重要性即意义，泛指各种受人重视和追求的价值，既包括手段价值,也包括目的价值,是广义价值。从狭义价值论转向广义价值论是国内价值哲学发展的方向。① 在《社会德性研究与个人德性研究并重——价值哲学研究的回顾与展望》一文中,江畅认为,价值哲学当然要研究一般价值问题,但并不限于此。无论从西方哲学史看,还是从学科的内在逻辑来看,价值哲学研究的焦点性问题都应该是德性问题,即个人和社会的优良品质问题。西方思想家对德性问题的关注经历了一个以个人德性问题为重点,到以社会德性问题为重点,再到社会德性问题研究和个人德性问题研究并重的过程。今天两者并重并非西方思想家从学科建设的角度自觉所为,这两个领域的研究尚未关联起来。在这种情况下,我们要通过回顾和反思使我们从自发走向自觉,建立以德性问题研究为中心、以个人德性问题和社会德性问题研究为两翼的价值哲学学科体系。② 而在《价值研究的哲学奠基——价值哲学的存在论思考》一文中,张曙光则对价值概念进行了存在论的解读。他认为,"价值"是以问题的形式表现出来的现代社会的核心课题。对价值现象的哲学研究,首先要进行存在论的思考,以澄清围绕价值问题的意见之争,明确价值现象的根据之所在。存在论的"存在"由"人生在世"的活动呈现,"价值"则是人生在世的"意义"指引人的生命活动所发挥的功能,也是生活世界自身的属性。存在的三种基本方式构成了人类得以共存、自存和持存的"境域"、"境遇"和"境界"。而将意义归结为价值、价值归结为利益的所谓价值观,表明了某些现代人的精神沉沦,价值哲学必须给予批判和超越。③ 另外,在《论文化哲学视界中的"文化"范畴——兼议文化哲学的基本旨趣与定位》一文中,李群山认为,文化哲学视界中的文化范畴具有不同于一般文化研究领域中文化范畴的特定规定性,作

---

① 兰久富:《重新厘定价值哲学的研究对象——兼论价值关系说是一种狭义价值论》,载《北京师范大学学报(社会科学版)》2013年第6期。

② 江畅:《社会德性研究与个人德性研究并重——价值哲学研究的回顾与展望》,载《马克思主义与现实》2013年第3期。

③ 张曙光:《价值研究的哲学奠基——价值哲学的存在论思考》,载《社会科学战线》2013年第11期。

为文化哲学研究之对象的文化必须是具有人本性和总体性的特征。与之相一致，文化哲学在基本旨趣上不是对文化现象的一般描述与解析，从根本上在于通过对文化的探讨，在最深层次意义上探讨人本身及其存在。① 这些研究有助于深化对部门哲学研究对象的理解。

在同一部门哲学领域内，学者们对同一研究对象的不同理解，除了与研究对象本身的复杂性有关外，还与他们对部门哲学自身的学科性质的多元理解有直接关系。例如，在经济哲学领域，自经济哲学在中国兴起以来，学术界对于经济哲学的理解可谓仁者见仁、智者见智，关于它的界说至少不下二十余种。早在20世纪90年代，就有学者曾归纳出国内学术界关于经济哲学的十九种界定。② 在政治哲学研究领域，也有学者明确指出，近些年来，政治哲学的研究虽然有勃兴的迹象，并且确实取得了不少进展，但关于政治哲学的理解趋势却越加多元和复杂了。其中，在《作为第一哲学的政治哲学》一文中，罗骞从哲学与政治在当代的双重变迁出发，提出在今天后形而上学的思想氛围中，政治哲学应该成为第一哲学，并将政治哲学理解为关于人类共同体可能生活之哲学思考，它穿行在实然与应然的中间地带，创造和发明共同体生活的基本观念并为这种观念进行辩护。③ 在《政治哲学的"规定"及其当代性》一文中，臧峰宇从政治哲学的概念构成、研究对象、思维方式等多种视角分析了关于政治哲学的不同"规定"，认为把握政治哲学的当代性是一条通达政治哲学意旨的切近路径，并指出正义论是当代政治哲学的典型样态，它呈现了一种不同于古典政治哲学的政治哲学致思路径和在场形态。④ 另外，在《管理哲学学科性质的再思考》一文中，王奕指出，学

---

① 李群山：《论文化哲学视界中的"文化"范畴——兼议文化哲学的基本旨趣与定位》，载《前沿》2013年第7期。

② 胡义成：《经济哲学并非学园的专利——兼评国内十余种"经济哲学"的界定》，载《南昌大学学报（人文社会科学版）》1999年第1期。

③ 罗骞：《作为第一哲学的政治哲学》，载《江苏大学学报（社会科学版）》2013年第6期。

④ 臧峰宇：《政治哲学的"规定"及其当代性》，载《江苏大学学报（社会科学版）》2013年第6期。

界关于"管理哲学是什么"的回答,竟有几十种。学界在管理哲学学科性质的理解上一直无法达成一致,根源在于研究者所持哲学理论的不同。实证主义、本体论哲学、认识论哲学是当前学界在界定管理哲学学科性质所使用的常见的三种哲学理论。这三种视角各有所长,不存在对错问题。但是,就当前的研究状况尤其是国内管理哲学的研究状况而言,将管理哲学定位为"在不同哲学理论指导下,以管理为研究对象的部门哲学"较为恰当,原因在于管理哲学作为一个学科,是社会背景与自身发展规律相结合的产物。①

对部门哲学研究对象、学科性质的多元理解,体现了部门哲学研究理论边界的开放性。不过,正如有学者所言,理论边界适度的开放性对于一个学术研究领域的创新具有积极意义,但如果这种开放性不受任何限制,没有任何边界,呈现出"自由化"倾向,那么,该学术研究领域的合法性将会受到挑战。② 部门哲学的合法性之所以遭受质疑或否定,就与其理论边界的不确定性密切相关。在科学界定学科性质、研究对象的基础上,明确自身的理论边界,应是为部门哲学的合法性进行辩护的关键。科学厘定各部门哲学学科的理论边界,不仅要自觉树立边界意识,更需要丰富的理论资源作支撑。这就要求研究者们既要加强对各部门哲学史的整体性、系统性的研究,又要深化对部门哲学核心概念史的梳理与研究。这里有一点要注意,从学理上讲,厘定部门哲学的理论边界,确实离不开对其核心概念的基本含义、概念生成与演进的内在逻辑、概念限定的问题域等问题的考察,但是不能完全从概念出发进行逻辑推演,痴迷于"概念游戏",而要把概念史的考察与现实历史的发展结合起来,因为任何概念都是历史的产物。这两个层面的共同研究有利于人们全面而准确地理解那些有争议的部门哲学概念、观点或思想,也有助于人们对各部门哲学兴起的历史语境、发展的基本脉络、整体面貌、本质属性等有一个清晰而系统的把握,从而

---

① 王奕:《管理哲学学科性质的再思考》,载《理论界》2013年第5期。
② 衣俊卿:《论文化哲学的理论定位》,载《求是学刊》2006年第4期。

深刻理解部门哲学存在的历史必然性与合法性,更好地推进部门哲学的创新与发展。

二、方法论的反思与创新

任何哲学研究都离不开方法论的指导,方法论缺失或不合理是导致哲学研究陷入理论困境的主要原因。部门哲学研究尤其如此。例如在价值哲学研究领域,有学者明确指出,主客体关系模式是导致价值哲学研究陷入困境的主要原因,这种方法论模式除了导致一种关于价值本质的效用主义解释之外,还意味着对人的拒斥和消解,它使价值论研究丧失了人学的基础。① 部门哲学研究要摆脱理论困境,推进研究范式的创新与转换,离不开方法论问题的自觉反思与创新。而且,部门哲学对于推进哲学创新的意义,不仅表现在概念、范畴、理论观点的创新,更表现在方法论的创新。

哲学研究中的方法论问题,绝不仅仅意味着某种工具性的研究手段,它既涉及具体的研究方法、方式问题,还包括宏观的研究视野、研究思路问题。在这个意义上,部门哲学的方法论反思与创新可以从以下三个层面展开:

第一,各部门哲学自身所蕴含的方法论及其意义的阐释与反思。哲学既是世界观又是方法论,部门哲学本身就具有方法论的意义。阐释与检视自身所具有的方法论意义是部门哲学进行方法论创新的前提。从2013年的相关研究成果来看,这个层面上的方法论反思相对比较突出,并在多个维度展开。在《马克思主义历史哲学:在史学与哲学之间》一文中,余晓玲、刘同舫分析了马克思主义历史哲学的方法论意义,认为马克思主义历史哲学在史学具体性与哲学抽象性的张力及共振中寻求平衡,使马克思主义哲学理论体系更具有历史之维,而将马克思主义哲学的基本方法渗透于史学,使其具备原则高度,从而实现学科超越。马克

---

① 赖金良:《哲学价值论研究的人学基础》,载《哲学研究》2004年第5期。

思主义历史哲学在对世界全球化与现存资本主义命运的把握上、对未来社会发展的总趋势所进行的观察上具有方法论意义，对当今中国走出顾此失彼、失衡发展的思维惯性具有指导作用。① 在《〈资本论〉对城市哲学研究的方法论意义》一文中，陈忠分析了《资本论》对城市哲学研究的方法论意义，他认为，《资本论》处理概念与对象关系、概念史与社会史的策略，对城市哲学形成合理的概念与概念群具有方法论意义；《资本论》对时间与空间、历史性与空间性关系的处理，对城市哲学确认合理的历史观具有方法论意义；《资本论》对精英主体与世俗主体关系的处理，对城市哲学形成合理的主体性原则、价值立场具有重要意义；《资本论》处理不同理论、思想之间关系的策略，对城市哲学处理城市批评史与城市发展史的关系，探索面向生活和未来的城市智慧具有重要启发。这一方法论分析不仅深化了对《资本论》的当代价值的理解，更为重要的是为城市哲学的理性建构与现实发展提供了多重启示。② 在《马基雅维里政治哲学的方法论》一文中，杨晓东、马俊峰分析了马基雅维里政治哲学的方法论，认为马基雅维里摆脱了形而上的研究方法，立足于意大利的历史经验与社会现实来阐释政治的具体内涵、目标与运作方式，这种以政治实践为本位的叙述方式，体现了实用主义与现实主义特征。马基雅维里政治哲学方法论思想蕴含着作为政治知识的方法论、作为政治判断的方法论和作为政治科学的博弈论等丰富内容，从不同维度展示了政治判断、政治博弈所呈现出来的政治智慧，这些可为当代中国政治文明构建和政治实践提供有益的启示。③ 在《西方马克思主义政治哲学的方法论走向》一文中，袁久红分析了西方马克思主义政治哲学的方法论走向，他认为，继 20 世纪 70 年代政治哲学复兴之后，

---

① 余晓玲、刘同舫：《马克思主义历史哲学：在史学与哲学之间》，载《天津社会科学》2013 年第 2 期。
② 陈忠：《〈资本论〉对城市哲学研究的方法论意义》，载《学习与探索》2013 年第 9 期。
③ 杨晓东、马俊峰：《马基雅维里政治哲学的方法论》，载《天津社会科学》2013 年第 2 期。

西方马克思主义也纷纷转向政治哲学研究,但因其对经典马克思主义方法论之于政治哲学研究有效性的质疑,在方法论上,他们开始对经典马克思主义产生偏离,其目的是寻找和重建马克思主义之作为政治哲学方法论的有效途径,可以将之概括为从"经济主义"走向政治中心论、从整体主义走向个体分析、从阶级分析走向多元分析。① 在《马克思法哲学方法论中人与历史的双重维度》一文中,冯炬、徐毅君分析了马克思法哲学方法论中存在的历史维度与人的维度,并认为"完整主义"的马克思哲学研究需要把这两个维度还原为一个整体去理解马克思哲学的结构性原貌的。②

第二,具体研究方法、方式的发掘与创新。这个层面的研究,既涉及各部门哲学代表人物、主要学派的研究方式、方法的发掘与阐释,又包括当前学界研究部门哲学的方式、方法的反思与创新。在《论马克思政治哲学研究的历史主义方法》一文中,李佃来认为,在对马克思政治哲学的研究中,不将研究方法的审理提升为一个明确的问题意识,这一学术领域的研究或许永远都是不完整的,甚至于走入歧途而积重难返也是有可能的。鉴于此,他提出,方法论反思是推进马克思政治哲学研究的一个基础性问题。当前马克思政治哲学的研究,主要运用的分析哲学的方法,但这一方法的合理性和长处却是有限的,需要在对这一方法之偏蔽的指认中突出历史主义方法。从分析哲学的方法切换到历史主义方法,将会延伸马克思政治哲学研究的论题,扩大此一研究的论域,这是通达马克思政治哲学思想内核的有效途径。③ 在《从历史维度审视作为范畴的价值》一文中,何中华指出,国内学术界对作为哲学范畴的价值的研究,大都采取一种静力学的或曰静态的考察,即把价值范畴当做一

---

① 袁久红:《西方马克思主义政治哲学的方法论走向》,载《马克思主义与现实》2013年第4期。

② 冯炬、徐毅君:《马克思法哲学方法论中人与历史的双重维度》,载《山东社会科学》2013年第10期。

③ 李佃来:《论马克思政治哲学研究的历史主义方法》,载《学术研究》2013年第11期。

种不受历史约束的永恒不变的抽象规定加以确认,脱离特定历史语境提出并解决问题。这种研究方式不符合马克思"历史地思"的运思特点,遮蔽了价值的历史展现性质,从而妨碍了对其本真性的揭示。按照马克思的运思方式,只有把价值范畴当做一种历史的规定加以追问,才是恰当的。价值同理性的分裂不过是一个历史的现象或事实,它在本质上属于现代维度,"价值"被作为一个自觉的问题提出,意味着价值同理性的分裂及其对立已然在历史基础层面实际地发生了。从历史上看,价值理想是一把"双刃剑",它提供批判的尺度,要求"从后思索",但若脱离了历史基础,就有可能沦为"乌托邦",从而酿成历史悲剧。① 在《"灰色"的哲学理论与"常青"的体育之间——体育哲学研究中引入哲学人类学方法探析》一文中,高强分析了体育哲学研究中引入人类研究方法,有助于破解抽象的哲学理论与丰富具体的体育现实之间一直存在的隔阂。②

第三,整体研究思路、范式、视野的审视与转换。这对各部门哲学研究的总体发展具有至关重要的意义。在《当代价值研究的新进路》一文中,李德顺提出当代中国价值研究需要一种思维变革。他认为,当代价值研究的主要困境主要来自价值思维方式的落后,这种落后的主要表现是价值研究所使用的传统理论框架本身缺少必要的批判性反思和富有时代感的超越,总体上仍受限于 20 世纪以前奠定的以实体为中心的理论视野,未能充分进入以关系(实践)思维为特征的新的存在论,和以人的"知情意"全部精神活动为对象的意识论境界,因而难以准确把握"价值"现象的特点和地位,难以真正进入适合于价值对象的思维情境。要改变这种状况,有必要重新确立一种以实践为根基的辩证思维框架。③ 在《社会文化的实践哲学诠释及其意义》一文中,阎孟伟从唯物史观的

---

① 何中华:《从历史维度审视作为范畴的价值》,载《烟台大学学报(社会科学版)》2013 年第 4 期。
② 高强:《"灰色"的哲学理论与"常青"的体育之间——体育哲学研究中引入哲学人类学方法探析》,载《体育与科学》2013 年第 6 期。
③ 李德顺:《当代价值研究的新进路》,载《马克思主义与现实》2013 年第 3 期。

基本论点"社会生活在本质上是实践的",提出了研究文化问题的实践哲学思路,并从这一思路出发,对社会文化的形态、实质、核心及其在社会发展的作用作了全新的理解。① 在《马克思恩格斯政治哲学的研究范式革新——从主观逻辑到客观逻辑的转换》一文中,李红亮认为,马克思恩格斯在形成政治哲学思想的过程中历经了从宗教批判转向政治批判,从政治批判转向经济批判三个发展阶段;在研究方法论上发生了哲学范式的里程碑式的创新,进行了从主观逻辑到客观逻辑的根本性转换,具体表现为:从黑格尔的理性主义哲学范式到费尔巴哈的人本主义哲学范式,再转为实践唯物主义哲学范式和历史唯物主义哲学范式。② 在《论经济哲学认识论中的两条路线》一文中,宫敬才结合思想史,分析了经济哲学认识论中的两条路线,一条以人的认识能力无限论为逻辑前提,一条以人的认识能力有限论为基础。以人的认识能力无限论为指导的经济学研究离现实经济生活越来越远,学院化倾向愈演愈烈,而以人的认识能力有限论为指导的经济学研究则日渐显示出经济生活智慧的气象。③ 在《当代中国价值问题及价值重建的社会历史哲学辨析》一文中,张曙光提出了分析当代中国价值问题的社会历史哲学视野。他认为,当代中国的价值问题是发生在社会转型过程中的问题,因而以社会转型的概念框架加以分析是合理的。但是,中国作为有着悠久而博大的文化传统的文明体的转型,有自身特殊的问题和方式,这种特殊性既植根于其社会历史传统及其矛盾中,又只能在现代世界的交往关系中获得理解并生发出普遍意义。中国现代的价值问题特别是国人的心灵和精神问题,不是狭义的道德问题,而是原来的社会关系体系及其秩序——包括经济、政治和文化各方面——的解体在人们思想和行为上的投射和表现。因而,当代中国大陆价值的重建,也只能诉诸以经济政治制度为关

---

① 阎孟伟:《社会文化的实践哲学诠释及其意义》,载《学术研究》2013年第1期。
② 李文亮:《马克思恩格斯政治哲学的研究范式革新——从主观逻辑到客观逻辑的转换》,载《南京政治学院学报》2013年第5期。
③ 宫敬才:《论经济哲学认识论中的两条路线》,载《河北经贸大学学报》2013年第1期。

键所在的整个社会的现代化建设和文明秩序的建构。① 以社会历史哲学视野研究价值问题，有助于价值哲学研究走出认识论模式的困境。在《经济哲学视域中的生态危机发生机制透析》一文中，卜祥记、何亚娟把生态危机问题放到经济哲学视域下进行分析，认为当哲学把生态危机的发生根源归结于人与自然关系的断裂，而经济学指向自然资源稀缺性与人类欲望无限性之矛盾的时候，它们都忽略了造成断裂与矛盾的现实性根源——支配人类经济社会生活的资本逻辑。正是资本呼唤出人类的无限欲望，造成了作为一种历史现象的资源稀缺与欲望无限的矛盾，而这一矛盾又通过观念层面的"欲望支配世界"、"经济个人主义"以及"价值通约主义"等，无限地放大了作为矛盾一方的"欲望无限"，从而直接导致人与自然关系的断裂与生态危机的呈现和加剧。② 不可否认，从经济哲学的视野分析生态危机机制，不仅体现出一定的深刻性，更具有一定的创新性。这种方式的创新性，对于部门哲学研究范式的创新与转换是必要的。

从上述分析中，我们可以看到，多角度、多层面的方法论反思与创新，对于推进部门哲学研究范式的创新与转换具有不可替代的作用。但是，结合当代中国哲学研究的总体状况来看，从中国哲学总体研究现状来看，当前中国的部门哲学研究中最需要反思的方法论问题就是广泛存在的严重的"西方化"现象，也有学者称之"拥西情结"或"西方中心主义"。这不仅表现在西方重要学者或哲学派别的理论、思想和观点成为学者们主要阐释的对象，而且即使是在阐释中国自己的理论与实践时，基本上也都以西方的理论框架、话语体系、研究方法为主要参照物，特别是对某些热点问题的追踪、对某些理论的评判也常常是以西方的研究为依据。有学者在谈到政治哲学研究在这方面存在的问题时，甚

---

① 张曙光：《当代中国价值问题及价值重建的社会历史哲学辨析》，载《天津社会科学》2013年第4期。

② 卜祥记、何亚娟：《经济哲学视域中的生态危机发生机制透析》，载《马克思主义与现实》2013年第3期。

至说"汉语政治哲学的研究完全是'西方的'政治哲学研究范式的翻版"① 这种说法虽然有点绝对,但却在一定程度上反映出中国哲学研究学术主体意识的薄弱。整体性的学术主体意识薄弱,不但难以产生具有原创性的思想或观点,更不利于打造具有中国特色、中国风格、中国气派的哲学社会科学学术话语体系。对于中国学界而言,在全球化的时代与格局中能够始终坚持自己的学术自主性,是推进中国学术创新与发展的重要之道,更是确立中华民族的理论自信与理论自觉的必要之路。

从部门哲学的跨学科特征来看,推进部门哲学的方法论创新,不仅要自觉借鉴其他相关学科的研究方法,而且要在加强跨学科对话的基础上生成新的研究方法。在以往的研究中,学者们已提出了一些新的研究方法,如文化哲学领域洪晓楠提出的宏观研究与个案研究相结合的方法,霍桂桓提出的个体生成论的方法,李鹏程采用现象学的方法进行文化哲学研究;发展哲学领域,杨信礼提出了发展本体论与发展认识论相统一的方法、系统科学的方法、实践反思的方法;政治哲学领域,武汉大学的"当代中国马克思主义政治哲学研究团队"采取的理论与现实相结合的推理方法、局部研究与整体研究相交叉的切近方法;价值哲学领域,孙伟平等主张价值问题研究的主体性方法;管理哲学领域,张尚仁提出的科学一体化的研究方法,等等。这些研究方法的提出离不开跨学科的对话和融合。部门哲学自身是交叉性学科,本身就蕴含着对话与融合的因子,但是在现实的学术实践中,部门哲学与其他相关学科、部门哲学间的互动并未达到理论与实践的要求。这就要求部门哲学与其他学科之间要加强合作,展开跨学科研究。这一点对于中国学者尤其重要。面对重大、复杂的社会现实问题时,马克思、恩格斯不仅自觉进行跨学科研究,而且是这种跨学科研究的典范。反观马克思、恩格斯关于哲学与政治学、经济学、社会学、历史学、文化学、法学等的跨学科研究,不难看到,哲学的跨学科研究是以丰富的、多学科的知识和理论储备为前提的。这就意味着研究主体仅具备坚实的哲学理论基础是不够的,还

---

① 任建涛:《政治哲学的问题架构与思想资源》,载《江海学刊》2003 年第 2 期。

需要掌握其他相关具体学科的知识。如"研究现代管理哲学，除了要结合哲学和管理学来研究之外，还涉及一系列其他学科，既涉及经济学、社会学、心理学等传统学科，也涉及决策科学、预测科学、行为科学、创造学、人才学及信息论、控制论、系统论等一系列新兴学科和理论。"[①] 但是，由于学科建制、学术专业分工等因素制约，当代中国大多数部门哲学研究者，并不具备马克思、恩格斯那样多学科的知识储备。在这种条件下，加强学科联盟意识，促进部门哲学研究者与其他相关具体学科研究者之间的学术交流，就成为一种必要。前面提到的组建于2010年的武汉大学的"当代中国马克思主义政治哲学研究团队"，就采取了跨学科的方式组建，以马克思主义哲学学科为主，整合其他学科青年学术骨干的力量，从不同的路向开展和推动马克思主义政治哲学的研究。这说明学界已意识到了这个问题的重要性，并开始了有效的探索。事实证明，这种跨学科的合作，不仅可以给双方既有的学科研究范式带来新的启迪，而且可以为双方未来的学科话语体系建构带来新的思路，从而为新的学术生长点的生成提供巨大空间。

（作者于桂凤系江苏师范大学马克思主义学院，副教授，硕士生导师，克莱蒙神学院访问学者，哲学博士，研究方向为马克思主义哲学与生态哲学）

---

① 张尚仁：《管理哲学的对象、意义和研究方法》，载《人文杂志》1986年第6期。

2013年中国马克思主义哲学原理范式研究综述

郑萌萌

[摘　要] 马克思主义哲学原理范式突破了传统教科书范式的研究局限性，满足了新时期的社会实践需求。2013年学界对马克思主义哲学原理范式的研究从价值哲学、人学、本体论、历史观、辩证法、实践观、"中国道路"问题七个方面切入，在推动马克思主义哲学中国化的同时，不断实现了自身的发展和创新。

[关键词] 马克思主义哲学；原理范式；综述

"原理范式"的出场旨在突破"传统教科书范式"的机械化、教条化、片面化，满足新时期的社会实践需求。2013年"原理范式"呈现出多领域、多样性的发展，在推动马克思主义哲学中国化的同时，不断实现自身的发展和创新。2013年"原理范式"围绕着价值哲学、人学、本体论、历史观、辩证法、实践观、"中国道路"问题的研究成果相对突出，提出了许多新的思想和观点。因此，本文主要围绕以上七大领域的研究成果而展开。

一、价值哲学

2013年我国价值哲学研究主题大体可以概括为以下几个方面：

第一，当代中国价值问题研究。张曙光指出，中国现代的价值问题特别是国人的心灵和精神问题，不是狭义的道德问题，而是原来的社会关系体系及其秩序——包括经济、政治和文化各方面——的解体在人们思想和行为上的投射和表现。因而，当代中国大陆价值的重建，也只能诉诸以经济政治制度为关键所在的整个社会的现代化建设和文明秩序的建构。① 冯平认为，确立研究切入点有三个关键：第一个关键是认识当下中国的处境。第二个关键是思考社会主义发展历程，尤其是思考中国社会主义发展的历史经验和历史教训。第三个关键是从对中国现实的社会学描述，进入形成中国现实的制度原因、思维方式、价值观的研究；从社会学研究转入以社会科学为基础的真正的哲学研究——以"'真'的方式对价值/好和达至价值/好的途径的诉说"②。

第二，对价值哲学研究的反思。李德顺指出，当代中国的价值哲学研究已经进入了一个实质性的反思阶段，其关键在于如何理解价值研究中的主体性原则及其意义，从新的高度构建当代价值和价值观念体系。需要从思维方式的变革中寻找自己的理论方位和价值导向。价值研究中的主体性原则应该成为解决现实中各种价值问题的一个原则和出发点。运用这一原则，将有助于构建清醒而自觉的价值观念。③ 张曙光则认为，"价值"是以问题的形式表现出来的现代社会的核心课题。对价值现象的哲学研究，首先要进行存在论的思考，以澄清围绕价值问题的意见之争，明确价值现象的根据之所在。④ 刘文杰认为，经过30余年的发展，价值哲学基本建立了以主客体关系视域下的"满足需要说"为基础的理论体系。但是这种理论体系陷入无法自洽的界定价值、无法解释人之存在的意义的困境，唯有彻底改换思维方式才能打破这一僵局。为此，视

---

① 张曙光：《当代中国价值问题及价值重建的社会历史哲学辨析》，载《天津社会科学》2013年第4期。

② 冯平：《价值重建的切入点》，载《光明日报》2013年4月1日。

③ 李德顺：《价值思维的主体性原则及其意义》，载《湖北大学学报（哲学社会科学版）》2013年第4期。

④ 张曙光：《价值研究的哲学奠基——价值哲学的存在论思考》，载《社会科学战线》2013年第11期。

价值为超验之物，价值乃是人之二重化存在的必然结果，价值通过规范制约人的选择从而使得有价值者显现。但人性是随社会实践的改变而变化，人的选择实质是对人性的选择。以此理论构建新的价值哲学体系要面向生活世界，以缓解由对物的依赖而产生的精神虚无。① 孙伟平指出，由于人学价值论与科学认识论之间存在着深刻的学术差异，这导致了许多理论上的悖谬和实践上的困惑。"拟科学"的或科学认识论的方法的普遍流行，已经成为干扰、制约价值论研究取得重大突破的主要因素，因而必须对此进行系统反思，探索和建构真正适应价值论性质和特点的方法。具体来说，应该从研究物的方法转向研究人的方法，从理性的思辨转向实践研究方法，从关注客体的方法转向主体性方法，从非历史的方法转向历史的方法。② 兰久富指出，作为价值哲学研究对象的"价值"有两种，一种是在"有用"含义上把握的价值，指的是有用性；另一种是在"重要"含义上把握的价值，指的是重要性。前一种价值是狭义价值，后一种价值是广义价值。广义价值和狭义价值的区别不仅在于涵盖价值范围的大小，更在于统摄价值层次的高低。价值关系说只以"有用"含义上的使用价值为研究对象，因而是一种狭义价值论。从狭义价值论转向广义价值论是国内价值哲学发展的方向。③ 江畅指出，价值哲学当然要研究一般价值问题，但并不限于此，而且主要不在于此。无论从西方哲学史看，还是从学科的内在逻辑来看，价值哲学研究的焦点性问题是德性问题，即个人和社会的优良品质问题。在这种情况下，我们要通过回顾和反思使我们从自发走向自觉，建立以德性问题研究为中心、以个人德性问题和社会德性问题研究为两翼的价值哲学学科体系。④

---

① 刘文杰：《范式转换与体系重构——对当代价值哲学的再反思》，载《烟台大学学报（哲学社会科学版）》2013年第2期。

② 孙伟平：《价值论研究方法的反思与转型》，载《马克思主义与现实》2013年第3期。

③ 兰久富：《重新厘定价值哲学的研究对象——兼论价值关系说是一种狭义价值论》，载《北京师范大学学报（社会科学版）》2013年第6期。

④ 江畅：《社会德性研究与个人德性研究并重——价值哲学研究的回顾与展望》，载《马克思主义与现实》2013年第3期。

第三，价值哲学中的实践价值哲学研究。王玉樑指出，价值哲学的发展，是从理论价值哲学到实践价值哲学。实践价值哲学的诞生，是价值哲学发展史上的一场深刻的革命。实践价值哲学是在马克思、恩格斯、列宁和毛泽东关于实践、实践标准的一系列论述的启示下诞生的。这些重要论述，为实践价值哲学的创立指明了方向，也是实践价值哲学创立的重要的理论根据。①

第四，价值论发展历程。李德顺、孙美堂指出，马克思主义价值论的形成和发展，大体经历了马克思恩格斯的理论奠基、西方马克思主义的价值探索、社会主义价值实践与理论总结、中国特色社会主义价值观奠基和当代确立等阶段。马克思恩格斯的论述中包含着丰富的价值论思想。列宁的价值论思想表现在关于实践标准、社会主义道德、党性和阶级性等理论。西方马克思主义价值思想主要表现在对"物化"和"异化"现象的批判反思与倡导"人道主义"两大方面。毛泽东的价值观主要体现为人民主体思想，邓小平则重新阐释了利益、富强与社会主义价值诉求的关系。当今中国思想理论界则以实践唯物主义为理论基础、以社会主义核心价值体系为核心内容，进行了积极的探索。②

二、人学

从20世纪80年代以来，人学的研究重在对马克思主义人学思想的阐发，然而2013年的重要创新表现在重视对马克思主义人学思想的实践和应用研究上。总的来看，2013年我国人学研究主题大体可以概括为人学理论的实践及应用、人学理论的研究、人的价值三个方面：

第一，人学理论的实践及应用。林孟涛指出，马克思主义关于人的学说是关于人的本质与发展的理论，也是关于人的教育与发展的理论。

---

① 王玉樑：《马列经典作家的论述与实践价值哲学的理论根据》，载《江汉论坛》2013年第7期。

② 李德顺、孙美堂：《马克思主义价值论发展探析》，载《中国特色社会主义研究》2013年第6期。

在新的历史条件下,应从对人的基本理论共识出发,审视当前高校的思想政治教育理论与实践,探索科学的育人之路。① 刘志、周家华认为,马克思共产主义人学思想内容丰富、思想深邃。在建设有中国特色社会主义的宏伟事业中,发展社会主义市场经济、践行"以人为本"的科学发展观、建构社会主义和谐社会等方面都实践着这种思想,对此,我们应有更清醒的认识和更自觉的行动,以推动建设中国特色社会主义事业更好更快地发展。② 任泽认为,马克思主义人学思想视野下的生命教育主要表现在对人生命的关怀、对人生价值的关注、对人性完善的要求等方面。而在生命教育实践活动中,必须实施阶段性的渐进教育,即实行自我认识、自我完善、自我超越的教育路径,来构建生命教育体系,层次化培养学生生存品质、生活品质、人生品质,从而抵达生命的核心诉求。③ 舍娜莉指出,中国文化软实力理论承载了马克思主义人学理论的科学内涵,在注重人的自然属性的同时,更加关注人的社会属性和文化属性,从人的文化性层面强调人的个性及其全面而自由的发展的实质,进而在人的本质意义上,表现了当前中国特色社会主义文化建设必须要为全面建成小康社会、实现社会主义现代化提供思想保障、精神支柱和智力支撑,并指向共产主义终极理想,最终实现人的自由、全面发展。这一理论饱含着丰富的马克思主义人学意蕴。④ 颜军认为,思想政治教育作为培养人、塑造人的实践活动,需要科学的人学理论作为其基础理论。马克思人学理论是马克思从哲学层面对人做的深刻思考,是以"人"为研究对象,以人的存在和发展为线索,以人的需要为主题,以人的全面发展为主旨的理论体系。马克思人学理论作为一种科学的、实

---

① 林孟涛:《马克思主义人学理论及其当代实践——从育人的角度看》,载《中国特色社会主义研究》2013 年第 4 期。

② 刘志、周家华:《马克思主义人学思想在当代中国的实践》,载《求索》2013 年第 7 期。

③ 任泽:《马克思主义人学视野下生命教育的阶段性研究》,载《人民论坛》2013 年第 35 期。

④ 舍娜莉:《中国文化软实力理论的马克思主义人学意蕴》,载《学术交流》2013 年第 10 期。

践的人学理论为思想政治教育提供了哲学基础。①

　　第二，人学理论的研究。叶红云指出，财富问题在马克思主义人学思想中占据重要位置，是马克思主义人学的内在维度。财富的本质与现实的人的主体性存在紧密相连。在人的现实交往关系中，财富不仅是物化的交换能力，而且是人本质力量的发挥和人创造能力的彰显，是人自身全面发展不可或缺的重要内容。马克思正是在唯物史观的视域中，通过政治经济学批判，在现代资本主义劳动关系中剖析和揭示这一过程的。②张群、胡海波指出，人如何从"物化能力"中超越出来真实面对"人化需要"，是现代人必须面对的重要问题。物化能力表现了人存在与活动方式的性质与特点，是人生产能力与水平的现实体现。人化需要体现了人自我生成与发展的状态，是人本质力量的表征。③尹玮煜、杨晗旭指出，马克思在费尔巴哈的人道主义的基础上，提出了人的本质论。但在从事实证研究以后，马克思开始把关注点转向人的存在问题。他始终没有放弃人的本质论，而是把人的本质论和人的存在论相结合，形成了马克思关于"人的现实性"的观点。马克思主义人学理论的出发点就是探讨"人的现实性"。忽视这一出发点，事实上削弱了马克思主义理论对的批判功能，割裂了马克思主义人学与其整个理论体系之间的内在联系。④寇东亮认为，在《莱茵报》被查封后的近两年时间里，马克思通过黑格尔法哲学批判，凸显人的社会特质；通过资产阶级政治革命批判，凸显人的"公人—私人"二重化本质；通过国民经济学—黑格尔思辨哲学批判，凸显人的"对象化—主体"本质；通过青年黑格尔派批判哲学批判，凸显人的阶级属性和"群众"主体作用。⑤王晓升指出，在

---

① 颜军：《马克思人学理论：思想政治教育的哲学基础》，载《求实》2013年第10期。
② 叶红云：《马克思主义人学视域中的财富观》，载《高校理论战线》2013年第2期。
③ 张群、胡海波：《马克思哲学视阈中"物化能力"与"人化需要"》，载《马克思主义研究》2013年第1期。
④ 尹玮煜、杨晗旭：《人的现实性与马克思主义人学的出发点》，载《理论月刊》2013年第6期。
⑤ 寇东亮：《青年马克思人学思想变革的逻辑脉络——从〈黑格尔法哲学批判〉到〈神圣家族〉》，载《学习与实践》2013年第7期。

如何理解马克思关于人的观念的问题上，哲学界存在着两种趋向：一种趋向是按照启蒙思想的模式来理解它，另一种趋向是从后现代主义的视角来理解它。前一种思路是把马克思的思想启蒙化，后一种思路是把马克思的思想后现代主义化。准确地把握马克思关于人的观念就必须分清马克思的思想与这两种思想的区别，从而说明马克思的思想的当代价值。① 元晋秋指出，《1844年经济学哲学手稿》中的人学思想一方面带有明显的抽象人性论遗迹，另一方面也不乏科学的人学思想萌芽。从这一思想出发，马克思对共产主义以及人类历史发展的认识一方面达到了空想社会主义的顶峰，另一方面又成为其科学社会主义的起点。以此来反观流行于当下中国社会的一些理论思潮，它们不仅不是关于人类社会实践的"科学认识"，其理论水平甚至远逊于手稿中马克思所阐述的空想社会主义。唯有中国特色社会主义才是指导我们事业的科学理论。②

第三，人的价值。辜堪生、钱国君指出，"人的价值"命题原本是资本主义生产方式条件下劳动力"商品化"的本质反映。但一直以来，国内理论界却普遍将其误解为马克思主义的命题，不仅在理论上造成了种种障碍，而且对社会实践的负面影响也积困弥深。从马克思主义文本出发应当明确：人生的意义不能以"价值"衡量，人是无价的，生命是平等的，人格是尊严的，人道是光辉的。③

三、本体论

对本体论的研究始终是哲学的热点和难点问题，2013年我国本体论研究主题大体可以概括为以下几个方面：

---

① 王晓升：《在现代与后现代之间：马克思的人的观念的历史定位》，载《华中科技大学学报（社会科学版）》2013年第4期。

② 元晋秋：《〈1844年经济学哲学手稿〉中的人学思想及其性质》，载《学术论坛》2013年第9期。

③ 辜堪生、钱国君：《关于"人的价值"命题的理解与澄清》，载《马克思主义与现实》2013年第1期。

第一,关于主体性研究。贺来提出,马克思哲学的"主体性"原则在新的基础上深化了康德关于"认知主体"与"价值主体"划界和"价值主体"优先的思想,把人理解为"自由""目的"和"责任"主体,这是马克思"主体性"思想中最为精髓和最富当代价值的内容。①

第二,关于自我、自我意识的研究。高斯扬、陆杰荣指出,考察"自我"的哲学概念形成史,可以发现其演变历经"模拟的自我"、"外在授权的自我"、"内在授权的自我"三种理论构型,此三种构型的转承接续构成了"自我"概念发展的内在逻辑。对"自我"哲学概念理论构型及其形成机制进行分析,可以考察"自我"概念发展阶段中理论构型的变异关系,并进而揭示出"自我"概念的哲学发展实质及未来走向。②张曙光认为,自我意识是人的自由的内在前提,自由是人的自我意识在内外两方面合乎其本性的展开和实现。而自我意识的两重性本性,决定了这个展开和实现的过程必须以自我限制或否定为中介,克服"冲动"和"任性",超越"对立"和"异化",这既是人的自我意识的辩证法,也是人的自由的辩证法。自觉地把握和遵循这种辩证法,人的自我意识才能经由"个体"、"族群"和"人类"这三重形态的分化和统一,走向普遍的自由世界。③

第三,关于马克思对传统本体论的批判研究。旷三平指出,在对传统本体论哲学批判的基础上,马克思创建了自己的"新哲学",而他在创建过程中使用的基本概念和范畴带有明显的本体论话语"症侯",这从另一个侧面也反映了他的哲学包含着本体论思想,具有本体论思想的存在空间和意义:如其一,本质主义地谈论"实践";其二,基础主义地谈论"社会";其三,历史主义地谈论"辩证法";其四,主体主义地

---

① 贺来:《从"认知主体"到"价值主体"——深化"主体性"研究的重大课题》,载《马克思主义哲学论丛》总第6辑。

② 高斯扬、陆杰荣:《"自我"哲学概念的理论构型分析》,载《河南社会科学》2013年第6期。

③ 张曙光:《自我意识与自由》,载《学术研究》2013年第4期。

谈论"无产阶级";其五,真理主义地谈论"共产主义"。①

第四,关于形而上学的"本体"研究。王天成提出,任何从人出发的活动因为都是有限的,因而无法唤醒人对自身有限性的反思与批判,建立一种终极关怀。这就需要一个跳跃,永恒的东西通过它成了给予人的"自身显现者"——形上对象。形而上学与终极关怀的建立都以这种形上的维度为基础,所以对于中国来说,从人学过渡到形而上学的重建是必然的。②艾四林、刘伟指出,马克思提出的"现实的个人",之所以能实现对人的本质理解的伟大革命,正是基于其对传统形而上学的扬弃。因此,只有弄清马克思与传统形而上学之间的关系,才能在更深层的意义上理解其所实现的对人的本质的革命。③刘艳菊提出,马克思从"人的存在"出发,通过对人的存在的现实生活世界和人的感性实践活动的本质和规律的深刻分析,揭示出了人的存在的自由本质,并提出了人的存在的自由本质得以实现的现实路径,即共产主义的价值理想。④

四、历史观

2013年历史观研究主题大体包括两个方面:一是关于历史唯物主义概念解析。刘怀玉、章慕荣提出,广义历史唯物主义是马克思主义哲学得以当代言说的合法性底线,应当保留其可能性视角与开放性视野;狭义历史唯物主义是具有特定叙述边界的、作为辩证认识论的历史性唯物主义,需要经过严格追问并赋之以严格形式,从而形成一种新的严格的批判维度。唯有如此,历史唯物主义才能合乎时代要求而始终具有旺盛

---

① 旷三平:《马克思对传统本体论的批判与超越——评黄秋生博士的〈马克思批判理论的逻辑进路〉》,载《南华大学学报(社会科学版)》2013年第6期。

② 王天成:《从人学到形而上学》,载《吉林大学社会科学学报》2013年第1期。

③ 艾四林、刘伟:《马克思对形而上学的扬弃及其实现的人的本质的革命》,载《高校理论战线》2013年第2期。

④ 刘艳菊:《"人的存在"本质与马克思的形而上学思想》,载《社会科学辑刊》2013年第4期。

的理论生命。① 二是关于西方马克思主义历史观研究。郑忆石认为，西方马克思主义虽然没有专门的历史观理论体系，却不乏历史本体论、历史方法论、历史价值论、历史认识论的真知灼见。西方马克思主义的历史观，具有研究基点的多元性、研究视域的微观性、研究指向的学院性、研究路径的文化哲学性等学理特质。② 李志军指出，阿伦特认为马克思在黑格尔的基础上推进了对历史观念的现代理解，但这是一种思考世界的危险方式，其对必然性的揭示最终必将带来对自由和行动的否定。阿伦特准确把握了现代历史意识的基本特征，但她没有认识到马克思唯物史观是立足人的实践活动的历史理论，实践辩证法预示了自由的未来。③

五、辩证法

关于马克思辩证法的批判性研究在哲学研究成果中一直占有很大比重，2013年的研究也是如此。王庆丰指出，马克思对黑格尔辩证法的"颠倒"绝不是简单的翻转和剥离，而是从黑格尔辩证法中转向出来。这一转向，马克思是通过穿越黑格尔哲学的意识形态幻象，"退回"到对象实际的此岸世界——以资本主义生产方式为标志的现代社会——而实现的。沿着这一理论路径，马克思破除了黑格尔辩证法的"神秘化"，最终确立了"合理形态"的辩证法。④ 此外，王庆丰指出，在批判的方法上，马克思主张"在批判旧世界中发现新世界"，这是一种后形而上学的批判方式；在批判的道路上，马克思认为应当"对现存的一切进行

---

① 刘怀玉、章慕荣：《论历史唯物主义的两种"历史"概念与意蕴》，载《南京社会科学》2013年第11期。
② 郑忆石：《西方马克思主义历史观学理特质探析》，载《四川大学学报（哲学社会科学版）》2013年第2期。
③ 李志军：《现代历史意识与唯物史观——兼论阿伦特的历史观》，载《理论月刊》2013年第4期。
④ 王庆丰：《重思马克思对黑格尔辩证法的"颠倒"》，载《天津社会科学》2013年第5期。

无情的批判"，这使得辩证法的批判本性具有了现实性和力量；在批判的旨趣上，马克思批判的辩证法试图转化为一种物质力量，推翻"一切被奴役的关系"。马克思辩证法的批判本质正是方法、道路和旨趣的三者统一。① 李淑梅指出，马克思对黑格尔辩证法的批判与其扬弃异化劳动的观点密切联系，具有明确的社会政治取向。他考察了黑格尔的《精神现象学》，阐明黑格尔的辩证法是本质和现象的颠倒，并未触及异化劳动的经验事实，但其在神秘的形式下包含着人的异化的因素。马克思从现实的感性实践出发，建立了以扬弃人的异化为指向的辩证法。② 葛宇宁提出，马克思辩证法的批判本性是建立在人的生存实践本性之上的，人具有不断否定自我、超越自我的生存性。由于中国特殊的文化传统和所处的发展阶段，我们面临着"人的依赖关系"和"物的依赖的关系"的双重束缚，因此马克思辩证法在我们时代的课题就是对这种"人的依赖关系"和"物的依赖关系"进行双重批判，为我们的自由和尊严立论。③

此外，学者们还从其他角度深化对辩证法的认识。田明指出，辩证法的主旨是通过批判和超越逐步趋向真理，超越的动力不在内容之中，而在形式之中，因此，超越当下局限性的根本是对偏见的超越。考察辩证法的情感维度需要将偏见作为研究对象，以求在情感机制中寻求消灭偏见的手段。④ 郭忠义、贺长余指出，辩证法不是一成不变的思想形式，而是随着以人的实践活动为内容的时代精神的变迁而改变自己的存在范式。从黑格尔始的辩证法的辩证本性决定了自身可生成"肯定性"和"否定性"的两大范式，马克思的辩证法实现了由黑格尔肯定性辩证法

---

① 王庆丰：《如何理解马克思辩证法的"批判"本质》，载《江西社会科学》2013年第10期。

② 李淑梅：《马克思批判黑格尔辩证法的社会政治取向》，载《厦门大学学报（哲学社会科学版）》2013年第4期。

③ 葛宇宁：《试析马克思辩证法的批判本性及其时代课题》，载《理论月刊》2013年第9期。

④ 田明：《真理的目的性与辩证法的感性维度》，载《南京大学学报（哲学·人文科学·社会科学）》2013年第2期。

范式向否定性辩证法范式的转向，列宁和毛泽东则实现了否定性辩证法范式的完成。肯定性范式的辩证法成为中国特色社会主义理论与中国奇迹创生的方法论基石。① 赵江飞指出，恩格斯关于辩证法有两个基本命题，然而，往往被人们忽视的第二命题集中体现了恩格斯对于辩证法的理解。从第二命题出发，可以发现恩格斯认为辩证法是一种符合哲学本性的理论思维。"自然辩证法"应理解为一种适合自然科学领域中从事理论研究的辩证思维，同时这种理论思维可以终结自然科学领域中的形而上学思维方式。② 付文忠指出，关于马克思的辩证法形态英美学者做了许多阐释，其中影响比较大的有三种：体系辩证法、历史辩证法与自由辩证法。英美学者对马克思视域中辩证法的解读涉及的其实是辩证法的三个方面，这三种形态的统一体现了马克思辩证法的当代价值。把这三种解释看成是马克思辩证法的三个维度，不但可以纠正"马克思对黑格尔辩证法的改造一次完成"的流行看法，而且也能够深化对马克思辩证法构成形态的认识。③ 辛爱梅指出，马克思将其辩证法称为"合理形态辩证法"，这种辩证法是以新世界观、新方法论和思想史新成果的三重身份而出场的。把握这三重意义的各自内蕴与整体统一，是推进马克思主义辩证法研究的应有课题。④

六、实践观

2013 年我国实践观研究主题大体可以概括为对实践观理论研究和对实践观应用研究两大方面。

---

① 郭忠义、贺长余：《论辩证法的范式变迁》，载《社会科学》2013 年第 2 期。
② 赵江飞：《如何理解"自然辩证法"？——从恩格斯关于辩证法的两个基本命题出发》，载《求实》2013 年第 4 期。
③ 付文忠：《马克思辩证法的三个维度——英美马克思主义学者关于辩证法形态争论的启示》，载《学术月刊》2013 年第 3 期。
④ 辛爱梅：《马克思"合理形态辩证法"的三重意义》，载《思想理论教育导刊》2013 年第 8 期。

学者们从实践理论的伦理内涵、社会批判内涵、实践的特质以及马克思实践观的相关著作出发,对马克思主义实践理论自身进行了深入研究:第一,关于实践理论的伦理内涵。尹树广、韦庭学指出,马克思在阐述实践唯物主义和未来社会人的关系时,在哲学伦理学意义上赋予了这些概念以新的道德和伦理涵义,而且他拓展了亚里士多德的实践概念,使其能在解释现代社会劳动的基础上,阐释人的自由和伦理关系,为他对资本主义社会的批判奠定了基础。① 第二,关于实践理论的社会批判内涵。杨晗旭指出,实践观作为马克思主义哲学首要和基本的观点,蕴含了对资本主义社会的深刻批判。马克思首先借鉴了人本主义对人的本质的理解,确立了实践哲学关于人的现实本质及其生成过程,又通过异化劳动论证了资本主义制度对人现实本质的否定。实践哲学是马克思剖析和批判资本主义制度,建立科学社会主义理论的理论出发点,但实践哲学的这一重要内涵却长期遭到忽视。② 第三,关于实践观的特质。赵民提出,马克思哲学中的实践的根本性质是指实践的总体性和基础性,这种实践与人是统一和协调的关系,我们应当实现实践基础上的自然维度和社会维度的统一,马克思哲学中的实践观首先是具有本体论意义的,其次是具有认识论意义的,最后是具有历史哲学的特定意义的。③ 张以明、陈玳指出,马克思主义实践观是具体性的实践观,具体性是马克思主义实践观的特质。马克思主义实践观的具体性特质表现在三个维度,它们是具体性的价值维度、具体性的历史性维度和具体性的存在维度。④ 第四,从相关著作看马克思实践观的嬗变。刘明侠、赵华朋指出,《1844年经济学哲学手稿》和《神圣家族》是马克思恩格斯创立新世界观过程中的两部早期重要著作,其通过对青年黑格尔派的自我

---

① 尹树广、韦庭学:《马克思的实践伦理思想与正义》,载《马克思主义与现实》2013年第6期。
② 杨晗旭《论马克思实践哲学的社会批判内涵》,载《求实》2013年第2期。
③ 赵民:《如何深入理解马克思哲学中的实践观》,载《甘肃社会科学》2013年第3期。
④ 张以明、陈玳:《具体性的综合体:马克思主义实践观的特质》,载《湖北社会科学》2013年第11期。

意识学说和唯心史观的批判,为制定完整的新的世界观扫清了道路。作为马克思主义实践观发展中的过渡之作,从《1844年经济学哲学手稿》、《神圣家族》到《关于费尔巴哈的提纲》,马克思形成了其辩证的实践观,完成了哲学思想上的历史性飞跃。①

  学者们从多角度关注了实践观的应用研究:第一,关于实践智慧的演进逻辑,如陆杰荣、牛小侠指出,马克思哲学实践智慧具有两个向度,即现实向度与理论批判向度。这两个向度规定了实践智慧既指向现实又超越现实的性质。② 第二,关于理论与实践关系多用途性在中国早期的体现,如王南湜指出,理论与生活实践的关系的多维度或多层次性,特别是一种理论的异质的多用途性,在马克思主义在中国的早期传播和发展,即从李大钊到瞿秋白、李达、艾思奇,再到延安时期毛泽东的这一历史过程中,有着极富戏剧性的体现。③ 第三,关于实践观的当代性,如孙婧、王鹤岩、王勇指出,马克思实践观批判地继承了西方哲学史上思想家的实践思想,把实践视为哲学的最根本原则,改变了哲学理论的传统性质和方式。马克思实践观从文化视角反思实践,为人类的生存和历史运行提供更深刻的解释,蕴含着人的超越性和生存维度,对于我们解决现代人类实践困境和中国特色社会主义实践具有重要意义。④ 第四,关于实践观的教育意义,如梅荣政提出,当代中国,强调马克思主义实践观教育有很强的现实针对性。在马克思主义实践观教育中,要紧紧抓住坚持和发展中国特色社会主义这个总问题、这个根本。为此要认真组织学习马克思主义,深入实际、调查研究,紧紧依靠人民群众,

---

  ① 席捷、刘明侠、赵华朋:《马克思实践观的嬗变和自我超越——从〈手稿〉〈神圣家族〉到〈提纲〉的实践观发展轨迹》,载《理论导刊》2013年第1期。
  ② 陆杰荣、牛小侠:《实践智慧演进逻辑的当代审视》,载《河北学刊》2013年第1期。
  ③ 王南湜:《理论与实践的多重关系或理论的多重用途析论——一个基于马克思主义哲学在中国早期发展历程的考察》,载《马克思主义与现实》2013年第1期。
  ④ 孙婧、王鹤岩、王勇:《马克思实践观及其当代性探析》,载《学术交流》2013年第3期。

重视对错误思潮的科学评析。①

更多的学者则是仅仅抓住当前建设生态文明、实现中国梦等热点问题，提出了许多建设性的意见。例如，孙民指出，马克思主义实践观，不仅具有当下的现实性，而且还寄寓着超越当下的理想性，马克思主义实践观开创的新文明，在当代中国体现在以国家富强、民族振兴、人民幸福为宗旨的中国梦之中，它内在地包含马克思主义与中国道路的辩证统一。②熊进指出，马克思主义实践观通常会内化为人们社会生活实践的现实方式，直接引导、支配着人们的社会实践。运用这种变革了的新思维方式来理解把握和践行实现"中国梦"，将导致我们能够形成和巩固对于它的本质内涵、依靠力量及实现途径等的新认识。③关春玲指出，运用马克思的实践解释原则全面分析资本主义生产方式固有的生态破坏性质，有助于我们深入认识当代生态危机的实质和根源，进而促使我们反观西方生态哲学道德实践观的意识形态局限，并阐明生态友好型经济制度是生态保护意识普及所必要的社会背景支持。④

七、"中国道路"问题

"中国道路"体现了马克思主义理论与中国实际的统一，因此实现马克思主义哲学中国化是"中国道路"构筑和建设的保障。对"中国道路"问题的研究是2013年学术热点问题，可以概括为以下几个方面：

第一，"中国道路"的哲学反思。曹典顺指出，从本体论的视角看，"社会主义"贯穿"中国道路"的始终，是具有"本体意蕴"的社会存在。从认识论的视角看，"中国道路"具有"主体意蕴"，是中国人民的

---

① 梅荣政：《突出马克思主义实践观教育：抓住根本把握关键》，载《毛泽东邓小平理论研究》2013年第5期。

② 孙民：《中国道路与马克思主义实践观——兼论中国梦的思想境界》，载《湖北社会科学》2013年第7期。

③ 熊进：《马克思主义实践观视阈中的"中国梦"》，载《理论月刊》2013年第8期。

④ 关春玲：《生态哲学的重生：论马克思实践观的生态哲学意义》，载《复旦学报（社会科学版）》2013年第5期。

"道路自觉"。从价值论的角度看,"社会主义核心价值"是"中国道路"的价值自觉,即"中国道路"具有"价值意蕴"。① 此外,他还提出,中国道路哲学研究的"元问题"首先就是核心概念的辨析。"中国特色"、"价值共识"与"中国价值",不仅是其中最为核心的重要概念,也是最充满歧义和质疑的理论困难。② 王立胜指出,毛泽东在探索适合中国国情的社会主义建设道路的过程中,反复强调要从哲学的高度把握"建设社会主义的规律",并论证了认知和把握这一规律的方法——规律认知过程论,形成了"中国建设的哲学";同时,毛泽东基于社会主义建设的新实践、新经验,提出要改造哲学体系,建构揭示"中国建设的逻辑"的认识论哲学,以适应新的实践发展的需要。这样,毛泽东从探讨"中国建设的哲学"逻辑地转化为研究"中国哲学的建设"。③ 马拥军指出,马克思主义哲学具有时代性。中国特色社会主义道路的开辟标志着一个新时代的开始。进入过剩经济年代的马克思主义哲学是一种作为"非哲学"的哲学,即生活哲学。它必然超越作为知识论世界观的辩证唯物主义和历史唯物主义体系,把作为情感论世界观的无神论和作为意志论世界观的实践科学作为两个有机环节纳入自身,从而指导人们以对象性价值观为引领,追求人类幸福和个性自由,形成以全面发展和自由发展为目标的共产主义人生观。④ 郭晓玲、李培挺指出,中国道路历史变迁与突破的关键点在于突破了意识形态的束缚。改革开放确立了"有中国特色的社会主义"道路,实现了里程碑式的突破,源于中国共产党人在指导思想上有了重大改变,坚持解放思想,实事求是,与时俱进。从这个意义上说,道路的选择是一种意识形态的突破。⑤

---

① 曹典顺:《"中国道路"的哲学意蕴》,载《马克思主义与现实》2013年第6期。
② 曹典顺:《"中国道路"哲学研究的核心概念之辨》,载《理论探讨》2013年第5期。
③ 王立胜:《建设的哲学与哲学的建设——毛泽东对社会主义建设道路探索的哲学思考》,载《东岳论丛》2013年第9期。
④ 马拥军:《中国道路与马克思主义哲学体系的创新》,载《江西社会科学》2013年第8期。
⑤ 郭晓玲、李培挺:《中国道路选择的意识形态分析》,载《山东社会科学》2013年第9期。

第二,"中国道路"的价值研究。陈学明指出,中国道路增强了人类文明的物质基础、彰显了人类文明发展的多样性、开辟了和平发展的人类文明新路、为人类文明破解难题提供了借鉴。① 张幼文指出,中国道路既是对中国已经取得的成功经验的总结,也是对未来将坚持的发展理念与方向的定位。中国道路以其体制构建的国家特征、发展进程的国际联系及其崛起方式的世界影响等多个方面,体现着广泛而深刻的国际政治经济内涵。② 王庆丰提出,中国特色的社会主义就是要寻求一条超越"资本的文明"的道路。从精神—文化建制的视角来看,当代中国需要建立一种民族精神和时代精神相统一的客观精神;从政治—法律建制的视角来看,当代中国应当建构一种控制和驾驭资本逻辑的政治与法治体制。只有从这两条路径同时出发,建设有中国特色的社会主义道路才成为可能。③ 刘爱武指出,坚定道路自信,体现了中国共产党坚持中国特色社会主义道路的决心,展现出科学把握中国特色社会主义发展规律的信心,也是对国际社会质疑中国道路的有效回应。④ 陈锡喜指出,中国革命和建设道路的开辟,既非根据"社会主义"概念作理论演绎或设计的结果,也非所谓仅是中国传统文化中的"实用理性"的产物,而是理论与实践互动的选择结果。中国特色社会主义道路选择的意义,并非是证明"中国模式"的普遍价值,而是证明了人类文明发展道路特别是现代化道路的多样性。只有通过马克思主义的理论自觉不断丰富中国特色社会主义道路的理论特色,才能增强道路自信,提升与当代世界不同文明对话的话语权。⑤ 辛鸣指出,中国道路是中国共产党把马克思主义

---

① 陈学明:《论中国道路对人类文明的历史性贡献》,载《上海师范大学学报(哲学社会科学版)》2013年第3期。

② 张幼文:《中国道路的国际内涵——体制创新、开放特征及其世界影响》,载《毛泽东邓小平理论研究》2013年第1期。

③ 王庆丰:《超越"资本的文明":"后改革开放时代"的中国道路》,载《社会科学辑刊》2013年第1期。

④ 刘爱武:《国际社会对中国道路的质疑与坚定道路自信》,载《山东社会科学》2013年第3期。

⑤ 陈锡喜:《中国道路的选择、意义与自信》,载《江西社会科学》2013年第2期。

基本原理同中国实际和时代特征结合起来走出的新路。中国特色社会主义道路是中国道路在当代的集中体现。中国道路不但具有深厚的历史渊源和广泛的现实基础,更具有深刻的时代必然性和广阔的发展前景,是一条实现中华民族伟大复兴的自强之路、共赢之路、创新之路。① 陈晋认为,中国道路是围绕什么是社会主义,怎样建设社会主义这个根本问题,在理论和实践中形成和发展起来的中国特色社会主义道路。走好中国道路,既要在认识和实践中树立自信,知道哪些路不能走,也要在改革开放中直面现实,处理好渐进和突破、顶层设计和摸着石头过河的关系。中国道路承载着中国梦前进,中国梦的形态是现代化,灵魂是社会主义,主体是民族复。② 方芳认为,中国道路的特色性与世界性是相互依存的,特色性由世界性所统摄,世界性寓于特色性之中。特色性和世界性的有机统一是中国道路的本质特征。③ 邹诗鹏指出,当下中国道路应把握三重逻辑。第一重逻辑是"主义"的逻辑。第二重逻辑是"建设"的逻辑。第三重逻辑是"文明"的逻辑。④ 龚培河、姜悠悠指出,在实现民族复兴这一历史必然性过程中,从"只有社会主义才能救中国"到"只有中国特色社会主义才能发展中国",中国道路的历史逻辑就是来自于党和人民对这两次实践必然性的成功承接。⑤

第三,中国道路与中国梦。谢春涛指出,实现中国梦,要走中国道路,要弘扬中国精神,要凝聚中国力量。中国梦和中国道路的发展历程经过了三个阶段:国家独立和民族解放的中国梦,建立工业化和现代化基础的中国梦,建设社会主义现代化的中国梦。⑥ 陈晋提出,中国道路承载着中国梦前进,中国梦的形态是现代化,灵魂是社会主义,主体是

---

① 辛鸣:《中国道路的时代必然性》,载《求是》2013 年第 20 期。
② 陈晋:《关于中国道路的几个认识》,载《党的文献》2013 年第 2 期。
③ 方芳:《中国道路:特色性与世界性的有机统一》,载《求实》2013 年第 7 期。
④ 邹诗鹏:《当下中国道路的三重逻辑》,载《探索与争鸣》2013 年第 12 期。
⑤ 龚培河、姜悠悠:《历史必然性的实现方式与中国道路的历史逻辑》,载《中国特色社会主义研究》2013 年第 5 期。
⑥ 谢春涛:《实现中国梦与坚持中国道路》,载《山东社会科学》2013 年第 6 期。

民族复兴。走"中国路",圆"中国梦",是当代中国最耀眼的时代主题。① 孙民指出,马克思主义实践观开创的新文明,在当代中国体现在以国家富强、民族振兴、人民幸福为宗旨的中国梦之中,它内在地包含马克思主义与中国道路的辩证统一。② 周昭成指出,近代以来,中华民族对发展道路的探索和对梦想的追逐始终密切相连,中国共产党开辟中国道路的过程,也是不断追逐和实现中国梦的过程。历史和现实证明,中国道路引领了当代中国的发展和进步,是实现中国梦的根本途径。③ 李培挺指出,中国梦与中国道路的探讨密切关联。基于意识形态视角的历史分析是探讨中国道路的合宜视角。中国人在中国梦的探索中,最终在中国特色社会主义道路上有了里程碑式的成果,这使中国道路的意识形态困境得以突破。④

从上述已经取得的研究成果分析,2013年学界对于原理范式的研究取得了较为丰硕的成果,尤其在结合当代热点议题、反思现实问题、理论指导实践等方面都取得了可喜的进展。但是仍然存在一些问题臻待解决。其中,原理范式研究中的创新意识还需要加强,对原理范式几大领域的研究缺乏历史的挖掘,此外,缺少对原理范式中一些重点概念、思想的系统性研究,这些问题都在一定意义上限值了原理范式的发展。

(作者郑萌萌系江苏师范大学当代中国马克思主义哲学研究范式创新研究中心研究人员,讲师,法学博士,研究方向:思想政治教育、政治文化传播学)

---

① 陈晋:《走中国道路圆中国梦想》,载《新疆师范大学学报(哲学社会科学版)》2013年第4期。

② 孙民:《中国道路与马克思主义实践观——兼论中国梦的思想境界》,载《湖北社会科学》2013年第7期。

③ 周昭成:《试论中国道路与"中国梦"的有机统一》,载《社会主义研究》2013年第5期。

④ 李培挺:《中国道路与中国梦——基于意识形态变迁的视角》,载《云南社会科学》2013年第5期。

马克思主义哲学出场学范式的发展逻辑

张天勇

[摘 要] 致力于马克思主义哲学由"当年"走向"当代"的出场学范式，走过了从范式反思到范式自觉、从宏观理路的谋划到微观要素的建构、从范式建构到范式运用的发展历程；在此历程中，该范式批判吸收了其他范式的优势并克服了其短板和不足，相较其他范式具有更强的解释力和创造力；出场是由出场语境、出场路径和出场形态等构成的动态过程，这一动态过程充分展现了出场学范式"与时俱进"的范式品格，这一品格与马克思主义哲学"与时俱进"的理论品质内在共生，也正因此，该范式成为马克思主义哲学创新发展的主流范式。

[关键词] 马克思主义哲学；出场学范式；范式自觉；范式品格

马克思主义哲学出场学范式自2001年初步提出①，特别是自2003年首次较为系统阐发以来的十余年间②，实现了从范式反思到范式自觉、宏观理路到微观建构、范式建构到范式应用的发展过程，已成为特色鲜明、具有深刻解释力和创造力的研究范式，在整体推进马克思主义哲学理论与时俱进和重点领域的创新突破方面正发挥着其独特优势。

---

① 任平在2001年昆山召开"长江三角洲第二届马克思哲学论坛"上作的《马克思主义当代出场路径探索》的大会发言中，首次提出了马克思主义出场学问题。

② 在2003年1月江苏人民出版社出版的《当代视野中的马克思》中，任平教授首次较为系统地阐述了马克思主义出场路径理论。

一、从"范式反思"到"范式自觉"：
马克思主义哲学出场学范式的出场逻辑

以"无情地批判和无限地指向未来"（德里达语）为灵魂的马克思主义，如何反应、解答改革开放以来的生动实践，是马克思主义，特别是作为时代精神的马克思主义哲学的时代使命，也是其得以生发的肥沃土壤。对中国改革开放社会实践迅速做出反应的是教科书领域，形成了马克思主义哲学研究和发展的重要范式——"教科书范式"。这是20世纪80年代起步最早、成效最为显著的研究范式，该范式在系统地传播马克思主义哲学的新观点、新见解、新运用方面起到了不可替代的历史作用，时至今日，教科书范式仍然是马克思主义哲学研究的一个重要范式，并深刻地影响了我国几代人。

教科书范式依对马克思主义核心基点理解和教科书构筑的逻辑差异分为几种不同的类型。一是从"物质本体论"出发的"辩证唯物主义"（以肖前的《辩证唯物主义》第1、2版为代表）、"历史唯物主义"（以肖前的《历史唯物主义》第1、2版和赵光武的《历史唯物主义原理》等为代表）和"辩证唯物主义与历史唯物主义"（李秀林的《辩证唯物主义和历史唯物主义》第1、2、3、4版为代表），"辩证唯物主义"、"历史唯物主义"和"辩证唯物主义与历史唯物主义"在反映时代和最新学术研究成果方面虽有所差异，特别是李秀林的《辩证唯物主义和历史唯物主义》第4版力图强化实践的观点是马克思主义哲学首要的和基本的观点，是马克思主义哲学理论体系的基础等，但从本质上仍然都是从物质本体论出发来构筑的，从本质框架上都没有突破艾思奇《辩证唯物主义历史唯物主义》的传统教科书框架。其二是以实践为基点的"实践唯物主义"（以辛敬良的《马克思主义哲学导论——实践唯物主义》为代表），其把实践提升到本体论的高度，认为传统教科书范式中的物质与精神两极对立的叙事框架和表述方式，无法体现马克思主义哲学在哲学史上的革命性变革意义。只有把实践提高到本体论高度的实践唯物主义才能体现马克思主义哲学对传统哲学的超越。三是从"主客统一"认识论出发的"实践哲学"（以高清海的《马克思主义哲学基础》为代表），实践哲学认为马克思对传统哲学的革命性变革不在世界观，而在于哲学的思维方式，马克思主义哲学是超越唯物和唯心之上的主客统一的实践思维方式。

但是无论哪种教科书范式都存在着明显的缺陷：易于"非历史"地对待各个不同历史时期产生的马克思主义经典文本和思想，易于造成对"原理"的僵化理解。而要"历史"地对待马克思主义，克服教科书范式的弊端，关键是要根据马克思主义不同阶段产生的"原初"语境把握马克思理论，同时立足当下的语境和语境的转换推进马克思主义，使马克思主义在当代重新出场。

针对教科书研究范式的缺陷，文本文献学研究范式兴起，这一范式是为了从历史发生的角度看待马克思主义经典文本思想的发展，主张"回到马克思的学者"批判以往教科书的"非法（非历史）"引用文本的方法，主张从历史发生的角度，以文本学与文献学的范式去重新解读马克思的文本，进而重新理解马克思哲学的本真意义。[①] 坚持该类范式的学者认为，马克思的文本不是"现成在手"而是尚需"重新上手"和"重新打开"；对马克思哲学原初语境的分析是一种渐次展开的"历史现象学"。这一阐释范式借助于当代解释学方法，取得了许多有重要价值的成果。但是，"回到马克思"的原初语境不可能仅仅通过回到马克思的文本考订与解读、仅仅通过文本学—文献学研究来达到。因为马克思的文本思想形态对出场语境与出场路径具有深度的依赖性，因而是历史的出场形态。要科学深刻理解马克思文本思想，必须要穿越文本，深入其背后去把握历史语境、出场路径与文本形态的关联。[②] 也就是说"语境还原"是"文本还原"的发生学基础，要把握马克思文本思想的原初意义，仅仅回到文本还是不够的，要回到文本产生的语境。

---

① 参见张一兵：《回到马克思》，南京：江苏人民出版社1999年版，第5—6页。
② 任平：《论马克思主义哲学研究的出场学视域》，载《中国社会科学》2008年第4期。

马克思主义研究的"对话范式"认为,马克思主义是吸收以往一些优秀思想的结晶,是人类文明史上的一座丰碑,开放性是其最鲜明的特征,要保持其活力彰显马克思主义的时代性与在场性并继续站在文明发展的潮头,就需要通过与当代西方马克思主义等一系列思想展开对话,就要批判地汲取一切优秀思想成果。对话范式是马克思主义"当代化"与"中国化"的重要途径,其理论旨趣并不是把马克思主义哲学作为理论考古对象或是用于解答现实问题的资料库,也不是立足于价值中立原则进行纯粹的马克思文本文献的考据。对话的目标之一是将马克思"带入"当下,其背后的逻辑不是回到马克思,而是让马克思走进当代,当代化是对话要达到的目标。因此,对话范式所关注的并不仅仅是马克思说了什么,而更关注马克思主义在当代的生命力。对话范式更不是用多元话语简单地"座架"支援马克思主义哲学,而是通过批判、反思、吸收来丰富与发展马克思思想。然而,"对话不能仅仅限于文本层面、理论层面的对话,而是需要历史的底板、时代的基础和实践的尺度。离开这些基础的对话就会变成抽象法则的较量,也就失去了时代真理的标准。"① 任何对话都不是单一的问答或个体独白,平息争议的标准不是对话的某一方,而是对话所面对的实践本身。因此,当下国内马克思主义哲学在各种差异思想中展开的对话,只有围绕时代问题与中国社会实践才会更有意义。离开了实践底板/现实语境的对话只能成为自说自话的空谈。

马克思主义哲学"反思的问题学"研究范式,就是通过反思和解答社会实践深刻变革所带来的重大问题,推进马克思主义哲学研究。抓住时代问题,以"问题反思"为中心的"问题反思学"的研究范式主要涉及两个基本层面的相互关系:一是"问题中的哲学",就是将时代实践问题转换为哲学问题,即实践问题的哲学抽象;"问题反思学"第一个环节就是把握中国问题,"中国问题"应该是影响当代中国社会发展与中国人生活的根本性问题。而问题的时代性是其显著的特点。马克思曾

---

① 任平:《论马克思主义哲学研究的出场学视域》,载《中国社会科学》2008年第4期。

认为:"问题就是公开的、无畏的、左右一切个人的时代声音。问题是时代的格言,是表现时代自己内心状态的最实际的呼声。"① 近年来,中国道路、文化自觉、社会公正、政治现代性等实践中的重大问题都上升为了哲学问题。二是"哲学中的问题",也就是考察哲学的问题意识,看哲学如何反映、把握时代问题,并在哲学中加以解答,即实践问题的哲学解答。并不是所有"问题中的哲学"都能达到对整个哲学范式的变革程度,只有那些反映一个时代的、整体的问题群,才能成为研究范式的"格式塔转换"的触发点,外在的反思无法触及事物的本质性环节,内在的(哲学的)反思才能用本质性向度照亮事物的时代本质经纬,意即"问题中的哲学"只有达到"哲学中的问题",反思的问题学才能实现其"走进"当代的目标。"问题中的哲学"与"哲学中的问题","两者的结合,实际上就是时代实践与哲学与时俱进的关系,本质上就是如何从(变迁的)历史语境出发去看待问题与哲学的关系。该范式抓住了哲学的时代性、问题性,但该范式同样需要从时代的重大实践即理论产生的语境才能做出深刻的哲学反思"。②

这些范式是我国理论工作者创新发展马克思主义的积极探索,客观上也促进了马克思主义繁荣发展。但也都面临着如上所说得的诸多困境,这些困境表明:原有范式的逻辑框架遇到了无法解答的难题,也预示着新范式出场的必然性。出场学范式正是在对传统研究范式反思的基础上建立起来的,范式反思是新范式建立的一个重要维度。需要指出的是,任何一个范式的产生都不是单方面的原因,除了对原有范式的反思之外,出场学范式的出场还有一个重要维度,即出场学提出者一直强调的这是一个"脱节的时代",即时代发生了深刻的变革,这是时代底板或曰实践底板,这是出场学范式产生的出场语境。出场学认为任何理论形态的出场都离不开出场语境,正是因为这是个"脱节的时代",时代发生了深刻变革,所以马克思主义哲学理论才需要(重新)出场,才需

---

① 《马克思恩格斯全集》第1卷,北京:人民出版社1995年版,第219—220页。
② 任平:《论马克思主义哲学研究的出场学视域》,载《中国社会科学》2008年第4期。

要由"当年"走向"当代",如果没有时代变革这一基本指认大前提,那么理论需要就不再是出场而是捍卫。

范式革命是更根本和深刻的革命,范式反思的过程也是对新范式自觉化的过程。出场学范式在创新发展马克思主义的过程中逐渐建立和完善起来,反之,该范式的提出和完善在一定程度上克服了原有范式的弊端,展示了强大的解释力、生命力和创造力,其优越性主要体现在以下三点:

其一,马克思主义哲学出场学范式是对其他哲学范式的扬弃。如它在吸收文本文献学研究范式要整体把握马克思思想反对对马克思主义"非历史"地截取的同时,要求研究文本背后的历史语境和出场路径;在吸收对话范式和反思的问题学范式强调马克思主义哲学的当代性价值同时,坚持把马克思的思想始终作为时代精神的精华和文明活的灵魂,并不是其思想的本然性使然,恰好相反,马克思主义哲学出场的时代性来自于历史的魅力,来自于崇尚实践的与时俱进的创新力和反思性。吸收原有范式的积极因素和环节是新范式发展的重要途径,通过发展努力克服其弊端。其二,出场学范式能够解释其他哲学范式中存在的主要反常事实,进而超越旧模式的狭隘眼界,具有较原范式更强的解释力。文本解释学存在一系列难以克服的困境:怎样评判马克思恩格斯的各种文献和文本样式的意义和价值?怎样看待马克思恩格斯文本意义形态与思想本真意义的关系?如何评价其思想出场的流动性和变动性与文本意义的关系?哪些代表他们的真实思想?标准是什么?等等。出场学认为,对当年马克思思想的出场不能仅满足于文本意义的解释,更不能将文本意义和形态固定化,将之等同于原版的马克思主义哲学;而要深度挖掘文本背后的历史语境,从文本针对的历史问题、从其出场路径去探索文本意义的源泉,将文本形态和意义形态看做一种对历史语境和路径具有深刻依赖性的出场形态。历史语境的变迁,始终是文本意义变迁的现实基础。其三,出场学比其他哲学范式具有更大预见性和解释力。出场学出场语境和出场路径决定出场形态,从而将马克思文本—思想—意义层面的流动性作为历史语境变化的必然产物,从而为理解提供了指向未来的开放向度。马克思主义哲学永远属于指向未来的时代性思想,因此才具有时代性和强大生命力,才可能不断出场。①

不难看出,马克思主义哲学出场学范式的产生是理论工作者自觉追求马克思主义创新路径的结果,其发生发展有深刻的历史和理论逻辑,时代的深刻变革为新范式的产生提供了现实的底板和必然的要求,深刻变化时代需要理论创新,理论创新依托创新的范式;对原有范式的反思并吸收其优势并克服其不足是构建具有更强解释力和创造力新范式的关键,当然,这还只是指导建构的"一般原则",要真正建构起来,还需要宏观理路的谋划和微观结构的建设。

二、从宏观理路到微观建构:
马克思主义哲学出场学范式的体系构建

任何一种研究范式,都是由其鲜明宗旨、基本原则以及一系列范畴所组成的有机系统,都是经过长久的推敲、探微、反复验证和不断修正而日臻完善的,"出场学范式"提出和发展也是如此。从宏观理路上说,马克思主义哲学出场学范式坚持一个根本宗旨即与时俱进是马克思主义的理论品质;一个根本指认即与支撑马克思理论产生的时代相比,当今的时代发生了深刻变革;两条主线即马克思思想赖以出场的历史语境的时代变化和就是从"当年"到"当代"马克思主义出场视域、形态、思想、理论的变化;一个根本方法论即出场学循环。从微观机构上讲主要是一系列范畴的确立和阐发。

马克思主义哲学革命的意义在于"推翻了一切关于最终的绝对真理和与之相应的绝对的人类状态的观念"②,与时俱进是马克思主义的理论品质,立足深刻变迁的时代实践推进马克思主义创新发展是理论工作者的使命,出场学范式正是为了承担这一理论使命而产生的,没有与时

---

① 任平:《论马克思主义哲学研究的出场学视域》,载《中国社会科学》2008 年第 4 期。
② 《马克思恩格斯选集》第 4 卷,北京:人民出版社 1995 年版,第 217 页。

俱进的理论追求,也就根本不存在理论出场,当然也就不会产生出场学范式。

与经典马克思主义理论产生的时代相比,当代社会发生了深刻的变革,这一基本确认是出场学范式发生发展的基础。只有在时代发生深刻变革的基础上,与时俱进的马克思主义哲学需要重新出场才是真命题。正因如此,在出场学范式产生的过程中,对于社会深刻变革这一点,出场学范式的提出者任平教授才大动笔墨,进行了极其详尽和深刻的论证。在其《新全球化时代与21世纪马克思主义哲学的走向——再论走向交往实践的唯物主义》(《哲学研究》2000年第12期)、《新全球化历史语境与马克思主义哲学三大创新路径》(《江海学刊》2003年第1期)、《新全球化时代与马克思主义哲学:挑战和应答》(《江苏社会科学》2002年第2期)、《新全球化时代的马克思主义:问题、视界与前景——再论走向交往实践的唯物主义》(《苏州大学学报》2000年第2期)、《新全球化时代与21世纪公共哲学》(《江海学刊》1999年第3期)、《在新全球化语境中引领文明对话和思想撞击》(《江海学刊》2004年第1期)、《知识经济生产方式、交往实践观与新全球化时代》(《教学与研究》2001年第4期)、《新全球化时代、交往实践观与21世纪哲学走向——再论走向交往实践的唯物主义》(《求是学刊》1999年第6期)、《新全球化与21世纪中国社会发展论纲》(《华东理工大学学报》2003年第2期)、《新全球化时代的政治学范式:交往实践共同体》(《学术研究》2001年第9期)等文章和一系列的学术大会中详细深刻地阐述了新全球化时代理论以及新旧全球化的五大区别(其一,两者的产业轴心不同;其二,两者结构构成内涵不同;其三,全球化时代的内在张力发生重大转换;其四,全球化的控制方式发生重大转换;其五,全球化的思维方式发生重大转变)。与马克思所在的旧全球化时代相比,他认为今天是个新全球化时代,新全球化时代是其对这个时代最根本最整体性的指认,这一指认构成了其马克思主义哲学出场的基石。

马克思主义哲学出场学范式,有两条主线,其一是从马克思思想赖以出场的历史语境变化分析入手。它包括:马克思思想出场的"原初语境";马克思主义当代出场的新语境;从历史语境到当代语境的变化和"历史间距",以及这一间距对马克思主义出场形态提出的要求,等等。其二是从"当年"到"当代"马克思主义出场视域、形态、思想、理论的变化。两者之间出现"历史间距",就是历史语境、出场路径在马克思主义出场视域上的变化。"当年"与"当代"马克思主义构成的两大模块,与历史语境变化的两大模块的相互对应性,就成为"与时俱进"的出场学视域。正是在这一经纬线上,无论是"原版马克思"还是"当代马克思主义",都是历史时代的产物,都不应当被重新僵化地理解。①

出场学循环是"出场"与"差异"构成的一对矛盾,其矛盾运动是理论不断出场的内在动力和根本机制。"出场"与"差异"是出场学研究范式中的两个核心要素,两者之间存在着两个对应的阐释循环:"出场"与"在场"的循环;"同一"与"差异"的循环。"出场"与"在场"之间存在着内在的循环。首先,"出场"是为了"在场"。"在场"的想象与愿景推动着"出场者"的"出场"。"在世之梦"既成为"出场"的目的,又是"出场"的动力。因此,要理解"出场",必须要理解出场"所为"的目的,即"可能的在场"本身。在场的可能性引导、推动、召唤着出场者的出场,使出场变成一个朝向在场转变的谋划行动。其次,出场是生产,在场是结果,两者是相互规定、关联阐明的,共同构成一个相对完整的出场学结构。"出场"与"在场"也相互对立。出场与在场相互对立、相互否定,彼此都是任何一方不能脱离的"他者"。"出场"与"在场"的循环也是哲学自我反思之镜。一切形而上学之梦幻就是企求过去、现在、将来一劳永逸地"永恒在场",但总是不断地被解构而重新出场。(在场的)同一与(出场的)差异是相互循环的。在场的同一形成了存在状态的持续性与稳定性,形成了差异的出场赖以行动的前提条件。差异对同一的否定,是一个"间接性范畴",必须首先理解在场的同一,才能深刻理解出场的差异本身。反之亦然,

---

① 任平:《走向出场学视域的马克思主义哲学研究:创新路径与未来趋势》,载《学术月刊》2008年第9期。

要理解、选择和设计在场的同一,必须要深刻理解出场带来的差异,在差异中坚守同一,在否定中保持肯定,在多元化中守护一元,这是在场的阐释逻辑与行动逻辑。同一与差异,不仅相互区别,相互对应,而且相互循环。两个循环成为"出场"辩证法的核心。理解了出场学循环,就真正理解了马克思主义的创新机制。历史地出场与在场、同一与差异的循环构成了马克思主义与时俱进的创新机制。①

从微观结构上讲,出场学范式的微观要素主要包括出场、出场语境、出场路径、出场形态等。

"出场"是对现成在场状态的不断超越,永远是与时俱进地创新,是对出场路径、出场方式与出场形态的时代选择。"出场"与"退场"相对,也不等于"在场"。"退场"是落后与时代的地平线被时代所淘汰的状态,"在场"是既成,一切教条主义则倾向于将马克思主义视为一种超越时空、永恒不变的"现成在场形态",一劳永逸地僵化体系。但是,马克思主义从来就不是一种所谓"在场的形而上学",从来就坚决反对将思想变成教条。马克思主义是随着时代发展和空间语境转换而不断重新出场的。② 出场是思想理论随着时代的发展不断变为在场的过程、行动和谋划。

出场语境是当时的社会实践状态,是一种"改变世界"的实践所构成的历史结构或历史时代,是思想理论的发生学基础,经典马克思主义出场学语境指的就是构成当年马克思思想的发生学基础,也即马克思主义产生的社会实践状态(原初语境),当代马克思主义的出场语境指的是当下社会实践状态(当下语境)。对出场语境的分析,也是对马克思主义出场条件的考察,是对从当年到当代历史条件演变的分析。这里的语境类似于伽达默尔视野里的处境:"处境这一概念的特征正在于:……我们总是处于这种处境中,我们总是发现自己已经处于某

---

① 任平:《论马克思主义"出场学"的两个循环》,载《学术月刊》2008年第9期。
② 任平:《走向出场学视域的马克思主义哲学研究:创新路径与未来趋势》,载《学术月刊》2008年第9期。

个处境里，因而要想阐明这种处境。"①

出场路径顾名思义指的就是马克思主义在出场语境的基础上的出场方式或者出场方法。马克思主义出场路径是"一体两翼"的创新格局。所谓"一体"，就是对重大时代问题的实践反思，这是马克思主义出场的基本路径，什么问题出场，什么问题不出场，先出场还是后出场，隆重出场还是作为配角出场首先是由其所处的时代实践决定的，是对时代实践重大问题的反思，不是"纯"理论的无病呻吟。所谓"两翼"，即对马克思主义经典文本的重新解读及与各种时代思潮的对话。② 马克思主义的出场路径就是立足于时代重大实践问题（把实践问题上升为哲学问题），同时积极开展与马克思主义经典思想和各种时代思潮的对话，围绕"一体"布局"两翼"，通过"两翼"实现"一体"。

出场形态是指理论通过出场语境和出场路径所展现出来的理论形态。马克思文本意义、文本形态、理论形态是出场语境和出场路径的理论表现。无论是经典马克思理论形态还是当代马克思主义理论形态，都不能脱离具体的历史语境（出场语境）。马克思任何阶段的理论形态都是其所在时的出场语境和出场路径中的相对历史形态，而不是超越出场语境和路径的无条件、一劳永逸、一成不变的。我们对文本的解读、对文本意义结构的理解，也不能舍弃语境和路径来孤立地加以研究。

与时俱进的目标定位规定了出场学范式的路径品格和理论目标追求，是统摄整个范式的灵魂；时代变革的根本指认构成了出场学范式合法性的基础，也是理论创新发展的现实起点；两条主线实际上是理论出场的逻辑过程，向神经中枢一样串起各个环节；出场学循环则是理论不断出场的内在机理和内在动力，这个内在机理微观上是由出场、出场语境、出场路径和出场形态等这些核心范畴构成的一个有机体系：

---

① 伽达狱尔：《真理与方法》，洪汉鼎译，上海：上海译文出版社1999年版，第387页。
② 任平：《走向出场学视域的马克思主义哲学研究：创新路径与未来趋势》，载《学术月刊》2008年第9期。

出场语境是前提基础，出场路径是方法手段，出场形态是目标结果，出场则是者三个要要素的动态过程，具体到马克思主义理论的出场学研究即是经典马克思理论依托出场语境的历史转换，通过"一体两翼"的出场路径展现出具有时代特色的理论形态即出场形态，这整个过程的谋划和实现就是出场。正是依靠这样的整体机制才能保证理论的不断出场，才能"无限地指向未来"，出场学范式"与时俱进"的范式品格与马克思主义哲学"与时俱进"的理论品质内在相同共生，也正因此，在推进马克思主义与时俱进方面，出场学范式必然具有更大的张力。

三、从范式建构到范式应用：
马克思主义哲学出场学范式的检验

范式建构和范式运用是个辩证的过程，在范式形成后，虽仍需要在运用中继续修正和完善，但其作为自觉性工具的一面更加突出。出场学范式在整体上探索马克思主义哲学当代出场形态的同时，也正被自觉运用到马克思主义哲学个别理论领域的探索上，甚至"脱域"到马克思主义之外的其他学科领域，与此同时，出场学的话语也在被学界广泛接受和使用。

任平教授立足新旧全球化变迁的时代语境和语境转换，通过"一体两翼"的路径，建构了马克思主义哲学的当代形态——交往实践唯物主义，成为马克思主义当代化的重要理论成果，这一理论创新已被学界所熟知。也正是在这一过程中，出场学范式提出和形成，作为马克思主义哲学理论创新的主流范式，在被运用到马克思主义哲学的整体创新研究同时，也在自觉运用到马克思资本理论、正义理论、城市理论、生产理论的当代出场等马克思主义理论的重点领域的研究上。

马克思资本理论研究一直是近年来研究的重点领域，但对《资本论》的研究大多是"回到"式的重新打开，基本上停留在马克思的资本理论文献挖掘，其当代维度也即马克思的资本理论在今天应以何面目出现鲜有突破。如近年来对《资本论》研究主要涉及其意义及历史定位①，《资本论》及其手稿中马克思从资本的逻辑到身体的逻辑的思想的梳理②，《资本论》的创作过程及马克思写作《资本论》"四卷结构"的过程，"六册结构计划"③，等等。

马克思资本理论的出场学研究，该领域研究成果主要有任平的《资本创新逻辑的当代阐释》（《学习与探索》2013年第3期）、《文化的资本逻辑与资本的文化逻辑：资本创新场景的辩证批判》等。在出场学的视域中，自马克思时代以来，历史已经由旧全球化时代转向新全球化时代，历史场域发生了深刻的变革，资本的主导产业发生了深刻的转换，资本的主导形态从当年马克思面对的工业资本，经过工业资本与银行资本的结合而转向金融资本，进而再转向知识资本和文化资本，扩展为社会资本、"人力资本"、消费品资本等等。从马克思到当代，资本形态不断拓展，不断变革形态，不断再出场。伴随着这一转换也展现着不同的历史场景，在转向知识资本和文化资本的当代形态过程中，也正展现着全新的历史场景：消费成为引导生产的主导因素，人类社会似乎进入了一个由消费主导生产、决定历史发展方向的"消费社会"，引导、激发甚至制造消费需要符号与文化引导，品牌营销使符号和文化成为决定物质生产的因素，因此"符号政治经济学"似乎取代了物质生产的政治经济学；文化似乎不再是一个被物质生产决定的上层建筑因素，正由处在整个链条的末端而作为结果存在的环节变为整个链条的起点，于是，文化产业成了"国民经济的支柱性产业"，成为这一时代的轴心要素等等。资本形态深刻变革使在资本本性支配下的自我创新过程，就是资本的重

---

① 参见孙乐强：《重新理解〈资本论〉的哲学意义及其历史地位》，载《教学与研究》2012年第11期。

② 参见燕连福：《从资本的逻辑到身体的逻辑——对马克思哲学的另一种解读》，载《教学与研究》2012年第10期。

③ 参见张雷声：《唯物史观与〈资本论〉的创作过程》，载《学术界》2012年第3期。王晓红、黄竹：《晚年马克思历史学笔记新探》，载《马克思主义与现实》2012年第5期。

新出场。①

马克思正义理论的出场学研究，该领域研究成果主要有任平的《论差异性社会的正义逻辑》（《江海学刊》2011年第2期）、张天勇的《走进"差异的正义"》（《哲学动态》2009年第12期）、王文东《从差异正义到综合正义——社会主义和谐社会视域下的治理原则探析》（《理论导刊》2010年第4期）等。在出场学视域中，当下中国既非利益完全一致的同质性社会，也非利益对立的异质性社会，而是根本利益一致基础上的局部/部分利益不同的差异性社会，基于这一基本判断，马克思正义理论在当下中国社会发展中应展现为"差异的正义"的正义形态，其主要由"公平"和"差异"两者构成，它们既相互对立、相互矛盾，又相互依赖、相互制约、相互统一，缺一不可，共同构成了"差异的正义"原则，这是建设和谐社会引导当下中国发展的价值准则。"差异的正义"是马克思的正义原则基于当代差异性社会这一历史事实（出场语境）基础上的出场形态，是差异性社会的价值原则反映。

马克思现代性思想出场学研究，该领域研究成果主要有任平的《马克思的现代性视域与当代中国新现代性建构》（《江苏社会科学》2005年第1期）、《走向中国本土的发展哲学建构》（《江海学刊》2009年第1期）、王文东的《从启蒙现代性到新现代性：马克思现代性思想的历程、差异、地位》（《甘肃理论学刊》2007年第3期）、高峰的《新全球化与21世纪中国社会发展论纲》（《华南理工大学学报》2003年第2期）。现代化是中国发展的主题，中国应该走一条什么样的现代化之路一直是学界关注的重大问题，对此，学界主要有三种声音：其一是主张继续"五四"以来一直倡导的以"工业化"、"市场化"、"科学"、"民主"为标识的韦伯式经典现代性模式。然而，尽管中国还没有完成这些标识，但是作为旧全球化时代的经典现代性模式弊端丛生，在新全球化时代已经被否弃和替代；其二是主张跨越这一模式，直接导入后现代模式（通过后工业社会、知识经济、信息社会抑或创新社会等途径）；其

---

① 任平：《资本创新逻辑的当代阐释》，载《学习与探索》2013年第3期。

三是倡言以吉登斯、贝克、哈贝马斯和鲍曼等人主张的或"流动的"、"反思的"现代性模式为准绳，走"第二次现代性"道路。在出场学的视域中，这些现代性的思考都没有实现把马克思的现代性思想和当代中国实际相结合以为现代化建设提供科学的理论支撑，更有甚者从根本上否定马克思有现代性理论，马克思的现代性话语也被一再遮蔽。[①] 我国的现代化建设是处在新全球化时代这一特殊历史境遇中进行的，也就是走向现代化的中国同时遭遇了后现代化、后工业化的挑战，这构成了我国现代化的基本境遇，这决定了我们坚持的现代性不是韦伯的经典现代性，也不是西方理论学者一直大力宣扬的后现代性，更不是"第二次现代性"，而是马克思现代性视域中的双重向度的真正展开：以超越现代性地平线的后现代向度来引领、改造的现代性，构成的新现代性。我国社会主义初级阶段的基本国情决定了新现代性的基本层面是现代性而非后现代型，我国的社会主义初级阶段是处在世界新全球化时代中的初级阶段，是世界新全球化的一部分，这决定了我们的新现代性不是旧全球化时代韦伯所倡导的经典现代性，也不同于西方发达国家的后现代或者第二次现代性，而是一种在全球后现代时代的现代性。

此外，马克思的现代性理论出场学研究（孙江等）、马克思空间生产理论的出场学研究（孙江等）、符号学理论的出场学研究（张天勇等）、历史唯物主义出场学研究（陈忠、庄友刚等），这些都在马克思某个重点理论领域展开了出场学研究，取得了诸多有创见性的成果并打开了更广阔的理论研究前景。出场学研究范式也被"脱域"应用于我国传统文化的当代化等领域，作为一个自觉的方法论，正在展现其强大的理论创造力。

（作者张天勇系南京信息工程大学马克思主义研究院副教授，哲学博士，研究方向：发展哲学）

[①] 任平：《马克思的现代性视域与当代中国新现代性建构》，载《江苏社会科学》2005年第1期。

二

专家评论

《1844 年经济学哲学手稿》意义的再理解

王南湜

[摘 要] 马克思思想中始终存在着"旁观者"视角的科学逻辑与"行动者"视角的人本逻辑之双重逻辑。但在《手稿》中基于双重视角的双重逻辑尚未达于自觉,而在很大程度上是隐含着的,且侧重于人本逻辑,而科学逻辑还比较模糊。对于双重逻辑之关系,亦未自觉到二者的不兼容之处,甚至倾向于将二者统一于人本逻辑。而在《资本论》中,马克思最终达到了对于双重逻辑之间不兼容关系的深刻理解,并主导性地显示为一种科学逻辑。但《资本论》作为对于资本主义剥削的批判,如果没有互补性的人本逻辑的支撑是不可能的,因此这只是意味着人本逻辑在科学逻辑内的消失,而非意味着在马克思后来思想中的消失。于是,《手稿》作为马克思思想的发源地,在其全部思想中便有了一种双重逻辑显性存在的特点,预示了马克思思想发展的可能范围。

[关键词] 人本逻辑;科学逻辑;行动者视角;旁观者视角

《1844 年经济学哲学手稿》(以下简称《手稿》)在马克思思想发展史上的重要性,现在是无人置疑了,但其重要性何在,或者说如何评价其意义,却仍然是一个充满争议的问题。如果我们通观这些争论,就不难发现,尽管争论的各方在具体的评价立场上大不相同,但各种理论主张在立论的基本方式上却是相同的,那就是各种主张都将理论的依据最终诉诸马克思思想某种阐释。基于不同的阐释,便十分自然地导向了对

《手稿》意义的不同评价。这一点自然无可非议——因为任何评价都不可避免地要预设某种评价原则——但问题是，尽管各种理论主张预设的评价原则亦即对于马克思哲学思想的阐释不同，甚至截然相反，却在一点上是相通的，那就是，都预设了马克思哲学思想就其最终形态来说，不言而喻地是一个全然一致的理论整体，而不存在内在的逻辑张力。因而，这里需要追问的是，这一全然内在一致的预设是否成立？如果不成立，则对于《手稿》而言，会导致一种什么样的评价？无疑，限于篇幅，本文对于这样一个极为复杂的重大问题只能予以极为概要的讨论。

一

关于以往人们对《手稿》的解读和评价，已有不少论者做过归纳和评论，本文不欲在这方面再做讨论，而只是想指出一点，那就是从手稿公开出版以来的几十年中，人们的研究已经从早先那种非此即彼的对立方式，即或者视《手稿》为全然不成熟的著作，或者视之为马克思哲学思想的顶峰，而逐渐地转变为一种能够比较客观公允地看待这一未完成著作的方式。一个比较显著的体现便是人们大多承认《手稿》中存在着某种双重逻辑，而不是某种单一的完成了的东西。当然，对于这一双重逻辑的表达，以及这一双重逻辑的最终走向，论者们还存在着相当不同的见解。在国内学界，最早提出这一双重逻辑观念的当属孙伯鍨先生。在其初版于1985年的《探索者道路的探索——青年马克思恩格斯哲学思想研究》中，孙先生指出，在《手稿》中"存在着两种截然相反的逻辑：以抽象的人的本质为出发点的思辨逻辑，和以现实的经济事实为出发点的科学逻辑"，前一种逻辑"仍旧停留在费尔巴哈哲学的范围内"，而"历史唯物主义只有在后一种逻辑的基础上才能逐渐产生出来"。[①] 孙先生这一解读无疑是极富洞察力的，因而也得到了学界比较广泛的认同

---

① 参见孙伯鍨：《探索者道路的探索——青年马克思恩格斯哲学思想研究》，南京：南京大学出版社2002年版，第157—193页。

和发挥。在承认《手稿》中存在着人本逻辑和科学逻辑双重变奏的基础上，便会十分自然地提出一个问题，那就是这双重逻辑在《手稿》及马克思以后的思想发展呈何种趋势，以及当如何评价这种双重逻辑在马克思思想发展中的意义。

一般而言，国内学界关于《手稿》中这一双重逻辑的发展趋势，有两种不同的见解：一种看法是，在马克思此后思想的发展中，这一双重逻辑呈一种此消彼长的态势，即人本逻辑逐渐趋于消失，而科学逻辑则逐渐趋于支配地位；另一种观点则是，这两种逻辑在马克思的思想发展中趋于辩证统一，达成了一种更为高级的综合体。

那么，目前国内学界所主张的这两种观点，是否就是对于《手稿》双重逻辑发展趋势的可能的解释呢？或者说，我们是否只能在这两种可能的观点中选择其一，至多只能做一些细节上的修改呢？对此，笔者心存疑虑，以为有可能存在第三种解释。而这第三种可能的解释或第三种可能的发展趋势，又是由以下两个相关的问题引出来的：首先，在马克思此后的思想发展中，是否人本逻辑就趋于消失了？其次，与之相关，如果未消失，是否人本逻辑与科学逻辑在马克思后来的思想中就融合为一了？如果回答是否定的，那么，一个不可避免的结果就是我们需要对《手稿》在马克思思想发展中的意义予以重新理解。

如此看来，关于《手稿》中这一双重逻辑的问题，关键的一点是在马克思后来思想的发展中，其早先的人本逻辑是否在某一时刻被科学逻辑所消除掉。如果被消除掉了，则所谓两种逻辑的融合也就不可能存在了；而若未被消除，则须考察这两种逻辑是否在后来被融合，或者两种逻辑是否可能达成融合。因此，解决或理解这一问题的关键在于考察马克思后来思想发展之状况，然后方能据此而重新考察《手稿》在马克思整个思想发展中的意义。

二

我们先看马克思后来的思想中是否只保留和发展了科学逻辑而全然排除了人本逻辑。

主张《手稿》中的双重逻辑在后来逐渐趋于完全的科学逻辑而排除了人本逻辑者，其依据一般说来是认为通过对18世纪唯物主义学说的研究，马克思对于自然、物质利益在人类生活中的作用形成了新的看法，在《神圣家族》中产生一些与《手稿》有重大差异的思想，进而在《关于费尔巴哈的提纲》和《德意志意识形态》中形成了历史唯物主义，并在随后通过对古典政治经济学理论的批判的继承而发展出了自己的劳动价值论和剩余价值理论，实现了科学逻辑的彻底化。在《手稿》时期，尽管马克思比之早先对劳动价值论所持的否定态度有所改变，对其中他所认为的合理因素作了有保留的承认①，但仍对之持批评态度。在《神圣家族》中，观点则有了明显的改变。到了写作《哲学的贫困》的时候，马克思在对蒲鲁东的批判中，对李嘉图的劳动价值论作了充分的肯定，认为"李嘉图给我们指出资产阶级生产的实际运动，即构成价值的运动"，并称赞"李嘉图的价值论是对现代经济生活的科学解释"。②尽管马克思此时尚未形成自己的劳动价值论，但无论如何，这是向科学地说明资本主义剥削的秘密，亦即向科学逻辑，迈出了有意义的一大步。此时，马克思已发现劳动作为一个过程所创造的价值与劳动作为商品所包含的价值并不是同一的，其间的差额构成了剩余价值。这里的表述虽然尚未将劳动和劳动力明确区分开来，但已经接近区分这两个范畴。从1850年9月到1853年8月，马克思对李嘉图等人的著作进行了系统的研究，并写下了后来被称为《伦敦笔记》的24本笔记，其中对货币问题、流通问题、地租问题、经济危机问题，进行了深入的思考。在这些研究的基础上，马克思完成了《资本论》的最初手稿即《1857—

---

① 参见《马克思恩格斯全集》第42卷，北京：人民出版社1979年版，第18—20页。
② 《马克思恩格斯全集》第4卷，北京：人民出版社1958年版，第92—93页。

1858年经济学手稿》。在这部手稿中,马克思明确区分了商品的价值和价格,指出商品的价值体现着商品生产者之间的社会关系,这就首次建立起了自己的劳动价值论。进而,在这一劳动价值论的基础上,通过对劳动和劳动力的科学区分,阐明了劳动与资本交换的规律,即剩余价值规律,从而深刻地揭示了资本主义剥削的秘密。在此基础上,马克思还对绝对剩余价值和相对剩余价值的生产、资本原始积累问题进行了富有成效的分析,对平均利润与生产价格、利润率趋向下降、资本主义经济危机等问题进行了探讨。至此,马克思的劳动价值论和剩余价值论便得到了系统的表述。而随着剩余价值理论的发现,马克思对于资本主义趋于灭亡的说明,就与早先的人本逻辑分别开来,而完全建立在科学逻辑的基础之上了。

  对马克思思想发展的简要回顾,表明了在《手稿》之后的马克思思想中,的确存在着一个科学逻辑不断增长的过程。这一点可以说毫无疑问的。但问题在于,科学逻辑的增长是否便意味着人本逻辑的消亡呢?为理解这一点,我们需要说明人本逻辑不同于科学逻辑的独特意义。这又需要从解释世界的理论视角和改变世界的实践视角两个方面去看。就马克思的思想而言,如果单从解释世界的视角看问题,则人本逻辑与科学逻辑虽然出发点十分不同,但都是力求合理地解释资本主义这一现实存在的世界的。在解释世界这一点上,人本逻辑诉诸于劳动异化论,即从劳动作为人的自由自觉活动类本质出发,在某种设定的条件下转变为对这一类本质的否定来说明现实生活的不合理存在状态,进而指明扬弃异化,回归人的自由本质之道路。不难看出,在人本逻辑中,不可或缺的是价值原则的设定。马克思在《手稿》中将人的本质规定为自由自觉的活动,这当中的价值设定是明显的:正因为人的本质是自由的,异化劳动才是不合理的,从而是需要予以消灭或扬弃的。而科学逻辑则排除任何价值设定,仅仅诉诸客观的不依赖任何主观欲求的必然性的解释,因而科学逻辑的最终理想是世界的绝对的必然性或者说决定论的说明。单就解释世界来看,人本逻辑由于诉诸人的自由本质,最终便无法对现实世界何以如此提供一种具有客观确定性的有效说明,而科学逻辑则能够做到这一点,因而在理论视角这一层面上,科学逻辑无疑优于人本逻辑。然而，既然对于马克思来说，解释世界并非根本性目的，而改变世界才是最重要之事，那么，尽管具有客观确定性的科学解释能够为改变世界提供有效的工具性中介，即能够指引人们采用有效手段改变世界，但却由于其基于纯粹客观必然性的基本原则而实际上否定了改变世界的可能性。试想：如果世界如科学逻辑所描摹的那样，是全然决定论性的，其中并无人的自由选择存在之余地，则改变世界如何可能？因此，对于以改变世界的马克思哲学来说，如果这种解释否定了改变世界的可能性，则如何能够声称是对马克思思想的恰当阐释？显然，对此问题，我们必须谨慎从事。

我们还可从被视为马克思科学逻辑之代表的《资本论》来看其中是否全然排除了人本逻辑，亦即排除了价值判断。我们可从三个方面来看。首先，《资本论》无疑是对资本主义生产方式的一种科学解释，但马克思何以要将他的这一著作加上"政治经济学批判"的副标题，这是值得深思的。马克思的《资本论》既非可等同于现今流行的经济学著作，亦不属于那个时代的政治经济学著作，而是政治经济学批判。既曰"批判"，便必定是超越作为科学本身的政治经济学的。这种超越，便意味着在《资本论》理论体系中存在着某种价值原则作为批判的准则，否则，所谓批判便是不可能的。其次，就具体的概念规定来看，《资本论》中也包含了某种价值原则。这当中，"剥削"概念便是最为突出的一例。所谓剥削，顾名思义，便意味着获得了不应当获得的东西。在《资本论》中，剥削的含义虽然是特定的，但也不可避免地包含着一般的不当获得的意思。[①] 而所谓"不当"或"应当"，便不能不涉及价值判断，

[①] 马克思的剥削概念根源于对洛克式的基于自我所有权的劳动赋予财产权概念的接受。对此，夏皮罗写道：在洛克那里，"人类相对彼此的自我所有权使得每个个人成为微缩的上帝（miniature God），享受着自己创造成果的所有权，这就是洛克个人权利的强化观念的核心……马克思的剥削理念理所当然地包含了产品理想，并且伴随着自我所有权的思想。正是在资本主义制度下，洛克的根植于产品理想的个人权利观被违反了，这就赋予马克思主义（对资本主义的）批判以道德力量。工资与劳动的关系体现为助长资本家不合理地占有工人劳动力制造的产品，这危害了工人对自身劳动产品的拥有权。"（夏皮罗：《政治的道德基础》，上海：上海三联书店2006年版，第122页）

而非单纯的属于科学逻辑的事实问题。再次,马克思在《资本论》第三卷最后部分所论述的关于作为未来理想社会的自由王国概念,更在直接的意义上包含着价值原则的预设。在那里,马克思写道:"事实上,自由王国只是在由必需和外在目的规定要做的劳动终止的地方才开始";"在这个必然王国的彼岸,作为目的本身的人类能力的发展,真正的自由王国,就开始了"。① 在这两段话中,我们特别需要注意的是这两个短语:"外在目的"和"作为目的本身的人类能力的发展"。这意味着马克思关于自由王国的构想中,不可避免地包含着某种目的论观念。人们一般认为目的论是唯心主义的,因而在马克思那里不可能存在一种目的论。但如果不是作为一种如同亚里士多德哲学中的普遍的实体性的目的论,而是限于人类活动的历史领域的话,目的论就并非只能是唯心主义专有的,也可以有唯物主义的人类学目的论或实践目的论。而且,如果我们仔细考察马克思的著作的话,就会发现,其中确实包含着一种基于实践活动之反思的目的论思想,即在马克思思想中,理想社会乃是人类这种特殊的存在物的本性或能力的充分发展所要求的。而且,从根本上说,对于作为人类自由自觉活动的历史的阐释,全然排除了目的论是不可能的。而目的论,无论是何种目的论,决不可能是属于科学逻辑的东西,而只能是属于人本逻辑或价值逻辑的东西。

进一步看,《资本论》中所描写的自由王国,与《手稿》中关于人的类本质之为"自由的自觉的活动"的规定,亦是内在相关的。甚至在某种意义上可以说,前者正是基于新的论证原则对于后者的发挥。我们知道,在《手稿》中,马克思在把人的类本质规定为"自由的自觉的活动"的基础上,在与动物的无意识活动的比较中,得出了如下结论:"动物只生产它自己或它的幼仔所直接需要的东西,动物的生产是片面的,而人的生产是全面的;动物只是在直接的肉体需要的支配下生产,而人甚至不受肉体需要的支配也进行生产,并且只有不受这种需要的支配时才进行真正的生产;动物只生产自身,而人再生产整个自然界;动

---

① 《马克思恩格斯全集》第 25 卷,上海:人民出版社 1974 年版,第 926、927 页。

物的产品直接同它的肉体相联系,而人则自由地对待自己的产品。动物只是按照它所属的那个种的尺度和需要来建造,而人却懂得按照任何一个种的尺度来进行生产,并且懂得怎样处处都把内在尺度运用到对象上去;因此,人也按照美的规律来建造。"① 这是说,人的活动就其本质而言,是一种自由的活动,全面的活动,在这种活动中,作为主体的人将获得全面的发展,实现其类本质;而且,这种活动本身还是一种"按照美的规律"而进行的活动,因而在本质上它同时也就是一种审美的艺术活动。但"异化劳动把自我活动,自由活动贬低为手段,也就把人的类生活变成维持人的肉体生存的手段"②。因此,人的全面发展的实现,就是扬弃异化劳动,恢复人的类生活的本质。而异化劳动的扬弃便是私有财产的扬弃,亦即共产主义。"共产主义是私有财产即人的自我异化的积极的扬弃,因而是通过人并且为了人而对人的本质的真正占有……它是人和自然界之间、人和人之间的矛盾的真正解决,是存在和本质、对象化和自我确证、自由和必然、个体和类之间的斗争的真正解决。"③ 显然,在《资本论》中马克思对于共产主义这一自由王国的论证方式,与《手稿》相比,发生了重大的变化,那就是用政治经济学的科学逻辑取代了后者主要从哲学层面作出的论证。论证方式虽然发生了根本性的改变,但关于人类存在的目的之为自由王国的价值预设,却未发生本质性改变。因此,结论只能是,即便在《资本论》这一被视为科学逻辑臻于完善的著作中,人本逻辑或价值逻辑仍然存在。

三

但如此一来,既然人本逻辑没有被全然消除,岂不就自然地导向马克思在《手稿》中的双重逻辑在后来的发展中转变成了双重逻辑的融合

---

① 《马克思恩格斯全集》第 42 卷,北京:人民出版社 1979 年版,第 96—97 页。
② 《马克思恩格斯全集》第 42 卷,北京:人民出版社 1979 年版,第 97 页。
③ 《马克思恩格斯全集》第 42 卷,北京:人民出版社 1979 年版,第 120 页。

的结论了吗？不然。事实上，双重逻辑的走向并非只能导向要么全然消除人本逻辑，要么走向双方的融合，而是存在着其他可能性。当然，要证明这一点，必须先行证明在马克思思想中导向这种融合的不可能性。

一般说来，这种双重逻辑融合的不可能性，可从解释世界的理论视角与改变世界的实践视角的不可能合一而得到说明。借用阿伦特的话来说，改变世界的实践视角就是一种行动者的视角，而解释世界的理论视角则是一种旁观者视角。或依柄谷行人之说，前者亦可称之为"事先"的视角，而后者则为"事后"的视角。如此，《手稿》中的双重逻辑，亦可视之为马克思运用双重视角对现实社会生活进行关照的结果。于是，我们的问题也就成了在马克思后来的思想发展中，特别是在《资本论》中，这双重视角是否达成了一种融合。

如果我们将柄谷行人的"事前"和"事后"双重视角说，与马克思在分析资本主义经济过程时所指出的，"科学分析总是采取同实际发展相反的道路……是从事后开始的，就是说，是从发展过程的完成的结果开始的"①，以及"当事人的日常观念"和"科学分析"两种视角的观念联系起来②，便不难引申出"事先"和"事后"这两种视角，无非便是实践中的当事人或行动者视角与科学或理论研究中的观察者或旁观者视角。这一点还可以与马克思在《1857—1858年经济学手稿》中把自己方法和黑格尔思辨方法的根本差别所做的对比相比较。马克思写道："黑格尔陷入幻觉，把实在理解为自我综合、自我深化和自我运动的思维的结果，其实，从抽象上升到具体的方法，只是思维用来掌握具体并把它当做一个精神上的具体再现出来的方式。但决不是具体本身的产生过程……具体总体作为思想总体、作为思想具体，事实上是思维的、理解的产物；但是，决不是处于直观和表象之外或驾于其上的思维着的、自我产生着的概念的，而是把直观和表象加工成概念这一过程的产物。整体，当它在头脑中作为思想整体而出现时，是思维着的头脑的产物，

---

① 《马克思恩格斯全集》第23卷，北京：人民出版社1972年版，第939页。
② 参见《马克思恩格斯全集》第25卷，北京：人民出版社1974年版，第92页。

这个头脑用它所专有的方式掌握世界,而这种方式是不同于对世界艺术的、宗教的、实践精神的掌握的。实在主体仍然是在头脑之外保持着它的独立性;只要这个头脑还仅仅是思辨地、理论地活动着。因此,就是在理论方法上,主体,即社会,也必须始终作为前提浮现在表象面前。"①

从"事前"与"事后"或者"行动者"与"旁观者"双重观察视角看,马克思这里所表达的思想的关键之处有两点:其一是思维及其产物"思想具体"与"实在主体"的差别与对待。按照马克思历史唯物主义的一般观念,这里所说的"实在主体"便正是前引文中所说的人对于世界的"实践精神的掌握"及其产物即"社会"。马克思在上引文中之所以对黑格尔思辨方法进行了批判,是因为黑格尔将"思维"与"实在主体"唯心主义地合而为一了,使思维成了"绝对"或"无对";而在马克思这里,"思维"与"实在主体"则是对待的,亦即是"有对"或"相对"的。思维既然"有对",便是有限的,不能自足,而只能以"对方"即"实在主体"为对象。这也就是"在理论方法上,主体,即社会,也必须始终作为前提浮现在表象面前"所要表达的意思。正是肯认思维与实在或理论与实践之间的这种差别与对待,才使得辩证法具有了唯物主义的维度。

其二是在这样一种肯认"思维"与"实在主体"之分别的"事前"和"事后"的双重视角中,辩证法就不再是黑格尔式的思辨主体的独白,而是必须时时意识到"从抽象上升到具体的方法,只是思维用来掌握具体并把它当做一个精神上的具体再现出来的方式",亦即"思维"必须面对"实在","征询""实在"的"回应",并"回应""实在"。而这就构成了"思维"与"实在主体"之间的一种对话,或者说是理论与现实实践之间的一种对话。当然,"实在主体"是不能"说话"的,所谓思维主体与"实在主体"的"对话",并不是说它们之间可以进行一种主体间的辩驳性讨论,而是这种对话需借助"行动者"或"当事

---

① 《马克思恩格斯全集》第46卷(上),北京:人民出版社1979年版,第38—39页。

人"与"旁观者"或"科学分析"的"事前"与"事后"两种观察视角之间的不同立场来进行。亦即思维主体必须时时意识到"实在主体仍然是在头脑之外保持着它的独立性",它"必须始终作为前提浮现在表象面前"。在这里,作为对话一方的"行动者"或"当事人",并不意味着其为"实在"之全权代表,其并无对于"实在"把握上的特权,否则,"旁观者"的科学观察就是不必要的了。然而,尽管有俗语所谓"旁观者清"的说法,尽管"当事人"对于"实在"的把握甚至往往只停留于直观经验,但这种直接性的视角毕竟是一种不同于旁观者的视角,是一种行动者主体参与"实在"之中所获得的对于"实在"的直接表象,因而有着其不可替代的意义。而且,更重要的是,一方面,任何"事后"的"科学分析"都必须说明这些现象,必须回应这些现象,亦即必须与之构成一种对话关系;而另一方面,这些直观表象虽然能够吸收科学理论,但作为人们日常生活的实践意识或实践智慧,却能够不依赖于科学理论而在生活实践中独立存在。因此,一种科学理论,如果不能说明这些感性直观现象,便不可能是成功的,而一种直观的实践意识却不必有待科学的认可。

当然,行动者虽然有着对于世界的直接把握,但从其视角对于世界的把握是局限于有限的感性直观的,且由于其对世界的把握的"事前"性或"未完成",而具有不确定性;而旁观者从"事后"对世界加以把握,由于将对象确定为"完成"的,因而具有其确定性,但这确定却又仅仅是一种人对于世界的理论的把握方式,而非实在自身的直接呈现或自我把握。换言之,"事前"的实践把握具有直接性,但却不具有确定性,而"事后"的理论把握达到了确定性,但却失去了直接性。而且,由于生活之流的变动不居,理论对于实在之"事后"的把握,便并非真正的"完事"之后,而是一种截断生活之流的人为地做成的"事后",一种将开放的生活系统简化为一种封闭系统的无奈之举,因而其所把握的"实在"便总是不能等同于活生生的"实在主体"自身的。因此,处于"旁观者"视角的思维,便必须不断地"移动"视界,即从"旁观者"到"行动者",以便从"行动者"或"当事人"视角那里获得新的直接性经验，从而移动"事后"的眼界，打开被封闭起来的系统，扩展其包容性，亦即在理论上重构行动者的新鲜经验。这样一种不断移动的"视界"，一种行动者视角与旁观者视角的交替进行过程，便是马克思的唯物主义的辩证进展方法。

这里所说的"重构行动者的新鲜经验"，包括两种情况：一种是在探索性的研究过程中，不断重构行动者所获得的新的经验材料，以扩展理论的深度与广度或对理论进行修订；另一种则是在探索性研究完成之后如何表述研究结果的逻辑进程中，将涉及的经验内容分成若干层次，依着从抽象到具体的逻辑进程，不断扩展所涉及经验的范围，以逐步的丰富、充实概念的规定性，直至达到最大的经验范围和最丰富的概念规定性。不言而喻，这两种"重构"都是一种在"旁观者"与"行动者"之间的"视界"的"移动"，但不同的是，前一种"移动"是在探索性研究进程中进行的，而后一种"移动"则是在逻辑进程中进行的。当然，这两种方式之间的区分是一种概念上的区分，而在实际的研究过程中，这两个方面往往是交织在一起，交替进行的。

显然，这种双重视角或双重逻辑的对话，意味着对话双方的立场是各自独立的，而非合一的。我们看到，在《资本论》中虽然存在着双重视角之间的对话，但这种对话并不意味着双重逻辑的全然融合，成为一种单一的逻辑，而只能说是一种相互制约。如果双方立场合一，则所谓对话便不可存在，而只能成为某种"独白"。而这种双重逻辑或双重视角，乃是由人的有限性所决定的。人作为既超越了自然界而又未能彻底超越自然界，既分享了某种神性，而又并非真正的神性存在物，他只能以一种行动者与旁观者的双重身份或双重视角来与世界关联。这双重身份或双重视角既不能完全合一又不能完全分离，而只能处于一种若即若离，相互规定、相互作用的二重性状态之中。这是因为，如将行动者或"事前"的眼光归并为旁观者或"事后"的眼光，则人自我僭越为能通观全局的全知的上帝；如将旁观者或"事后"的眼光归并为行动者或"事前"的眼光，则人又重回无知的自然界，成为单纯的动物。人就是这么一种永远"在途中"的二重性的存在物。人类的这种处境是康德最先揭示出来的,而马克思则将之置于历史之中,极大地深化了对人类境况的理解。

以上简单考察表明,在《资本论》中,《手稿》中的双重逻辑之间尽管通过双重视角之间的对话,达成了某种相互作用,但并未从根本上融合成一种单一的逻辑。而且,从马克思所主张的人类存在的有限性来看,在其哲学中这种完全的融合为一也是不可能的。

四

如果马克思在《手稿》之后的思想发展中,其中的人本逻辑并未全然被消除,且双重逻辑也未全然被融合为单一逻辑,那么,必然会提出这样一个问题:这样一个结果会对《手稿》意义的理解产生什么样的影响呢?换言之,在这种前提下,我们应该如何理解《手稿》在马克思思想发展中的意义呢?

为此,我们首先需要考察《手稿》中双重逻辑之基本理论意图或理论意向。《手稿》时期的马克思诚然未从根本上摆脱黑格尔的思辨哲学框架,但对黑格尔哲学批判的理论意向却是十分清楚的。这是因为,作为曾经的青年黑格尔派,马克思也像该派其他成员一样,起先是试图立足于自我意识而对黑格尔体系展开批判,以图超越这一体系的。但随着批判的深入,马克思不再满足于抽象的自我意识原则,而在费尔巴哈的影响下试图将主体在其立足于自然原则的基础上进一步现实化。对此发展过程,研究者多有论述,这里只想指出的是,人们往往囿于某种阐释定势,而未能深究费尔巴哈这种影响之深刻的理论意味。我们看到,《手稿》中对黑格尔的批判首先是从指出黑格尔把人抽象地理解为自我意识展开的。马克思写道:"人的本质,人,在黑格尔看来是和自我意识等同的。因此,人的本质的一切异化都不过是自我意识的异化。自我意识的异化没有被看做人的本质的现实异化的表现,即在知识和思维中反映出来的这种异化的表现。"或者说,"把人和自我等同起来。而自我不过是被抽象地理解的和通过抽象产生出来的人。"① 而"既然被当做主体的不是现实的人本身，因而也不是自然界——因为人是人的自然界——而只是人的抽象，即自我意识，所以，物性只能是外化的自我意识……自我意识通过自己的外化所能设定的只是物性，即只是抽象物、抽象的物，而不是现实的物。同样很明显的是：物性因此对自我意识说来决不是什么独立的、实质的东西，而只是纯粹的创造物，是自我意识所设定的东西"②。而黑格尔哲学之所以如此，是因为在其哲学中，"人被看成非对象性的、唯灵论的存在物"③。而马克思则认为："人直接地是自然存在物。人作为自然存在物，而且作为有生命的自然存在物，一方面具有自然力、生命力，是能动的自然存在物；另一方面，人作为自然的、肉体的、感性的、对象性的存在物，和动植物一样，是受动的、受制约的和受限制的存在物，也就是说，他的欲望的对象是作为不依赖于他的对象而存在于他之外的；但这些对象是他的需要的对象；是表现和确证它的本质力量所不可缺少的、重要的对象。说人是肉体的、有自然力的、有生命的、现实的、感性的、对象性的存在物，这就等于说，人有现实的、感性的对象作为自己的生命表现的对象；或者说，人只有凭借现实的、感性的对象才能表现自己的生命。说一个东西是对象性的、自然的、感性的，这是说，在这个东西之外有对象、自然界、感觉；或者说，它本身对于第三者说来是对象、自然界、感觉，这都是同一个意思。"④ 因此，必须"撇开黑格尔的抽象而用人的自我意识来代替自我意识"⑤。否则，黑格尔所谓的"使自己外化并且从这种外化返回自身"的过程，就不过是"神秘的主体—客体，或笼罩在客体上的主体性，作为过程的绝对主体"，"在自身内部的纯粹的、不停息的旋转"。

---

① 《马克思恩格斯全集》第 42 卷，北京：人民出版社 1979 年版，第 164、165 页。
② 《马克思恩格斯全集》第 42 卷，北京：人民出版社 1979 年版，第 166—167 页。
③ 《马克思恩格斯全集》第 42 卷，北京：人民出版社 1979 年版，第 164 页。
④ 《马克思恩格斯全集》第 42 卷，北京：人民出版社 1979 年版，第 167—168 页。
⑤ 《马克思恩格斯全集》第 42 卷，北京：人民出版社 1979 年版，第 171 页。

由以上简略引证可见,马克思对于黑格尔哲学的批判,核心之点就是立足于人是对象性存在物而对于黑格尔将人"看成非对象性的、唯灵论的存在物"的批判。其中的关键之处又在于马克思认为黑格尔这种剥离了人的对象性之根本属性,而将人抽象为自我意识的思辨方法,归根到底是将主体抽象为绝对主体。而在马克思看来,对象性便意味着人或主体之外存在着对象,且这对象不是与人的存在无关之物,而正是人的生命得以可能的必需之物。这同时便意味着人是一种有限的,即受到对象限制的存在物。由此便可合理地引申出,一种哲学,如果承认人的有限性,就意味着这种哲学承认主体必须与限制自身的对象进行某种互动,表现在理论中便是一种对话,亦即作为对话的辩证法;而若否认了人的有限性,则只能成为一种主体"在自身内部的纯粹的、不停息的旋转",而表现在理论上则成为一种虚假对话或自问自答式的"独白"的哲学。

进一步看,如若承认对象性为人的存在的不可避免或不可或缺的属性,或者说,只要把人视做为人而存在,而不虚构一种超越于人的上帝之类的绝对主体作为人的本质,那么,就不可避免地要承认主体与对象之间对话的恒长存在,也便意味着作为对话者双方的恒长存在,那么,这也就意味着在理论上是不可能达成一种绝对主体的自我完成,成就一种"一统江湖"状态的。而所谓作为对象性存在的人与其对象即自然之间对话的恒长存在,或者说,不是作为自问自答的独白而是真正的对话得以可能的条件,便是对话双方具有不同的立场或视角,即理论中双重视角的存在。若失去了双重视角的真实性,则对话成为不可能或虚假对话的独白。因此,马克思对于黑格尔哲学的批判,其根本理论意向便是立基于双重视角而对于其绝对主体之虚假对话的批判,是对于其单一视角的"独白"哲学的批判。

马克思对于黑格尔的这种批判既然是基于主体与其对象性之对话的双重视角的,一个不可避免的结果,便是在某种意义上导致理论体系内双重逻辑的存在。这是因为,所谓基于人作为主体之为对象性存在的双重视角,便是人主体与其对象即自然的双重视角。人主体的视角自然是从人的存在出发的立场或视角，其中不可避免地包含着主体的价值取向等，是一种行动者的立场；而自然的视角则不能说是自然直接参与了一种对话，而是借助于人主体的客观性态度去实现的。所谓客观性态度，便是超脱人主体的种种规定，而单纯站在一种中立者、旁观者的立场上对于世界的观察。因此，这双重视角便是行动者与旁观者之双重视角，因而也是行动者与旁观者的双重逻辑，或者说，是人本视角与科学视角的双重逻辑。因此，《手稿》中由双重视角所决定的双重逻辑，从马克思对黑格尔单一视角批判的意义上来看，是为其理论意图或理论意向所决定的，因而也可以说是不可避免的。

不仅如此。如果如我们前面所分析的那样，马克思在《手稿》之后的思想中既没有全然去除人本逻辑，也没有以某种方式将人本逻辑与科学逻辑融合为一，而是仍然以某种方式保持着双重视角以及由之而来的双重逻辑，那么，对于手稿中的双重逻辑问题，便有必要予以重新评价。因为人们以往对于手稿中的双重逻辑问题，无论是认为在后来的思想中趋于单一逻辑还是认为趋于融合为一，都是预设了《手稿》中的双重逻辑是思想不成熟，尚存在缺陷的标志，但如果马克思成熟时期的思想中亦包含着双重逻辑，则这种预设便不再有任何根据，而只能视为一种对于大圆满结局的形而上学预设的成见而已。

但这种对于大圆满结局的预设或渴望，却并非一种一时简单的思想失误，而是数千年来西方形而上学最为深层和最为隐秘的预设和追求。因为形而上学恰恰是对超越于世间万事万物差异性存在的本原性存在的寻求，而本原之物之为本原正在于其对差异性万物的统摄，但统摄之物不可能为多，而只能为一，为一种"元一"。这样，作为对于本原性存在之把握的形而上学，必然也要设定自身为一种统摄了诸差异性的"一"，即为内部融贯的，而不是逻辑上多元的。但这种预设要在现实上成为可能，就必须设定作为理论活动主体的人与其所要把握的这一"元一"的同一，至少是在精神上的同一。而"元一"作为一种能够统摄万物的至大之存在，必是无限的或绝对的存在，而人若要能达到对这一无限之物、绝对之物的把握，便也必定只能被设定为至少在精神上是无限的，即人被设定为在某种意义上是能够像上帝一样把握世界。对于西方形而上学这一隐秘预设，康德早已给予了毁灭性批判。批判的结果便是对于人主体或人的理性有限性的肯定。由于人或人的理性的有限性，对于世界的把握便只能以一种"行动者"与"旁观者"或者"事前"与"事后"双重视角去进行。且这种双重视角之间虽然有可能存在一种非构成性的调节性或范导性关联，但却不可能达成一种基于单一视角的统一性。康德之后的德国观念论，特别是黑格尔所做的工作，只是一种重建传统形而上学的不成功的努力。柄谷行人说，与黑格尔的单一视角不同，马克思与康德相似，是具有"事前"和"事后"双重视角的。① 这是一个非凡的见解。就此而言，马克思在对黑格尔独白式的单一视角的批判中，可以说在某种意义上接近了康德的双重视角的思想。

但由于人们往往囿于传统形而上学的眼光，未能体察马克思对于黑格尔批判的意义，便不免基于黑格尔主义而理解马克思的思想。这当中最为典型者便是卢卡奇在《历史与阶级意识》中对于马克思思想的重构。这一黑格尔主义的重构对于反驳第二国际对马克思思想的法国唯物主义式的阐释，无疑是有着十分积极的意义的，但这种黑格尔式的单一视角的重构偏离了马克思基于人的有限性的双重视角的原则，同样是毋庸置疑的。如果人们能摆脱黑格尔主义之形而上学的视界，那么，《手稿》中的双重逻辑自身便不能被视为思想不成熟的标志，而恰恰是马克思走向其独特思想的起点。诚然，在《手稿》中基于双重视角的双重逻辑尚未达于自觉，而在很大程度上是隐含着的。在双重逻辑之间，可以明显地看出，其中还是侧重于人本逻辑，而科学逻辑还比较模糊。更为重要的是，对于双重逻辑的关系，尚未自觉到二者的不兼容之处，甚至倾向于将之统一于人本逻辑。例如，前引关于共产主义作为人与自然、自由和必然之间一系列斗争的真正解决这类说法，便表明了此时马克思尽管已展开了对黑格尔单一视角的批判，但又在相当程度上尚未脱出黑

---

① 参见柄谷行人：《跨越性批判——康德与马克思》，北京：中央编译出版社2011年版，第120—123页。

格尔的指向无限统一的绝对主义范式。

只是随着对于古典政治经济学的深入研究，马克思思想中的科学逻辑才逐步取得了可与人本逻辑相匹敌的地位。而更为重要的是，在《资本论》中马克思最终达到了对于这双重逻辑之间不兼容关系的深刻理解，并对这一关系给予了一种康德式的处理，即将两者间的关系理解为一种既互相排斥又互为前提的范导性或调节性关系。换言之，就科学逻辑而言，它是一种从"旁观者"视角对于现实世界"事后"式的把握，其目标是将世界把握为一个因果必然性的结构，以为改变世界的实践提供理论手段；而就人本逻辑而言，它是一种从"行动者"视角对于现实世界"事前"式的把握，其目标是指向以某种方式直接地改变世界。由于前者的理想目标是将世界把握为一个绝对的决定论体系，而后者既然要改变世界则必须预设世界的可改变性，亦即人的能动性或自由选择的可能性，且由于任何理论体系所要求的单一视角或无矛盾性，因而这双重视角是不可能共存于一个理论体系之中的。但既然这双重视角都是人作为人而存在所不可或缺的，那么，一种可能的方式就是像康德那样，将二者放置在一种调节性的关联之中。而这正是马克思在《资本论》中所做的。由于《资本论》是对于资本主义社会以"事后"的方式所做的科学观察，因而，在其中显现出来的自然是一种科学逻辑，而人本逻辑则只是以前提的方式存在于这一体系之外。但正如本文前面所指出的那样，马克思对于资本主义剥削的批判，如果没有人本逻辑的支撑，便是不可能的，因此，《资本论》显现为科学逻辑所支配，只是意味着人本逻辑在此处科学逻辑内的消失，而非意味着在马克思后来思想中的消失。

由此可见，在基于双重视角的双重逻辑是否存在问题上，《手稿》与《资本论》是完全一致的，不存在人们基于误解所说的不成熟问题。而如果有所谓不成熟问题的话，只能是说《手稿》中科学逻辑尚未发展，以及对于两种逻辑之间的关系尚未形成一种非黑格尔主义的处理方式。而且，由于《资本论》的科学逻辑性质，其中的人本逻辑只是一种隐性存在，因而《手稿》便有了一种双重逻辑显性存在的优点，即只有在《手稿》中，马克思思想中的双重逻辑才是显性并存的。这里涉及一些论者所主张的《手稿》是马克思哲学的发源地之说。如果是在此双重逻辑显性并存的意义上，这一说法是很有道理的；但如果是在将《手稿》仅作人本逻辑阐释的意义上，则此说法便是片面的。

由此双重逻辑在马克思思想中的始终并存，也引申出了马克思哲学思想发展的一项任务，那就是《手稿》之后，由于马克思致力于发展科学逻辑，而对于人本逻辑虽未弃绝，但事实上也未系统发挥，故基于马克思之基本思想发展其人本逻辑，便成了马克思主义哲学的一个根本性任务。而且，此任务不仅是马克思主义哲学理论的完整性所要求，而且在当今也是现实生活所迫切要求的。而在当今政治哲学复兴的大潮中，马克思主义政治哲学研究之所以在理论上未有建树，一个重要原因，恐怕正是囿于黑格尔主义甚至法国唯物主义的眼界，而未能把握住马克思哲学思想中双重逻辑之意蕴，并在科学逻辑已获充分展开的基础上，对于人本逻辑予以发挥发展。

（作者王南湜系南开大学哲学系教授，主要从事马克思主义哲学研究）

论当下中国文化观念的基本要素*

何 萍

[摘 要] 当下中国的文化观念是由中国市场观念、中国现代文化性格观念、文化领导权观念构成的。中国市场观念形成于20世纪90年代的全球化大讨论,又经过了对中国市场社会发展过程中出现的种种矛盾的反思,已经扬弃了最初的单一经济观,转化成了规范市场社会的经济、政治、文化的价值观念,从而成了当下中国文化观念的一个基本要素;中国现代文化性格观念是伴随着中国的现代性批判而产生出来的,它的出现,标志着中国人的精神世界已经走出了科学主义的思维藩篱,走向了现代人文精神,从崇尚近代性主义转向崇尚现代文化理性;文化领导权观念建构于"软实力"的讨论,它包含了当代中国人的新的世界历史观和对中国意识形态的文化领导权诉求。这三个观念的形成和变化表明,中国人正在修正先前片面的经济发展观,开始建构有机整体的文化发展观。

[关键词] 文化观念;市场观念;现代性;文化性格;软实力;文化领导权

---

* 本文为国家社会科学基金重大招标项目"当代中国哲学史(1949—2009)"(11&ZD85)第一子课题"时代问题的转换与马克思主义哲学中国化的曲折发展"、国家社会科学基金项目"1949年以来中国马克思主义哲学的研究范式及其转换研究"(13BZX004)的阶段性成果;武汉大学自主科研项目(人文社会科学)研究成果,得到"中央高校基本科研业务专项资金"资助。

文化观念与文化不是同等的概念。文化，在广义上，是人按照一定的目的创造出来的东西。在这里，一定的目的就是文化的观念，而被创造出来的东西就是文化的实物。这就意味着，文化是由文化观念和文化实物两个层面构成的，两者相比，文化观念是比文化实物更重要的方面，因为没有文化观念，就没有文化实物，而文化实物只能是文化观念的表达。因此，我们要想真正了解一种文化，了解该文化对于社会发展的意义，就必须以文化观念为研究对象，从一定的文化实物进到该文化的观念之中。

从另一方面看，文化观念对于文化的创造来说，并不是抽象的，也不是预设的，而是一定时代、一定民族的思想产品。作为一定时代、一定民族的思想产品、文化观念，一方面是从先前的文化观念继承而来的，是一种历史的产物，另一方面是通过反思和批判当下的文化产品和人们的社会活动创造出来的，是一定时代的创造物。前者决定了文化观念的客观历史特性，后者体现了文化观念的主观能动性。这样一来，哲学研究文化观念，就面临着两个任务：一个任务是要说明一定时代、一定民族的思想家们是如何将客观的、历史的文化观念转换为主观能动的文化观念的，或者说，是如何从选择和批判先前的文化观念中创造出新的文化观念的，这是一种历史的和事实的反思；另一个任务是要考察文化价值的有效性，建立起文化的自觉，这是文化观念的创新。本文力图把这两个任务结合起来，通过考察近30年来中国社会和中国思想变革的历程，揭示当下中国文化观念的基本要素，阐明我们当下需要一种什么样的文化观念，什么样的文化观念是健康的，是能够真正引导中国走向文化强国的。

近30年，中国的经济飞速发展，正在成为一个经济大国。这是一个不容否认的事实。但是，在这个事实的背后，或者说，使这个事实成为可能、变成现实的，却是一系列的思想辩论。在这一系列的思想辩论中，有三场思想辩论对于中国文化观念的变革起了决定性的作用：一场是全球化的讨论；一场是现代性批判；一场是"软实力"的探讨。正是这三场讨论，熔铸了当下中国文化观念的三个基本要素：中国市场社会观念、中国现代文化性格观念、文化领导权观念。鉴于此，本文通过历史地考察这三场思想辩论，分析这三个基本要素的形成及其哲学内涵。

一、全球化讨论与中国市场社会观念的形成

全球化是一个历史性的概念，它在不同的时期有不同的意义。有人把地理大发现作为全球化的起始，事实上，全球化的意义的真正确定是从 19 世纪后半叶开始的。19 世纪 70—80 年代，西欧资本主义国家建立起了民族国家，有了与资本主义经济相适应的上层建筑，使西欧资本主义国家能够借助国家的力量向西欧以外尚处在前资本主义阶段的东方国家扩张，走向了世界资本主义体系建构的时代，即帝国主义时代，并最终引发了帝国主义战争。为了抵御帝国主义和侵略，维护民族独立，广大的东方国家进行了广泛的民族战争和无产阶级革命，从而形成了世界范围内的民族解放运动，从中产生了一大批社会主义国家，扼制了全球资本主义体系的建立。这可以看做是全球化的第一个时期，也是全球资本主义体系建立的未完成时期；全球化的第二个时期是从 20 世纪 70 年代末开始的，到 20 世纪 90 年代美国建立国际互联网最终确立起来。这两个时期虽然有许多不同的特点，但是，有三点是共同的：第一，全球化本质上是资本主义经济的全球化，也是资本主义世界体系的形成过程，国外市场是资本主义用于实现全球经济一体化的手段，亦是资本主义经济全球化的最重要的基础，西方资产阶级的意志成了实现全球化的强力和保证；第二，全球化是伴随着新技术的运用和新思想的出现而形成，新技术的创造和运用是全球化的物质基础，新思想的出现是全球化实现的可能性和现实性；第三，全球化是包括着经济、政治、文化在内的整体性概念。每一次全球经济一体化的实现，都是靠思想观念的变革而最终实现的，尤其是第二次全球化。

这两次全球化直接地影响了中国经济、政治和文化的发展。推动了中国社会的变革。第一次全球化使中国走上了现代化的道路，并通过革命和战争，建立了自己的民族国家，有了独立的主权。这就是中华人民

共和国的建立；第二次全球化使中国最终摆脱了计划经济体制的纠结，走上了建设市场社会的道路。中国第二阶段的改革主要受第二次全球化观念的主导，因此，我们要了解市场社会何以成为当下中国的文化观念，就必须了解第二次全球化运动的特点及其对中国社会发展的影响。

第二次全球化运动的特点是由它的新技术和新思想决定的。新技术主要指交通和电信领域的技术革新。在交通领域，超级油轮和集装箱船运的出现，大大降低了远洋运输费用，大型喷气式客机和飞机航线管制的放松，降低了工业国的旅行费用；在电信领域，互联网和电子芯片技术的飞速发展，使计算机的体积变小而功率增大，这不仅大大降低了主导资本主义国家的贸易和在发展中国家投资和监管的利益成本，而且加速了国际经济一体化的进程；从新思想看，建立世界市场成为这次全球化的主导观念。这一主导观念的基本观点是由"华盛顿共识"[①] 标示出来的。"华盛顿共识"是指自由市场派、新自由派或正统派等不同派别为了化解20世纪90年代在全球范围内发生的金融危机而达成的两点共识：一是反通货膨胀，要求经济紧缩、减少税收和开支；二是私有化和放宽管制等措施。英国经济学家约翰·威廉姆森把它称为"华盛顿共识"。如果我们分析一下"华盛顿共识"的这两个措施，不难看出，它的核心，就是开放世界贸易，建立世界市场。这样一来，世界市场就成为了主导第二次全球化的观念。在这个意义上，可以说，第二次全球化的核心就是世界市场化。这一思想对包括中国在内的发展中国家的经济、政治和文化发展产生了极其重要的影响。

自20世纪90年代开始，中国学术界展开了全球化的大讨论。这场大讨论的重要理论成果主要在两点上：一是认可这一观点：市场是经济

[①] 关于"华盛顿共识"的材料引自杰弗里·弗里登：《20世纪全球资本主义的兴衰》，上海：上海人民出版社2009年版，第366—368页；关于约翰·威廉姆森本人和其他西方国家的马克思主义学者对"华盛顿共识"的评论而由此展开的对新帝国主义批判，参见何萍、谭丹燕：《国外马克思主义学者视域中的当代资本主义》，见武汉大学中国高校哲学社会科学发展与评价研究中心组编：《海外人文社会科学发展年度报告2007》，武汉：武汉大学出版社2007年版，第496—497页。

资源配置的机制,因此,不能把市场等同于资本主义,社会主义也可以搞市场经济。这就为中国城市的市场化作了理论上的论证和思想上的准备;二是接受了全球经济一体化的概念,提出中国应该加入世贸,使中国的经济融于世界经济体系。① 正是这两个观点推动了中国的进一步改革,从而使中国走上了市场社会的发展道路。这样一来,世界市场就从一个经济范畴上升为一种发展观念,主导着20世纪90年代以来的中国社会改革。

在世界市场观念的主导下,中国社会改革的最大成就,就是推动了城市化的进程。这里所说的城市化,并不是指农民进城,或农村城镇化,而是指的一种生活方式和价值观念的变革。农民进城,或农村的城镇化,是实物性的,不过是一种文化现象,而生活方式和价值观念的变革,是渗透到人们的行为和思想中的,是文化的本质。作为一种生活方式和价值观念,城市化就是要告诉人们什么是城市,什么是城市生活,如何进行消费,如何过城市人的生活。因此,在城市化观念的刺激下,中国的产业结构和人们的生活方式都发生了重大的变化。在产业结构上,一些传统的产业被淘汰了,而一些与高科技相联系的产业发展起来了。同时,一些与文化消费相关的文化产业,如旅游业、广播电视和出版业得到了空前的发展,教育作为产业,不仅走上了普及化的道路,而且一些应用性专业得到了比基础专业快得多的发展,把高等教育由精英教育变成了大众教育。这两个方面的变化对人们的生活方式产生了重要的影响,城市化、消费生活成为人们的生活方式,从而改变了中国社会的结构。

首先,教育、广播电视和媒体等部门的产业化创造了一个文化的中介,主导人们的需求方式、生活方式和生产方式,使人们的需求方式、生活方式和生产方式发生了结构性的变化。就人们的需求方式而言,在

---

① 关于这次全球化讨论的总况和理论成果,参见俞可平、黄卫平主编:《全球化的悖论》,北京:中央编译局出版社1998年版;王东、丰子义、聂锦芳主编:《马克思主义与全球化——〈德意志意识形态〉的当代阐释》,北京:北京大学出版社2003年版。

文化产业化出现之前，人们的需求主要在物质的生活资料方面，而满足需求的方式是通过人与人之间的直接联系实现的，然而，文化产业出现之后，人们需求多样化起来，除了物质消费的需求外，还有对教育、娱乐、旅游、网络、广告、信息等多方面的需求，而且，人们的需求越广泛，他们对广告、信息、网络的需求也就越迫切，这时，人们不论是在获取需求的手段上，还是在精神上，都变得越来越依赖于广告、信息、网络，而广告、信息、网络也就成为人们需求形成和得到满足的中介。需求方式的这一变化引起了人们的生活方式和生产方式的变化。受广告、信息的引导，文化消费成为人们生活中的一部分，于是，以文化消费为主体的行业发展起来，旅游业、娱乐业、网络文化、电视剧等就是在文化需求的刺激下发展起来的。这些文化产业的兴起，打破了原有的以物质生产为中心的单一化的生产体系，形成了融物质生产与文化生产为一体的复杂多样的生产体系。品牌的生产和意识就是这种复杂多样的生产体系的一个标志。它的出现，展示了物质生产对文化的依赖性，即物质的生产只有和文化结合在一起，赋予物质的产品以符号化的特征，才能获得最大的效益。这样一来，物质的生产就变成了文化生产的一种外在的形式，而文化生产成为物质生产的内核。现在，中国人常常用生态文明、绿色食品的字样来标志自己的产品性质，就是这种文化生产的典型表现。文化的需求、文化的生产把广大的人群从政治的领域中分离出来，变成了消费的群体、变成了大众文化的群体。这时，人们的生活方式不再以政治为轴心，而是以消费为轴心，以文化为主导。这就使人们的生活方式发生了深刻的变化。

其次，文化的产业化刺激了以个体为基础的公共领域的建立，从而改变了个人、群体和国家之间的政治结构关系。公共领域是在市民社会的基础上发展起来的。市民社会的兴起是国家和社会分离的标志，也是一个社会由传统向现代转型的标志。马克思在《黑格尔法哲学批判》中就是在这个意义上来定义市民社会的。他认为，市民社会作为现代社会的形式，最重要的标志是民主制的形成、人的个体性的确立。20世纪初，葛兰西根据市民社会的演变和公共领域的出现，又把市民社会提升为一个政治概念，认为市民社会是与国家政治权利相对的伦理政治，而这种伦理政治不同于国家政治权利的一个重要标志在于，它不是以国家机器、暴力为基础，而是以同意为基础。根据这一定义，在市民社会基础上发展起来的公共领域是一个人们不依赖国家而获得个人权利的场所，是一种不同于国家政治权利的新的政治权利。这是问题的一个方面。从另一方面看，公共领域不是市民社会的被动形式，它一旦形成就会对市民社会的发展起着能动的作用。在西方，公共领域的建立刺激了一些非政府组织、非盈利组织的出现，这些组织的出现给个体的发展带来了新的发展空间，也为人们的政治生活创造了更加多样化的形式。中国是一个农业文明的国家，持续数千年的封建制度压抑了中国市民社会的发展。新中国成立后，中国迅速从一个封建集权制的国家转化为社会主义的计划经济体制的国家。在计划经济体制下，国家、集体和个人的利益达到了高度的统一：一方面是国家把人民利益的最大化作为自己的目标，另一方面是个人、集体依靠国家。在这种统一中，社会并没有提出发展市民社会的要求。如果说那个时候有公共领域，那么，这个公共领域绝不是建立在以个体为基础的市民社会的平台上的，它不过是国家统一管理的机构。这种情况一直到20世纪90年代中期以前都没有改变，即使有人在观念上提出这一问题，也没有获得实践上的支持。但是，从20世纪90年代中期开始，情况就不同了。文化的产业化，一方面使传媒开始面向大众，加之网络的发展，为个体的发展提供了技术的平台，另一方面使知识分子成为一个相对独立的群体，获得了新的发展空间。在这个平台上，一些知识分子通过杂志、报刊等多种形式评论有关社会正义和公正的事件，成为公共知识分子，也有一些知识分子开始从事非政府组织和非盈利组织的事业。这两个方面从客观上推动了中国以个体为平台的公共领域的建立，也为中国的民主政治创造了新的形式。比如，现在的网络评论已成为了公众参与社会政治，发表个人意见的场所，而这一场所的出现本身就打破了以往单一化的民主选举模式和政治参与模式，使更多的人能够自由的参与民主政治建设，同时，也培养了公民的民主意识。

世界市场观念及其相伴随的城市化观念的提出，带来了中国社会的巨大变革。但是，这种变革是极不平衡的：在经济领域，由于产业结构的转型，增强了中国的劳动生产率，使中国的经济得到了迅速发展，中国人的生活水平大大提高。据统计，与20世纪80年代相比，中国人现在的生活水平已经提高到原来的3倍。然而，在政治和文化领域，社会管理水平和文化道德的建设却严重滞后，从而引发了种种社会矛盾：首先是经济的快速发展与相应的管理体制滞后之间的矛盾。现在大家都感受到的食品安全、贫富差别、信用制度不健全、官僚极权统治等问题，在很大程度上都是由于管理滞后造成的；其次是文化建设与文化消费的矛盾。文化的产业化需要文化的消费者，或者说，需要消费的群体，这些消费群体的形成，不仅瓦解了精英文化，而且还有许多负面的社会效应。这就对文化的产业化提出了一个严肃的问题：文化产业化的方向是什么？文化产业化为文化的消费群体提供什么样的文化食粮，是健康的文化食粮呢，还是旧的、落后的社会道德和伦理观念呢？

中国经济、政治和文化的不平衡发展以及由此产生的种种矛盾，从根本上来说，是由我们的现有的市场社会观念造成的。不可否认，经过30年的市场经济建设，中国已经有了市场社会的概念，而且已经深入人心，但是，我们现有的市场社会概念是经济学的，而不是文化哲学的。根据经济学的概念，市场社会只具有经济的功能，因此，市场社会的问题只要制定出新的对策就能解决了，这显然是对市场社会的一种片面的理解。与之不同，从文化哲学的观点看，市场社会是一整套的价值系统，这个价值系统是由一系列的价值有效性判断构成的，这些价值有效性判断就构成了市场社会中的经济、政治和文化的规范，包括对市场社会的道德和意识形态的要求，也包括了对人的人格的改造。这就意味着，市场社会的建设仅有市场经济体制是不够的，它更重要的是要通过哲学的批判，建立起一整套的合理的价值系统，并按照这个价值系统的规范，建立起经济、政治和文化体制相互协调的运行机制。只有这样，中国市场社会的建设才能得到健康发展。但是，这样一来，市场社会就不再是一个经济学的概念了,而成了一种文化观念,成为了文化哲学的研究对象。

二、现代性批判的开展与中国现代文化性格观念的建构

如果说市场社会观念的形成经历的是由实践而思想的道路,那么,中国现代文化性格观念的建构则是直接在思想的批判中完成的,而这种思想的批判,就是现代性批判。

现代性批判源于西方思想世界。在西方,现代性的概念是在两层意义上被界定的:一层是在思维结构的意义上被界定为现代化的理性结构和精神力量;另一层是在人的生存方式的意义上被界定为晚期工业社会的本质。所谓晚期工业社会,按照霍克海默的观点,就是一个技术普遍化的社会,一个由技术的普遍化创造出国家极权主义和大众文化的社会,一个受着可计算性和文化符号支配的社会,因而也是一个文化异化的社会。文化异化是晚期工业社会的人的生存状况,又是启蒙运动的理性结构的实现,因此,要走出当代社会的文化异化,就必须反思和批判支配启蒙运动的理性结构和精神力量。霍克海默对晚期工业社会的这一定义,揭示了现代性的两重意义之间的关联:现代化的理性结构和精神力量在晚期工业社会获得了不同于工业社会的形式和内容,而晚期工业社会又是现代化的理性结构和精神力量的充分表现。这种关联表明,晚期工业社会与工业社会之间存在着深层的思维结构上的联系,由于有了这种联系,人们若要了解晚期工业社会的本质,要知道晚期工业社会从何而来,走向何处,就需要反思支配启蒙运动的内在精神和文化观念。这样,现代性批判就穿透了现代化的物质进步现象,进到了对现代化的精神本质的探究,从而为人们批判当代社会的文化异化提供了认识论的根据。

中国学术界对现代性的研究,经历了一个由理论研究到认识论研究的过程。20世纪80—90年代,是中国学术界接受和研究西方的现代性理论的时期。在这一时期,中国学术界对现代性的研究主要停留于对西

方现代性理论的评介上,带有很强的西方思潮研究的特点。进入新世纪后,一些研究中国启蒙思潮的学者①和研究中国哲学史的学者转入了对现代性的认识论研究,力图把现代性的一般方法论从西方的现代性内容中抽象出来,加以改造,使其成为反思中国现代化中的启蒙精神、揭示中国的现代性特点的"新工具"。不仅如此,这些学者还把中国市场社会中出现的思想混乱和价值缺失问题作为中国现代性研究的内容,以此为研究的逻辑起点,总结20世纪70年末以来的中国思想变革运动的得失,探讨革命观念对于中国启蒙思想的积极的和消极的影响②,或者上溯到20世纪初以来的思想变革,探讨西方近现代思想中自由、平等、进化、科学等观念与中国传统文化之间的关联与断裂,以此阐发中国现代性的特点。③ 这些研究虽然路向不同、观点不一,但都是围绕着中国近现代哲学及其内在精神的讨论展开的。

如果把这一研究与先前的中国哲学史研究的主流作一个比较,这场讨论对于中国文化观念建构的意义就凸显出来了。先前的中国哲学史研究,虽然也有对中国近现代哲学的专门研究,但在主流上,还是以研究中国古代传统哲学为主,在研究方法上,也多是以人物思想和流派、断代史和通史研究为主,很少有以问题来穿透一个断代的哲学思想的,把中国哲学史与当代中国思想变革直接联系起来加以研究,更是不多见。正因为此,中国传统哲学与当下的中国哲学、中国文化似乎毫不相干,

---

① 近年来,中国启蒙思潮的研究成了一个相对独立的领域,也有了一个广泛的群体,这个群体并不局限于中国哲学或西方哲学,甚至哲学界,所以,在这里特别列出。

② 金观涛和刘青峰的《观念史研究》一书以革命观念为主线,分析了中国的现代化精神与中国传统文化之间的关系,其不同于俄国革命、不同于西欧革命的特点,说明了革命观念在30年来的思想变革运动中所经历的变化及其当代起作用的方式,等等。在该书的导论部分,作者阐发了观念史研究对于认识当下中国思想现状的意义。参见金观涛、刘青峰:《观念史研究》,北京:法律出版社2009年版,第1—3页。

③ 参见高瑞泉主编:《现代性视野中的思潮与观念》,上海:上海古籍出版社2010年版。该书收录的论文中,大部分是以现代性为思维路向探讨中国近现代思想与中国传统文化之间的关系;高瑞泉还在《华东师范大学学报》2011年第2期发表《观念史何为?》一文中,明确地提出了观念史研究的课题,并作了专门的理论分析。

研究中国哲学史只具有学术意义，而不具有现实意义。与此不同，现代性的讨论，第一次以问题为主线，以反思中国近现代哲学精神为主题，探讨中国近现代哲学在勾连中西古今思想传统中的地位和作用，阐明中国现代文化性格是如何在这种勾连中建立起来的。这一研究不仅充分地展示了中国近现代哲学研究的现实意义，而且还多视角地揭示了中国现代文化的性格，阐明了这种文化性格是如何支配着20世纪以来中国人的思维方式、行为方式和生活方式的，又是以什么样的方式对近30年的社会变革起作用的，以及它自身发生了什么样的变革，它的缺陷何在，等等。如此一来，中国现代文化性格就在中国现代性的批判中上升为一种哲学观念，从不同的方面渗透到当代中国的文化建设之中。

然而，把中国现代文化性格上升为一种文化观念，绝不是在启蒙哲学和中国哲学史的研究中就能完成的。在这其中，中国马克思主义哲学对现代性的批判起了决定性的作用。应该承认，中国马克思主义哲学的研究者在开展现代性批判时，并没有明确地以中国近现代哲学与中国现代文化性格为主题，因此，对中国现代文化性格的说明也远不如启蒙哲学的研究者和中国哲学史的研究者那样直截了当和深入细致，但是，中国的马克思主义哲学研究者却以自己的研究方式切入了这一主题，并使中国现代文化性格在实践上成为了当下中国人的思维方式、行为方式和生活方式。这一点要归功于西方马克思主义哲学的传入和马克思主义文化哲学的研究。

西方马克思主义哲学作为一个概念出现在中国，严格地说，是从20世纪80年代开始的。在20世纪80年代以前，葛兰西、卢卡奇等人只被看做是个别的现象，并没有作为一种学派或思潮去研究，更没有把他们归到西方马克思主义哲学里去研究。20世纪80年代，中国学术界开始大量的翻译葛兰西、卢卡奇、法兰克福学派、阿尔都塞等人的著作，并把他们归于"西方马克思主义"名下加以研究。当时，中国学术界还围绕着"西方马克思主义"是不是马克思主义这个问题展开了激烈的争论。参加争论的各方，不论观点有多么不一致，但都是在原有的辩证唯物主义和历史唯物主义的理论框架中谈问题，这就大大限制了人们认识西方马克思主义哲学的视野，使人们看不到西方马克思主义哲学中的文化哲学传统及其有关现代性批判的内容。直到90年代中期，随着中国城市化运动的开展，中国学术界开始接受西方马克思主义哲学家们有关现代性批判的观点，开始从一个新的角度来研究西方马克思主义哲学。从这时开始，西方马克思主义哲学的传入进入了一个新的阶段。与20世纪80年代相比，这一时期翻译的西方马克思主义哲学家著作，很少是有关宏观革命和历史唯物主义、认识论等一般问题的论著，而是集中在现代性批判和消费社会研究、后马克思主义有关当代社会主义民主建设和文化批判等方面的论著。这一过程在实践上呈现出了中国人的文化观念的变化，也就是说，中国人不再把革命作为自己的文化观念，而是接受了市场、消费的文化观念了，而在理论上则为中国学者研究中国现代文化性格及其变化提供了丰富的理论资源和方法论的借鉴。

文化哲学是在反思启蒙哲学理性中产生出来的。维科是文化哲学的创始人之一，他的《新科学》是文化哲学的开山之作。在《新科学》中，维科批判了笛卡尔开创的近代科学理性的哲学传统，创造了以现代历史科学为基础的人文主义的哲学传统，从而开出了不同于法国启蒙哲学的新的哲学传统。这个哲学传统，既有启蒙哲学的特点，坚持理性的建构，又包含着对法国启蒙哲学的片面理性的批判，隐含着现代性批判的课题。正是这样，随着现代性批判的展开，维科的文化哲学取代了笛卡尔哲学，成为西方世界的显学，他的《新科学》也成为人们开展现代性批判的重要思想资源。中国人早在20世纪初就接受了维科的文化哲学，并且一开始就把它运用于建构中国现代化的理性精神。它的代表人物是李大钊。李大钊是中国共产党的早期领导人，也是中国的第一个马克思主义哲学家。他在传播和研究马克思的唯物史观时，尤其重视维科的哲学。他在《史学思想史》一书中高度评价了维科的名著《新科学》："韦著《新科学论》之所谓新科学，以现代的学名名之，可以看做与社会学的名目及其内容相等的东西。他的著作，是由社会学的见地，论究国民的起源、发达、衰颓、灭亡的东西。国民便是此新科学的对象。他把国民的起源、发达、衰颓、灭亡，从人间历史的经验的事实归纳，以图于此树立人类性之道德的原理、政治的原理、权利的原理、法律的原理。这样子得的原理,实力历史的真要素。"① 从李大钊的这段文字看,李大钊是把维科当做历史学家、社会学家,因而,他把维科的《新科学》定义为历史科学。他也从这一角度来阐发维科与马克思的唯物史观之间的关系。他说:维科的研究方法,"既为经验的归纳法,故其锐利的观察力,往往带唯物的倾向。此点与黑格尔全然相反,颇有马克思派的倾向,以唯物史观的原理或仅由物质的方面解释欲望说的原理为主"②。由此得出的结论是:"韦柯(即维科——作者注)是社会学的先驱者,是历史哲学的建设者,是唯物史观的提倡者。"③ 李大钊联系维科哲学来阐释马克思的唯物史观,赋予了中国马克思主义哲学以现代性批判的文化性格。因此,中国的思想启蒙,在马克思主义者看来,是一场深刻的文化变革运动,这场变革运动,既是对中国社会结构的变革,也是对中国人的心理结构和文化性格的改造。这就构成了中国马克思主义的启蒙传统。但是,这个传统并没有成为中国马克思主义的正统。在中国,成为正统的中国马克思主义哲学,并且真正支配着中国现代化进程的,是具有科学主义特征的认识论。正是这样,在20世纪80年代初,当中国开始第二次思想启蒙运动时,维科的《新科学》再度引起了人们的关注,成为破除中国旧的哲学观念的思想资源。当时,在对维科哲学的研究中,最具有代表性的人物是朱光潜先生。1982年,朱先生完成了《维科》一文。在这篇文章中,朱先生全面地介绍了维科的思想,其中,特别论述了维科对近代西方哲学、马克思主义哲学和中国美学界的影响。他指出,维科的"认识真理凭创造"以及"人类历史是由人类自己创造的"论断是哲学思想发展中的一个翻天覆地的变革,以往人们忽视维科的思想,就是没有认识到这一思想对于变革笛卡尔哲学传统的意义,更没有认识到这一思想对于理解马克思主义哲学的意义。事实上,

---

① 《李大钊文集》第3卷,北京:人民出版社1999年版,第282页。
② 《李大钊文集》第3卷,北京:人民出版社1999年版,第282页。
③ 《李大钊文集》第3卷,北京:人民出版社1999年版,第282页。

维科所阐发的实践认识论恰好是与我国的认识论变革方向是一致的。①朱先生对维科认识论传统的阐发,揭示了 20 世纪 80 年代中国学术界开展认识论研究的意义和学术走向,而真正完成了这一学术走向的,则是这一时期兴起的文化哲学和价值哲学研究。不仅如此,文化哲学和价值哲学的研究始终是沿着批判科学的理性,建构文化理性的方向发展的。进入新世纪之后,中国学者开始联系现代性批判研究维科哲学。这种研究的一个重要路向,就是把维科放到启蒙哲学中去考察,揭示启蒙哲学的另一种传统。何卫平在《人文主义传统与文化哲学——以维科为基点的两个层面的透视》一文中,把维科置于启蒙哲学的背景下加以评价,强调维科的文化哲学既是自古希腊开始的人文主义哲学传统的继承和发展,又是现代哲学的奠基人;作为现代哲学的奠基人,维科开启了现代性批判的传统,因此,研究维科哲学的目的,就是反思中国的现代性,更正长期以来我国在启蒙哲学研究中只讲法国启蒙哲学,不讲德国、意大利和英国启蒙哲学的片面性,从而深化了我国的现代性批判理论。②除此之外,这一时期的维科哲学的研究还有一个重要的现象,就是维科的其他著作开始陆续的译成中文。比如,维科的《论人文教育》、《论意大利最古老的智慧——从拉丁语源发掘而来》等都被译成中文。译者在前言中强调,翻译这些著作,是为了让人们更全面地了解维科哲学,更深入地研究维科哲学,了解维科哲学对于现代性批判的意义。

研究维科哲学只是中国文化哲学研究的一个方面,除此之外,中国文化哲学的研究还有很多方面,有文化哲学的认识论研究,有文化哲学的本体论研究,有文化哲学的美学、政治学的研究,这些研究从不同的方向触及了中国的现代性,也从不同的方面呈现了中国思想变革的轨迹:从对现代化的渴求到现代性批判,中国人的精神世界正在走出科学主义的思维藩篱,走向现代人文精神,从崇尚近代理性主义转向崇尚现

---

① 朱光潜:《维科》,见《西方著名哲学家评传》第 5 卷,济南:山东人民出版社 1984 年版,第 602—606 页。

② 该文发表于《光明日报》2011 年 2 月 15 日(理论·学术版)。

代文化理性。这些都构成了当下中国的文化性格,文化哲学的研究体现了中国人对当下中国文化性格的自觉意识。

三、"软实力"的探讨与文化领导权观念的确立

"软实力"的概念是由原美国国防部部长助理、哈佛大学肯尼迪政治学院院长约瑟夫·奈明确提出来的。他说:"一个国家的综合国力,既包括由经济、科技、军事实力等所体现出来的'硬实力',也包括以文化和价值观念、社会制度、发展模式、生活方式、意识形态等的吸引力所体现出来的'软实力'。"仔细地分析这一定义,我们就会看到,约瑟夫·奈的"软实力"概念实际上是为当今美国在世界范围内实行意识形态霸权作理论论证。因为他在把"软实力"作为衡量一个国家的综合国力的尺度的时候,实际上隐藏着这样一个前提:综合国力强的国家必然在文化和价值观念上也是最先进的,文明程度最高的,因此,该国家文化和价值观念必然具有普世性,必须要引领综合国力弱的国家的文化和价值观念,反过来,综合国力弱的国家必须接受综合国力强的国家的文化和价值观念;在当今世界,美国无疑是综合国力最强的国家,因此,美国的文化和价值观念应该成为世界的文化和价值观念。这就是美国的文化和价值观念具有普世性的根据,也是美国能够在世界范围内实行意识形态霸权的理由。如果从20世纪90年代以来的世界格局变化看,可以说,约瑟夫·奈的这一定义又是对20世纪90年代以来的全球化运动的新阐释。这个定义表明,20世纪90年代以来的全球化运动的一个重要特点,就是占主导地位的资本主义国家通过文化与信息的结合来重建世界资本主义体系。在这里,文化是占主导地位的资本主义国家的文化和价值观念,信息是占主导地位的资本主义国家传播自己的文化和价值观念,以征服其他国家的技术载体,因此,文化不是技术的附属品,而是技术的主导,人们掌握信息,不是指掌握了信息的技术,而是指掌握了这个信息中所拥有的文化。这种文化和信息的结合,就是当今全球化的特点,而"软实力"概念就是信息时代全球化特点的表达。在这个

意义上,"软实力"的核心,是文化的软实力,本质上是用以表达世界文化领导权的概念。

"软实力"的概念一经传入中国,就引起了中国人的高度重视。中国学术界从两个方面开展了对"软实力"的探讨:一个方面是开展对文化软实力的综合性研究;另一个方面是重新研究葛兰西的文化领导权理论。

在文化软实力的综合性研究方面,中国社会科学规划办公室在2008年至2009年间,专门设置了国家社会科学基金重大项目:"文化软实力研究",组织相关专家对这个课题进行综合性的研究。在这一研究中,中国学者多方面地探讨了文化软实力的问题:有的学者从基本定义的角度厘清国家文化软实力的内涵与外延及其演变研究;有的学者从政治学的角度研究我国的文化制度、文化政策的制定与提高国家文化软实力问题;有的学者从传播学的角度研究文化软实力的传承和大众传播问题;有的学者从哲学的角度研究中国传统文化与建设中国文化软实力的关系;有的学者从国际政治的角度研究中国外交政策与提高中国文化软实力的关系。这些研究虽然问题不同,侧重点不同,但都突出了文化软实力的中心点,即文化软实力充满了世界意识形态的霸权,面对西方主导资本主义国家意识形态的冲击,中国应该建构起属于自己的意识形态和话语权并使之具有全球性。这样一来,世界文化领导权的观念就进入了中国的文化研究系统,成为中国文化观念的一个基本要素。[1]

随着文化软实力研究的开展,葛兰西的文化领导权理论再度进入了中国学者的视野,成为近年来中国文化哲学研究的热点课题。根据中国知网统计,近5年来,中国发表的有关葛兰西文化理论研究的论文达378篇,其实这个数字是很不完全的,因为我所读到的一些相关的重要论文都未统计进去。除此之外,有关葛兰西的专著、博士和硕士论文也有数十部;在西方马克思主义哲学的专著和教材中,葛兰西的哲学也都

---

[1] 见肖庆、张敬华:《国家重大项目"文化软实力研究"启动》;黎庶乐:《文化不是文化软实力的载体》,载《社会科学报》2009年7月2日。

占有相当大的篇幅。这两年有关葛兰西思想的专题性的国际和国内的学术会议也不少。从这些论文、著作以及葛兰西思想专题研究会议的论文集看,这一时期的葛兰西哲学研究不仅比 20 世纪 80 年代的葛兰西哲学研究视野广阔得多,而且研究的重心也根本不同。20 世纪 80 年代,中国的葛兰西哲学研究主要集中在对葛兰西的实践哲学的解释上,并且占主流的是以传统的唯物主义和唯心主义对立的模式来评价葛兰西实践哲学的性质[1],即使是褒扬葛兰西意识形态理论的论著,也主要是以主—客体二元对立的哲学研究范式将其定义为主体性哲学[2]。与之不同,近 5 年的葛兰西哲学研究主要集中在葛兰西的文化领导权和文化批判理论上,其研究的范式也不再是传统的马克思主义哲学的唯物主义和唯心主义对立的模式,或主—客体二元对立的哲学研究范式,而是当代的文化批判的研究范式,而且其研究的领域非常宽泛:在哲学领域,大多数的学者都是从葛兰西主义的视角研究葛兰西的文化领导权的内在结构及其与后现代主义哲学思潮、与英国文化派之间的关系,阐发葛兰西的文化领导权理论的当代价值,明确提出:直到现在,葛兰西的时代才真正到来[3],也有的学者把葛兰西的文化领导权理论与列宁和毛泽东的文化领导权联系起来,进行比较研究;在文学领域,中国学者开始联系大众文化及其传播和消费文化的课题,研究葛兰西文化批判理论的转向及其当代意义;在政治学领域,中国学者主要联系当代中国意识形态的文化领导权问题,阐发葛兰西文化领导权理论的当代价值;在国际关系学领域,中国学者从国家理论的高度重新审视葛兰西的文化领导权理论,从理论上分析了葛兰西的文化领导权理论对于思考当代世界霸权问题和制定中国对外政策的意义。由此可见,近年来,中国学者重视葛兰西的文化领导权理论是出于解答当代中国的意识形态问题和世界霸权问题的需

---

[1] 参见徐崇温:《〈实践哲学〉中译本序言》,见葛兰西:《实践哲学》,重庆:重庆出版社 1990 年版,第 1—32 页。

[2] 参见欧阳谦:《人的主体性和人的解放——西方马克思主义的文化哲学初探》,济南:山东文艺出版社 1986 年版,第 68—74 页。

[3] 何萍:《论葛兰西的文化/权力分析模式》,载《天津社会科学》2012 年第 5 期。

要。这些研究不仅揭示了葛兰西文化领导权理论的当代价值,而且把文化领导权和意识形态建设的问题提到了建设社会主义强国的高度,在这一过程中,文化领导权的观念也成为了中国文化观念的一个不可匮缺的因素。

对文化领导权的深入研究,大大提升了中国人对文化的认识。党的十七大和十八大都把文化建设作为建设中国强国的一个重要指标;2012年,国家社会科学基金的重大项目立项总计231项,其中文化类的立项就达到35项,从立项的课题名称看,有17项都是围绕着建设社会主义文化强国的问题展开的,余下的18项基本上是探讨文化产业及其对于提升市场社会竞争力的意义等方面的问题。[①] 这些表明,中国社会正在经历由重视生产力的发展到重视思想的建设,从重视物质的、经济的发展到重视文化的发展和观念的转变。这种转变绝不是轻视经济在社会发展中的作用,而是要提升中国经济发展的品质。在这个意义上说,当前所开展的文化研究不过是对先前的片面经济发展观的一种修正,就文化观念的研究来说,就是要协调当下文化观念各要素之间的关系,形成有机协调的整体文化观。

(作者何萍系武汉大学哲学学院教授、武汉大学西方马克思主义哲学研究所所长、马克思主义理论与中国实践协同创新中心研究员)

---

① 见全国哲学社会科学规划办公室:《国家社会科学基金年度报告》,北京:学习出版社2013年版,第237、239—240页。

三

学术争鸣

唯物史观视阈中的功利主义*

袁凌新

[摘 要] 功利主义具有悠久的历史传统。它不仅是一种片面的个人主义逐利倾向，而且还包含同情别人、奉献社会、促成最大多数人最大幸福的伦理思想。而且，它不仅是一种伦理思想，更是与经济学、政治学、法律与社会学的融合。或者说，功利主义起初是人们的一种心理状态，后来发展成为有意识的伦理学说，它极大地激发了人们对于世俗利益和幸福的追求，也极大地推动了社会进步。从这个意义上说，它极大地影响了社会的经济、政治、道德和法律面貌。尽管它在诸多理论家心目中并不神圣，甚至经常遭致批判，但它在市民社会中成为显耀的意识形态。依照唯物史观，功利主义既是推动个人与社会发展的巨大动力，似乎又作恶多端。在社会主义市场经济体制中，同样需要警惕"未启蒙的利己主义"。

[关键词] 功利主义；唯物史观；积极；消极

一、功利主义的溯源

功利主义的理论渊源可以上溯到古希腊的快乐主义伦理学说。昔兰

---

* 本文系河南省哲学社会科学规划项目"政治经济学批判范式中的马克思实践哲学研究"阶段性研究成果，项目编号：2012BZX006。

尼学派以感觉为标准来判定善，他们认为趋乐避苦是人的本性，快乐即善。他们甚至主张："快乐即使是从不光彩的行为中产生的，也是善的。因为即使行为是不合理的，但产生的快乐却是人们所希求的，因而是善的。"① 昔兰尼派的快乐论，被晚期希腊伊壁鸠鲁的幸福主义所继承，它的理论出发点是原子式的个人存在，国家和社会团体的存在是出于人们的契约，是为了维护个人的利益不受侵害，这体现一种功利主义的思想。但这种功利主义同样蕴含了对人性道德伦理的讨论。文德尔班认为，道德伦理的问题主要体现在："道德的内容是什么？我们怎样认识道德的内容？伦理命令的合法性基于什么？什么使人采取道德行为？"②在近代，这些问题集中体现出功利主义的实践哲学："个人欲望的满足被提高到作为伦理功能的价值标准。以此原则为基础而树立起来的实践哲学体系就是功利主义，功利主义多样化的发展构成这些思想复杂循环的旋转中心。"③ 查尔斯·泰勒提出，在17世纪末18世纪初，西方出现了一种新的道德秩序，主要有四个相互关联的原则：首先是个人（利益）先于社会的观念，这颠覆了前现代的亚里士多德整体大于部分的信念。其次，现代政治制度为个人利益服务，提供安全保障，促进交换和繁荣。第三，政治社会的组织原则是为了维护个人权利。个人首先被理解为权利的自主承担者。第四，平等地向所有个体确保他们的权利、自由和互惠利益。④

尽管近代功利主义实践哲学没有关于实践的显性话语，但它更具有现实的实践性。近代功利伦理实践观的形成和发展源自英国经验主义思想家培根和霍布斯等人，集大成者是英国思想家边沁和穆勒，并且和古典政治经济学有紧密的、千丝万缕的联系。培根认为个人利益和自爱是道德的基础，是公共福利的源泉。他甚至告诫人们不要做太仁慈的傻

---

① 苗力田：《古希腊哲学》，北京：中国人民大学出版社1989年版，第229页。
② 文德尔班：《哲学史教程》下卷，北京：商务印书馆1993年版，第689页。
③ 文德尔班：《哲学史教程》下卷，北京：商务印书馆1993年版，第690页。
④ 参见查尔斯·泰勒：《本真性的伦理》，上海：上海三联书店2012年版，中文版导言第8页。

子，不要在做好事时毁了自己，社会公共利益只是可被复制的肖像，是一个抽象的利益，只有个人利益才是根本的、具体的、现实的利益。① 实际上，培根提倡的是理智的利己主义，即在合理的利己主义的基础上把利己和利他、自爱和爱人协调起来。霍布斯的功利论是从探讨关于善恶的伦理开始的。霍布斯认为善恶并非来自事物的本质，事物本身并无善恶。善恶只与人，而且是与个体的感性的人相关，它来源于人欲望和嫌恶的生理感受性。如快乐能促进生命运动，使人所欲望的；痛苦给人带来生理痛楚，是人所嫌恶的，所以快乐是善，痛苦是恶。霍布斯的善恶观是以人的自然本性为基础，以趋利避害为轴心，并从这一善恶观出发，分析考察其人性观的。霍布斯认为，争强好胜是人的自然本性。产生这种本性的原因在于人们竞争以求利；猜疑以求安；侵犯以求荣。这求利、求安、求荣的欲望归结起来就是人的权势欲。它使人们得其一、思其二，死而后已，永无休止。这是全人类的普遍倾向。霍布斯认为，人的本性天然是自保的、利己的，就像自然事物的属性一样不能消灭，人的自保自利行为并非罪恶。但是每个人以自我为中心的利己主义必然与其他人产生冲突，这就是一切人对一切人的战争的丛林状态。为了避免这种战争最终毁灭自己，就要在人们之间缔结和平的契约，这样，国家就产生了。国家是功利主义者为了满足自己需要而发明的最精巧的机构。所以，并不存在抽象的社会和国家的利益，国家只是满足个人需要的结果。

边沁的功绩是把功利主义进一步系统化了。他认为："自然把人类置于两个至上的主人——'苦'与'乐'——的统治之下。只有他们两个才能够指出我们应该做些什么，以及决定我们将要怎么做。"② 边沁以苦乐原理为基础，提出把"最大多数人的最大幸福"作为最高的道德原则，"功利原则是这样一个原则，它根据增加或减少当事人的幸福的倾向来认可或拒绝一种行为，我指的是任何一种行为，不仅包括任何私人

---

① 参见周辅成编：《西方伦理思想史》上卷，北京：商务印书馆1987年版，第575页。
② 周辅成编：《西方伦理学名著选辑》下卷，北京：商务印书馆1987年版，第210页。

行为,也包括政府的任何措施"①。所谓功利,意指"一种外物给当事者求福避祸的那种特性,由于这种特性,该外物就产生利益、快乐、善或幸福等"。所谓"最大幸福"原则,即指"凡有利益攸关的人们的最大幸福……是人类行为的正确的适当的目标,并且是唯一正确的适当并为人们普遍欲求的目标"。②在《政府片段论》中提出"最大多数人的最大幸福是正确与错误的衡量标准"③,以这一原则作为功利原则。在他看来,"最大幸福"原则能够清楚地表明苦和乐的观念,同时又会使人们想到所涉及的利益攸关的人的数目,因而能够简单有效地说明功利原则的实质。边沁认为,实现个人利益的最大化,要以"最大多数人的最大幸福(the greatest happiness of the greatest number)"的实现为目标,即个人利益的最大化是动机和起点,社会利益的最大化是目标和归宿。但是边沁把私人利益看做整个利益的核心和基础。在边沁看来,只有一个个单独个人的存在才是唯一真实的存在,社会不过是由一个个单独个人组成的,是一个个人的简单相加。边沁认为"社会是一种虚构的团体,由被认作其成员的个人所组成"。社会利益、社会幸福不过是"组成社会之所有单个成员的利益总和"④,个人利益是唯一现实的利益。边沁思想毫无疑义是功利主义的个人主义本质的坦白自述。所谓最大多数人的最大幸福,无非是号召每个人都去尽力追求私利,这种追求也就是在追求最大多数人的最大幸福,边沁称之为"文明的利己主义"。因此,在功利主义看来,伦理思考的对象应从个人入手,从个人出发去规定社会的伦理模式,而不应从社会出发去界定个人的伦理价值;个人利益比社会利益更真实、更具体,是社会利益的基础;个人幸福比社会幸福更重要、更直接,是社会幸福的前提。但是,边沁的功利主义思想存在着难以协调的矛盾:既然从个人主义出发,追求和实现个人利益的最大化,那就不可能实现社会利益的最大化,社会理想也就变成了一句空话;反

---

① J. Bentham, Utilitarians and Other Essays, pp. 17 – 18, Penguin, 1987.
② 边沁:《政府片段论》,北京:商务印书馆1987年版,第85、86页。
③ 边沁:《政府片段论》,北京:商务印书馆1987年版,第92页。
④ 周辅成编:《西方伦理学名著选辑》下卷,北京:商务印书馆1987年版,第212页。

之,要使社会利益得到最大化,就不能保证个人利益的最大化。这样一来,个人利益的最大化也就落空了。

约翰·穆勒赞同边沁"最大多数人的最大幸福"这一功利主义的最高伦理原则,他强调说,"我必须重申,构成功利主义的行为对错标准的幸福,不是行为者本人的幸福,而是所有相关人员的幸福"①,而且他强调,当公共幸福与个人幸福发生矛盾时,应以公共幸福为重。穆勒认为,功利主义道德不只是表现为趋乐避苦,还表现为为别人利益而做的自我牺牲,它作为"功利主义者的道德观念,承认人类有能力为他人的好处而牺牲他们自己最大好处"。因此,"功利主义所夸奖的自我牺牲是献身于他人的幸福"。② 穆勒的功利主义思想在某种意义上比边沁更全面、更具理性。

功利主义不是一种完全超越或脱离社会现实的一种纯主观的伦理学说,它揭示了资本主义社会人与人之间的实际关系,从本质上来说是经济利益关系的一种抽象描绘,亦即在资本主义经济基础上产生出来的一种意识形态。马克思和恩格斯指出:"把所有各式各样的人类的相互关系都归结为唯一功利关系,看起来是很愚蠢的。这种看起来是形而上学的抽象之所以产生,是因为在现代资产阶级社会中,一切关系实际上仅仅归结于一种抽象的金钱和牟利关系。"③ 因此"功利论至少有一个优点,即表明了社会的一切现存关系同经济基础之间的联系"④,可以说,功利主义是古典政治经济学的哲学基础和"心照不宣的前提",政治经济学是关于这种功利论的真正科学。⑤ 功利主义伦理学说也只有通过资产阶级的政治经济学,才能凸显出它的现实实践性质,才会有功利主义

---

① 约翰·穆勒:《功利主义》,上海:上海世纪出版集团2008年版,第17页。
② 周辅成编:《西方伦理学名著选辑》下卷,北京:商务印书馆1987年版,第252页。
③ 马克思、恩格斯:《德意志意识形态》(节选本),北京:人民出版社,2003年版,第114页。
④ 马克思、恩格斯:《德意志意识形态》(节选本),北京:人民出版社,2003年版,第119页。
⑤ 马克思、恩格斯:《德意志意识形态》(节选本),北京:人民出版社,2003年版,第114页。

的实践哲学。

英国是近代资产阶级功利主义思想的摇篮和园地,它的经济基础是工业革命以及与其相适应的商品经济结构,其政治条件是资产阶级的政治民主主义和自由主义,其文化背景是以社会公正、民主和自由秩序为理想的个人主义道德精神。功利主义从自然与神的权威走向人类中心主义,周围的环境为人服务,一切自然因素、科学技术、国家、社会、组织都要围绕人这个中心来解释。人类中心主义随后演变为个人主义,强调人的个体性,更强调追求个人的幸福和个人利益的满足。相对于亚里士多德强调的人的社会性,功利主义强调的人性基础是人的自然本性、物质性、本能欲望、情感,即产生于人的生物性。在功利主义者看来,趋乐避苦、趋利避害、追求外在物质利益、感官快乐、自然欲望的满足,是一切自然生物,其中包括人在内的一种普遍的共同规律。因此,人的自然性、生物性是快乐欲求,是功利主义产生的人性根据。功利主义正是从这种自然人性论出发,把人的一切活动都归结为满足个人的私欲、外在物质利益的活动,一切以求取个人利益和幸福为原则。

功利主义是社会与人的发展历史客观状态的主观映现。古代社会,个体的人应对和改造外部世界的能力还比较原始,个人能力的局限性使他们必然结合为整体,共同应对环境的挑战。这时期,显然国家、社会等团体的功能大于个体,整体是部分的本质和生存条件。个体"嵌入"(embedding)于整体之中,个人要服从于整体的权威,这个权威往往体现为首长、国王等,后来马克思把这一阶段称之为人依赖于人的阶段。尽管古希腊出现了民主共和的体制,但仍然处于萌芽阶段,并不具有普遍性,更不具有社会大众的主导文化观念。社会历史有其自身的运动逻辑,随着科技的进步,生产水平的提高,人类改造世界的能力愈加增强,人类对自身愈加自信,随后有了对神的勇敢否定和对自身幸福的快意追求。这个阶段不到一百年间创造的物质财富超过了过去一切时代的总和,社会发展突飞猛进,人类在这个基础上变得空前自由起来,人的个体、个性在物质财富的基础上愈发突显。这是一个个人主义的"大脱嵌"(great disembedding)时代。建立在近代商业社会基础之上的伦学,并不否定通过个人利益与公共利益的经济与法律的协调,从而为个人实现美德生活提供一种可能。尽管这种美德生活是有限度的,但却是现实可行的。也就是说,功利主义实践哲学勇敢地追求个人利益,但又试图使这种活动不至于偏离道德的轨道。故此,功利主义,至少就理论而言,仍然有其规则。这个规则的重要体现就是仁爱、公共的道德情感和正义,这个规则强调社会的、公共的效用,它是一种警戒性和防备性的德性原则。"人类的幸福和繁荣起源于仁爱这一社会性的德性及其分支,就好比城垣筑城于众人之手,一砖一石的垒砌使它不断增高,增加的高度与各位工匠的勤奋和关怀成正比。人类的幸福建立于正义这一社会性的德性及其分支,就好比拱顶的建造,各个单个的石头都会自行掉落到地面,整体的结构惟有通过各个相应部分的相互援助和联合才支撑起来。"① 就公共的道德情感而言,"他人的幸福和苦难并不是与我们完全漠不相关的景观;他人的幸福不论在其原因或结果上的景象,都像灿烂的阳光或精心耕种的田野景色(不把我们的主张提得更高),给人以内心的欢乐和满足;他人的苦难的现象,则像一片低垂的乌云或贫瘠的风景,给想象力投上一抹抑郁的阴沉。"②

二、唯物史观对功利问题的批判

在现实中,功利主义毁誉参半,它既高贵又可悲。"那是最美好的时代,那是最糟糕的时代;那是智慧的年头,那是愚昧的年头;那是信仰的时期,那是怀疑的时期;那是光明的季节,那是黑暗的季节;那是希望的春天,那是失望的冬天;我们全都在直奔天堂,我们全都在直奔相反的方向……某些最喧嚣的权威坚持要用形容词的最高级来形容它。

---

① 休谟:《道德原则研究》,北京:商务印书馆2001年版,第156页。R. B. 布兰特在其1959年的著作《伦理学理论》中提出了"规则伦理论"。他坚持认为,与传统的行为功利论相比,规则功利论是一种更为可取的观点。规则功利用功利原则来检验道德规则的正当性,然后以规则行为判断具体行为的标准。它更为注重社会道德规则体系的重要性。

② 休谟:《道德原则研究》,北京:商务印书馆2001年版,第95页。

说它好，是最高级的；说它不好，也是最高级的。"① 这个时代的关键词就是人类中心主义、个人主义（原子主义）、资本主义（逻辑）、工具理性（技术主义）、自由、公平、正义。以上每个关键词既都体现了功利主义实践哲学的智慧和最高成就，又给那个时代带来显而易见的难题。就文化意义而言，个人对于物质利益的狂热，工具理性的僭妄、滥觞冲击了人自身存在的目的理性。神圣的精神世界、高贵的秩序和法则惨遭祛魅（disenchantment），"一切固定的东西都烟消云散了"（马克思语）。人们只追求"渺小和粗鄙的快乐"（托克维尔语）和"可怜的舒适"（尼采语）。"个人主义的黑暗面是以自我为中心，这使我们的生活既平庸又狭窄，使我们的生活更贫于意义和更少地关心他人及社会。"② 弊端并不仅限于文化意义。从社会经济和政治的结构来看，功利主义之后的资本逻辑带来社会结构的撕裂，经济无政府状态，劳资矛盾尖锐对立、贫富两极分化，从此造成社会动荡不安并直接导引出马克思主义革命的逻辑。因此，对这个时代的评价就不应该偏执于任何一端，而是采取辩证扬弃的态度。我们既乐见功利主义的伟大成就，不陷于小市民和一些哲学家审美的伤感和哀愁（许多哲学家似乎易于如此）。当然，我们更应直面严峻的困境和隐忧。

马克思认为，功利主义经历了不同的发展阶段。在不同的发展阶段，功利主义的意义和作用是不同的。功利主义主要经历了资产阶级为反对封建主义，为了自身自由发展而斗争的阶段和功利主义在资本主义社会确立统治地位的阶段。在这两个阶段，功利主义分别体现出积极作用和消极作用。

（一）功利实践观的积极作用。

就历史的角度而言，功利主义的进步作用是很明显的。

首先，它对当时的封建神学是一个巨大的冲击，对基督教禁欲主义

---

① 查尔斯·狄更斯：《双城记》（英文版），北京：外语教学与研究出版社1994年版，第1页。

② 查尔斯·泰勒：《本真性的伦理》，上海：上海三联书店2012年版，第5页。

伦理学是一个有力的批判，起了巨大的思想解放作用，并为欧洲的政治、经济和文化的发展提供了动力。在西方长达十几个世纪的封建社会里，属于统治地位的是基督教的禁欲主义的伦理思想，它从神学的目的论解释道德的起源和本质，解释人的价值，把道德说成是对神的意志的体现，它抹杀了人的价值、人的尊严和人在历史中的主体地位，对于人们的思想和行为有巨大的束缚作用。随着封建地主阶级和僧侣们在道德上的堕落，道德和与此相关的价值观沦为对人民群众的愚弄和欺骗的工具。

18世纪西方启蒙学者高举理性科学大旗，猛烈抨击宗教神学和封建专制主义，鼓吹自由、平等、博爱，反对"神性"，弘扬人性，批判禁欲主义，主张追逐功利，建立"理性王国"。所以黑格尔曾在《精神现象学》中，把功利主义看成是启蒙运动的最终结果。① 功利主义从人的本性而不是从神性去说明价值和道德起源和目的，强调道德是为了人而不是神，道德最终是使人幸福，而不是让人们无谓地折磨自己，从而光大了人性、人的尊严价值和人的主体性，这就在人神关系上引起了一场革命，从而在思想领域产生了巨大的影响。应当看到，功利主义反映了资产阶级要求作为一个独立的阶级自由发展的强烈愿望，为资产阶级夺取政权，冲破封建专制主义的束缚，作了道德上的论证。这种反封建、反教会的进步性、革命性，得到马克思的肯定。他指出，功利主义"在第一次和第二次英国革命时期，即在资产阶级取得政权最初的头两次斗争时期，这种理论在霍布斯和洛克那里出现了……爱尔维修和霍尔巴赫那里，这种学说被理想化了。这种做法是和法国资产阶级在革命前的反对派地位完全一致的"②。这是一种"积极活动的资产阶级利己主义"，"也是一个大胆的公开的进步，是揭开封建剥削的政治、宗法、宗教和

---

① 参见黑格尔：《精神想象学》（下），北京：商务印书馆1979年版，第131—134页。
② 马克思、恩格斯：《德意志意识形态》（节选本），北京：人民出版社2003年版，第114页。

温情伪装的世俗化启蒙"。①

功利主义贴近现实生活,根源于资本生产,它揭示了道德的目的是为了人的幸福和利益,同时强调了对人类有实效这是判断是否道德的标准,它不仅有力地戳穿了宗教和神学在这一领域的谎言,而且对于澄清在道德和价值观上的各种认识,对于防止片面空谈道德、义务、理想所导致的道德至上论和教条主义都是有积极意义的。马克思肯定了人的正当的功利追求,他认为,在任何情况下,"个人总是并且也不可能不是从自己本身出发的"②。人们之间的功利关系是由客观物质条件所决定的社会关系。功利主义一开始体现了新兴资产阶级反对封建主义,摆脱旧的封建羁绊,实现个人自由发展的实践意识。功利主义从人的物质需要和满足这些需要的方式出发来解释人们的交往方式,它设想把人的一切关系设想为相互利用的关系以满足自己的需要。它的优点在于它表明了在现实社会中人们之间的物质联系以及在此基础上的其他社会联系并由此体现出它的社会公益论性质。

功利论的公益性不耽于它的哲学幻想,而是体现于它的经济学思想。功利论是经济学家心照不宣的前提,经济学是功利论的真正科学。经济学揭示了,人们之间的经济关系,特别是分工和交换关系体现和充实了人们的功利关系。"在分工的情况下,单个人的私人活动变成了公益的活动;边沁的公益归根到底就是一般地表现在竞争中的公益。"③ 人们的需要及其满足需要的方式通过分工和交换彼此联系起来,互通有无,通过满足别人的方式最终满足自己的需要。这样,个人需要的利益和社会需要的普遍利益联系起来,他们相互依存,不可分割。既然个人利益和普遍利益是分工条件下个人活动的两个方面,那么,我们就不能

---

① 马克思、恩格斯:《德意志意识形态》(节选本),北京:人民出版社2003年版,第116页。

② 马克思、恩格斯:《德意志意识形态》(节选本),北京:人民出版社2003年版,第103页。

③ 马克思、恩格斯:《德意志意识形态》(节选本),北京:人民出版社2003年版,第119页。

将它们割裂开来、对立起来，就既不能拿利己主义反对自我牺牲，也不能拿自我牺牲反对利己主义，因为无论利己主义还是自我牺牲都是现实生产条件下自我实现的必然形式。全部的普遍利益都来自私人利益的创造，它决不是作为一种具有独立的力量而与私人利益相对抗。所以这种普遍利益和个人利益的表面对立在实践中不断地消灭，消灭后又不断地产生。

其次，功利主义力图把个人对幸福的追求同公益事业和利他结合起来，以克服极端利己主义的片面性，这对人类社会文明建设的探索是有益的。极端利己主义与商品生产本身所要求的经济秩序及大工业生产的要求合理化趋势相矛盾，功利主义一方面否定禁欲主义、肯定个人对利益的追求；另一方面又强调顾及他人利益，力图运用道德的力量来维持商品经济所必须的秩序。近代以来的经济发展既需要否定禁欲主义，又需要利用利他精神、诚实、守信、公益论等道德观来抑制损人利己、唯利是图的极端行为。这是功利主义为人们认识商品经济条件下的道德问题和社会管理问题提供的启示。

功利主义在理论上提出了个人利益和社会利益一致性的要求，提出了追求最大多数人的最大幸福的原则，为人类社会向着增进人类福利的方向演进提供启迪。最大多数人的最大幸福原则反映了社会化大生产的必然趋势，它隐含着功利主义与社会主义的逻辑契合。功利主义论述了个人利益是整个利益的核心和基础，然而它没有在此停止不前，它又进一步论述了个人利益与他人利益、社会利益的一致性，提出了最大多数人的最大幸福这一功利原则，这在理论上有合理的可以借鉴的因素，因而影响到了19世纪初空想的社会主义。功利主义在阐述其道德和价值理论体系的同时，把其理论同经济、政治、立法、司法、社会政策等广泛的社会问题联系起来，有较强的可操作性。所以恩格斯认为功利主义是无产阶级的财富。

（二）功利主义实践观的消极作用

作为一定历史阶段的理论和资产阶级的学说，它也有历史的和阶级的局限性。当资产阶级取得国家的统治地位后，功利主义通过经济学的内容，逐渐变成为资产阶级统治辩护的工具。"政治经济学所研究的材料的特殊性质，把人们心中最激烈、最卑鄙、最恶劣的感情，把代表私人利益的复仇女神召唤到战场上来反对自由的科学研究。"① 资本主义的意识形态在理论和实践方面"敲响了科学的资产阶级经济学的丧钟。现在问题不再是这个或那个原理是否正确，而是它对资本有利还是有害，方便还是不方便，违背警章还是不违背警章。无私的研究让位于豢养的文丐的争斗，不偏不倚的科学探讨让位于辩护士的坏心恶意"②。资本主义的意识形态认为，资本主义条件下人们之间的功利关系是最有公益的关系，一切现存的社会关系都被完全纳入功利关系。这时的功利主义由当初强调的人与人之间的相互利用，进一步转为人与人之间的剥削关系（exploitation 正是具有"利用"和"剥削"两种含义），"即我是通过我使别人受到损失的办法来为我自己取得利益"，在资产者眼里，只有剥削关系才具有独立自在的意义，其他一切关系都要归到这种关系中去才有意义，"这种利益的物质表现就是金钱，即一切事物、一切人和社会关系的价值的代表者"③。因此，马克思认为，资本主义功利论的实践观虽然揭示了人们之间的经济联系以及基于其上的其他社会联系，但是，它对现存社会的揭示与批判具有明显的历史局限性。"它囿于资产阶级的条件，它所能批判的仅仅是那些从以往的时代遗留下来并阻碍资产阶级发展的关系。"④ 当功利主义实践观明显损害到无产阶级的利益时，它的阶级局限性就显露无遗了。

功利主义从抽象的人性论出发，把道德的目的建筑在人的本性的基础之上，忽视了人性的历史性和社会性。功利主义强调个人利益地位的同时，对社会的共同利益重视不够，甚至只承认个人利益是现实的存

---

① 马克思：《资本论》第 1 卷，北京：人民出版社 2004 年版，第 10 页。
② 马克思：《资本论》第 1 卷，北京：人民出版社 2004 年版，第 17 页。
③ 马克思、恩格斯：《德意志意识形态》（节选本），北京：人民出版社 2003 年版，第 115 页。
④ 马克思、恩格斯：《德意志意识形态》（节选本），北京：人民出版社 2003 年版，第 119 页。

在，而否认社会利益具有这样的性质。当功利主义实践观与资产阶级的政治经济学相结合时，西方经济社会获得了突飞猛进和"凯歌行进"式的发展；但与此同时，也出现了资本罪恶、阶级对立与道德沦丧等致命的社会问题。

对功利主义伦理学的批判必须深入到社会生产层面。功利主义的初衷是以追求功利和利益为手段达到趋乐避苦、生活幸福的目的。但是在资本主义社会中，功利本身却颠倒成为目的，而人的幸福生活、自由全面发展却变得并不重要了。在资本主义社会，商品的使用价值和交换价值的地位和重要性发生了颠倒。买是为了卖，追求价值的增殖成为生产的核心目标，商品满足人的消费只是实现资本增殖的手段而已，人不再重要，价值、利益和物成为中心。这就是人与物的颠倒和异化，"活动和产品的普遍交换已成为每一单个人的生存条件，这种普遍交换，他们的互相联系，表现为对他们本身来说是异己的、独立的东西，表现为一种物。在交换价值上，人的社会关系转化为物的社会关系；人的能力转化为物的能力"①。这是个人与社会矛盾的根本原因之所在。这一矛盾和资本主义社会中的社会化大生产与生产资料私有制间的矛盾、生产与分配矛盾、生产与消费矛盾、社会进步与人的发展间的矛盾等等有密切联系。

随着资本取得统治地位，资本的拥有者也逐步走向了他的反面。由此作为资本人格化的"经济人"就和"道德人"分道扬镳了。换句话说，资本家的"致富之路"与"道德之路"由上升时期的统一走向没落时期的分离，即资本家巨额财富的积累是建立在对工人的巧取豪夺基础之上的，因而是极不道德的。在生产资料私有制的奴隶社会、封建社会，奴隶主、封建地主任意摧残奴隶、剥削农民，从根本上说无道德可言。资本主义社会，资本家和无产者之间存在着雇佣劳动的交换关系，这种交换是在"平等"的外观下进行的。剥开外衣，原来是一种不平等的剥削雇佣劳动的关系。

---

① 《马克思恩格斯全集》第30卷，北京：人民出版社1995年版，第107页。

西斯蒙第认为，资本主义功利论的实践，使社会所得到的区区利益被工人无产者所遭受的体力和精神的健康损失大大抵消了，工人无产者就是为了资本的积累和发展而造成的一个痛苦而悲惨的阶级。"企业家所赚的钱，有时只代表对工人的掠夺而已。利润的获得不是因为工业所生产的产品远远多于它所耗费的成本，而是因为它没有付给工人足够的劳动报酬。这样的企业是社会的祸害。"① 傅立叶提出了富有辨证性的命题："在文明制度下，贫困是由富裕产生的。"② "文明制度的各族人民看到，他们的贫困在随着生产发展的程度而增长。"③ 对于功利主义和古典经济学派所鼓吹的自由、博爱以及个人利益和社会利益和谐统一的伦理原则，傅立叶看到的却是另一种矛盾状况："文明是欺骗的王国，而道德则是它的工具。"④恩格斯指出："一切人反对一切人的战争已经在这里公开宣告开始。正如好心肠的施蒂纳所说的，每一个人都把别人仅仅看做可以利用的东西；每一个人都在剥削别人，结果强者把弱者踏在脚下，一小撮强者即资本家握有一切，而大批弱者即穷人却只能勉强活命。"⑤

马克思一方面认为"功利论一开始就带有公益论的性质"，同时也强调指出：资产阶级功利主义的核心是利己主义，即"通过我使别人受到损失的办法来为我自己取得利益"。资产阶级鼓吹功利主义，个人利益至上，从而严重地扭曲了人与人之间的关系。正如马克思所深刻揭露的那样："它使人和人之间除了赤裸裸的利害关系，除了冷酷无情的'现金交易'，就再也没有任何别的联系了。它把宗教的虔诚、骑士的热忱、小市民的伤感这些情感的神圣激发，淹没在利己主义打算的冰水之

---

① 夏尔·季德、夏尔·利斯特：《经济学说史》，北京：商务印书馆1986年版，第215页。
② 《傅立叶选集》第3卷，北京：商务印书馆1964年版，第59页。
③ 《傅立叶选集》第4卷，北京：商务印书馆1964年版，第247页。
④ 《傅立叶选集》第4卷，北京：商务印书馆1964年版，第203页。
⑤ 《马克思恩格斯全集》第2卷，北京：人民出版社1972年版，第304页。

中。"① "经济学的内容逐渐使功利论变成了替现存事物的单纯的辩护，变成了这样的说教：在目前条件下，人们彼此之间的现有的关系是最有益的、最有公益的关系，在现代经济学家的学说里，功利论都具有这种性质。"②

三、社会主义市场经济的功利与道德

市场经济就是以市场起决定作用来配置社会资源的经济运行方式，是一种较为合理、有效的经济形式。市场经济因其自由平等、功利效率的根本特征，被认为是一种开放、竞争、民主、法治的经济，能激发起人们的竞争意识、效率意识、创新精神、开拓精神。因而，市场经济功利伦理虽然具有不可避免的局限性，但也有不可替代的历史地位。基于这一点，我们就不难认定我国社会主义功利伦理的历史必然性。它在最基本的层次上，在最广泛的范围内，充当发展社会主义生产力的普遍、持久、强烈的心理动力。

当然，我国社会主义市场经济体制中的功利伦理，是一种新型的、更高类型的功利伦理。市场经济的实质，就在于它充分利用个人对自己功利追求的本性来激发人的最大潜能，为社会做出最大的贡献，它是以人对自我利益的追求和满足为出发点的。为此，市场机制力图通过竞争和交换价值的实现，刺激人为实现其功利伦理而焕发其进取精神。因而，追求交换价值中的利益最大化和互利，是人们进行生产的基本动机。这种情况往往是由于"人对物的依赖关系"的存在，从而更使人们关心其物质利益的实现。在当代我国社会主义市场经济体制建设过程中，功利驱动逐渐成为一项普遍原则向社会生活的各个领域渗透。这对于过去只强调奉献的中国人来说，确实应把义植根于对利的现实状况的

---

① 《马克思恩格斯选集》第1卷，北京：人民出版社1995年版，第274页。
② 马克思、恩格斯：《德意志意识形态》（节选本），北京：人民出版社2003年版，第119页。

分析和批判之中。但同时，市场的功利性目的容易导致市场主体不择手段地追求利益最大化，损人利己，为一己私利，不惜损害他人、社会、环境，直至后人利益；市场的自主自由性又容易导致生产和竞争的无序，并最终导致利益丧失（生产过剩造成浪费）。总之，市场经济的两面性，要求有必要的规范和限制（包括道德规范）来抑制其负效应，使其正效应得到最大发挥。我国社会主义市场经济的发展还不完善，市场的规则还不很健全，市场经济的消极性可能使参与者为追逐利益而丢弃责任与义务，而市场自身的局限性又无法阻止人们的不正当行为，这就需要强化主体的规则意识。因为市场经济是规范化经济，经济主体之间的交往需要基本的"游戏规则"，它们是市场经济赖以生存的基础，离开它们市场经济将难以运行，在这些规则的背后，还要有强有力的道德观念的支持。这些道德观念是遵守"游戏规则"的保证，因为各项法规（客观外在的法）如果没有人们的普遍道德意识即"主观意识的法"所认同、理解、接受和支持，是不可能真正有效地发挥作用的。任何外在约束只有内化为道德要求，才能落实到行动上。简言之，市场经济下法律法规的有效实施要有道德的支持。在一个人们普遍讲诚信道德的社会，法律规范的作用自然会得到加强。

在目前的社会主义市场经济活动中，许多功利的行为实践明显背离了道德的约束。社会上形成了一种急功近利、推崇自利的社会价值观取向，诱发了一系列的社会问题。在人与自然的关系上，企业考虑最多的是如何对自然的掠夺和自身利润的最大化，却很少顾及生态环境的保护和社会成本的剧增，中国的环境问题日益严重。在人与社会的关系上，人们追求的是如何向社会和他人索取，很少考虑怎样去回报社会和他人。在当前的市场经济活动中，许多企业，乃至政府都变成了片面的逐利主体。近年来诸多食品安全事件以及空气和水严重污染的环境问题是企业逐利而背德的典型代表，而当地政府的态度往往不是伸张正义，惩处邪恶，而是掩盖和袒护罪恶，其重要原因就是这些政府部门与企业构成了利益共同体，而对人民群众的利益麻木不仁。

针对此类现象，孟子早就告诫：如果全国上下都只追求急功近利而不考虑社会的公正和谐,"上下交征利,则国将危矣!"(《孟子·梁惠王上》)诺贝尔经济学奖得主布坎南在他获奖的1986年曾经提出警告:"在转型期社会里(例如眼下的中国大陆),不同于在成熟市场社会里(例如英国和美国),经济学家似乎掌握着太大的'话语霸权',似乎无意中压制了道德哲学的声言。仅此一点便足以提醒中国的经济学家:没有了道德哲学的经济学正如同失去了目的的手段:'不讲道德的经济学'移植到中国语境里,很有可能塑造出'未启蒙的利己主义'经济行为。"他还说到,"道德败落在任何时候都是可悲的。我指的是使社会之为社会的那些道德共识,他们构成了一个社会制度的基础。同样,一个新的社会要想站得住,也必须找到自己的道德基础。"① 目前中国社会主义市场经济中的"未启蒙的利己主义"已影响日重,需要引起高度重视。

在认识市场经济的功利和道德问题时,我们不应该忘记先哲们对这些问题的深刻洞见。斯密肯定了自爱、利己心的社会作用,认为它们是人类的美德,是一切社会经济活动的必要条件。但是,自爱和利己不等于自私。他认为:自爱、自律、劳动习惯、诚实、公平、正义感、勇气、谦逊、公共精神以及公共道德规范等,所有这些都是人们在前往市场之前必须拥有的。自爱和自利要受到人的道德同情心、社会正义的制约。实际上,人们不会同情和迁就那种"自爱之心使他热爱自己远胜于热爱别人"的人,因为过分的自爱之心可以使人们在追求财富利益的过程中,放弃对美德的追求,斯密认为:"通往美德的道路和通往财富的道路二者的方向有时截然相反。"② 斯密在他的《道德情操论》中多次强调,我们只不过是芸芸众生之一,绝不比其他任何人重要,也决不应该把自己看得比别人重要。过分看重自己和过分轻视别人,不正当地夺取别人的东西来增进自己的利益是与天性相违背的。所以,他强调:

---

① 转引自汪丁丁:《走向边缘 经济学家的人文意识》,北京:生活·读书·新知三联书店2000年版,第165页。

② 亚当·斯密:《道德情操论》,北京:商务印书馆1997年版,第76页。

"当我们考虑任何人的品质时,我们当然要从两个不同的角度来考察他:第一,它对那个人自己的幸福所能产生的影响;第二,它对其他人的幸福所能产生的影响。"[1] 因此,斯密提倡以"公民的幸福生活"为目标的伦理思想。在其晚年,在某种程度上,斯密对市场经济社会前进过程中表现出来的德性败坏是感到非常失望的。约翰·穆勒在《政治经济学定义及研究这门学问的哲学方法》中明确了"经济人"的概念。他认为,"经济人"的设定倡导个人独立性和追求物质财富,从事经济活动的人是具有理性的利己主义者,自利是其活动的出发点,目的是渴望最大程度地占有财富、享受和奢侈品。但是,约翰·穆勒仍然坚持边沁所倡导的"最大多数人的最大幸福"的思想,他强调"构成功利主义的行为对错标准的幸福,不是行为者本人的幸福,而是所有相关人员的幸福",他甚至认为,"功利主义的道德承认,人具有一种力量,能够为了他人的福利而牺牲自己的最大福利"。[2]

关于道德与功利或者说功利伦理问题,我们应该谨记马克思主义的观点:道德伦理问题在现实社会中不具有独立的形态和意义,它依附于一定的社会生产发展水平与具体的政治经济制度和体制。有什么样的经济发展水平和社会制度,就会有什么样的道德伦理。因此,马克思并不是简单否定而是肯定了人们正当的功利追求。人的自私自利不是既定的和永恒的,它是一定社会历史形态的产物,现实的社会形态决定道德伦理而不是相反。因此,马克思主张通过社会变革而反对诉诸道德来说明和解决社会问题。对于当下社会主义市场经济体制下的功利伦理问题,我们也不应该仅限于对人们进行道德呼吁,而应该进行制度和体制的约束来解决问题。这包括政治体制的改革与法律的立法和执法的加强。政治体制改革针对的是对执政者的强制约束,使之真正执政为民,促进社会公平而不是以权谋私,惰政失职,否则使之面临党纪国法的惩罚和人民的问责。对于普通的市场主体而言,必须通过法律的强制约束,使之

---

[1] 亚当·斯密:《道德情操论》,北京:商务印书馆1997年版,第271页。
[2] 约翰·穆勒:《功利主义》,上海世纪出版集团2008年版,第17页。

为损人利己的市场行为付出严重代价。总之，在社会主义市场经济条件下，应该通过制度和法律约束执政者和普通公民，使之成为尽职尽责、有益于社会的人而不是利欲熏心的人。只有在此基础上，我们才有可能向更高的社会目标和人的发展目标迈进。

（作者袁凌新系郑州航空工业管理学院思政部副教授，哲学博士，主要研究方向为马克思主义哲学）

现代性论域下唯物史观对人本主义乌托邦的超越

谢玉亮

[摘　要] 在现代性内在逻辑的探讨中，主体性原则与资本逻辑构成理解现代性的两条基本路径。人本主义坚持主体性原则在现代性中的优先性，最终走向了乌托邦。唯物史观坚持资本在现代性逻辑中的支配权，从社会发展的客观规律推导出人类的理想生存模式。历史唯物主义对现代性批判的原则高度是人本主义乌托邦难以企及的。这一指认对于当下中国现代性的生成与发展有着重要的启示意义。

[关键词] 唯物史观；共产主义；人本主义；乌托邦

一、现代性的内在逻辑

在讨论现代性问题时，关于现代性的内在逻辑或内在动力机制是什么，有着很大的争议：是主体性原则或理性主义，还是资本，这构成现代性认识上的两条基本路径。对这一彼此差异的现代性路径的分析，揭示了人们现代性自身的问题史。马克斯·韦伯代表了从理性角度进行文化现代性分析的一路。在韦伯看来，18世纪以后，宗教和形而上学的世界观逐渐瓦解，原先在宗教和形而上学世界观中所表现出来的本质理性，被分离成三个自律的领域，即科学、道德和艺术。而所谓的现代性正是这一不断分化的历史进程，现代文化也就是在这一展开过程中逐渐获得了自身的合法化和自主性，成为一个有自身独立价值和根据的领域。因此，他提出把主体性原则称为"资本主义精神"，认为"资本主义的一条首要原则"就是"人竟被赚钱动机所左右，把获利作为人生的最终目的。……近代资本主义扩张的动力首先并不是用于资本主义活动的资本额的来源问题，更重要的是资本主义精神的发展问题"。① 在韦伯的现代性分析中，理性主义在现代性过程中发挥着巨大作用，理性因此成为韦伯思考现代性问题的核心词。哈贝马斯秉承韦伯关于现代社会的分化的思想，并把西方社会和文化的分化与黑格尔提出的主体性原则联系起来，认为西方社会和文化的分化就是现代性的展开过程，现代性原则就是主体性原则。所谓主体性原则，在黑格尔看来就是个人主义、批判权利、行为自由和唯心哲学。在现代西方社会的宗教生活、科学、道德和艺术等领域，这一原则得到了体现。概而言之，从理性和主体性来考察现代性问题的路径对西方学界产生了广泛的影响，20世纪西方兴起的文化批判思潮，如海德格尔、萨特等人本主义文化批判思潮，法兰克福学派等西方人本主义马克思主义的文化批判，都深受韦伯合理性思想的牵制。

的确，在现代性的多重建构中，理性是一个不可或缺的层面。按照哈贝马斯的认识，理性在现代社会发生了病变，走上了片面的认知—工具化道路，因而对于工具理性的批判成为现代性反思最重要的一个方面。韦伯早就预料到人类在不久的将来会遭遇这一理性的困境，现代人身不由己地陷入理性化所造设的"铁笼"，饱受精神之痛。因而，在解析现代性的内在逻辑时，当代西方许多思想家把文化现代性作为基本矛盾的一方加以考虑，这无疑有助于加深对现代性问题的理解。然而，对现代性的考察，仅仅从理性和主体性角度着眼于文化现代性的批判分析是不够的，或者说，这一分析尚未抓到现代性问题的根本症结所在。在这个意义上，马克思所代表的资本现代性的批判分析仍然占据着时代制高点。马克思从现代性的根基——资本逻辑——入手，通过政治经济学

---

① 马克斯·韦伯：《新教伦理与资本主义精神》，上海：上海三联书店1987年版，第37页。

批判完成了这一历史使命。

马克思政治经济学批判的对象是亚当·斯密和大卫·李嘉图的古典政治经济学。在马克思看来,古典政治经济学是资本和现代大生产运作的产物,或者说是资本主义生产方式的产物,同时又为资本主义生产方式提供理论辩护——把资本的基本形式解释为社会生产的自然的和永恒的形式。"既然古典政治经济学实质地反映了作为现代性之根本状况的资本主义生产方式,那么对古典政治经济学的批判就是对资本主义生产方式本身的批判。这种批判就是一种实践批判,因为,生产方式是实践的历史形式和根本方式。"[1]

在《1844年经济学哲学手稿》中,马克思从当前的经济事实出发展开分析,他说:"工人生产的财富越多,他的产品的力量和数量越大,他就越贫穷。工人创造的商品越多,他就越变成廉价的商品。物的世界的增值同人的世界的贬值成正比。劳动生产的不仅是商品,它生产作为商品的劳动自身和工人,而且是按它一般生产商品的比例生产的。"[2] 在资本主义社会中,商品、资本和劳动都成为一种物化了的社会关系,成为一种外在于人的自然必然性。"劳动对工人来说是外在的东西,也就是说,不属于他的本质;因此,他在自己的劳动中不是肯定自己,而是否定自己,不是感到幸福,而是感到不幸,不是自由地发挥自己的体力和智力,而是使自己的肉体受折磨、精神遭摧残。"[3] 这实际上是资本逻辑支配下的一种强制劳动或异化劳动。异化劳动是对人性和劳动的本性的否定,这种异己性表现在:"只要肉体的强制或其他强制一停止,人们会像逃避瘟疫那样逃避劳动。"[4] 马克思的分析为我们呈现了现代性的根本问题所在:资本与劳动的分离和对立。这一结论在《资本论》中得到了更为具体、详尽、科学的说明。恩格斯对此评价说:"资本和劳动

---

[1] 陈宝:《资本·现代性·人》,合肥:安徽人民出版社2008年版,第150页。
[2] 《马克思恩格斯选集》第1卷,北京:人民出版社1995年版,第40—41页。
[3] 《马克思恩格斯选集》第1卷,北京:人民出版社1995年版,第43页。
[4] 《马克思恩格斯选集》第1卷,北京:人民出版社1995年版,第44页。

的关系，是我们全部现代社会体系所围绕旋转的轴心"①。在这一点上，马克思对现代性的批判引领我们走向了历史的深处。

马克思的政治经济学批判通过对资本逻辑的分析，向我们真实再现了人在"非神圣形象"中的自我异化。"在这里，人的发展采取了物的发展的形式，人类历史不再是人本身的历史，而是资本发展的历史"②。造成现代人异化的根源正是资本。要拯救人的自由自觉的生存本性，实现"人的解放"，关键在于解构以资本逻辑为核心的资本主义现代性体系，从而提出了以实践原则求解决现代性问题的正确途径。

当今世界的全球化浪潮，正是以资本为逻辑的现代性无限扩张的结果。因此，"就世界范围来说，现时代仍是以利润为本的资本主义时代。无视资本主义而空谈人本主义，这是迄今为止现代性研究的最大败笔"③。现代性的根本逻辑并非主体性和理性主义，而是资本。在现代社会中，资本正是那个"普照的光"和"特殊的以太"，是造成现代社会翻天覆地大变革的力量。吉登斯尽管对唯物史观持批评态度，但对资本逻辑的认定上，却又肯定马克思的指认，他说："我们能够赞同马克思的是，在把现代社会生活从传统世界的制度方面分离开来的过程中，资本主义的企业扮演了十分重要的角色。……资本主义的出现，诚如马克思所言，先于工业主义的发展，而且的确为工业主义的产生提供了许多原动力。"④

二、唯物史观对人本主义乌托邦的超越

人本主义的理论旨趣过于热衷于思想观念或精神内在性问题，只看到了认识主体的重要性，却忽略乃至抛弃了客观规律的重要性。事实

---

① 《马克思恩格斯选集》第2卷，北京：人民出版社1995年版，第589页。
② 张一兵、蒙木桂：《神会马克思》，北京：中国人民大学出版社2004年版，第124—125页。
③ 王善平：《现代性：资本与理性形而上学的联姻》，载《哲学研究》2006年第1期。
④ 安东尼·吉登斯：《现代性的后果》，上海：译林出版社2000年版，第50—54页。

上，在资本主义社会中，理性形而上学的一切抽象性、意识形态的全部虚假性，绝非单纯的思想观念问题，而是现实生活本身分裂的伴生物。只有真正领会了唯物史观的革命性意义，领会了马克思从观念批判到政治经济学批判的理论跃迁，资本主义现代性的问题才能得以科学、合理地解决。事实上，"在以'资本'为其生存原则的整个文明中，马克思思想的固有而又客观的本质是不可能被撤销的，它永远是这种文明无法彻底地摆脱的'幽灵'，就像一个阳光下的物体无法摆脱自己的影子一样"①。正是在这个意义上，我们认为历史唯物主义对现代性批判的原则高度是人本主义乌托邦难以企及的。

（一）实践批判意义上的超越

在马克思看来，一切历史之谜不应只在理论中寻求理解，而要从现实实践活动中去解答。问题的关键不是对人的感性世界进行描述和解释，而是彻底变革现存的人的感性世界，是对阻碍人的自由和全面发展的东西的扬弃。马克思非常明确地表达了自己学说的实质："对实践的唯物主义者即共产主义者来说，全部问题都在于使现存世界革命化，实际地反对并改变现存的事物。"② 与形而上学理论家们仅仅从抽象的人或人性出发思考人的存在及其命运不同，马克思的出发点是现实的人及其活动，始终是在现实的、感性的实践基础上来考察人之本质性生存。因而，对于异化问题，马克思诉诸于现实世界的改变，即在人的现实感性实践活动中来完成。人正是通过生产实践活动，才使自己成为一种自我创造的主体性存在。"个人怎样表现自己的生活，他们自己也就怎样，因此，他们是什么样的，这同他们的生产是一致的——既和他们生产什么一致，又和他们怎样生产一致。"③ 从存在论视阈出发来理解生产实践活动，才能真实把握人的生存境遇，探寻人的存在方式，解答人的本质之谜，寻求人的解放之路。

---

① 俞吾金：《问题域的转换》，北京：人民出版社2007年版，总序第2页。
② 《马克思恩格斯选集》第1卷，北京：人民出版社1995年版，第75页。
③ 《马克思恩格斯全集》第3卷，北京：人民出版社1960年版，第24页。

三　学术争鸣

唯物史观的优越性体现在它是一种以把握真正的社会现实为旨归的现代性批判,开启了对现代世界及其本质的具有原则高度的批判性分析。① 以"改变世界"为主旨,马克思创立了唯物主义实践哲学范式。借助于实践范式,马克思彻底打破了内在性的藩篱,瓦解了西方近代哲学的理性主义传统,确立了现实生活世界的根基,终结了传统形而上学。与马克思通过实践所开辟的存在论有着原则性区别,存在主义虽然拒斥主客二分的形而上学思维方式,但最终仍未能逃离形而上学的藩篱。马克思把人的异化状态置于历史性的动态语境中和人的实践性生成图景中考察,才科学地解释了现实异化与人的解放的历史性关系。正如海德格尔所说,马克思在体会到异化的时候深入到历史的本质性的一度中去了,而只有在此一度中方有资格与马克思主义交谈。

按照历史唯物主义原则,"环境的改变和人的活动或自我改变的一致只能被看做是并合理地理解为革命的实践"②,现实世界的基础是"历史的感性活动",离开人的感性的历史实践,即无"世界本身"。"全部社会生活在本质上是实践的。凡是把理论引向神秘主义的神秘的东西都能在人的实践中以及对这个实践的理解中得到合理的解决。"③ 马克思强调,任何观念、意识的产生与消亡取决于人的现实的经济政治文化实践活动,而不依赖于人的主观愿望,因此,必须从人的对象化活动中来理解"对象、现实、感性"。"哲学对世界的诠释不是哲学家空洞的幻想,而是要回到生活中来,立足于实践活动以实现哲学的真理性。如果哲学仅仅从抽象理性或直观的、片面的感性原则出发进行纯思辨性建构,那么,它只能是一种脱离实际生活的'世界观',对于现实生活的异化,它至多只能在抽象人性论立场上,从纯理论形态上进行批判。而在马克思看来,哲学不是与人的现实生活无关的纯粹理性的'建筑术',而是源于现实生活又回归于现实生活的非哲学之哲学,哲学之所思是以人的

---

① 参见吴晓明:《论马克思对现代性的双重批判》,载《学术月刊》2006年第2期。
② 《马克思恩格斯全集》第3卷,北京:人民出版社1960年版,第7页。
③ 《马克思恩格斯选集》第1卷,北京:人民出版社1995年版,第56页。

实践活动为中心的生活世界整体性生成问题。这样马克思哲学摒弃了以往作为'世界观'、'知识论'的本体论构架而转向'实践哲学'、转向'生活哲学',转向对人的现实生活、人的本真存在的现实生成路径的'生存论'拷问。"① 马克思对现代性的批判是立足于存在论的根基处的具有原则高度的批判,击中了近代以来人类处境的要害和根源,戳穿了近代以来黑格尔哲学所谓理性的自我意识的"意向"的神话。

如此,马克思哲学的基本问题就从传统的物质与意识、思维与存在的关系问题,转变为从"已然"的事实世界是否可能、又何以可能生成为"应然"的价值世界的关系问题。马克思以历史的、辩证生成的方法论逻辑构架来转换这一哲学主题。"马克思把理性与价值的背反与冲突看做是破解资本主义现代性的基本方法,而对理性与价值关系的分析又可以转换为对于历史与道德关系的省察。"② 在马克思看来,必须把德国古典哲学的最高命题"人是目的本身"置于历史的、现实的、生成性的语境中,追问"现实的个人"如何以现实方式而成为"目的"本身?或者说人本真存在的现实性如何?为此,马克思诉诸人的感性活动,诉诸无产阶级革命以摧毁资本主义异化的生存结构,重构新的社会制度情境,从而为人的解放与自主生成确定了可靠路径。③ 人的本真存在不是被悬设在半空的"应然"或先验之"彼岸",而是在现实生存境遇中孕育出的一种真实可能性。马克思提出,通过无产阶级革命实现对市民社会统治关系的颠覆,从而进入共产主义,达到扬弃异化,实现人生存之本真意义。在这一点上,马克思的实践原则、共产主义的构想与政治经济学批判是内在统一的。

(二)"世界历史"意义上的超越

对马克思来说,现代性既是最好的东西,又是最坏的东西:一方

---

① 杨楹等:《马克思生活哲学引论》,北京:人民出版社 2008 年版,第 181—182 页。

② 邹广文:《马克思的现代性视野及其当代启示》,载《中国人民大学学报》2004 年第 5 期。

③ 杨楹等:《马克思生活哲学引论》,北京:人民出版社 2008 年版,第 181—182 页。

面，它消灭了封建制度，使生产和生活方式发生了以往任何社会阶级或社会改革方案所无法比拟的革命性变化，带来了新的产品和技术，新的通讯与交通方式，一个新的世界市场和丰富的新关系与新需求。另一方面，它也产生了新的异化，新的剥削和控制，带来了循环不断的经济危机，这一危机最终将葬送资本主义的命运。可以说，马克思持有一种辩证的现代性理论，并从现代性的历史发展轨迹中预见了一个更加美好未来的可能性。① 马克思正确把握了理性与历史之间的张力关系，实现了对现代性的合理理解，从而为人类最终解决现代性难题指出了方向。马克思对资本主义现代性所做的辩证分析，是建立在"世界历史"理论基础上的，他"在历史地肯定了现代性为世界历史的展开、为人的本质的自由而全面的发展创造了条件的同时，也指出了它所造成的罪恶的殖民统治以及人的本质力量的异化"②。

在《德意志意识形态》中，马克思基于"生产力普遍发展"和"世界交往普遍发展"两个前提，首次提出社会主义（共产主义）是世界历史性事业的思想，认为"无产阶级只有在世界历史意义上才能存在，就像它的事业——共产主义一般只有作为'世界历史性的'存在才有可能实现一样"③。马克思认为，人的全面而自由的发展首先离不开个人的解放，而单个人的解放程度则与历史向世界历史的转变程度是一致的。因此，马克思把人类解放视为世界历史性的事业，个人将从狭隘的地域性走向自由的世界历史性，而"自由联合起来的个人"建立起的共产主义社会将是人类的一次重大的历史性飞跃，"它推翻一切旧的生产关系和交往关系的基础，并且第一次自觉地把一切形成的前提看做是前人的创造，消除这些前提的自发性，使它们受联合起来的个人的支

---

① 参见道格拉斯·凯尔纳、斯蒂文·贝斯特：《后现代理论》，张志斌译，北京：中央编译出版社2001年版，第286页。

② 邹广文：《马克思的现代性视野及其当代启示》，载《中国人民大学学报》2004年第5期。

③ 《马克思恩格斯全集》第3卷，北京：人民出版社1960年版，第40页。

配"①。世界历史的完成、个人解放的实现、共产主义的诞生将在这一刻汇聚成真正的人类历史的开端。

在马克思看来，随着单个人的活动扩展为"世界历史性"的活动，人们将日益克服狭隘的"地域性"眼光，将自己的意识提升到"世界历史"的水平。共产主义的实现有赖于全世界的无产阶级和劳动者在"世界历史性"实践的基础上认识到自己所担负的"世界历史性"使命，确立起自觉的阶级使命意识，从而在世界范围内凝聚成一种阶级的力量。革命的历史主体在此重新现身。马克思预言共产主义社会将是人类社会发展的最终归宿，这是不可逆转的历史规律。人本主义不具备这种宏观的"世界历史"视野，在其乌托邦视野中，资本主义的现代性呈现为一种自我生产的、稳定的商品生产体系，一种以虚假需求驱动的消费体系和不会遇到任何重大革命性对抗的政治体系。在这样一种组织化的资本主义体系下，革命理论失去了它在一个革命的无产阶级中的历史基础，变成了一种乌托邦理想。除了"大拒绝"之类的个人抵抗之外，他们未能提出任何其他政治策略。

（三）从"必然王国"向"自由王国"的历史性飞跃

按照马克思的理解，从原始社会到资本主义社会是人类社会发展的史前时期。在这一时期，人类自身还不可能获得真正的自由，只能生活在外部客观力量强制支配的"必然王国"中。在马克思提出的人类社会历史发展的三大形态中，第一形态由于人的自然生产和对自然界的依赖，自然必然性支配着人的活动。在第二形态中，人从外部的自然必然性的枷锁中走出来，却又落入经济必然性的奴役之下。人类的发展终极目标就是要实现从"必然王国"向"自由王国"的历史性飞跃。这一飞跃意味着人类社会进入到第三大社会形态。马克思在《资本论》第3卷的结尾，提出了"必然王国"与"自由王国"的论断，他说："自由王国只是在由必需和外在目的规定要做的劳动终止的地方才开始；因而按照事物的本性来说，它存在于真正物质生产领域的彼岸。……这个自然

---

① 《马克思恩格斯选集》第1卷，北京：人民出版社1995年版，第122页。

必然性的王国会随着人的发展而扩大,因为需要会扩大;但是,满足这种需要的生产力同时也会扩大。这个领域内的自由只能是:社会化的人,联合起来的生产者,将合理地调节他们和自然之间的物质变换,把它置于他们的共同控制之下,而不让它作为盲目的力量来统治自己;靠消耗最小的力量,在最无愧于和最适合于他们的人类本性的条件下来进行这种物质变换。但是不管怎样,这个领域始终是一个必然王国。在这个必然王国的彼岸,作为目的本身的人类能力的发展,真正的自由王国,就开始了。但是,这个自由王国只有建立在必然王国的基础上,才能繁荣起来。"①

很显然,马克思所讲的从"必然王国'向'自由王国"的飞跃绝不是黑格尔观念意义上的逻辑演进,而是物质生产过程客观发展的结果。这里不存在任何来自主观价值论的非现实的"应然"因素,完全来自人类主体自身物质生产实践(实然)的客观建构。这一飞跃主要是生产力发展创造出来的现实前提,马克思从未设想在经济文化落后的基础上,能够炸毁资本主义进入自由王国。他说:"如果我们在现在这样的社会中没有发现隐蔽地存在着无阶级社会所必需的物质生产条件和与之相适应的交往关系,那么一切炸毁的尝试都是唐·吉诃德的荒唐行为。"② 因此,只有在物质生产力的一定基础上才有可能实现这种转变,人的自由和全面发展是以生产力的高度发展为前提的。

人类要获得自由全面发展,首先要获得自由时间。在马克思哲学中,消除异化、达致自由和解放,是随着社会生产力的发展逐步缩短工作日实现的。因此,马克思所展望的,不仅是这一必然王国内的自由,更是建立在缩短工作日和丰裕基础之上的经济世界本身的扬弃。"这个自由王国只有建立在必然王国的基础上,才能繁荣起来。工作的缩短是根本条件。"③ 要使个性得到自由发展,必须把社会必要劳动时间缩短到

---

① 《马克思恩格斯全集》第25卷,北京:人民出版社1974年版,第925—926页。
② 《马克思恩格斯全集》第46卷(上),北京:人民出版社1979年版,第106页。
③ 马克思:《资本论》第3卷,北京:人民出版社1975年版,第927页。

最低限度,这样才能腾出时间和创造手段,使每个人都得到自由、全面发展。在这里,充裕的时间成了人发展的空间。有物质的丰裕和缩短工作日,才能为扬弃劳动的社会分工和进行创造性实践建立真正的社会经济基础。每个人都有可供自我支配的自由时间来发展自己,单向度的人将变为全面发展的人,社会就开始向自由王国迈进了。

古代思想家亚里士多德,把操持闲暇看做全部生活的目的。实施半天工作日,生产者在半天内把劳动交由他人支配,另一个半天便能"操持闲暇"。在马克思看来,这种闲暇时间包括"个人受教育的时间,发展智力的时间,履行社会职能的时间,进行社交活动的时间,自由运用体力和智力的时间"①。马克思认为,在未来社会,人的生产性和创造性潜能将得到自由发展,闲暇和个性的充分发展将是财富的主要源泉。生产者的自主活动也不为既定不变的形式所束缚,逐步接近于"有可能随自己的兴趣今天干这事,明天干那事,上午打猎,下午捕鱼,傍晚从事畜牧,晚饭后从事批判,这样就不会使我老是一个猎人、渔夫、牧人或批判者。"② 个人潜能的充分发挥,自由而完整的个性在群众中的普及,会进一步决定社会按何种主导方向发展。实现社会主义的主观条件和客观条件、伦理基础和经济基础有可能相伴而生,不再相互脱节。未来社会将是这样一个联合体,在那里,"每个人的自由发展"将会成为"一切人的自由发展"的真正条件。一直作为异己力量的客观规律将被人们熟练地运用,并听从人们的支配。"只是从这时起,人们才完全自觉地自己创造自己的历史;只是从这时起,由人们使之起作用的社会原因才大部分并且越来越多地达到他们所预期的结果。这是人类从必然王国进入自由王国的飞跃。"③

---

① 《马克思恩格斯全集》第 23 卷,北京:人民出版社 1972 年版,第 294 页。
② 《马克思恩格斯选集》第 1 卷,北京:人民出版社 1995 年版,第 85 页。
③ 《马克思恩格斯选集》第 3 卷,北京:人民出版社 1995 年版,第 634 页。

三、对中国现代性走向的启示

对于当下中国而言,现代性仍然是一项未完成的工程。中国作为一个现代化的后发国家,在其现代化的曲折进程中,一直被现代性问题所困扰。自近代以来,中国被西方的坚船利炮强行拖入现代化的进程,也就被卷入一个不断更新的巨大漩涡之中。在经历了"中体西用"、"灭资兴无"的现代化实验失败之后,中国开始以改革开放的姿态融入到目前仍由西方主导的现代性的版图中来。"激进的革命话语和虚假的政治话语消歇,再次响起的'启蒙话语'很快转变为'改革的话语';而随着市场大潮一起涌来的,却是'技术的话语'、'欲望的话语'"①。在各种话语喧嚣中,中国的现代化面对的是一种时空错位的复杂局面,前现代的、现代的、后现代的东西交织在一起。因而,在当今中国,现代性既是一项正在进行而又未竟的事业,又是一个需要反思的问题。面对现代性发展的复杂局面,如何建构一种适合中国自身的现代性理论成为学者们关注的焦点。这样一种现代性理论,必须立足于中国国情,同时又要最大限度地克服西方现代性弊端。对现代性不加批判地热情拥抱,或是冷漠地指责和拒绝,显然都是不可取的。

社会主义的命运最终取决于人类能否找到资本主义现代性的现实替代性选择。我们将这一替代性选择视为一种建基于现实生活世界根基之上的乌托邦,一种既具有精神感召力又具有现实性的人类新前景。社会主义现代化是一个需要在现实生活世界实践中不断探索的过程。以往的关于现代性问题的讨论,"无论是文化保守主义取向还是激进主义取向,都停留于观念的层面而没能触及中国人的现实生活世界这一深层根基"②。当脱离现实生活去狂热追求一种超越性价值理想时,社会主义就

---

① 张曙光:《现代性论语及其中国话语》,武汉:武汉大学出版社2011年版,第13页。
② 贺来:《现实生活世界:乌托邦精神的真实根基》,长春:吉林教育出版社1998年版,第180页。

变为一种马克思明确反对的先验原则，社会主义的幸福世界在这种干瘪的先验原则中化为了泡影。经历了痛彻心扉的刺痛之后，我们终于醒悟：社会主义不在天堂，而在地上。当我们义无反顾地走上市场经济之路时，历史的晨光熹微中中国正在发生着近代以来具有深远意义的文化范式和生存模式的重大变化。"它（即市场经济）所代表的市场理性将彻底消除几千年来中国民众生活世界与生存模式中所积淀的强大惰性与阻滞，冲刷其自在自发、自然主义与经验主义的思维方式和存在方式，因此，它将成为塑造中国人的现实生活世界与生存方式最强有力的推动力量。"在市场经济所建构起来的现实生活世界的真实根基之上，中国社会开始了从传统向现代的全面转型。这一转型并非如一些人所言是在复辟资本主义，恰恰是在积极探索真正体现社会主义本质的东西。在这一点上，我们超越了新自由主义模式，探索了社会主义制度下现代性的新模式，开辟了中国特色社会主义发展道路。当代中国现代性的建构正进入以人为本的科学发展的新阶段，也面临着许多新的挑战。如何以积极的心态面对现代性的危机和风险，在积极促成现代性成长的同时，又能应对其所带来的文化危机和意义消解，成为亟待解决的问题。

（作者谢玉亮系贵州师范大学教授，法学博士，主要从事马克思主义发展史研究）

中华优秀传统价值观的马克思主义诠释与马克思主义转化*

李金和

[摘 要] 经过历史积累、沉淀、检验的中华民族优秀传统价值观，是中华民族存在、发展、复兴的根基和灵魂。培育中国特色社会主义核心价值观，实现中华民族伟大复兴中国梦，需要自觉坚持马克思主义的人民群众立场，运用马克思主义的历史唯物主义方法，推进中华优秀传统价值观的马克思主义诠释与转化，实现中华优秀传统价值理念的创造性转化和创新性发展，优化马克思主义中国化与中华优秀传统文化现代化的融通效度。

[关键词] 中华优秀传统价值观；马克思主义；诠释；转化

历经新中国60余年来的探索与拼搏，21世纪的中国（更确切地说，是2008年国际金融危机后的中国）走到了一个新的时代路口——即由曾经的社会主义制度追随者和社会发展现代化的追随者，开始变成一个必须踽踽独行的开拓者，一个面向人民利益的现代化制度模式的开创者。面向这一新的时代机遇和时代条件，解决社会主义中国"向何处发展"的问题，不可能只是"摸着石头过河"，也不可能停留于"学习和借鉴"，而是需要从制度价值理念层面"顶层设计"，需要立足于中华民

---

* 本文系2014年国家社科基金年度项目"中国梦的精神实质与社会主义核心价值观培育研究"（编号：14BKS012）阶段性研究成果。

族的根基和灵魂——中华优秀传统价值观，同时又自觉坚持马克思主义的人民群众立场，运用马克思主义的历史唯物主义方法，推进这一根基和灵魂"创造性转化和创新性发展"的现实化。

一、优秀传统价值观：中华民族的历史根基与世界智慧

中华民族之所以称为中华民族，中国人之所以称为中国人，皆不是仅仅因为存在于"中国"这个地理空间，而更是因为浸染于"中华文化"这一文化土壤，形成了基于"中华文化"的独特的民族文化心理。如果没有了"中华文化"，即便是在这一版图上，该民族也不可能是5000年文明史意义上的中华民族。

而一种文化的核心和灵魂，就是其中带有方向内涵的价值观。当然，其中方向的原点，就是创立和发展该文化的特定人群。解剖人类文化，以是否与人的意志有关和是否带有方向内涵为标准，可以分为事实部分和价值部分。对比价值与事实，不难发现，价值与事实的一个显著差别，就是价值带有明显的方向性，而事实无所谓方向。在一定意义上，这也正是当前学科分类中，自然科学和人文社会科学的划分依据。自然科学解决的是事实问题，人文社会科学解决的是价值问题。对比两种不同的民族文化，其中的核心差异，不是事实部分的差异，而是价值部分的差异。我们经常讲要从国情出发，而国情中具有"灵魂"意义的部分就是价值观和价值体系。

而且从文化的统一性角度来说，从事实部分是无法推导出价值部分的，这正是休谟给我们提出的问题。也就是说，从事实部分出发，无法导向文化的统一性。为什么会这样呢？因为文化，从其形成过程来说，本质上是"人化"；从其功能与效果来说，本质上是"化人"。寻根究底，文化是人以自己的活动，按照人的方式改造整个世界，形成特定的人文成果，反过来，又用这些人文成果武装人、塑造人、提升人，使人日益获得自由全面发展，日渐由单一的、片面的人走向完整的、全面的人。因而，有且只有从承载和体现了文化原点信息的价值出发，才能解

决文化的统一性问题。从价值的方向性出发,价值观念通过对事实的价值理解把事实领域与价值领域有机地连接起来,合理地解释了人们在现实生活中事实与价值浑然一体的问题,合理地解决了"休谟铡刀"问题,即基于认识论而提出的从事实判断无法导出价值判断的问题。

综上所述,中华民族的历史根基,不仅在中华优秀传统文化之中,更在中华优秀传统价值观中。正因为如此,今年2月24日在主持中共中央政治局第十三次集体学习时,习近平总书记强调:"培育和弘扬社会主义核心价值观必须立足中华优秀传统文化。牢固的核心价值观,都有其固有的根本。抛弃传统、丢掉根本,就等于隔断了自己的精神命脉。博大精深的中华优秀传统文化是我们在世界文化激荡中站稳脚跟的根基。……对历史文化特别是先人传承下来的价值理念和道德规范,要坚持古为今用、推陈出新,有鉴别地加以对待,有扬弃地予以继承,努力用中华民族创造的一切精神财富来以文化人、以文育人。"也就是说,从培育和弘扬社会主义核心价值观的整体文化背景而论,其立足点在中华优秀传统文化,但从培育和弘扬社会主义核心价值观的直接文化基因来说,其根基在中华优秀传统价值观。毋庸置疑,只有价值观才能"开启"、"发动"价值观。

当然,中华优秀传统价值观,不仅对于中国自身具有历史根基意义,而且对于当今世界问题的解决和人类的可持续发展,具有"世界智慧"意义。《堪培拉时报》(Canberra Times)1998年1月24日载:1970年诺贝尔物理学奖获得者汉内斯·阿尔文博士提出,人类要生存下去,就必须回到25个世纪以前,去汲取孔子的智慧。这里说的"孔子的智慧",更确切地说,是中华优秀传统文化的智慧,是中华优秀传统价值理念,就像今天中国推广汉语和传播中国文化与国学的教育和文化交流机构以"孔子学院"命名一样。对比以"天人合一"为基本思维模式的中华文化与以"主客二分"为基本思维模式的西方文化,解决工业文明以来因"人类中心主义"的过度扩张和对自然的征服而导致的生态危机问题,解决人与自然、人与社会、人与人、人与自身的矛盾和冲突问题,解决国家与国家、民族与民族、宗教与宗教、政府与公民之间的紧张与对立问题,显而易见,以"讲仁爱、重民本、守诚信、崇正义、尚和合、求大同"①为主要内容的中华优秀传统价值观,更具有现实性和深远性。

二、马克思主义的人民群众立场和历史唯物主义方法:诠释中华优秀传统价值观的科学方法论

中华优秀传统价值观,是中华民族存在、发展、复兴的历史根基,是人类破解 21 世纪发展难题的世界智慧。对于中华优秀传统价值观,不能自我贬损,也不能自我夸大,而是必须实事求是分析,客观科学解释。只有在科学解释的基础上,才可能有效推进中华优秀传统价值观的创造性转化和创新性发展,使之与当代文化相适应、与现代社会相协调。毕竟根基只是基础,智慧只是可能,都不是可以直接应用的"现实"。

深层追问以语言为中介建构而成的人与世界的关系,不难发现,人对世界的认知、今人对前人的把握,都是一个解释学的关系。我们人类沟通、交流、表达的过程,就是一个解释的过程。中华优秀传统价值观是中国历代先进知识分子对人与自然、人与社会、人与人、人与自身相互关系的理解和表达,这种理解和表达也就是他们对其自身所认识到的人与自然、人与社会、人与人、人与自身相互关系的解释。这种解释,经历了历史的洗涤、筛选、检验,有其人类的进步性;但同时我们还必须清醒地认识到,每一种解释都必然是且仅是"自己时代的精神上的精华"②。既然都是且仅是"自己时代的精神上的精华",也就必然带有时代的局限。更何况,从现代人的权利意识角度来看,亦显而易见,如果不是苛求前人,我们没有理由也没有权利要求前人解决我们今天的问

---

① 《把培育和弘扬社会主义核心价值观 作为凝魂聚气强基固本的基础工程》,载《人民日报》2014 年 2 月 26 日。
② 《马克思恩格斯全集》第 1 卷,北京:人民出版社 1995 年版,第 220 页。

题。这就是说,我们今天传承、弘扬中华优秀传统价值观,不能拘泥于其历史的意义机械地照搬与套用,而是必须面向今天的时代问题,由其"本义"出发合理地解释和推导出其引申义、比喻义,从而有效地解决今天时代的问题,就像法官的法律适用,以文义解释为基础,综合运用体系解释、历史解释、比较解释等方法客观、全面探求法律语言背后的意义一样。

如何才能对中华优秀传统价值观做出客观科学的解释呢?显而易见,必须是符合"中华优秀传统价值观"这一基本命题的内在特性的方法论。

这就意味着,首先,必须是能够明确表达"价值方向"及"价值原点"信息——即价值立场的方法论。如前所述,价值是有方向的。这就要求,解释价值问题,不能用对待事实问题的"价值中立"方法,而是必须价值立场清楚、价值方向明确。而今天中国的价值立场和价值方向是什么呢?毫无疑问,有且只有人民群众的立场和服务于人民群众生产生活的方向。这一点,是由我们国家的社会主义性质和中国共产党"全心全意为人民服务"的宗旨所决定的。当然,这也是代表人类未来的立场和方向。纵观人类历史,凡是兴盛发达的时代和兴盛发达的国家,无不是努力站在尽可能多的人群的立场,反映尽可能多的人群的利益的,满足尽可能多的人群的需求的。"人民群众的立场和服务于人民群众生产生活的方向",从方法论的角度来说,也就是马克思主义的人民群众立场。综观人类思想史,到目前为止,还没有哪个思想家像马克思那样,旗帜鲜明地站在普通群众的立场,公开捍卫普通群众的利益。针对当时一项把未经林木占有者许可在森林中捡拾枯枝的行为以盗窃论罪的法案,马克思从法学的角度为政治上和社会上一无所有的贫苦群众大声疾呼:"我们为穷人要求习惯法,而且要求的不是地方性的习惯法,而是一切国家的穷人的习惯法。我们还要进一步说明,这种习惯法按其本质来说只能是这些最底层的、一无所有的基本群众的法。"[①] 美国富兰克

---

① 《马克思恩格斯全集》第 1 卷,北京:人民出版社 1995 年版,第 248 页。

林马歇尔学院哲学系教授 L. J. 宾克莱曾指出："凡能阅读马克思著作的人几乎无人不为他对 19 世纪不幸的工人运动所表示的深切同情所感动。他看到当时存在于资产阶级社会的一切非正义现象感到义愤填膺,以致他不仅为一个有自由与正义的较好的日子而呐喊,并且提出了一项实现他为人类所抱的理想的纲领。"①

其次,必须是能够合理解释社会现象、全面反映社会规律的方法论。中华优秀传统价值观,显而易见,是社会科学范畴,而不是自然科学命题。运用自然科学方法论来解释中华优秀传统价值观,除了得到机械的、诸如"人是机器"之类的滑稽结论之外,不可能得到更有解释力的、更能为一般的正常人所能接受的结论。综观人类思想史,从方法论的角度来看,到目前为止,对社会现象、社会生活、社会形态、社会规律等的科学解释,还没有哪种理论能比马克思主义的历史唯物主义做出更彻底、更具有说服力的解答。针对季米特洛夫斯基对马克思历史唯物主义的严重歪曲,列宁明确指出:"在我们还没有看见另一种科学地解释某种社会形态(正是社会形态,而不是什么国家或民族甚至阶级等等的生活方式)的活动和发展的尝试以前,没有看见另一种像唯物主义那样能把'有关事实'整理得井然有序,能对某一社会形态作出严格的科学解释并给以生动描绘的尝试以前,唯物主义历史观始终是社会科学的同义词。"② 这就表明,21 世纪的今天,对中华优秀传统价值观的科学诠释,必须站在马克思主义的人民群众立场上,还必须坚持马克思主义的历史唯物主义方法论。

---

① L. J. 宾克莱:《理想的冲突——西方社会中变化着的价值观念》,马元德等译,北京:商务印书馆 1986 年版,第 95—96 页。
② 《列宁专题文集(论辩证唯物主义和历史唯物主义)》,北京:人民出版社 2009 年版,第 163 页。

三、中华优秀传统价值观的马克思主义转化：创造性转化和创新性发展中华优秀传统价值观的现实路径

中华优秀传统价值观，是中华民族存在、发展、复兴的历史根基，是人类破解21世纪发展难题的世界智慧。但这些根基和智慧，不是用来自欺的，也不是用来哄人的，而是用来解决当今的时代问题的；不是用来作为静止的对象被书斋式解释的，也不是用来说教的，而是要在合理解释的基础上转化为当今时代改造世界的动态的精神力量的。这就要求我们，在客观、全面、科学地理解和把握中华优秀传统价值观"语言"背后的"意义"的基础上，以当前中国及世界的价值观问题为中心，"处理好继承和创造性发展的关系，重点做好创造性转化和创新性发展"①。马克思指出："问题是时代的格言，是表现时代自己内心状态的最实际的呼声。"②

也就是说，在培育和弘扬社会主义核心价值观、实现中华民族伟大复兴中国梦的今天，推进中华优秀传统价值观的"创造性转化和创新性发展"，不再是一个重不重要、需不需要的理论问题，而是一个如何转化和发展、向哪个方向转化和发展的实践问题。

要解答这一问题，首先必须承认一个事实，即马克思主义中国化和中华优秀传统文化现代化的融合问题。从文化的核心和灵魂层面来看，也就是马克思主义价值理论中国化和中华优秀传统价值观现代化的融通问题。马克思主义价值理论中国化，就是把表达马克思主义价值理论立场、观点、方法的一系列基本原理同中国实践、中国历史、中国文化结合起来，实现马克思主义价值理论的中华民族化。中华优秀传统价值观现代化，就是把表达人类先进理念的中华优秀传统价值观的语词、语义

---

① 《把培育和弘扬社会主义核心价值观 作为凝魂聚气强基固本的基础工程》，载《人民日报》2014年2月26日。

② 《马克思恩格斯全集》第1卷，北京：人民出版社1995年版，第203页。

同当今时代的社会实践、当前人们的社会心理、当代社会发展的需要结合起来,实现中华优秀传统价值观的时代化。在今天的中国,马克思主义价值理论中国化和中华优秀传统价值观现代化的融通问题,不仅是不能回避的问题,而且是解答培育和弘扬社会主义核心价值观这一时代课题不可分离的一体两面。离开马克思主义价值理论中国化来谈中华优秀传统价值观的现代化,抑或离开中华优秀传统价值观现代化来谈马克思主义价值理论的中国化,都是不切实际的。

不难看出,对于面向人民利益的现代化制度模式的开创者——社会主义中国来说,马克思主义价值理论中国化和中华优秀传统价值观现代化之间的关系问题,不是一个"体用"问题,也不是一个"取代"问题,而是一个在科学立场、科学理念、科学方法的指引下更进一步实现价值观念的时代化、具体化、现实化的问题。

具体而言,马克思主义价值理论中国化与中华优秀传统价值观现代化的融通,在其最终成果的表现形式上,必须是民族的,亦即源于中华民族的语词体系、合乎中华民族的语言表达习惯的;而在性质上,必须是体现马克思主义的人民群众立场和历史唯物主义方法论的。只有这样,才能真正反映当代中国最广大人民群众的利益,贴近当代中国的社会民族心理,满足当代中国最广大人民群众的精神需求。这也正是党的十七届六中全会关于"坚持中国特色社会主义文化发展道路,努力建设社会主义文化强国"的内在蕴涵:"以建设社会主义核心价值体系为根本任务,以满足人民精神文化需求为出发点和落脚点,以改革创新为动力,发展面向现代化、面向世界、面向未来的,民族的科学的大众的社会主义文化。"也正是毛泽东 1940 年在《新民主主义论》中阐述的"民族的科学的大众的文化"的基本蕴涵:"中国文化应有自己的形式,这就是民族形式。民族的形式,新民主主义的内容——这就是我们今天的新文化。"①

可见,在 21 世纪的社会主义中国,推进中华优秀传统价值观的创

---

① 《毛泽东选集》第 2 卷,北京:人民出版社 1991 年版,第 707 页。

造性转化和创新性发展,就其性质和方向而言,也就是推进中华优秀传统价值观的马克思主义转化。这一方面,毛泽东早已为我们做了典范。作为马克思主义中国化理论成果精髓的"实事求是",从语源学的角度来说,出自东汉班固著《汉书·河间献王传》:"修学好古,实事求是。"班固用以赞扬汉景帝之子河间献王刘德竭力搜集"古文先秦旧书",获取"经传说记"真本的精神。唐代学者颜师古注:"务得事实,每求真是也。"对这一两千多年前的命题,1941年5月19日在延安干部会上,毛泽东通过对其创造性转化和创新性发展,彰显了其合乎时代特点和现代需要的马克思主义世界观、价值观、方法论内涵:"'实事'就是客观存在着的一切事物,'是'就是客观事物的内部联系,即规律性,'求'就是我们去研究。"①

(作者李金和系贵州师范大学历史与政治学院教授,法学博士,主要从事马克思主义价值理论与道德教育研究)

---

① 《毛泽东选集》第3卷,北京:人民出版社1991年版,第801页。

四
国外试点

后现代的希望在中国

——柯布博士访谈录*

何慧丽 小约翰·柯布

[摘 要] 当今世界的主流,是资本发展的全球化霸权,以及与其相适应的资本主义政治、学科化教育以及消费至上的价值观体系。资本全球化的经济积累并不是服务于人的幸福生活以及社会和谐的发展本身,随着金融资本的全球化发展,全球性的贫富分化的社会冲突以及人类生态环境的系统性崩溃已经出现,在追赶型的发展中国家尤其严重。本文通过第一作者与第二作者之间的深入对话,试图解构现代资本主义全球化霸权,探索建设性的后现代社会——社区型的本地化"市场",以及深度多元的文化生活。后现代的希望在中国,这得益于中国成熟的有根文明、广阔的小农村社基础以及政治共同体结构这三大优势资源,再加上当前中国新农村建设和生态文明建设战略的提出和实践。

[关键词] 解构;资本全球化霸;建设性后现代主义;生态文明;新农村建设

发端于文艺复兴时期的西欧文明,通常被称为工业化、城市化的现代文明,迄今它仍是全球发展之主流模式和方向。那么,现代文明,

---

* 此访谈录的形成,是第一作者赴美访学期间,在中美后现代发展研究院常务副院长王治河先生和美国过程研究中心中国部主任樊美筠博士的引荐和协助下,经过两次专门时间与小约翰·柯布博士的深入而充分的交谈,之后整理审改而成。在此一并敬谢。

或者工业化、城市化文明，从长期和本质来看，对人类及其生存环境意味着什么呢？假若现代文明内含着对人类和自然破坏的基因而并不能自身去除，那么，人类的未来将走向何方？中国的现代化要走向何方？若中国的"生态文明"战略有着世界性意义，则其突破口又在哪里？

带着这些问题，我在赴美交流访学期间，有幸前往美国加州克莱蒙——这座当世著名的生态城，拜会了当代著名建设性后现代哲学奠基人、著名生态经济学家、过程哲学家、美国国家人文科学院院士、中美后现代发展研究院院长小约翰·柯布先生（John B. Cobb, Jr.）。以下是所谈的重点内容，根据具体谈话情形，分三部分进行介绍。

一、对现代资本全球化霸权的解构

何：柯老，很荣幸能够亲自向您请教。您几十年来一直在反思西方尤其是美国所走的现代化发展道路，对现代资本全球化霸权也一直持批判的态度。您能否简单谈谈几百年来的现代化发展历史，到底存在着什么样的问题？

柯老：资本主义从三百年前的全球市场资本主义发展成如今的拥有全球化霸权的垄断资本主义，关于其本质属性，马克思早在19世纪就已经揭示了，认为其政治经济发展模式及消费模式，内含着与自然、社会对立的基本矛盾且愈益加剧。当代西方的生态马克思主义也向我们揭示了资本主义制度在根底上的"反生态性"。就这个世界上已经存在的现实来看，大规模的资本主义全球市场运作，将财富和权力越来越集中于少之又少的集团手中，形成资本主义经济霸权，这是一种全球范围内制度建构的结果。

几乎是内在的天性，资本主义制度建立在这样的概念上：获取金钱和利润是最重要的事情。人们大都在服侍金钱，之所以投入精力和时间组织社会其目的是经济财富的增加，那么，又如何能同时服务于人类的需要呢？就美国经验而言，资本主义财团越来越多地控制了对政府的支配权,很难抑制或者减缓少数人剥削多数人的制度性后果。此外,奥巴马连任之后施政重点之一,是 TPP——跨太平洋贸易与投资伙伴协定,这是把美国枢纽转向亚洲战略的关键步骤。美国会给这个跨国经济组织超越于任何政治实体之上的强权,这将对跨太平洋的合作伙伴们起到刺激欲望的作用,因为其权力扩张的唯一目标就是要赚取更多的经济利润。

现在流行的金融资本经济,与以前的工业资本经济之间是有历史差异的。在工业资本经济的发展进程中,如果说更多的资金集中在富人手中,他们将会在生产中有更多投资,因而会给弱势群体增加更多的就业和收入机会,这是可能的。然而在金融资本经济中,富人拥有更多的金钱并不必然导致工作岗位与工资的增加,因为富人实际上主要是投资于虚拟的金融商品而不是作为实体经济的工业生产。随着经济变得越来越集中于金融领域,所衍生的大量金融产品与实体经济和社会稳定的关系,变得越来越扑朔迷离。进一步地,金融资本的全球化发展,不但导致了贫富分化的社会冲突,而且将导致人类生态环境的系统性崩溃。现在,生态破坏、资源枯竭、环境污染等问题,尤其在追赶型的发展中国家很严重。人类与其生存环境是密切相关的,环境问题反过来又会祸及人类自身。生态底线一旦被突破,后果将不堪设想。

何:您的观点,与 20 世纪以来以批判全球资本主义著称的四个知名学者(伊曼纽尔·沃勒斯坦、萨米尔·阿明、安德烈·弗兰克和乔万尼·阿瑞吉)殊途同归。我所访学的约翰·霍普金斯大学阿瑞吉全球化研究中心,对历史资本主义几百年来作为体系积累周期的形成、发展、转移等规律有一个共识,即自文艺复兴以来至今的热那亚周期、荷兰周期、英国周期和美国周期等四个发展阶段,以批判资本主义文明为主线,来研究金钱、权力与资本主义社会的根源。[1] 阿瑞吉认为,在一个资本主义社会,货币"无休止"的积累是权力的主要来源,资本主义具

---

[1] 参见乔万尼·阿瑞吉:《漫长的 20 世纪——金钱、权力与我们社会的根源》,姚乃强等译,南京:江苏人民出版社 2001 年版。

有创造性破坏的内在危机,由国家之间竞争推动的资本主义、工业主义和军事主义的协同配合,造成了欧洲后裔致富和获权的良性循环但同时也相应地造成了大多数其他民族致贫和失权的恶性循环。[①] 此外,他也认为如果中国等发展中国家过度依赖西方能源消费型发展道路,那么这种依赖不但因为对环境资源的巨大压力导致"经济奇迹"的夭折,而且会可能成为新的政治和社会动荡的中心。[②] 看来是到了深刻反思资本全球化发展并形成一致共识的时候了。

可是,这种认识与主流经济学并不一样。您怎么看待主流经济学呢?还有,对于当前流行的价值中立的学科式的知识教育,您怎么评价?

柯老: 主流经济学的知识体系与当前资本全球化霸权具有内在的适应性,它假定人及其组织是追逐利润最大化的;然而,建设性后现代思想家认为人或者组织是嵌入在一定的关系之中的,受其生存的社会关系及自然资源环境之间的关系所规定。此外,绝大多数人把经济学理解为一种与社会历史本质上不相关的演绎科学,他们假定,从形而上经济模型中所产生的原则必会基于完全相同的方式对金融世界发生作用,就像它们曾对其出于之的工业世界发生作用一样。然而,谁都知道,抽象的经济模型设计,在反映具体的、经验的、以历史和实践为依据的人类社会方面,是有重大缺陷的。所以,我建议在邀请西方专家尤其是经济学家或者金融专家去指导实际政策操作上,中国政府千万要慎重。如果他们建议中国政府采取市场自由主义做法,向西方银行打开大门,把中国纳入西方银行运作的轨道上来,或者让中国银行从西方银行家那儿学习如何赚取更大的利润,那么中国必将走向承担巨大成本的错误道路。

至于当前在全世界主流高校里盛行的条块分割式的专业化的知识教学和研究,问题的严重性有两个:一个是在大学教育中持"价值中立"而不是"价值关涉"。学者曾认为持有一种特定价值意味着偏见和模糊

---

① 乔万尼·阿瑞吉:《亚当·斯密在北京——21 世纪的谱系》,路爱国等译,北京:社会科学文献出版社 2009 年版,第 88 页。

② 乔万尼·阿瑞吉:《亚当·斯密在北京——21 世纪的谱系》,路爱国等译,北京:社会科学文献出版社 2009 年版,第 392 页。

本质，而所谓的科学研究则会避免这个问题，会得到无偏见的知识，而且人们感兴趣或有价值的东西，就是以客观的治学路径所做的专业的试验研究或者实证研究，于是价值无涉的研究型大学就成了榜样和标尺。然而这从根本上就是错误的，至少是有缺陷的。诚然，我们需要一些纯粹的科学研究，但是我们更需要那些为了生活幸福和社会美好的研究，不是吗？难道让同学们在大学里为有益于社会、有益于日常生活的美好而做些准备，或者去增强他们生活于其中的社会共同体的福祉，或者去推动社会现实中生命攸关的伟大事业，这些不是最重要的吗？历史地看，肯定地说，在中国，在世界上任何国家，这都是最重要、最紧迫的。因此，非常根本的，我想我们在错误或者有缺陷的方向上已经迷失了。我害怕中国已经在某种程度上抄袭了美国的教育模式，那实际上只是一些外国教育的特例而已。

另一个是关于学科化还是去学科化或跨学科化的问题。作为学科的学术规训的专业化发展，只是为了研究的方便性目的，而不是作为教育目的的一个好方向。为了社会美好和幸福生活的学习，本质上不是学术规训，当然会有别的更好的不同于学术规训的方法去组织学习。如果现代大学行为是被作为唯一的方法去规训学生，唯一的方式去组织知识的话，只能说很遗憾它从教育范式和方法的整体是错误的。这是我曾经强调从一开始应去学科化的理由。当然，强调跨学科也行，就是说我们必须试着探索一些学科间的横向关系。专业化、学科化并不必然地作为探索现实问题的基础，不能习惯性地将思考问题建立在条块分割的学科思维方式的基础上。

我个人认为，尤其是在今日社会，我们生活在一个非常复杂的社会里，用条块分割式的专业化学科知识去正确理解它、解决它是困难的，要发现我们自身在社会上的人生方向也是困难的。因此关于教育的改良甚至是改革迫在眉睫。

何：您的话令我深有启发。这个价值中立的、分门别类的知识教育有很大的局限性，这种见物不见人、注重技术的研究型高校现在不少呢。主流经济学及其教育危机源于它服务于全球资本化的经济积累，而不是人的幸福生活以及社会的和谐发展本身。但可能全球资本化霸权的表现，不只是全球经济体制的建构和文化教育体制的建构，是否还有一个重要的领域建构，就是对人们日常生活的建构，比如把"奢侈生活等同于美好生活"？

柯老：是啊，资本全球化霸权不但构建了适应它或者说服务它的政治和教育，还构建了人们的日常生活观念。资本附加在产品身上，当只有在消费者消费欲望大涨工商金融资本才能增值的情况下，"美好生活就是奢侈生活"的观念就会被社会舆论建构成不容置疑的人生真理。"美好生活"标准由消费多少来决定；国家发展则依据 GDP 的增加来评判。实际上，地球资源可以满足我们的需要，但不能满足我们的欲望。奢侈生活所带来的高消费欲望，正在蚕食我们赖以生存的生态环境，这必将加速全球生态崩溃甚至毁灭地球的进程。而且，由全球资本主义发展所内在规定的消费享乐至上观念，导致了金钱第一的观念，接着，人们就被建构起了从物质需求到地位身份、权力需要等等如此这般需求的延伸，于是金钱在某种程度上成为一个至高的中介甚至上帝。它开始代表社会共同体里的重要身份、地位、权力等高于物质基本需求的欲望。人们已经习惯于围绕着满足这些欲望的方式去组织他们的生活。

但实际上，奢侈生活并不是美好生活。关于美好生活，早在公元 2000 多年前，在人类历史发展的轴心时代，就有耶稣、释迦牟尼、穆罕默德、老子、孔子等为代表的杰出的先知们表达并践行出来了，他们声称人们生命的满足和意义源于对所有生命福祉的关爱。我曾对很多来访的学者说过，在各种不同的文化中，幸福源于互相支持和互相服务，而不是对物品的占有和消费；幸福也可以来自于自然之美、来自于艺术和音乐、来自于拥有丰富的知识、来自于挑战自我，取得各种卓越的成就。人类的互相支持能保证人类满足身体的各种基本物质需要，同时也有利于万物的生长。如果他人没有足够的食物、不能获得很好的自我发展与自我实现，那么，我们所有人都不会快乐和幸福；如果父母们认为自己的生活方式会破坏后代子孙的发展前景，那么，他们也就不会拥有真正的快乐和幸福。①

二、关于建设性后现代经济和文化生活的设想

何：刚才我们谈到了宏观的社会历史实体发展机制，与之适切的相关学术话语建构及人们的日常生活领域。那么，对于几百年以来的资本全球化霸权之严重后果，这么一个似乎不可逆的人类历史社会客观规律，我们还能做点什么呢？

柯老：一些学者强调，规律就是客观的，比如他们会说经济学的规律就像是工程学的规律。然而，这是一种宿命的态度。从过程哲学来看，规律是在一定环境和条件局限下的主体运动的惯性，它随条件、环境乃至主体成分的变化而变化。我们为什么在人类社会历史发展中强调主观能动性，就是因为人类行为包括经济行为都是一种条件下的社会要素运动的历史性产物，是具有很强的主观能动性的。过程思维鼓励我们，谋事在人，人具有社会性，也具有历史性，因而是可以通过我们的主动的有所作为来抵抗资本的霸权，减缓资本全球化霸权的后果，并积极地推动人类社会历史向好的方向——后现代生态文明方向发展。

作为个体，我们似乎更有条件充分发挥主观能动性，从看得见摸得着的日常生活行动领域着手。比如，我们可以针对当前的全球资本化发展，提倡市场的本地化经验；针对金钱至上的人生观和世界观，提倡尚清的生活方式，至少多元生活方式共存；等等。总归可以做点什么，这远强于弥漫悲观论调的无可奈何的不作为。

何：您所说的本地化经验的"市场"，是否与资本主义的"市场"不一样？费尔南·布罗代尔和乔万尼·阿瑞吉都认为，在资本主义历史的体系积累周期中，全球化的资本市场只是世界贸易体系的上层，这一

---

① 类似观点可参见王治河、李玲：《美国的主流城市化模式正是中国所要避免的——柯布访谈录》，载《文汇报》2013年3月6日。

层在开始曾经是盛行"丛林法则"的自由竞争的市场;然而,一旦世界贸易体系的结构得以固化,便是反市场的了。香港岭南大学教授许宝强,是乔万尼·阿瑞吉的学生,曾经与人合编一书阐述"资本主义是反市场的"观点。① 您是否也对这个资本化的世界贸易体系不抱希望,而寄希望于对作为底层的日常物质生活世界的生产、生活和交换、分配?

柯老:是的。把我们的精力和才干用到区域性的或者当地化的市场发展上来吧,倡导这种相对多元的、独立性的实体市场经济的发展吧。越是这样,我们的社会才越可能获得持续性发展。

如果有一些在经济社会文化上相对完备的本地化综合性社区,人们的生活生计都在社区里面,相关的一些小生意小贸易,甚至一些本土的自助合作组织,构成本地化市场的主体力量,成为社区居民互通有无、繁荣社区生活的一部分,相对而言当地人们的大部分日常消费可以基本上得以满足而勿需过度依赖于外界。若可能,村民们可以步行或者骑车即可到集贸市场上去,而不用消耗过多能源。农民们越少地从城市输入商品,就越多自主地控制自我生活,实现实质性的交换或交流需要,使人们产生自我尊重的价值感。虽然在一些落后村落里,人们想要一些从外边运输进来的货物,但是只要他们有信心去用当地出产的物品去交换,也是可以的。

以这种相对独立自主的本地化市场经济为基础,本地社区居民的自治政治会真正得以实现。想想看,一个在 1000 英里之外作出的关于村庄的实际决策,如何能够在这个村庄里产生好的效果呢?这个村庄的人们又怎能出于村庄的实际需要而从内心愿意遵从呢?人们可以从现代技术进步中得到帮助,以在有身份认同的社区里来组织自我生活,表达自己的真实需要,也可以参与社区的一些决策。重要的是,如果人们知道社区里谁在做决策,谁在执行与大家生活和利益密切相关的那些事情;那么,当一个人开始有腐败苗头——拿走比他该拿走的要多——的时候,其他人会更容易知道这件事情,这就会减少腐败滋生的土壤,建立

---

① 参见许宝强、渠敬东编:《反市场的资本主义》,北京:中央编译出版社 2001 年版。

相对廉洁的政治。

我相信，拥有一个较小的类似于中国传统村庄或几个村庄联合体那样的社区共同体，是有重要价值的。

何：您的建议，似乎正与我们所做的新乡村建设试验不谋而合。我们在村庄里发育的村庄文艺队、村庄老年人协会，就是为了复兴地方农村的乡土文化，增加村民之间的凝聚力。此外，我们在有条件的地方，发动社会力量参与生态农业，类似于美国部分地区兴起的"社区支持农业"；我们把在中国发生的一些类似试验，叫"城乡互助型生态农业"①、"市民参与式农业"②、"巢状市场"③、"道义流通"④。不过，这只是一种结合当前中国城乡现实状况而形成的各种叫法。这些都是对资本全球化霸权有所反思之后，中国的少许知识分子、企业家和市民阶层对一种本地化市场经济的修复和探索，也都是以乡土社会生活世界的部分肯定和修复为基础。或许，您更感兴趣的是类似于中国的传统集贸市场的底层市场？

那是中国大多数农民世代生活或生存的、相对传统的一个个农村社区中心，类似于"超级村庄"，我的一个研究生硕士毕业论文写的是"遭遇发展的乡村集市"，她在河南省兰考县的一个基层集贸市场做实证

---

① 此提法和具体操作者是2009—2011年中国科学院农村政策研究所、中国农业大学人文与发展学院的研究团队及河南兰考郑州商会。在河南省兰考县南马庄村实施"乡村生态文化旅游"、"购猪认养"时的项目总称，就叫"城乡互助型生态农业"，其设计是由郑州、开封等地的市民团体或者商会团体与南马庄生态农产品合作社对接，强调消费者组织与生产者组织之间的良性互动。

② 此提法和具体主导操作者是中国人民大学乡村建设中心与北京市小毛驴市民农园。从2008年初创阶段至今，北京市小毛驴市民农园分别以"消费者份额配送"和"租地耕种"的方式，吸引了北京市广大市民阶层的积极参与。

③ 此提法的主要贡献者是中国农业大学人文与发展学院的参与式研究团队，它是自2012年始至今由学者设计并主要是学者市民参与消费的一种紧密的、近距离的、环节少的交换市场，以区别于主流的跨国公司主导的远距离、多环节的资本市场。

④ 此提法和具体主导操作者是以东莞泰威电子有限公司为首的当代儒商团队，2013年在河南省灵宝市焦村镇罗家村首次进行试验，与弘扬"仁义礼智信"的弘农书院及做生态苹果的弘农沃土生态合作社相对接。

调研，用详细的材料阐述：几个村庄的中心地——贺村集市，它不同于一般经济学家眼里的市场，而是一个集生活、婚姻、交友、交换、政治、文化需求等多种社会功能为一体的地方。尽管它也遭到了资本下乡的部分蚕食，但还是显出了这种市场贴近农民真实的生活生产世界的顽强生命力。假若适当的政策型外力恰当地予以鼓励，地方市场的健全繁荣也将有助于地方政治的自治性。我们确实可以在这方面多学习、多研究。

柯老：很有意思，怎么使你们的乡村集市的地方成为乡村政治自治中心和经济繁荣中心，这对当地农民减少过度依赖外界而有可能遭受重大损失而言有着重大的意义。我的另一个重要建议是，要建构深度多元的生活方式信仰，以冲淡人们被卷进金钱至上社会中的困顿和迷失。前面我谈到奢侈生活不等于美好生活。这需要人们在金钱至上之外建立合适的文化和生活方式信仰。当然，在市场经济社会，人民需要金钱，金钱和物质是基本层次的需要，没有它们便没有生存。然而，从历史上看，从世界上三大文化先知那儿，以及就这三大文化的本质精华而言，告知我们获取幸福人生的大本大源的智慧所在的，都不是占有财富和扩大消费的欲望，不是金钱，而是其他价值。耶稣基督登山宝训所强调的"八福"消罪①，基督徒要是在生活中践行了，便会获得"真理、道理和生命"；释迦牟尼出生在帝王之家，但豪华生活没有带给他喜悦和幸福，他认为人只有"持净戒""修善法"②，方能消除惑业，摆脱无明烦恼，超脱生死轮回；至于中国的儒家孔子，讲"内圣外王"③，讲生命的品质和境界，认为一个人若达到明德至善便是幸福。这三大文化代表人物所言各有特点，但是也有共通共识的地方。我们若相信文化践行者的幸福而不是金钱至上的幸福，这是做对了。此外，我也发现不同文化信

---

① 具有八福的人指"虚心的人、哀恸的人、温柔的人、饥渴慕义的人、怜恤人的人、清心的人、使人和睦的人、为义受逼迫的人"。

② 这里的"净戒"，最基本的是五戒——不杀生、不偷盗、不邪淫、不妄语、不饮酒。

③ 这里的"内圣外王"，与对自己修身"自强不息"和"格物致知正心诚意"，对他人和社会"厚德载物"和"修身齐家治国平天下"有关。

仰之间的冲突关系。作为受彼此不同文化影响的人，不能像资本那样霸道地强推别人信这个不信那个，也不是将持异见者称为"外邦人"。不同文化的创始者和真正的信仰践行者，是尊重自己也是尊重多样化差异的，是开放的、互通的、包容的，而不是排他主义的，这是一种深度多元文化主义的态度。我想巨大的挑战是：为了改变人们的金钱至上价值观，抑制资本主义的霸权扩张，我们需要文化价值观的复兴；为了超越不同的文化价值观相对性的差异，避免文化霸权主义的误导性，我们需要对多元文化进行深度理解的探索，提倡大教育的实践。克服金钱崇拜，从欲望的牢笼中走出来，不是件容易的事，需要大彻大悟，需要文化的支持，也需要个人的发心与献身。因此，从某种意义上讲，不经过有效教育就成长为那一类人，不大可能。

三、后现代的希望在中国——践行"生态文明"的历史使命

何： 刚才我们谈到现代资本全球化的发展进程中对人类社会经济和生存环境等方面所造成的巨大破坏，也谈到了这种现代化的经济社会及建筑其上的文化教育观念也具有历史性，亟需人类将之推进到后现代理想社会的愿景中去。我也了解到，您作为全球后现代思想家和生态经济学家，一直对中国主导后现代的新式社会发展模式抱有极大热望，请问，其理由和依据是什么呢？

柯老： 中国有三大得天独厚的优势资源，只要认识到位、运用得当，就一定能避免西方的现代性错误，实现中华民族真正的复兴：一是中国文明是一种有根的成熟文明，中国几千年的老子、孔子、墨子等哲学思想深入人心，从人类文明的轴心时代起，中国就一直延续着这些天人合一的、内圣外王的有着社会道德和生态道德的文化，中国传统文明和文化的璀璨菁华令世界其他国家难以比肩；二是中国现在仍然存在着世界上最众多的村庄和农民，大多数农民在村子里仍然从事着精耕细作的小农经济，而这些小型的、多样化的家庭农场是最能解决未来人类食品安全问题和避免工业化农业的耗能困境的，同时也是中国社会政治经

济稳定的根基之所在;三是中国的政治与西方不同,是一种共同体治理结构,有着2500多年的中央集权与合作的传统,一直被保留至今;而且,现在中国领导人也提出了"生态文明"的发展战略,生态文明概念早在西方流行了30年了,甚至在英国还形成了绿党,但是,把生态文明上升到国家战略高度的,只有中国领导人。

但近些年来我所见到的中国学者大都说中国正在拥抱西式现代化,许多地方出现了撤村并镇的工业化、城市化行为,像北京、上海等大都市也出现了为人诟病的大规模雾霾天气。我说中国有希望,也并不表示中国没有失望。只是觉得你们应该为全体中国人民的长远福祉着想,珍爱你们的老祖宗所留给你们的进入后现代社会的优势资源,不要单纯效仿西方;如果只是追求现代意义的经济增长,崇拜GDP,走的是消灭农民和农村的路子,其后果将不堪设想。

何:我听到这个观点,心情喜忧参半。喜的不单是您,还有一些颇有历史长时段洞察力的西方学者,他们都对中国能扭转这个几百年来的全球资本化霸权抱有信心。比如马丁·沃尔夫曾乐观判断:"欧洲是全球经济的过去,美国是全球经济的现在,而中国支配的亚洲则是全球经济的未来。这个未来似乎注定到来。"[①] 又如乔万尼·阿瑞吉进一步提及,"这并不仅仅是由于根深蒂固的历史和地域文化差异,更确切地说,是因为东亚地区特殊的历史和地理位置会对全球经济的新架构产生影响。"[②] 然而,至少现在和以前,中国的发展虽然有依靠密集劳动力和对自然资源精细管理的"勤劳革命",但是,基于机械化和自然资源掠夺的工业革命,在当前仍然是主流道路,中国迅速增长的经济尚未为本国和世界开辟出一条社会公正、生态可持续的、不同于西方资本主义的发展道路,而且,数量庞大的中国人口的生活欲望,在改革开放的这30年时间内都被提得很高,这又是我所忧虑的。

---

① 转引自乔万尼·阿瑞吉:《亚当·斯密在北京——21世纪的谱系》,路爱国等译,北京:社会科学文献出版社2009年版,绪论第2页。

② 转引自乔万尼·阿瑞吉:《亚当·斯密在北京——21世纪的谱系》,路爱国等译,北京:社会科学文献出版社2009年版,代序第27页。

四 国外试点

中国新的中央领导集体一年多来一直在强调中国发展的道路自信、制度自信和文化自信，这是个好兆头。中国政府自 2005 年提出"新农村建设"的国家战略，2007 年提出"生态文明"的国家战略，这些，正是我们作为高校知识分子"走出象牙塔，跨进泥巴墙"，自新世纪初以来迈向乡村、与基层干部和人民相结合，乐此不疲地从事乡村建设的政治保障。因为知识分子的愿景不只是一些试验，一些行动或者一些理论，还需要政府的制度保证、组织保证，知识分子有理论和教育优势，政府有制度和政策优势，二者相结合起来才能使之有点试验的研究价值和政策示范效应。

柯老：无论是你们在中国农村基层做的那些事情本身，还是政府政策和制度上的事情本身，当然都值得大力肯定，但都不是生态文明的充分条件，甚至不是最关键的条件。我想最关键的条件可能是人才，是新的文明——后现代生态文明所急需的各式各样的人才。中国政府若要系统地执行他所提出的"生态文明"国家战略，要从长计议，促进教育改革，实行大教育，为实现国家战略而储备各种人才。这是一个漫长的动态的综合性建构性任务，是排在第一位的战略性要务。要从教育开始，逐渐迈入建设性后现代的和谐社会。

比如，当前的大学教育急迫地需要一些价值关涉而不是价值无涉的教育。当今的高等教育应是一种现实主义的、可靠的对我们现在生活的世界的研究。那意味着我们应正确理解正在对自然环境所做的破坏后果是什么？我们以如此个人主义的方式进行着的、正在破坏人类共同体社区的后果，又是什么？还有，我们如何做才能恢复自然生态，恢复给予人类幸福和安全等生活质量的社区共同体？我们需要教育人们如何去看穿资本控制的新自由主义舆论的本质，以及我们人生和事业的真正价值，这些，不是秉持价值中立的研究型大学和自由主义教育大学所能教给我们的。我希望在新型的后现代大学里，大学生能够在导师的协助安排下，一起选择课程，或者发展自己的项目研究，准备着去帮助改善这个世界。一个大学应有能力提供那样的项目试验，同学们能够相互讨论从事学习研究的意义、价值，明白如何把研究项目和他们感兴趣的、涉及人类社会严重问题解决的事业联系起来。让我们把学科化的东西放在一边,好好实在地想一想渗透于各个角落的现代化问题的严重性;然后,再指明我们之所以必须为后现代培养"生态型"人才和"社区型"人才的理由以及途径;此外,"实践型"人才和"组织型"人才的培养也很重要。这些,与学科化的学术规训和所谓的价值中立的客观性研究没有一点关系。

何:我想告诉柯老一个好消息,中国的北京今年已经启动中考改革,3年后将启动高考改革。前几天,北京市公布了2014年中考改革方案,其中一项改革是突出语文学科的基础性重要地位,注重同生活实践及其他分科的联系,注重对中华民族优秀文化传统的考核。

柯老:试着改变招生考试教育制度是一个巨大的进步。因为现阶段的教育制度把全部重心放在了应付考试上,但这不是年轻人所需要的。你们所公认的伟大教育家孔子若在世也不会赞同的。当然,我不认为光是入学考试改革就会在解决此问题上取得巨大进展,那只是其中一个步骤。但是,考试制度也许是开始发生变化的突破口,也会为年轻人将来取得社会成就打开一个好机会。我很高兴听到有这些改革。

但是,是否教育转型需要更激进的、步伐更大一些的大教育改革?比如,当前,现代化的高等教育大都"过度教育",出现"人才过剩"的现象。与其不断花费巨大成本为并不存在机会的工作准备后备军,还不如我们或许拥有另类点的一些制度或者研究,以另外一套不同标准选拔,寻找那些具有原创力的有勇气的年轻人,那将会为我们社会的可持续发展培养出真正有用的人才。比如,在有条件的地方办农村社区大学,他们大学毕业后直接服务于当地农民和本地社区的可持续发展。

何:您提到的不拘形式的大教育改革,正在中国一点一滴地推动着、试验着。10余年来,有一批知识分子在全国各地均以不同理念和操作方式参与推动了当代的新乡村建设试验。比如,我们在河南开封市的县区所参与推动的新乡村建设试验,表现为很多的文化活动、社会事件和经济项目,卷了很多的人参与了进来。但是,一些媒体和社会人士也大都错以经济收入的提高和规模性等现代化发展的标准来衡量;它其实是一场场社会实践教育的大试验,是农民和大学生在乡村建设中相结合的实践教育、乡土教育大课堂。一些长期参与这项试验的农民朋友,成长为懂政策、会组织、有自信力的生态型农民和合作型农民;一些参与的高校大学生们,他们的实践能力、乡土知识都得到了增强,情志意等人文素养也得到了升华。从去年到今年,我们考虑到以知识分子身份呼应国家"生态文明"战略,是需要有长期投身大教育的打算,所以,我们联合了几个高校机构,在地方政府相关部门的支持下,在河南省灵宝市农村成立了弘农书院,提出了"尊道贵德、和合生态"的办学宗旨。我们想从自身开始将复兴中国传统文化教育精髓和地方乡土教育相结合,将农民合作型生态农业种养与当代中国儒商的道义流通相结合,将平民教育与大学生教育相结合,刚刚试做了三期培训,内容包括合作社制度教育、生态农业技能教育、乡土伦理道德教育和健康养生教育,效果良好。类似于这些探索,在中国还有不少乡建同仁在默默地执着地做着。也希望柯老能够给予建议。

柯老: 太好了。在中国,政府仍然习惯性地把现代化作为强劲发展趋势的当口,其决策肯定仍然是太多地集中在现代化上面,它能承诺"生态文明"的发展战略已实属不易,在整个社会认识和作为尚没有彻底变革之前的相当长的一段时期里,你们正在参与所做的事情极其复杂艰难,无论是教训还是经验,都将会成为整个社会政策制度和教育制度改良的基础。中央政府或者高校和地方政府还有一些空间支持你们的这类社会改良性试验,还有学者们、官员们、村民们、大学生们愿意真实地做这些推动社会进步的大事情,这是好现象。你们中国人崇尚知行合一,有很好的实践教育传统,从小事开始,从既有条件开始,这都是后现代所需要的品质。所以我认为,后现代思想的根在中国,那儿有新思维和新范式革命的土壤。

何: 您能对我们多元的新乡村建设实践,就是在中国农村所做的后现代建设的努力,说点什么吗?

柯老: 你们正在践行的,正是我曾想象可能做的。怀特海(世界建设性后现代哲学主要奠基人)指出,真实的价值存在于实践之中!也许中国现在是这么一个地方，哪怕就一个成功的经验探索，便可以激励世界上别的国家走上后现代之路。这个成功的经验，是从中国的后现代乡村建设或者新乡村建设开始的。

最后，需要提醒的是，在探索过程中肯定会有一些错误的东西出现，这也不要紧。所有的改革都是要有代价的，解决问题的有效办法不会马上产生作用，因为旧的惯性会马上回击你，试图毁掉你。祝愿你们能够应对这些挑战。虽然西方这里的许多人不同意我们，但我和我的中美后现代发展研究院的同仁始终相信：后现代的希望在中国，后现代生态文明的希望在中国。对于中国走向生态文明的任何努力，我们都保有崇高的敬意！

（作者何慧丽系中国农业大学人文与发展学院社会学系副教授；作者小约翰·柯布系美国著名建设性后现代思想家，美国国家人文科学院院士，美国中美后现代发展研究院院长）

超越离土教育，走向热土教育

王治河　樊美筠

[摘　要] 作为现代工业文明重要组成部分，以升学为手段、求职为目的现代教育是一种城市导向的齐一化教育。在根底上它是一种离土教育，是反生态的，因此注定是无根的，因为它是一种疏离自然、远离生活的"书呆子教育"，只强调书本知识的学习，割断了学生、学校和教育与自然、社会、传统和实践的血脉联系，使得我们教育出来的学生失去心理坐标，产生孤独感，导致鲜活生命的萎谢。对于今日的生态危机，现代教育负有不可推卸的责任。随着现代工业文明的式微，现代教育为工业文明所培养人才之过剩就成为一种必然。作为现代文明超越者，后现代生态文明需要新型人才，因此它呼唤一种热土教育，这是一种以地方共同体的共同福祉为旨归的有根教育，它注重增强学生与世界的联系感，它把培养学生厚重的责任感和深邃的归属感作为教育的目的。这种后现代的热土教育对中国的生态文明建设具有格外重要的现实意义。中国经济从外向型经济向内向型经济的转型为这种热土教育提供了极好的发展机遇，反过来，这种后现代的热土教育将为生态文明建设提供强大的教育支撑。

[关键词] 离土教育；热土教育；无根教育；有根教育；建设性后现代；生态文明

一、现代教育在中国的困境

实现教育现代化或教育的现代化一直是百年来中国教育家的一个梦想，它也构成了当代中国教育改革的一个主要方向。尽管中国的有识之士一直在大声呼吁："现代化不是西方化，教育现代化不等于教育西方化"①，但中国的现实是，教育的现代化基本上等于教育西方化。正如国际著名比较教育学家许美德（Ruth Hayhoe）教授指出的那样，"自1911年以来，中国的领导人广泛尝试了至少两种不同形式的西方现代性——资本主义的现代性和社会主义的现代性。"②用钱穆先生的话说就是，"新学校兴起，则皆承西化而来。皆重知识传授，大学更然。一校之师，不下数百人。师不亲，亦不尊，则在校学生自亦不见尊。所尊仅在知识，不在人。"③可以说，从教育的理念到教学的方法，百年来的中国教育基本上因袭的是西方现代教育的模式。按照北京大学陈平原教授的说法，"20世纪中国思想文化潮流中，'西化'最为彻底的，当推教育——尤其是高等教育。"④

这种西式现代教育所取得的巨大成就无疑是不容抹杀的。按照教育部权威部门的报告，"2008年，全国各级各类在校学生达到2.6亿，其中有近1.6亿学生正在接受九年义务教育；1900多万初中毕业生中，有85%以上升入高中阶段教育学校，其中一半以上进入中等职业学校；830多万普通高中毕业生中，有73%以上升入高等学校，其中一半以上进入高等职业学校；还有100多万硕士研究生和24万博士研究生正在进

---

① 顾明远：《教育现代化不是"西化"》，载《人民日报》2009年12月9日。
② Ruth Hayhoe (ed.), *Education and modernization: the Chinese experience*, Oxford: Pergamon Press,1992, p. xiii.
③ 钱穆：《现代中国学术论衡》，长沙：岳麓书社1986年版，第168页。
④ 陈平原：《大学之道——传统书院与二十世纪中国高等教育》，载《岭南学报》新第1期，1999年10月。

行学习和研究。"① 毫无疑问,在普及教育、推动教育大众化方面,现代教育居功厥伟。

但在我们庆贺教育现代化的丰功伟绩的同时,也不应该忽视教育现代化所带来的严重负面后果。这种负面后果的一个突出表征就是教育过剩或过度教育现象的产生。一方面,我们的大学每年"产出"的本科生就有将近700万,就连研究生都有近60万;但另一方面,真正为社会所需要的,直接为社会共同体服务的人才却少之又少。也就是说,现代工业文明把不同的人当做机器一样"统一规格"地"批量化生产"出来的产品,供过于求,在根本上无法满足生态文明之所需。据统计,2013年中国高校毕业生已经达到699万,被称为"史上最难就业季"。而2014年在此基础上仍有增长,预计将突破700万人,成为2013年后的"更难就业季"。② 由此引发的经济损失和社会危机是在情理之中的。用学者的话说就是,"当社会价值标得如此高,却没有相等的空间容纳如此多的向往时,整个社会所承载的失望与不满是相当沉重的。"③

这涉及教育现代化所带来的另一个严重的负面后果,就是厌学成风。"厌学"是现代社会普遍弥漫的现象。许多儿童已经失去了应有的天真、活泼、欢笑、烂漫、灵气在他们身上已荡然无存。作业本前磨蹭,奥数班上瞌睡,钢琴课上发呆,现在的中小学生三分之一以上厌学,很多人的脸上都写着焦虑和疲惫。花朵一样的季节过早地进入身心疲惫的病态。难道我们的教育就是要在学校里培养一群考试的机器,然后出来成为一个工作的机器?老了成为一个等死的废物吗?有学者这样质问。"如果中国的教育再不改变,人种都会退化"④,也有资深学者如此大声疾呼。

---

① 中华人民共和国教育部:《新中国60年教育改革发展成就》,2009年9月11日,http://www.moe.edu.cn/edoas/website18/85/info1252656986414485.htm

② 中国教育在线:《2013年全国各省高校毕业生就业率情况汇总》,http://career.eol.cn/kuai_xun_4343/20140120/t20140120_1066398.shtml

③ 朱天衣:《那个三十年后的你》,载《三湘都市报》2014年3月29日。

④ 资中筠:《中国教育不改变,人种都会退化》,载《南都周刊》2012年度第29期。

这种情况不独大陆如此，我们的宝岛台湾也如是："每年受过义务教育的青年学子，在参加高中联考时就刷去一半，大学联考再刷去一半，就算放低联考的门槛，到了社会上一样要再刷洗一次，经得起层层考验固然可喜，但对那些必然要被刷下来的孩子，真的是很残酷的。更残忍的是，很多的孩子因着升学主义，在他踏入义务教育的第二阶段时便给放弃了，之后三年的放牛式教育，对他的人生不仅是浪费，更是社会资源的斫伤，人格发展期受到如此扭曲，青少年问题不产生才真是奇怪。"①也就是说，在"筛选培养精英"的借口下，绝大多数人的身心健全发展被残酷地牺牲掉了。"教育没有别的目的，就只是奔着升学去，而且现在的学校两极分化特别明显，如果进不了所谓的重点，其他的那些学校就变成了放羊的学校。"②

中小学生如此，大学生也不遑多让，"男生打游戏，女生看韩剧"是人们对大学生活的一个概括。网上流传的《一名大学毕业生的反思》或许为这种情景作了一个很好的注脚。

> 五年多以前，我进入了全国重点名牌大学——武汉大学读书。我抱着最理想的热情，以为从此走上了一条报效祖国，报效父母的人生坦途，以为我的人生即将要大展宏图！
>
> 一年半以前，我自以为已经看清了中国大学的本质，不愿意再继续自欺欺人地"学"下去，主动放弃了学校保研的名额，退出了用青春和热血换取一纸毫无真实内容和分量文凭的游戏，退出了中国虚伪可笑的"精英学历社会"。因为我不想用镀金的"文凭"和"文化"来糊弄我自己，也糊弄其他人。因为，中国真正缺的不是钱，我缺的也不是钱。中国缺文化，缺教育。我也一样！

显然中国缺的不是现代教育，因为上述问题在很大程度上就是现代教育造就的。

---

① 朱天衣：《那个三十年后的你》，载《三湘都市报》2014年3月29日。
② 资中筠：《中国教育不改变，人种都会退化》，载《南都周刊》2012年度第29期。

在我们看来，中国教育的问题在很大程度上在于对主流的西式现代教育的机械模仿。由于主流的西式现代教育在根底上是一种离土教育，它是与现代工业文明相适应的，也是为现代工业文明服务的。然而，随着现代工业文明的式微和生态文明的崛起，这种离土教育的不合时宜就成为一种必然。

二、现代教育是一种离土教育

没有人怀疑中国现代教育的推动者的善良初衷。但问题是本该造福社会、提升生命的教育怎么演变成这样一种"百般害人的教育呢？"①

其中原因固然很多，在《第二次启蒙》一书里，我们把其归咎于现代工业文明所尊崇的"机械教育"。与此相联系，在本文中我们想从另一个角度探讨中国现代教育失败的原因，那就是盲目模仿西方，错误地踏上一条离土教育之路。而离土教育恰恰是现代西方主流的教育模式，也是现代性最糟糕的方面之一。遗憾的是，我们恰恰学习了这最糟糕的方面。

（一）何谓"离土教育"？

所谓"离土教育"，就是以升学为手段、以为现代都市培训职业人才为目的的片面强调书本知识的教育。离土教育将教育的目的等同于职业培训，从而使教育沦为经济的仆役。虽然离土教育许诺所获文凭会给你带来一份"不错的工作和钱途"，但实质上是为工业文明的流水线服务、为全球经济服务的。用被评为百位人类有史以来的生态英雄斯普瑞特·奈克的话说，离土教育是为争得（稀缺的）都市现代工作岗位做准备的，其目的是"为全球经济提供更多有竞争力的工人"②。

在离土教育的框架下，实践的智慧、本土的知识、传统的知识通通被降低到"不值一提的地步"。唯一受到追捧的是书本知识、标准化知

---

① 王治河、樊美筠：《第二次启蒙》，北京：北京大学出版社2011年版，第78页。
② 斯普瑞特·奈克：《真实之复兴：极度现代的世界中的身体、自然和地方》，张妮妮译，中央编译出版社2001年版，第144—145页。

识和国际知识。这与第一次启蒙对乡村和农民的蔑视,对传统的虚无主义,对自然的帝国主义态度密不可分。在第一次启蒙的框架下,"地方",脚下的这块"热土"是不重要的,它们仅仅作为跳板才有意义。地方和热土之所以受到鄙视,是因为"地方总是与限制联系在一起的",以至于"现代文学中的主人公无不是勇敢地逃离生他养他的热土,去投奔一片新的热望之地——城市"的英雄。① 1985 年,美国当代著名诗人、作家比尔·霍姆在其《音乐的失败》一书中写道:"在我 15 岁的时候,我就可以很快界定何谓失败了:那就是老死在明尼苏达的明尼奥达。"② 明尼奥达是霍姆的农村老家。在那个时代,作为一个青年人,如果你不能逃离你不幸所生长在其中的农村,那么你就是典型的失败者。这样一种视乡村为"失败之地"、"绝望之地"的观念,按柯什曼的说法,当时弥漫在整个美国文化中。③ 这也部分解释了美国农业人口从 1870 年的 52%、1910 年的 32%,锐减到 1990 年的 2%这一事实。④ 据温德尔·贝瑞的考察,时至 1934 年全美尚有大约 680 万个家庭农场,而到了 1975 年,数字已骤减少到 60%,仅剩 250 万。

在西方是如此,在中国也如是。仅仅在过去的 10 年间,我国的自然村就由 360 万个锐减到只剩 270 万个。这意味着,每一天中国都有 80 到 100 个村庄消失。⑤ 在这个过程中,许多农民已经变得不爱土地,甚至恨上了土地,因为被绑在土地上,是一种没出息的耻辱。这使得"离开农村"成为农村里共同的价值观,不管离开后干什么,总之剩下来就是一种耻辱。"抛弃农村,是必须的选择"否则就会被视为"人口废

---

① 斯普瑞特·奈克:《真实之复兴:极度现代的世界中的身体、自然和地方》,张妮妮译,中央编译出版社 2001 年版,第 30 页。
② Bill Holm, *The Music of Failure*. Plains Press, 1985, p.56.
③ Fred Kirschenmann, *Cultivating an Ecological Conscience: Essays from a Farmer Philosopher*. University Press of Kentucky, 2010, p.322.
④ 张小琴:《美国农业迅速发展的启示》,载《安徽农业科学》2007 年第 14 期。
⑤ 符晓波:《村庄消失,城市能繁荣吗?》,http://news.xinhuanet.com/comments/2012-11/04/c_113598035.htm

品"。①具学者对云南某地居民的调查表明：本地的居民，一贯认为从乡下到城里，从小城市到大城市，就是有本事。谁能够从乡镇调到县城就是很有面子和本事，如果去到市里面就更强了。能够调动到省里面，简直就是"本事能耐超凡"，能够进京城的话，简直就是家乡人心中的偶像了。当然，把人硬性捆绑在农村是不人道的，但把人连根拔起，呼悠到城市去是否就人道？

基于这种文化背景的离土教育，是以忽视自然的价值，乡村的价值，本土文化和传统的价值以及个体独特而宝贵的感受和经验为前提的。在离土教育这里，教育完全沦为"经济的工具"。②对于今日的时代危机（包括生态危机、信仰危机和社会危机），这种离土教育显然负有不可推卸的责任，因为它在根蒂上是一种无根教育。

（二）离土教育是一种无根的教育

所谓无根的教育是指与自然、社会、传统和实践相脱节的教育。在建设性后现代思想家看来，现代性或者说现代世界之所以出了差错，在很大程度上源于我们的教育出了问题。这种教育以征服自然的名义将我们与生活疏离化。"其结果就是对环境的虐待，从而导致生态危机的加速。"③

无根教育是现代个人主义和人类中心主义的产物。现代个人主义迷信个体"独立自主"的神话，崇拜"孤独的牛仔"。受这种现代性主流意识形态的影响，在西方，人们错误地认为，"孤独的牛仔"可以独自存活。他与空气、水和事物不发生任何互动，"似乎他在分子水平上也与宇宙中的全部存在没有任何联系。"④这也是一种典型的人类中心主义立场。正是这种立场导致了"现代儿童在凌驾于自然之上的'玻璃盒'

---

① 《逃离村庄："离开农村"成为村民共同的价值观》，载《南风窗》2013 年 11 月 4 日。

② 洪如玉：《全球化时代教育改革与发展的另类思考：地方本位教育》，载《幼儿教保研究期刊》2010 第 5 期。

③ Interview with David W. Orr, "An Ecology Based Education", *Super Consciousness Magazine*, July 2008.

④ 斯普瑞特·奈克：《真实之复兴》，张妮妮译，北京：中央编译出版社 2001 年版，第 143 页。

中长大成人"①。这种无根的教育,不仅削弱了"对地区周边联系、文化模式和生态系统的敏感性",而且直接导致了我们与过去的决裂,与过去生命感的决裂,与周围共同体的疏离,与大自然的隔绝。

自然,这种无根教育也是疏离生活的。现代教育的课程设置就如克尔凯郭尔在批评黑格尔时指出的那样:黑格尔体系包罗万象,洋洋千万言,"但唯独没有涉及如何生活的问题"。我们有的是堆积如山的抽象知识,但活生生的具体的经验,真正的问题,和我们生于斯长于斯的热土和地方共同体却在这知识体系之外。在这个意义上现代哲学和现代教育是一种"乌托邦"。所谓"乌托邦",按照奥尔的阐释,其字面意思是"不存在"或"无处托身"。这种无根的教育结果就是导致地方感、家园感和归属感的匮乏。我们变得无家可归,这就是为什么"乡愁"成为一种时代的流行。其代价就是"小的社区共同体的毁灭和社会生态的退化"。② 我们成了无根之人。

离土教育的结果是无着无落的空寂感折磨着美国人。在《无根、无休止的美国》一文中,美国学者戈叶指出,无根问题是今日美国教育中的核心问题,"因为离开历史,离开牢固的教育根基,丝毫也不奇怪,我们成为不知道我们要去何处的人,因为我们不知道自己从哪里来"③。无根的教育忽视了对学生精神价值的培养,对传统的认同,对自然的敬畏,从而在西方社会造就了一代无根之人,使学生的内在生命"大为缩减了"。④ 正如斯普瑞特·奈克指出的那样:"真正的危机不是缺少数据或使用电脑的能力,而是缺少重视生命相互关联性的道德发展和精神发

---

① 斯普瑞特·奈克:《真实之复兴》,张妮妮译,北京:中央编译出版社2001年版,第143页。

② David W. Orr, *Ecological Literacy: Education and the Transition to a Postmodern World*, Albany: State University of New York Press, 1992, p. 131.

③ Georgie Anne Geyer, "Rootless, Restless American", *Schenectady Gazette*, Nov 7, 1986.

④ 斯普瑞特·奈克:《真实之复兴》,张妮妮译,北京:中央编译出版社2001年版,第136页。

展。"① 在她看来,这是一种归属感匮乏的危机。

一如无根之树无法存活一样,无根的教育也是不可持续的。因为,无根之后,"除了深深的孤独感,我们还能合理地期待什么呢?"② 今日中国,弥漫在青年中的人文精神的沦丧和崇高理想的失落就与这种无根教育密切相关。当然,对于不断增加的疏离、冷漠、校园暴力,人们也就不应该感到吃惊了。它们是无根教育的必然恶果,而且还仅仅是冰山的一角。

(三) 离土教育是一种齐一化教育

离土教育极度强调标准知识和书本知识的重要性,走的是一条"死读书、读死书、读书死"的老路。它致使许多人走上"越学越傻"的"傻博士"道路。真正实现了"四体不勤,五谷不分"。由于这些齐一化的知识与沸腾的生活脱节,只好靠强行灌输和死记硬背,以至于连一些成绩优秀的孩子们也呼喊:"学习是一件多么痛苦的事情啊!"青少年儿童以及高校大学生自杀比率节节攀升与此不无关系。事实是,每年大学里自杀的大学生,往往不是"不用功"的"坏学生",而是这种心理严重压抑,用功学习的"好学生"。有大学生曾这样袒露自己的内心挣扎:"我在每天的专业学习之外内心十分彷徨,我不知道这个专业适合不适合自己?不知道这个专业意味着什么?不知道这个专业的社会发展方向和主流是什么?也不明白这个专业培养的目的是什么样的人才要求?我不知道该怎样进行大学的学习,更不知道前面的路在哪里?我该怎样去一步步实现自己的理想?"

这种齐一化无根的教育对当代中国的教育的负面影响也是不容忽视的。有学者通过调查发现,本该重视实践知识和特色知识的农民家长比谁都重视书本知识的学习。"农民家长把受教育和学习看做读书,因此

---

① Chet Bowers," Ideology,educational computing,and the moral poverty of the information age", *Australian Educational Computing*,Nov. 7,1992,pp. 14 – 21.

② 斯普瑞特·奈克:《真实之复兴》,张妮妮译,北京:中央编译出版社 2001 年版,第 143 页。

对书本知识的学习十分重视。子女只要在读书,就可以不干农活"。①

这种注重书本知识的齐一化教育,严重地脱离了生活。使得教师教的困难,学生学的困难,最重要的是不知道学这些知识干什么?全民学英文,不论是高考还是职考,一律考英文就是这种齐一化教育的典型特征。在小溪市乡中学,一位教了 22 年英语的历史系毕业生,抱怨那套中美两家机构合作编写的《义务教育课程标准实验教科书——英语》,严重脱离了农村学生的生活。"我越来越不知道怎么教了。"她不满地说。她现在教的是八年级英语,按照课程要求,学生们要参观博物馆、地下宫殿和迪斯尼乐园。还有一道题目:请同学们讨论所见过的和理想中的机器人的模样与功能。学生们反应如下:"我连机器人都没见过,怎么想象?""老师,机器人和人是不是长一个模样?"或者要求学生们做沙拉,互相品尝。学生又问:"沙拉是什么?"老师也没见过,她只好上电脑查询,再通过多媒体展示沙拉的制作过程。同学们看着,又好奇地问:"好不好吃啊?"一个课时的任务量,通常用三四倍的时间也难以完成,"班上 66 名学生,多数人都是在看戏,还看不明白"。

当代中国发生的严重的重理轻文现象,也是这种齐一化教育的表现形式。"学好数理化,走遍天下都不怕",这句曾经一度流行的口号,今天虽然表面上不再流行,其实已经落实到行动中了。因此,口说已经多余。不久前的上海自主招生,语文就被"踢"了出去。

齐一化教育或许对考试有用,但对社会的改造,对人的全面发展毫无着力处。这就是为什么著名后现代生态教育家奥尔主张摒弃这种齐一化教育,"我的教改方案是:废除所有所谓标准考试,把他们都从窗口扔出去。让热土教育进来掌控局面。"他说:"我真的不喜欢标准考试,如你所知,在柏拉图的学院里,是没有这类标准考试的。对于林肯这类人,没有任何考试是妥当的。我相信每个人都是自然的学习者。人类是天然的学习者,我们喜欢解决问题。喜欢创造。应试教育扼杀了美国的许多创造性。现在美国年青一代的创造力'悲剧性地失落了'。他们仅

---

① 张永:《农民家庭教育观探析》,载《当代教育论坛》2005 年第 1 期。

仅在电子设计上小有才智,在实际的生活智慧上一窍不通。从我们的大学毕业生不会剥鸡蛋到当被问道'我们的食物从哪里来?'不少城市孩子毫不犹豫地回答'从超市中来',无不折射出注重书本知识的齐一化教育的失败。"

三、生态文明呼唤一种热土教育

机器是没根的,也不需要根,更不需要土。而生命之物则离根不活、离土不活。现代教育作为一种离土教育,在根底上是无根的,因为它割断了学生、学校和教育与自然、社会、传统和实践的血脉联系,使得我们教育出来的学生失去了厚重的责任感和深邃的归属感。用过程教育家奥林尔的话来说,"现代世界摧毁了对一个更大秩序的归属感。恢复这种归属感应该成为后现代世界的基础。"[①] 而后现代的生态文明则又呼唤一种热土教育。

所谓"热土教育"是指一种以地方共同体的共同福祉为旨归的有根教育。它是对现代离土教育的反驳,是标准化、单一化、市场化的现代全球教育的抵抗者,它旨在培养学生厚重的责任感和深邃的归属感。

(一)热土教育是一种有根的教育

热土教育是一种有根的教育。培养学生深邃的归属感,进而产生自愿服务所在地方共同体的激情是这种有根教育的使命。"归属感"在这里一是指对大自然的认同,二是指对所在地方共体的认同。有根的教育使学生意识到人并非是一个由皮肤包裹起来脱离世界的自我,而是"共同体中人",其存在应包括与他人及自然界的关系,自己只是自然生态系统的一个有机组成部分,我们的存在有赖于该系统的存在。在此基础之上,养成一种善待、尊重、敬畏自然的心态。如果我们的教育不教人们意识到我们的幸福与自然的福祉是紧密联系在一起的。如果不教这

---

① David W. Orr, *Ecological Literacy: Education and the Transition to a Postmodern World*, Albany: State University of New York Press, 1992, p.182.

此,用利奥波德的话说,"那教育何为呢?"①

因此,有根教育鼓励学生走向日月山川,亲近自然。用陶行知的话来说,鼓励学生"接触大自然的花草、树木、青山、绿水、日月、星辰","自由地对宇宙发问,与万物为友"。②具有讽刺意味的是,现代教育热衷于学习自然科学,但却对自然本身"兴趣了了"。学生们专注于分析物体的构成要素,"对活生生的植物、动物、星云、天气乃至整个自然世界,却缺乏真实的感受和经验。"③ 这不能不说是现代无根教育的失败。

在建设性后现代思想家看来,建立与大自然的亲密关系是克服现代人无根浮萍状态的根本之道。他们格外强调,教育"应该增强而不是割裂那种儿童感觉到了但又没有说出来的与世界的联系感"。④ 托马斯·柏励强调指出,我们需要一种新的教育体系,这种教育体系教儿童宇宙的故事,并让儿童从他们自己的直接经历中学习"自然的书"。⑤ 在建设性后现代思想家看来,"让孩子只生活在与水泥、钢铁、电线、车轮、机器、计算机和塑料的联系之中,几乎不让他们体验任何原初现实,甚至不教他们抬头观看夜晚星星,这就是一种使他们丧失最深层人生体验的灵魂剥夺。"⑥ 诗人泰戈尔也曾谈到:"童年是一个文明人一生中唯一可以在树杈和客厅的椅子间作出选择的时期,难道因我已是成人不便这样做就该去剥夺孩子的这种权利吗?……我知道,在这个世界上,鞋子是

---

① David W. Orr, *Ecological Literacy: Education and the Transition to a Postmodern World*. Albany: State University of New York Press, 1992, p.148.

② 《陶行知文集》,南京:江苏教育出版社 2001 年版,第 753 页。

③ George K. Russell, "Introduction", in R. D. Lawrence, *The Study of Life: A Naturalist's View*, New York: Myrin Institute, 1980, p.7.

④ 斯普瑞特·奈克:《真实之复兴》,张妮妮译,北京:中央编译出版社 2001 年版,第 143 页。

⑤ 赫尔曼·F. 格林:《托马斯·柏励的"生态纪"》,王治河译,载《求是学刊》2002 年第 3 期;亦见《新华文摘》2002 年第 9 期。

⑥ 托马斯·贝里:《伟大的事业——人类未来之路》,曹静译,北京:生活·读书·新知三联书店 2005 年版,第 96 页。

要穿的,道路是要铺设的,车子是要使用的。然而,在孩子受教育时期,难道不应该让他们懂得,世界并非是客厅,而是一个诸如自然的东西,而他们的肢体之所以被造得如此美妙,正是对自然的一种回应。"土养根,根养树。离开自然,人就会变得窄小、贫薄和猥琐,最后踏上萎谢的不归路。而根系自然,才会产生"根深叶茂"的风景。作为一种有根的教育,热土教育旨在从小就强化儿童与自然世界的联系感,而不是割裂它。因为正是脚下这片热土唤起我们内心深处的想象力,给我们心灵提供终身的庇护和滋养。

(二)热土教育是一种服务社区的教育

热土教育强调教育应该服务于本土的需求,应该为地方共同体服务。热土教育鼓励学校师生积极投身本土建设,充分运用所学知识为解决当地面临的社会问题和环境问题献计献策。由于立足本土,热土教育有助于我们发现最真实的问题,获得最真实的认识,找到最切实可行的解决办法。在此过程中,不仅社区共同体的品质得到提升,学生所学知识也有了用武之地,自身也获得了成就感,避免了沦为空洞派。以美国中部的一所中学对学校附近的一条小河的治理,就体现了这种社区服务意识。这条小河缺乏植被,表现出相当的侵蚀,而且已渐遭污染。在过去的15年中,该校的学生们不仅以理论持续不断地唤醒周围居民的环保意识,而且同当地政府和居民一道,亲手增加该地区的植被,改善水质,增加野生动物的种类,极大地改善了该河流的生态环境。在这个过程中,不仅学生们的知识找到了发挥的渠道,而且心灵也得到了净化,创新意识得以涌现。因为"一个人对环境的认识越深刻,他(或她)改善环境的欲望通常就越强,创新的可能性也更大。如果一个人对存在环境的视野越广,其做出的创新成果的意义也可能越大"[1]。

建设性后现代教育家,"全球绿色新千年领袖奖"得主奥尔教授在欧柏林城所做的努力,也可看做是走向热土教育的一个尝试。奥尔计划打通学校与社会的隔阂,把欧柏林这个俄亥俄北部的一个拥有8000居

---

[1] 李培根:《从根基上认识高等教育》,载《高等教育研究》2009年第8期。

民和学生的城市,创建成一个后化石燃料时代的模范社区。城镇与大学将采用新式能源,整修的崭新建筑坐落在市中央。一条绿色农场将粮食、木材和原料送进城市,而大学和企业,如饭店和家具厂等的资金源源流向农场。大学的餐饮业将从该地区两万英亩的绿色带获取利益。当地职业学校的学生,将利用所学的先进的烹饪课程在这些会议中心、宾馆和饭店工作。所有污水将排入一种动力机器,即一种利用植物和微生物清洁废水的装置系统。欧柏林的大学、社区学院、职业学校和中小学校将重新设计课程,以培养学生适应未来的生活环境,即石油短缺、气候异常,依赖于可持续资源、地区工业和地域知识。该城将成为一个新生活的实验室。他说:"为什么不在城市的废水处理厂建一个污水消耗站来生成甲烷发电?"欧尔说:"我希望欧柏林工程能够引领一个新思考,即把一切可利用的资源变成教育资源。"热土教育是一种全面教育,号召人们向职业学校的老师学习,向商人、园丁或退休的裁缝们学习,向有打铁知识的人学,向会做被子的人学习,向会做番茄酱的人学习。设想一下,这里的全体人民将全镇变成了课堂。①

(三) 热土教育是一种特色教育

受第一次启蒙对传统的虚无主义态度的影响,现代教育基本上是一种拒绝传统的教育,在"唯新主义"的口号声中进行着"断根"教育,在"价值中立"的旗号下实施着"去道除德"的教育。在这种氛围下,现代西方文化成为唯一合法的文化。一如美国当代著名社会学家罗伯特·贝拉指出的那样:"不久前,根据与我们自己文化的相似度来对世界文化进行分等是一种普遍的现象。现代西方文化被看做是理性和进步的标准,其他文化都应向它靠拢。"② 也就是说,只有"普世的"现代西方文化才是有价值的,其他文化因其特殊性的品质都是应该被抛弃的。这也就为齐一化教育提供了哲学依据。

---

① *Chronicle of Higher Education*, November 6, 2011.
② Robert Bellah, "Cultural Vision and the Human Future", *Teachers College Record* 3, Spring, 1981, p. 497.

从尊重差异的立场出发，后现代的热土教育格外推重特色教育。在它看来，每一个地方共同体都有其特色，都是独一无二的。它有自己的特殊的历史，特殊的自然风景，特殊的人文景观。因此都是一座特殊的知识宝库，值得认真的学习和研究。在温德尔·贝瑞看来，不管真的还是假的，不适合地方的，不属于地方的、不能促进地方真正繁荣的，"就是错的"。①

由于每一个地方都有自己的传统，因此传统教育构成了特色教育的重要内容。在生态危机、经济危机和社会危机日益加剧的今天，人们越发感到传统智慧的珍贵。从中国"敬天惜物，乐道尚和"的生态智慧和生存智慧，到孔子的仁者爱人；从"在明明德"的"大学之道"，到"一粥一饭当思来之不易"的朱子治家格言，无一不是有根教育的经典。这样，我们也就理解了世界比较教育学会会长克莱因·索迪安教授在题为"教育及其道德责任：和而不同的世界"的讲演中号召教育工作者充分领悟"教育"的全部含义，充分尊重"传统教育观"的缘由了。②因为它们是先民智慧的结晶，是一个民族的魂魄所系，是文明大树之根。

（四）热土教育是一种整合教育

与离土教育沉湎分门别类的碎化教育不同，热土教育钟情"整合教育"，志在"消解外在共同体与教室之间人为的对立"。帮助人们重建这样一种强调学校、知识、自然界和生活本身的内在联系。具体地讲，整合教育包含下列三层涵义，一是视学生的身心为一个有机的整体，反对分裂学生的身心。在怀特海那里，学生的身体既包含着肉体也包含着精神。我们面前的学生不是身心分离的，身是身，心是心，而是身心一体的，他们是"整合成一体的人的存在"③。因此，整合教育强调对学生身体的重视，强调学生身心愉悦对学习的重要性。因为人的身心之间是

---

① Bob Wells, Our Daily Bread: A Theology and Practice of Sustainable Living, http://www.faithandleadership.com/programs/spe/articles/200712/2.html

② 阚阅：《教育全球化：和谐、差异与共生——第三届世界比较教育论坛综述》，载《比较教育研究》2009年第2期。

③ Malcolm D. Evans, *Whitehead and Philosophy of Education*, Amsterdam – Atlanta, 1998, p. 34.

相互关联、相互影响的。在怀特海看来,"当教师进入课堂的时候,他首先要做的第一件是使他的班级的学生高兴在那儿。"① 我国著名教育家陶行知先生也曾呼吁"把儿童健康当做幼稚园里的第一重要的事情"。强调教师应当做"健康之神"②。无法设想,一个身心分裂,身心不快乐的学生能"快乐地"学习、能长大成才。而整合教育则以学生全面健康的发展为目的,以学生的幸福快乐为旨归。

整合教育的第二层含义是克服和超越盛行现代教育中的传授知识和启迪智慧的对立、倡导自由和遵守纪律的对立、科技教育和人文教育的对立。

现代西方教育中的这种强调分离的碎化思维对我国当代教育的影响也是根深蒂固的。中央教科所不久前的一项问卷调查结果表明:家长最关心孩子的求知(85.95%),求知在孩子的各类素质中排到了首位,而孩子的实践(40.86%)、创新(39.24%)、审美(36.80%)等素质却被忽视,排在最后;共青团云南省委、云南省少工委对该省129个县市区的未成年人的家长进行的调查也表明,父母最关心孩子是否学到了知识,他们评价孩子的首要标准是学习成绩。

从一种有机整合的后现代立场出发,怀特海颠覆了人们关于"知识"的神话。在他看来,"教育的全部目的就是使人具有活跃的思维。"③ 这是一个比传授知识更加伟大,因而也更有重要意义的目的。知识是智慧的基础,但知识不等于智慧。不掌握某些知识就不可能有智慧,但人们也可能很容易地获得知识却仍没有智慧。何谓智慧?在怀特海看来,智慧就是对知识的掌握或掌握知识的方式。显然,智慧高于知识,是人可以获得的最本质的自由。现代教育把知识和智慧对立起来,只注重知识灌输,忽视智慧的启迪,必然导致大量的书呆子和空泛无益、琐碎无

---

① Alfred North Whitehead, *Essays in Science and Philosophy*, New York: Philosophical Library, 1947, p. 171.
② 《陶行知文集》,南京:江苏人民出版社1981年版,第121页。
③ 怀特海:《教育的目的》,徐汝舟译,北京:生活·读书·新知三联书店2002年版,第66页。

聊、缺乏创新的死知识,甚至根本无知识可言。他还进一步指出:知识和智慧并非总是呈正相关,"在某种意义上说,随着智慧增长,知识将减少"①。当我们摆脱了教科书、烧掉了笔记本、忘记了为了考试而背得滚瓜烂熟的细节知识的时候,换言之,当我们不是成为知识的奴隶,而学会了积极地创造知识和运用知识的时候,我们才最终拥有了智慧。

所谓拥有智慧,就是一种将知识融会贯通的能力,就是整体把握事物的能力。为此一些后现代教育家追求一种"洞见—想象的教育"。所谓"洞见—想象的教育"就是"寻求整体"的教育。② 就是要既见树木也见森林。

在寻求智慧的过程中,协调好自由和纪律的关系至关重要。怀特海对此有一个辩证的思考。他一方面肯定自由在学习中的重要性,认为自由是通往智慧的必由之路,智慧只能在自由的氛围中产生。从而鼓励社会、学校和教师努力为学生营造一个自由探索的环境。

但另一方面,怀特海又强调纪律的必要性。因为自由在怀特海那里不是随心所欲的。要获取知识进而达致智慧,必须遵守相关的法则和方法,必须有条理即有纪律,这是知识的精确性的必然要求。但像现代教育那样把自由和纪律对立起来,把分析和精确性当做唯一的方法,把大量充满活力的青年人培养成了头脑迟钝、缺乏智慧即想象力和创造力的"书呆子",则是"人类的悲剧"。③ 而在整合教育中,自由与纪律处于和谐的互动中,相应地,人的好奇心和求知欲则像珍贵的幼苗一样受到呵护和培育。④

整合教育的第三层含义是视知识为一个有机的整体,反对学科之间

---

① 怀特海:《教育的目的》,徐汝舟译,北京:生活·读书·新知三联书店2002年版,第66页。

② Douglas Sloan, *Insight-Imagination: The Emancipation of Thought and the Modern*. Greenwood Press, 1983, p.192.

③ 怀特海:《教育的目的》,徐汝舟译,北京:生活·读书·新知三联书店2002年版,第138页。

④ 方明编:《陶行知教育名篇》,北京:教育科学出版社2005年版,第231页。

画地为牢,反对学校与现实的脱节、知识与实践的分离。

以此为出发点,整合教育强调科学教育、技术教育和人文教育这三种主要教育形式之间的内在联系,认为它们三者是相辅相成、缺一不可的。在怀特海那里,科学教育是训练观察自然的艺术,侧重于逻辑思维(用脑);技术教育是训练生产物质产品的艺术,侧重于知识的运用(动手)。人文教育则是通过语言、文学、历史、哲学等课程的学习,学会观察社会、进而学会生活的艺术。这三种本来是密不可分的、相互联系、相互支持的教育形式,却被现代碎化教育进行了人为的割裂,它或是把科学教育和技术教育对立起来,或是把两者与人文教育对立起来,导致了狭隘的专门化。在怀特海眼里,这是一种"最糟糕的教育"①。中国现代教育中大量存在的"重理轻文"现象,重应知识教育轻素质教育现象,实际上也是这种"最糟糕的教育"的变相表达。其结果就是眼高手低、高分低能或是虽有一定的科技修养,但却缺乏社会责任感的学生大量涌现。这是这种现代碎化教育的必然结果。在怀特海特看来,只进行一种教育必然会有失偏颇,但三者的机械混合同样难以通达真理。(目前中国教育界素质教育和知识教育的关系就属于这种状况。)在后现代教育家看来,关键是把握三者的必要张力,实现其最佳平衡。这就需要呼唤一种整合的智慧。

其次,针对现代教育特别是现代大学过度专业化,学科之间画地为牢的现象,后现代的整合教育强调打破学科之间的壁垒,大力发展跨学科研究和交叉学科研究,从而鼓励学生发展一种整合性的视野,以应对"整个世界面对的问题"②。

关于如何进行跨学科的整合研究以应对人类面临的紧迫问题,著名生态学家柏励开出的方子是用生态模式来组织大学。他说:"大学所面临的困难,并不是简单地设立一门生态课程就可以解决的"。因为生态

---

① 怀特海:《教育的目的》,徐汝舟译,北京:生活·读书·新知三联书店 2002 年版,第 138 页。

② 小约翰·柯布:《一个建设性后现代主义者对中国现代化的几点思考》,载《世界文化论坛》2007 年第 24 期。

学既不是一门课程，也不是一个项目。它是所有课程和项目的基础，所有职业的基础。"因为生态就是一个功能性的宇宙"。他强调：大学必须作出决定，或者在衰败着的新生代里继续培训养家糊口的专业人员，或者为正在呈现出来的生态纪而培育学生。①

著名建设性后现代思想家柯布博士在《怀特海式大学》里提供了一个更具体的关于整合教育的设想。按照他的设想，我们的大学可以就地球和它的居民的健康生存这样重要的问题组织起来进行跨学科研究。由于该问题涉及资源消耗、能源、水资源、人口、全球秩序、一个有效的经济政策、道德价值、人类健康、政治和小区问题等一系列问题，教授们可以根据他们的兴趣和能力，运用各种方法进行整合性的研究。那么按照这种整合理念组织起来的怀特海式大学应该是怎样的呢？柯布博士的设想是：第一年可以这样度过：对生态—社会历史、文化—思想史作一个总的观察，了解我们如何发展到今天的状况，并且对我们面临的问题作一个调查。计划并实施这一年的工作需要的技术和想象力。虽然教授的指导和信息的交流是很重要的，但是学生的参与也是同样重要的。学生们在这一计划中可以以个人和小组的方式发挥他们的主观能动性，他们可以承担更多的责任。他们需要对当今世界面临的问题了如指掌，而不至于被问题的难度吓倒，或者失去希望。他们需要得到帮助，了解学科研究领域的宽广度，正如我们上面探讨的领域。从这些领域中，他们选择其中一个领域进行研究，他们对这个领域有充分准备，并且愿意献身这个领域的研究。

在第二年里，学生们将以六个人到十人的小组进行工作，他们由一位教授带领，教授的兴趣与学生们的兴趣相同。在教授的指导下，他们花上几个星期的时间一起工作，首先把问题弄清楚，了解资源，展开研究的初步规划。在通常情况下，每一个学生首先在小组里承担自己的任务，承担了解相关的问题或者收集信息的责任。小组的反应则是帮助每

---

① 托马斯·贝里：《伟大的事业——人类未来之路》，曹静译，北京：生活·读书·新知三联书店2005年版，第98—99页。

一个学生学习怎样变得更加有能力帮助别人,而他的帮助又是现实的。待到第二学期时,学生们对于更富于意义的任务有了充分的准备,他们的任务可以包括旅行。如果学生还不能阅读研究工作中需要的语言,或者对数学和统计学还不够了解,无法从事相关领域的研究工作,那么他们必须掌握这些工具。

在学年结束时,小组在一起工作,写出一个报告,说明他们如何了解问题、找出解决问题的方法是如何充满希望、他们还需要进一步学习哪些课程。如果他们认为需要以小组的形式继续工作一年,他们也可以做出决定,继续对他们的研究对象进行探索。另外一个选择是,他们可以决定另选题目。

小组成员在一起,对一个题目或者两个题目工作两三年,有可能写出对社会有真正价值的报告。这样的课题就可能对人类的需要,如知识和远见的增长,直接作出贡献。更重要的是,参加这一工作的研究生在分析和解决社会面临的复杂的问题时,能够具有与其他人一起工作的能力。①

柯布的这些设想未必完善,但却为我们指明了高等教育改革的一个大方向,那就是重新调整学科研究方向和学科设置,以人类面临的重大问题为中心组织课题研究,通过帮助解决重大急迫问题来推动"人类文明的可持续发展"②。

四、热土教育与中国

后现代的热土教育在一定意义上可以说是对统治西方长达数百年的现代离土教育观的超越,代表了西方最新的教育理念,与生态文明息息相通;但另一方面,它又是一种最古老的理念,因为它在中国有着悠久的历史传统。这使得中国与热土教育的关系成为一个相当吸引人的

---

① 小约翰·柯布:《怀特海式大学》,载《世界文化论坛》2003 年第 7 期。
② 大卫·格里芬:《全球民主教育》,载《世界文化论坛》2003 年第 7 期。

话题。

一方面，对于中国当下的生态文明建设，热土教育具有重要的现实意义。

随着生态文明的提出，中国一改过去的高耗能高污染的粗放式发展，开始走一条可持续发展之路，其经济开始从外向型经济向内向型经济转型，努力改变城乡二元经济结构，实现城乡一体化，重点解决三农问题，工业哺育农业，城市帮带农村等等，一句话，新的发展模式旨在造福本土人民。这些都需要与外向型发展不同的知识，这就为热土教育的发展提供了极好的机遇，开辟了广阔的发展空间。反过来，这种后现代的热土教育也将为生态文明建设提供强大的教育支撑和人才储备。要实现十七大报告所提出的"建设生态文明，基本形成节约能源资源和保护生态环境的产业结构、增长方式、消费模式"这些目标，靠工业文明的离土教育培养的人才是难以胜任的。生态文明呼唤新的人才。要实现十八大报告所提出的"给自然留下更多修复空间，给农业留下更多良田，给子孙后代留下天蓝、地绿、水净的美好家园"的美好蓝图，离开热土教育是不行的。因为美好家园就是我们的热土。

实现生态文明不仅需要经济发展模式的变革，更需要教育观念的变革。需要用生态文明的理念指导教育改革，使教育的目的、教育的方法、课程的设置、课程的评估都围绕服务生态文明建设展开。这方面热土教育大有可为。

此外，因着对厚重责任感和深邃归属感的强调，热土教育对于我们的道德教育和爱国教育，其意义自不待言。

在走向生态文明的今天，这样一种热土教育提供了"面对全球化教育危机的另类解方"①，无疑应该成为新时代教育改革的一个努力方向。

另一方面，中国可以对世界范围的热土教育做出自己独特的贡献。这体现在如下两个方面：

---

① 洪如玉：《全球化时代教育改革与发展的另类思考：地方本位教育》，载《幼儿教保研究期刊》2010 第 5 期。

其一，中国文化可以给热土教育提供强有力的理论支持和道德支撑。热土教育在中国文化深处有它自己的根。从中国源远流长的耕读传统到"修齐治平"的"大学之道"，无不为热土教育提供了强有力的理论支持和道德支撑。而西方则缺乏这个传统，因为西方教育连同西方文明一直是以城市为中心的。在西方语言体系中，"文明"一词系古希腊"城邦"的代称。所以在西方文化中"文明"主要指的是"城市文明"。乡村和农村则是没有文明的。这也就是为什么在柏拉图的《菲多篇》中，当苏格拉底跟着一个雅典市民朋友出了城门来到一片梧桐树林的时候，他对这个朋友说，他很少到这种地方来，因为自然不是他的老师。在苏格拉底眼里，"只有城里面的人的知识才有价值"①。这种偏见也深深地影响了西方教育上千年。加之300年来以征服自然为特征的现代性在西方乃至全世界的攻城拔寨，一路凯旋，要在西方社会深入开展热土教育和有根教育，其难度是不难想象的。而中国则没有这个包袱，中国历史上就是个农业大国，数千年的耕读传统和"天人合一"理念的深入人心，为热土教育提供了深厚的土壤。因此热土教育与中国有一种天然的亲和性。这使它得以避免水土不服和昙花一现，从而在神州大地的沃土上，生根开花、结出硕果。

其二，由于受"价值中立"观念的掣肘，现代西方的热土教育缺少完成人格这一块。而中国自古就有"修齐治平"的悠久传统，孔子说："古之学者为己，今之学者为人。"（《论语·宪问》）教育的最终目的是实现人格的提升、人性的转变，也就是帮助人成"人"（仁）。用史蒂文教授的话说就是，教育的重心是"人的转变上"而不是创造利润和信息与知识的灌输（transformation rather than information）。②中国传统教育对"成人（仁）"教育的强调，无疑有助于丰富当代西方的热土教育。个体人格的转变和外在环境（热土）的转变是个双向互动的过程。对外在热

---

① 斯普瑞特·奈克：《真实之复兴：极度现代的世界中的身体、自然和地方》，张妮妮译，北京：中央编译出版社2001年版，第55页。

② Stephen Rowe, *Overcoming America/America Overcoming: Can We Survive Modernity*, Lanham, Md. Lexington Books, 2012, p.110.

土的净化有助于人心的净化，反过来，人心的净化又有助于促进环境的净化。在这个意义上，热土教育实质上也是一种道德教育，它是道德教育的具体化、在地化，是道德教育的落地模式。由于接地气，它可以使我们得以避免假大空式的说教，收获润物细无声之效。

最后，当代13亿中国人波澜壮阔的生态文明实践，本身也将是一场史无前例的环境教育运动。它无疑将在深度上和广度上丰富和发展热土教育。因此热土教育在中国注定有一个光明的未来。

［作者王治河系美国克莱蒙研究生大学（Claremont Graduate University）博士，美国中美后现代发展研究院常务副院长，哈尔滨工业大学建设性后现代研究中心主任，教授，兼任中央编译局研究员及国内多所大学客座教授。主要研究方向：后现代哲学，过程哲学，第二次启蒙和生态文明研究；作者樊美筠系美国过程研究中心中国部主任、哈尔滨工业大学人文学院教授，《世界文化论坛》主编，同时兼任华中科技大学"弘扬与培育民族精神研究"课题海外研究员，广西师范大学客座教授］

五

发展理论

论中国传统知识分子的公共性

岑 红

[摘 要] 中国传统知识分子是一个具有鲜明的、样态独特的公共性的群体。其公共性的产生机制是学统、道统、政统三者之间的相互作用。作为专制主义中央集权的实施者和官僚政治体制的组成部分,其拥有体制内的公共领域、富有使命感的批判性、蕴含"超世"意味的公共精神及履职尽责式的公共性体现。这种公共性不但刻画了中国传统知识分子群体的重要内蕴特征,而且直接影响着整个中国封建社会:它掣肘着中国民众宗教信仰的选择、信仰方式和习惯,它也是造成中国封建社会稳定及超长延续的一个重要原因。

[关键词] 公共性;中国传统知识分子;学统;道统;政统

对中国传统知识分子的研究,海内外学界见仁见智,已多有著述,颇具见地。近年来,公共性理论和应用研究渐成热点,使笔者可以从新的研究视角,运用公共性理论对中国传统知识分子再作一番考量,以期进一步辨识中国传统知识分子这一极其复杂恢弘而又极其重要群体的内蕴特征,厘清其影响的由来理路。

一、对中国传统知识分子公共性的相关概念界说

"知识分子"和"公共性"都是舶来的概念。而且对于提出这两个概念的西哲大家而言,主要的是针对存在于现当代社会中的特定群体和

群体的特征而进行的描述和界定。因此,当我们从"公共性"的视角考量中国传统知识分子,便有必要首先对将涉及的相关概念及学理的适合性予以界说。

(一) 知识分子和中国传统知识分子

西方的"知识分子"这一概念传入中国,经过百年沉淀,已被赋予了约定俗成的含义,即所谓"具有较高文化水平,从事脑力劳动的人"①。但实际上,自"知识分子"(intellectual)一词于1898年1月出现于法国,西方学者们对其的诠释就各不相同,与我们通常的理解亦大相径庭。其关键差异在于对知识分子概念定义是广义还是狭义,定义的着眼点是知识还是社会责任。广义的定义,除我们一般常用的上述提及之概念外,西方学者亦有如爱德华·希尔斯(E. Shils)把知识分子定义为"在任一社会中颇为频繁地运用一般抽象符号,去表达他们对人、社会、自然和宇宙的理解的人。换句话说,他们是那些从事知识的生产、解释、教授、传播乃至于大量'消费'这些知识或管理这些知识的人"②。还有如意大利共产党的创始人葛兰西,更摒弃了传统的以脑力、体力劳动的分工作为划分知识分子与否的标准,认为知识分子并不局限于那些从事脑力劳动的少数人,只要进入某种精神活动和社会关系,善于表达自己的意见,又能够做出文化选择的人,都是知识分子。并且知识分子分为传统知识分子和有机知识分子两类。③ 狭义的概念,较典型的则有爱德华·W. 萨义德的观点:知识分子应该是独立而勇敢的,能够坚守真理和正义,坚持价值的普遍性,具有批评和反抗精神,特别是应具有关注现实、"为公众"的情怀。即"知识分子是具有能力'向(to)'公众以及'为(for)'公众来代表、具现、表明讯息、观点、态度、哲学或

---

① 中国社会科学院语言研究所词典编辑室编:《现代汉语词典》,北京:商务印书馆2004年版,第1612页。

② 转引自许纪霖编:《20世纪中国知识分子史论》,北京:新星出版社2005年版,第1页。

③ 安东尼奥·葛兰西:《狱中杂记》,曹雷雨等译,北京:中国社会科学出版社2000年版,第4页。

意见的个人"①。该定义所强调的其实正是知识分子的公共性，强调知识分子在人格独立基础上，在拥有知识影响力的同时，必须肩负的社会责任，特别是社会批判的责任，要代表"社会的良心"。马克斯·韦伯更把知识分子仅限于"因为其赫然成就而被誉为'文化瑰宝'的人，他们是社会群体的精神领袖"②，以此强调其精神价值层面的意义和社会精英的定位。

西方学者对知识分子概念描述的多样性，一方面引导我们能够从不同关键点考量知识分子的本质特征；另一方面，也引发了研究中的一些误读、歧义或生硬不当的套用。为此，近年国内学界和媒体一些人士开始提出和使用"公共知识分子"的概念，力图凸显知识分子群体中部分人物的批判性和社会责任感，并避免知识分子概念定义的混乱，但至今各学者、媒体人对"公共知识分子"的定义本身尚莫衷一是。其实，无论广义还是狭义，西方学者的定义都是根据西方现当代的社会历史背景和群体政治文化表象，我们可以选择性的运用其理论框架，却无法也没必要复制照搬其依据。特别是就知识分子代表"社会的良心"这一要点而言，正如余英时先生指出的："这个传统在西方是一个现代的现象。一般地说，其形成不能早于17、18世纪。西欧启蒙运动中的'思想家'（philosopher）大概可以代表西方知识分子的原型，俄国的intelligentsia的渊源也只能上溯到18世纪。在西方的对照下，中国知识分子的传统可算是源远流长的了。我们的传统至少要从春秋战国时代算起，足足有两千多年的历史，而且几乎可以说是没有中断过。"③ 这更是提醒我们，界定和研究知识分子必须具备社会历史感，同概念群体在不同场域中具备不同的、可以和值得我们探究的特征。

---

① 爱德华·萨义德：《知识分子论》，单德兴译，北京：生活·读书·新知三联书店2002年版，第16页。

② 转引自许纪霖编：《20世纪中国知识分子史论》，北京：新星出版社2005年版，第2页。

③ 沈志佳编：《余英时文集》第四卷，桂林：广西师范大学出版社2004年版，第151页。

因此，根据上述定义的要件及原则，我们可以将两千多年中国社会中最为重要的一个群体"士"，指称为中国传统知识分子：他们成长于春秋战国时期，基本成型于秦汉以后，并一直沿袭至清末；他们创造、传承、尊奉和运用以孔孟儒学为核心的思想文化体系、社会主流价值体系、社会主流伦理规范及社会主流知识架构；他们学而优则仕，在朝为士大夫，承担大一统专制帝国的具体行政。在野则为绅为师，仍有引领和协调社会事务、宗亲伦理及教化社会的职责，并为"士农工商"四民社会之首；他们以学行政、以道议政、以修己为出发点，谋求以圣人之道来掣肘专制皇权，却总是被专制皇权所利用和裹挟。

（二）公共性和知识分子的公共性

公共性问题，作为一种理论研讨，自哈贝马斯在 1962 年出版《公共领域的结构转型》一书后，在西方社会科学界渐被重视，迄今仍是最具争议的论题之一。近年来，我国学者在研究公共性理论概念、特征、样态、类型诸方面的基础上，已经将公共性理论运用到管理学、政治学、哲学、法学、经济学、社会学等各学科领域及对综合型社会问题、社会现象的研究中。其理由，不但是因为公共性问题是一个"真问题"，而且"研究公共性问题，对于我们深入理解个人与社会、私人领域与公共领域、个人主义和社群主义的复杂关系以及人类社会结构的变迁都是非常有效的方法和理念"，"为马克思主义理论的发展寻找新的生长点"。①

中外学者由于理论依托、研究对象和目的的不同，曾对公共性做出不同的定义。归纳其共识，可定义为：公共性是个人或群体在社会实践过程中表现出的一种本质属性，是在共在的场域中不同存在者之间广泛具有的普遍联系和相互依存；是为了维系场域中社会共同体之间的秩序、维护生存状态，通过建树和批判而共有和完善的意识形态、价值规范和操作范式。公共性是一个历史的范畴，其具有动态的丰富内涵，表

---

① 曹鹏飞：《公共性理论的兴起及其意义》，载《北京联合大学学报（人文社会科学版）》2008 年第 9 期。

现为多种样态和类型,而公开、公正、公意、共在、共通、共有等均为其显性特征。①

具体到知识分子的公共性,因有明确的群体特质,可有更为具象的界定:以拥有被认可的知识体系为权力或影响力,介入公共事务;打造并进入特定公共领域,行使话语权和运作权;从公众立场和公共利益的角度,坚持对共有精神和价值的认定与维护、审视与批判。

更具体到中国传统知识分子的公共性,其与西方中世纪历史场域中知识分子不同,是通过直接参与专制主义中央集权国家权力和社会权力的运作,形成独特的公共空间、公共精神、公共价值取向和行为规范,并被制度裹挟在特定的公共领域中发挥着不可或缺的作用。

二、中国传统知识分子公共性的生成机制

中国传统知识分子公共性的生成,是在中国两千多年大一统专制主义中央集权的统治下,在特殊历史时境中,学统、政统、道统三者相互作用、相互依存、相互掣肘的结果。

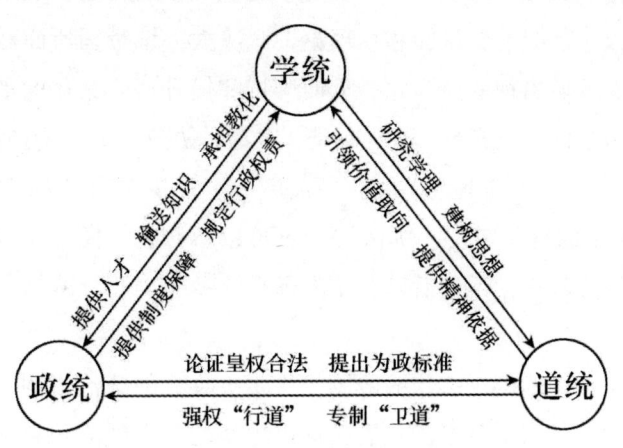

图1 学统、政统、道统相互作用示意图

---

① 参见郭湛、王维国:《公共性的样态与内涵》,载《哲学研究》2009年第8期。

如图所示，自两汉以后，中国传统知识分子的本质特征基本成型之后，学统、政统、道统之间的相互作用便周而复始，在变化和调试过程中不断突破又不断平衡。

学统，是知识分子本体的立足点，是一个庞大的群体共在的承载，是指中国传统知识分子本身及其教育培养、生存发展的机制和路径。主要包括：庞大的从官学到私学教育体制；核心明确、主次明晰、内容相对固定的知识结构与内涵；代代传承的认知和研究范式；生存依托、发展路径和社会地位等。学统对于政统，一是不断提供统治者需要的具备知识能力、伦理道德素养的各种人才，特别是封建王朝官僚体制中的各级官员。他们入仕为官，并不意味着与学统脱离，及至"告老"，或其间"丁忧"等原因不再为官，回到社会即为"绅"，其根基仍在学统；二是不断为统治者和社会创造、整理和传承治理和发展所需要的各门类知识，既包括以孔孟儒学为核心的经学，也包括礼仪制度、律例规定等；三是承担教育教化的职责，所谓"传道、授业、解惑"，支撑着从中央官学、地方官学、私学的书院及各类蒙塾书馆构成的学校体系，并承担社会伦理教化者的职责；学统对于道统，一是通过学理研究，提供对自然、人、社会的新认知和新理论，解决大一统帝国所面对的，特别是意识形态领域出现的新问题，从而维持和提升社会文化的水准；二是通过精神追求以"弘道"，不断探究、丰富、弘扬"道"的内涵和精神，如孔子所说"士志于道"①。而"弘道"不但是对道统的贡献，更是"士"精神上的自我定位，所谓"士不可以不弘毅，任重而道远，仁以为己任，不亦重乎？死而后已，不亦远乎？"② 同时得以维持着学统的精神价值。

政统是指中国两千多年的专制主义中央集权的统治机制。为了统治广袤的帝国，其衍生并不断发展建构出独特的皇帝制度和完备的官僚政治体制。政统对学统，所作大致可概括为两大方面：一是运用专制权能

---

① 《论语·理仁》，见陈戍国点校：《四书五经》，长沙：岳麓书社2002年版，第22页。
② 《论语·泰伯》，见陈戍国点校：《四书五经》，长沙：岳麓书社2002年版，第31页。

将其所需要的、由学统所提供的一切制度化。如自汉武帝开始的历代统治者，不断以各种方式将儒学制度化。不但规定其"独尊"之高位，而且还规定其内涵架构及相关诠释，规定礼祀孔子之仪。同时不论官学私学，儒家经典都被规定为必读的、主要的教材。即便元朝这种少数民族"入主中原"的政权，也有同样规定：元二十四年（1287年）世祖"立国子学于大都，设博士通长学事，分教三斋生员，讲授经旨……凡读书必先孝经、小学、论语、孟子、大学、中庸，次及诗、书、礼记、周礼、春秋、易"①。再如，专制皇权将选才用人严格制度化，从两汉的察举制，到魏晋的九品中正制，再到沿用了1300多年的科举制，不但为庞大的官僚体制提供了可用之才，网罗了学统中的大量精英，而且敷设了整个社会流动上升的路径，特别是知识分子的生存发展路径。二是赋予学统行政权责和分派社会利益。专制皇权的统治，是通过庞大的官僚政治机制实施的，其各层级的封建官僚，除少量皇亲国戚外，大多来自学统，即"士"者出而为官。政统对其所拥有的权责，有明晰的规定，同时也规定了不同品级官员所能享有的利益和特权；政统对道统，所做主要也有两方面：一是以强权"行道"。即认同并推崇道统所规定和宣扬的价值体系，并根据统治的需要，运用专制权能在全社会推广和固化，形成具体的政治理念、政策规定和伦理道德规范。如为了标示其"为政以仁"，大部分朝代都有饥荒灾害赈济机制和规定，再如由皇帝专门下诏表彰的"忠臣"、敕封牌坊的"贞洁烈女"，都是以榜样来强化纲常伦理等等；二是以专制"卫道"。以道统的名义控制社会意识形态。中国两千多年的封建专制，一大特色就是思想专制。专制皇权对社会意识形态的控制密实严慎，其路径是运用道统所赋予的"奉天承运"并"替天行道"，把专制政治理念和皇权的私欲、私意一概变为"天理"、"王道"，变为公意、共识，严令全社会尊奉实施。

道统是孔子、孟子及后世大儒为社会打造的、并被专制皇权认同的

---

① 宋濂等撰：《元史·卷八十一·选举一·学校》，见《二十四史（附清史稿）》第九卷，郑州：中国古籍出版社1998年版，第398页。

思想体系和精神家园。杜维明先生认为:"'道'所关注的问题是人类存在的终极意义。"① 与西方中世纪存在宗教和世俗的二元世界不同,中国两千多年封建时代主流的精神世界就是"道统"。道统对于学统,一是引领方向。即代表一种稳定的价值取向,复杂的价值体系。作为精神成果,道统的主要内涵是学统中的儒者们创造的,同时也是他们永生追求的。正如《中庸》开篇即言:"天命之谓性,率性之谓道,修道之谓教。道也者,不可须臾离也,可离非道也。"② 二是提供社会反思和批判的依据。如果专制皇权时代只有政统和学统,学统无疑会完全沦为政统的奴仆和工具。幸而有带有哲学思辨和"超世间"的宗教意味的道统的存在。"道"所代表的理想,为改变和超越现实社会提供了依据。"士"正是因为自己拥有"道",才得以能够尝试与政统代表的"势"抗衡;道统对于政统,一是赋予专制皇权的合法性。不论是汉人改朝换代,还是"异族入主",也无论是打天下还是坐天下,专制皇权需要合法性的论证以强化权威。而只有能通晓"大意"、承载天理人伦的道,才有资格诠释王朝权势的神圣性。而道统所阐释的所谓君权神授、天人合一等,皆为此而作;二是为政统诠释为政标准和理想目标。儒家学说中的仁、礼、中庸、德等理念,对于"士"而言,是他们为政实践的规范。但同时作为道统中精神,却有更丰富的内涵和更崇高的意味:如"仁",既体现着超越生死的终极价值,所谓"志士仁人,无求生以害仁,有杀身以成仁"③,也体现着必须尊奉的统治哲学,"人皆有不忍人之心。先王有不忍人之心,斯有不忍人之政矣。以不忍人之心,行不忍人之政,治天下可运之掌上。"④ 再如"德",则不仅是判断包括帝王在内的统治者

---

① 杜维明著:《道、学、政——论儒家知识分子》,钱文忠等译,上海:上海人民出版社2000年版,第1页。
② 《中庸》,见陈戍国点校:《四书五经》,长沙:岳麓书社2002年版,第7页。
③ 《论语·卫灵公篇》,见陈戍国点校:《四书五经》,长沙:岳麓书社2002年版,第49页。
④ 《孟子·公孙丑上》,见陈戍国点校:《四书五经》,长沙:岳麓书社2002年版,第78页。

是否可以拥有政权的标准,还要求统治者伦理道德品质的高洁。孔子极力颂扬的"三王之德,参于天地",就是要求统治者要以汤、文、武三王为榜样,"奉'三无私'以劳天下":"天无私覆,地无私载,日月无私照"。①

也正是从上述学统、政统、道统的相互作用中,中国传统知识分子的公共性的要件在不断生成:学统本来体现着"士"群体的共在,而学统和政统的交互作用,最重要的是产生了独具特色的公共领域——体制内的公共空间。知识分子被政统以制度化的形式裹挟进这个空间,他们不但以知识文化服务于政统,而且也承担着行政评判和社会批判的职责。其次,学统和政统的交互作用,特别是通过制度化的儒学和荐举制、科举制等选才制度,还规定了"士"群体至关重要的共有特征:如相同的养成和发展路径——学而优则仕;相同的知识架构——没有平等平衡的专业分野,均以儒学经典为最主,其余如天文、算数、医学、音乐等皆为次为末为"奇技淫巧";学统与道统的交互作用,其结果更为复杂。儒者总是认为自己代表着道统,甚至自己就是道统。但实际上,学统和道统创造出的不但有现实世界的伦理道德规范,甚至还有超世的精神世界,但最重要的是富有现实批判性的公共精神。同时正由于道统的相对独立,才有可能赋予学统批判社会政治的资格和武器;而政统和道统的交互作用,本身也存在着悖论:相互利用认证,又相互控制抗衡,其结果是打造出具有广泛社会公认度和超长历史时期公共价值体系。如徐复观先生所阐释的,孔子作为"圣人",所代表的"道统"平衡着"政统","使任何专制之主,也知道除了自己的现实权力以外,还有一个在教化上、在道理上,另有一种至高无上,而使自己也不能不向之低头下拜的人物的存在。……中国人每一个人的真实价值,也不是由皇帝所决定,而是由圣人所决定,连皇帝自己的本身也是如此"。② 于

---

① 《礼记·孔子闲居》,见陈戌国点校:《四书五经》,长沙:岳麓书社2002年版,第624页。

② 徐复观:《儒家对中国历史运命挣扎之一例》,见《现代新儒家学案》下册,北京:中国哲学社会科学出版社1995年版,第703页。

是,作为传统知识分子的一种性质,公共性及其关键要件,就这样生成发展。上述三者作用结果如图2所示:

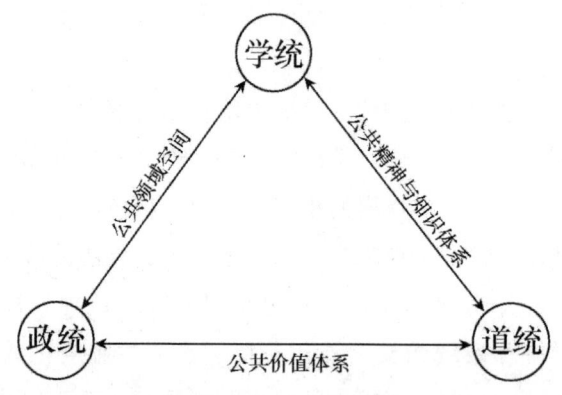

图2 中国传统知识分子公共性要件产生图

三、中国传统知识分子公共性的特征

哈贝马斯曾把公共性划分为三种类型:一是古希腊城邦型公共性,指古希腊城邦的自由民形成的共同体,通过平等的对话来决定共同关心的事项;二是欧洲中世纪的"代表"型公共性,指"绝对君主"具体代表其支配领域所有成员利害关系整体的一种局面。"绝对君主"就象征着公共性,公有意味着领主占有,因此其难以成为真正意识上的公共性;三是近代以来从西欧"市民"型公共性发展而来的资产阶级公共性。指"市民"依自由意志,以相互讨论或辩论的方式,通过文化和舆论等空间载体,形成的文学艺术性共同体或者政治性共同体,并表达共同意见的情形。市民型公共性正是哈贝马斯展开其公共性理论的基石。① 运用哈贝马斯的公共性理论视角,不难发现,中国传统知识分子具有独特的、意义重要的公共性。由于其所处的史境、公共性的生成机制与西方截然不同,其公共性具有鲜明的特征:

---

① 参见哈贝马斯著:《公共领域的结构转型》,曹卫东等译,上海:学林出版社1999年版,第3—25页。

（一）独具特色的体制内公共领域

中国传统知识分子的公共性所存在和发挥作用的公共空间，是政统和学统共同打造的，并受道统掣肘的体制内空间。

中国传统知识分子所拥有的体制内公共领域，既与哈贝马斯所提及的近代西欧的资产阶级公共领域不同，也与欧洲中世纪的"代表"型封建贵族领主们的所谓公共性有明显差异。主要具有以下三个特点：一是空间覆盖范围广。中国两千多年封建社会，是专制主义中央集权加宗法伦理制度的统治。而传统知识分子正是两者的纽带和中枢。因为他们身兼二任，在朝则为官辅助君王行使政权，在野则作为乡绅表率地方治理民间；他们的价值取向，即他们所尊奉的道统，既符合官方的意识形态，又契合宗法伦理的传统观念；因此，他们的公共领域既在"庙堂"，又在"江湖"，而且正因为他们的存在和特征，使这两个领域成为有机的公共空间。二是被控制度高。这是处于体制内的公共领域所必然出现的特点。这个空间，首先要受到皇权意志的控制；其次要受"道统"的规范；再次还要受传统的伦常礼教、文化习俗的掣肘。因而，尽管公共空间貌似宽广，但真正能施展的空间确实有限。三是体现公共性的维度较为复杂。由于体制内公共领域本身具有的复杂性，用以体现公共性的维度便复杂多样：有意识形态的维度，尽管封建中国主流意识形态明确而单一，但由于有"道统"的介入，使得意识形态在其流变过程中，也会有公共意志的出现；有权力权势的维度，诸多公共问题的考虑和解决，是夹杂于国家统治和社会治理之中的，而体制内的权力权势都方便而有效；还有伦常民俗的维度、制度法规的维度等等，这些维度，往往是西方公共领域所不曾拥有或不必顾及的。

（二）富有使命感的批判性

批判性本应是公共性的重要组成。中国传统知识分子尽管其公共空间位于体制内，但并不影响其具有鲜明的批判性色彩。

中国传统知识分子批判性的依据，是天人合一的"道"。因而这种批判性由来已久，且因"天不变，道亦不变"而历久弥新、历久弥坚。

汉代刘向在其《说苑》中，曾给士下定义："辨然否，通古今之道，谓之士。"① 司马迁也说："夫《春秋》，上明三王之道，下辨人事之纪，别嫌疑，明是非，定犹豫，善善恶恶，贤贤贱不肖，存亡国，继绝世，补敝起废，王道之大者也。"② 足见自汉代起，知识分子即以道为依据，辨明是非，扬善贬恶均为天职。道是儒家的灵魂，当汉武帝"罢黜百家，独尊儒术"之后，意味着皇权也得依仗、认同及尊奉"道"的价值判断。这使得知识分子的批判性不但有依据，而且也能形成一定的力度与威慑。如杜维明先生所言："将儒学当做社会掌控机制，对于汉王朝来说，犹如一把双刃剑。……儒家知识分子在特定意义上通常被视做看家狗，不仅要看住王室，也要看住平民百姓。他们能够帮助少数统治者在社会中维持法律与秩序，拥有某种矫枉为正的强制力量。一般情况下，他们会以教师身份通过道德说教施展影响。同时，他们也会代表人民，向上级官员申冤。当他们认为王朝的过失尚可弥补时，就充当批评者和监察者；假如他们觉得当今朝代的腐败过程不可扭转，也会预言新王朝的诞生。"③

中国传统知识分子的批判活动，大致可分为两类：第一类是受制度规定保障的批判，即中国传统政治制度中的谏议制度。历代王朝，大多设有专职谏议官员，如秦汉中央有"谏议大夫"，地方有"议曹"一职。由知识分子担当的各级官员，职责中也包括参奏讽谏的内容，而君主"纳谏"也是必备的政治道德。这种以制度保障批判合法的源流，可上溯至战国时齐国的"稷下学宫"，礼聘各学派著名人物"不任职而论国事"，人称"稷下先生"，专职"议政"。这种"言官"政治，是专制主义中央集权的统治保持其政策策略合理性的重要方法，同时也打造并强化了"士绅"的批判功能；第二类是受使命驱使的批判，即知识分子自

---

① 刘向：《说苑校证》，向宗鲁校，北京：中华书局1987年版，第27页。
② 司马迁：《史记·太史公自序》，见《二十四史（附清史稿）》第1卷，郑州：中州古籍出版社1998年版，第279页。
③ 杜维明著：《道、学、政——论儒家知识分子》，钱文忠等译，上海：上海人民出版社2000年版，第27—28页。

认为承担"道统"赋予的天职而进行的社会政治批判。这类批判,则不论士为官与否,亦不问是否于职责范围,只要出现"无道"、"非道"之事,他们即有责任评说谏议。尽管"上达天听"有官品资格的限制,但他们也会设法辗转上书表述看法,或于书院等场所营造舆论。以"为民请命"为荣,以"诤言进谏"为忠,即便招致贬逐甚至杀身之祸,也在所不辞。尽管这是属于一种非常规的、危险的、只有少数赤诚忠心且见地高远的精英人物能做到的批判,但其实际上却体现了"道统"所规定的价值取向,所谓"天下有道,以道殉身;天下无道,以身殉道"①。也是中国传统知识分子公共性的重要价值之所在。

令人遗憾的是,中国传统知识分子的具有使命感的批判性——这种质量甚高的批判性,由于其公共领域在体制内,所以两千年来也没有冲决专制主义中央集权的罗网,他们的批判也从没有从本质上战胜过专制皇权。

(三)具有"超世"意味的公共精神

公共精神,是中国传统知识分子的公共性的重要内涵。作为社会精神文化的创造者和传承者,士绅本应依仗体现民意的公共精神与专制权势抗衡。但从两千多年封建时代的客观史实看,其公共精神更多的是体现所谓"天意",是超越了现世现实的,带有宗教色彩的"超世"意味。

造成这一特点的首要原因,是儒家学说本身的内蕴和际遇。孔子所创设的儒家学说,将现世和超世这两个世界设定为若即若离的关系。一方面,孔子是看重现世的,所谓"子不语怪、力、乱、神"②,表明他不轻易崇信鬼神。但另一方面,他同时也强调世间一切价值来自超世间,不是什么神鬼,而是抽象的莫测的"天"。而"道"则代表着"天",对"道"的追求与遵从,便将现世与超世间联系起来。后代儒者,一方面与统治者一道,把儒学作为控制现世的主流意识形态,另一方面,又

---

① 《孟子·尽心上》,见陈戍国点校:《四书五经》,长沙:岳麓书社2002年版,第131页。

② 《论语·述而》,见陈戍国点校:《四书五经》,长沙:岳麓书社2002年版,第29页。

通过宣传天人合一、"天理"、"天意"、"天命"等理念，为儒学涂抹神学色彩。儒学在中国，便被打造成了一种"类宗教"——一种人本主义的宗教。它没有具体的宗教组织机构，但汉代以后的历代皇帝都给孔子立庙祭祀，东汉明帝之后，孔子的七十二弟子也配享从祀。之后孔庙中供奉的圣贤，有至圣先师、圣、先贤、先儒几类。被崇祀者，要符合儒家的"三不朽"原则：即"大上有立德，其次有立功，其次有立信。虽久不废，此之谓三不朽"①。这些不朽的圣贤，既是实实在在的人，又因其不朽之行而具有神性，与其他宗教远在超世的神有所不同。而圣贤之道，代表着高于现实的理想，它既关注民本公意，也支持专制权威。从而铺排了知识分子公共精神的底蕴。

造成这一特点的另一个原因，则是中国传统知识分子自身的社会角色、使命。这个不断被裹挟进专制政权体制内的群体，一直充当着双重社会角色：一方面是现世的官、绅、师；另一方面又是超越现世的神圣之"道"的传教士。一方面他们是专制皇权与市民社会的纽带、道统与政统的纽带，另一方面他们总是在多重压力与期待之下寻求平衡点、突破点，力求有所作为。于是，他们必须握有比强悍的专制皇权更有力度的思想武器，而他们只能选择带有超世意味的"道"。为了把抽象的"道"贯彻于专制主义中央集权的行政、落实于庞大帝国的社会治理，他们赋予了仁、礼、德、中庸等政治理念和忠、孝、信、义等伦理道德观念超世的价值。如"礼制"，原本是一种维护等级秩序、调适人与人之间关系的行为范式，但儒者不但充实了其内涵，也拔高了其价值："礼"被解释为周公等先圣为后人制定的，并被孔子发扬光大，"援仁入礼"，于是其不但引导人行为得体，而且引领人修习君子精神。正所谓"学做人就此意义而言，可以理解为礼仪化的过程。包括服从常规仪式，遵从阅历丰富的长者，效法公认的典范，找到与别人交往的最合适的方

---

① 《左传·襄公二十四年》，见陈戌国点校：《四书五经》，长沙：岳麓书社2002年版，第1001页。

式"①。同时，他们也标榜："天视自我民视，天听自我民听。"② 将天意与民意、公论相联系，在道的范畴内张扬公共精神。

（四）履职尽责式的公共性体现形式

公共性作为一种群体的社会特性，是可以被体现的。由于公共领域的不同，中国传统知识分子公共性的体现方式，既包含理论建树，更多的则是在履职尽责的实践中体现。

按照哈贝马斯的描述，不同类型的公共性，其体现的空间和方式也是不同的。"在高度发达的希腊城邦里，自由民所共有的公共领域和每个人所特有的私人领域之间泾渭分明。公共生活（政治生活）在广场上进行，但并不固定；公共领域既建立在对谈之上——对谈可以分别采取讨论和诉讼的形式，又建立在公共活动（实践）之上——这种实践可能是战争，也可能是竞技活动。"③ 而欧洲中世纪"代表型"公共性在哈贝马斯这里不是真正的公共性，"只要王侯和各特权阶层本身就是'国家'（朕即国家），而不只是国家的代表。……他们在民众面前所代表的就是其所有权，而非民众。"于是，"代表型公共领域的出现和发展，与个人的一些特殊标志是密切相关的：如权力象征物（徽章、武器），生活习性（衣着、发型），行为举止（问候形式、手势）以及修辞方式（称呼形式、整个正规用语），一言以蔽之，一整套关于'高贵'行为的繁文缛节。"④ 至于近代西欧市民型的公共性，及之后不断转型发展的资产阶级公共性，其源起的载体是沙龙、咖啡馆、报刊，通过文学艺术的讨论而聚集，之后由文艺问题转向政治问题。公共舆论、公共意识形态

---

① 杜维明著：《道、学、政——论儒家知识分子》，钱文忠等译，上海：上海人民出版社2000年版，第7页。

② 《孟子·万章上》，见陈戍国点校：《四书五经》，长沙：岳麓书社2002年版，第108页。

③ 哈贝马斯：《公共领域的结构转型》，曹卫东等译，上海：学林出版社1999年版，第3页。

④ 哈贝马斯：《公共领域的结构转型》，曹卫东等译，上海：学林出版社1999年版，第7页。

等均为其主要体现形式。

对比上述的范式，中国传统知识分子公共性的体现，明显与之不同，已经超越了依靠对话、舆论或象征意义的仪式，是以更直接、更成熟、更有效的路径，通过政治的、社会的和文化教育的角度，来体现公共性。这是由中国传统知识分子在封建官僚政治体制中的政治地位、他们四民之首的社会地位等因素决定的。从广义的范畴看，只要有了功名，他们就是体制中人，只是所处地位和职位不同。在朝他们为官，则其政治及行政管理实践本身，在名义上或实际上，就是为了解决和平衡公与私、上与下的矛盾，体现"公正"、"公意"、"公利"、"公理"等公共性。更有如谏议、监察、言官等职位，主要职责就是评议批判，客观上形成了社会和政策批判的空间，甚至形成以上书弹劾为事、为荣的"清流"势力，合法化和专业化地体现了公共性。在野他们则为绅为师，没了官位尚有社会地位和士绅特权，同样还肩负着"道"的使命，他们或通过宗法伦理的社会架构，管控社情民意；或通过各级学校，在传授知识的同时教化民众、引领社会风气。总之各种公意、公共利益、公共精神，主要依靠履行职责的实践来体现，这些实践，大多是位于社会主流位置、具有较强影响力的行为，是一种直接的体现范式。从形式上看，这种履职尽责式的体现，比欧洲不同历史时期的各种公共性体现范式具有更高的有效度：渠道正规、行为合法、路径成熟等等，但我们也必须注意到，这些体制内的履职实践，实质上是价值观和利益的直接博弈，更是皇权专制之私与"天理"和"公意"的直接博弈，在此过程中，妥协的往往是知识分子，不断被淡化的，则是知识分子的独立性。

四、中国传统知识分子公共性的社会影响

中国传统知识分子的公共性，是其群体特质的重要组成部分。由于这个群体在专制主义中央集权的庞大帝国所承担的不可或缺的重要角色，其对中国漫长的封建社会的影响无疑是广泛而深刻的。具体到其公共性对中国社会的影响，有以下两方面应予以特别关注：

（一）对中国民众宗教信仰方式和习惯的影响

与世界上其他文明相比，中国民众的宗教信仰方式和习惯的确呈现比较特殊的样态。无论是本土的还是外来的宗教，在中国两千多年的封建时代，一直没有能像西方中世纪那样拥有压倒世俗的权威。于是有论者认为中国人缺乏宗教的热情和虔诚，缺乏敬拜一神的专一等等。

回顾宗教在中国的发展，不难发现，在影响中国人宗教信仰方式和习惯的因素中，恰恰是体现中国传统知识分子公共性特征的"具有超世意味的公共精神"、大一统的公共价值体系、被专制皇权制度化的公共信仰等公共性要件，起了十分重要的作用：

一是控制了中国人的宗教选择。如前文所述，政统不仅将儒学制度化，而且将儒学"类宗教化"。而学统更是通过思想建树，伦理教化，协助政统把"道统"抬高到超于现世的具有神性的位置，并成为整个社会认同的公共信仰。这种信仰是贯穿于专制政治和社会生活中的，它没有专门的传教士，但它的精神的传播和影响却广泛而深刻；它没有狂热极端的膜拜仪式或行为，但它的主流地位却是无以替代的。本土最有影响力的道教，外来的佛教、基督教、伊斯兰教等，有的曾一时或在一部分人群中被选择，或被用作造反时召唤民众的旗帜，或被用于补充儒学在形而之上的思想的不足，但仍然是一种补充，都不曾独尊独大。中国人的宗教选择还有一个有趣的现象，即宽宏包容，将土著的外来的诸神并敬，漠视各宗教都号称自己是唯一真神之说。这种宗教上的兼容并蓄的心态，其实恰是内心早已被灌输了天经地义的、不言而喻的、可以之安身立命的且全社会共通的儒学精神——读书的人被学校体系和官僚体制灌输，没文化者也要被宗族伦理灌输，其他说教、宗教也就不过如此尔尔了。

二是规定着信仰的方式和路径。每一个宗教都有自己最尊奉和敬仰的神，如佛教的佛祖、基督教的上帝、伊斯兰教的真主，每个宗教都有自己的膜拜仪式、组织和行为规范。儒学被打造成"类宗教"后，也尊奉至圣先师孔子和其他圣贤。但是，在信仰的方式上，由于儒家的"道"的内涵设定和精神倡导，使中国人的信仰模式和行为也特立独行：

首先，其他宗教的神都是被敬畏、被膜拜，可望而不可即的。神在人世间创造奇迹，并引领人们达到彼岸世界。中国的孔子是"圣"，有神性，但也是人，是人的可学习模仿的最崇高的榜样。儒学教导并鼓励人们，通过修习，人人可至圣贤。孟子就曾论述人如何通过六个阶段而达到完善，达到神的境界："可欲之谓善。有诸己之谓信。充实之谓美。充实而有光辉之谓大。大而化之之谓圣。圣而不可知之之谓神。"① 其次，儒学是带有思辨色彩的"内向超越"的哲学。② 它要求人们必须注重个人的精神修养，要"修身正心"，而不是只信仰和依赖另一个世界的神灵。即所谓"仁远乎哉？我欲仁，斯仁至矣"③；再次，儒家的"道"所代表的天意，尽管有超世的意味，但其更注重的还是现世。所以中国人习惯信仰入世的宗教，而不是出世的；儒家倡导积极有为的面世，而不是玄虚无为的避世。

三是明确了政治信念与宗教信仰的关系。两千多年的封建中国，由于儒学是独尊的主流意识形态，同时又以宗教的形式令民众尊奉，结果，本该相对独立的宗教信仰，却和政治信念在相当的程度上重合了。因此，将政治信念和宗教信仰混为一谈，在中国便成了历史传统。中国传统知识分子的公共实践，很重要的一类，就是致力于将政治道德化，让政治信念高尚化，如余英时先生所言："中国知识人自始便以超世间的精神来过问世间的事，换句话说，他们要用'道'来改变世界。"④ 其实，宗教本是一种心灵的慰藉，马克思曾说："宗教是被压迫生灵的叹息，是无情世界的情感，正像它是无精神活力的制度的精神一样。宗

---

① 《孟子·尽心下》，见陈戍国点校：《四书五经》，长沙：岳麓书社 2002 年版，第 134 页。
② 参见余英时：《中国知识人之史的考察》，见《余英时文集》第四卷，桂林：广西师范大学出版社 2004 年版，第 4—10 页。
③ 《论语·述尔》，见陈戍国点校：《四书五经》，长沙：岳麓书社 2002 年版，第 30 页。
④ 参见余英时：《中国知识人之史的考察》，见《余英时文集》第四卷，桂林：广西师范大学出版社 2004 年版，第 21 页。

教是人民的鸦片。"① 民众有时需要用它来对抗和化解现世的现实中存在的压迫、不公及种种无奈。而中国这种政治和宗教叠加的状态,一方面挤压了民众精神世界的空间,另一方面则有助于社会意识形态的高度统一。

(二) 对中国封建社会稳定性的影响

中国封建社会的稳定性,一是指专制皇权统治下的社会稳定状态;二是指中国大一统的专制主义中央集权的社会形态的超长期延续。此二者,与中国传统知识分子的公共性都有直接的关系。

首先,中国传统知识分子的政治社会批判,是专制统治下,各种复杂、尖锐矛盾的润滑机制。中国的皇权专制原本是强悍而专横的。徐复观先生曾就此评价说:"专制政治形成以后,中国没有力量可以跟他对抗的,任何东西跟他一碰都完了。"② 但是,统治者如果一味的施严刑峻法,行严苛暴政,致使民怨沸腾,民不聊生,其统治也难于长治久安,秦二代而亡便是恶例。至高至尊的专制者在其行权过程中,是很难有此自觉意识,而知识分子因其体制内的身份职责,便充当了评议批判的角色。他们不但握有"道统"中公共价值、政治道德的旗帜,还代表了来自民间的公意和公义——他们是同四民社会直接关联的,是有能力对社情民意做出理性的分析判断的,同时也有责任将"公议"上达天听,从而迫使统治者出于对自身统治稳定的需要,以及对维护"道统"精神的需要,将统治政策方法适度向"公理"和"公利"的方向调整的决策。这其实是一个社会权势、利益的制衡过程,公共性的各种样态实际是作为依据贯穿始终的。它不但体现于批判的指向,而且也划定了这种体制内批判的边界——是调适而不是颠覆。

其次,中国传统知识分子的公共性体现,强化了中国封建社会形态

---

① 中央编译局编译:《马克思恩格斯选集》第1卷,北京:人民出版社:2012年版,第2页。

② 徐复观:《儒家思想与现代社会》,见《徐复观全集》,北京:九州出版社2014年版,第256页。

超长时期延续的可能。对于中国传统社会形态的发展长期停滞的原因，学者们已从中国社会的小农经济形态、家产式官僚制，以及马克斯·韦伯的"儒教伦理阻碍近代化在中国得以实现"等多方面进行过探究。其实，传统中国从来就是一个重思想文化的国度，中国传统社会形态最为重要的支撑恰恰就是道统、政统、学统。此三者，只要其中有一者发生本质变化，三者之间的制衡就会被打破，中国传统的社会形态就会变故坍塌。而两千年来，学统、政统、道统之间相互作用，产生了中国传统知识分子的公共性，并具有独特的样态和体现方式。而这种公共性及其体现，形成了一条坚韧的纽带，反过来又将把学统、政统、道统维系成一个稳固的三角，不允许其中一方轻易改变。这个相辅相成的过程，无疑也就成了中国封建社会形态稳固传承的重要原因。

（作者岑红系江苏师范大学党委副书记，法律与公共事务学部主任、教授、历史学博士）

英国"新左派"社会发展理论评析*

陈治国

[摘　要] 英国"新左派"的社会发展理论认为,在当前西方资本主义社会,工人阶级是社会发展的主体和基本力量,社会主义是当今社会发展的目标,而发展先进的文化意识则是社会发展的优先途径。这一社会发展理论对于深化马克思主义社会发展理论,促进社会主义运动的复兴具有重要的意义,但是由于其忽视了社会发展的经济因素,导致其具有一定的空想成分。

[关键词] 英国"新左派"社会发展理论;工人阶级;社会主义;文化意识

英国"新左派"特指20世纪50年代末到80年代初这段时期内在英国产生的马克思主义思想流派,这一流派代表人物众多,理论观点复杂多样,但在理论立场、理论方法、理论宗旨等方面,基本上具有内在的一致性与传承性,具备自成一个学术派别的特质。在继承和坚持马克思主义社会发展理论的基础上,英国"新左派"直面当代西方社会尤其是英国社会发展中的基本问题,通过批判资本主义制度的各种弊端,探索当前西方社会发展的现实力量与可能途径,并提出通过

---

* 本文是国家社科基金青年项目"文化唯物主义的现代性批判思想研究(13CZX020)"的阶段性成果。

文化解放来发展社会主义的各种设想，从而形成了独具特色的社会发展理论。

一、社会发展的主体：无产阶级

关于社会发展的主体问题，马克思早在1848年《共产党宣言》中就指出："至今一切社会的历史都是阶级斗争的历史。"① 在《神圣家族》中，马克思、恩格斯指出："'历史'并不是把人当做达到自己目的的工具来利用的某种特殊的人格。历史不过是追求着自己目的的人的活动而已。"② 也就是说历史发展的动力是阶级斗争，历史的主体是现实活动中的人。在《共产党宣言》中呐喊道："全世界无产者，联合起来！"③ 则鲜明揭示了无产阶级作为社会历史主体的使命；卢卡奇则认为无产阶级是历史的主体与客体的统一，是历史发展的真正动力；而阿尔都塞则提出"历史过程无主体"的论断，他指出："在唯一的和绝对的主体名义下把个体质询为主体的所有意识形态结构……是推测性的，即一种镜像结构。"④ 即所谓的主体仅仅只是一种假想和幻象；后现代主义者则认为主体就是一种人为建构，"主体是虚构的；在极端意义上它只是一个建构，只是一个面具，一个角色，一个牺牲品；它充其量只是一个意识形态的建筑，至多也不过是一个让人怀旧恋昔的肖像"⑤。从而否认历史发展的主体及其主体性。

英国"新左派"继承了马克思的历史主体思想，又吸收了卢卡奇关于无产阶级历史主体理论的观点，反对阿尔都塞与后现代主义者的"历

---

① 《马克思恩格斯全集》第4卷，北京：人民出版社1965年版，第461页。
② 《马克思恩格斯全集》第2卷，北京：人民出版社1961年版，第118—119页。
③ 《马克思恩格斯全集》第4卷，北京：人民出版社1958年版，第504页。
④ Louis Althusser, *Lenin and Philosophy and other Essays*, New York and London: Monthly Review Press, 1971, p.180.
⑤ 波林·罗斯诺：《后现代主义与社会科学》，张国清译，上海：上海译文出版社1998年版，第61页。

史无主体"理论,提出社会历史发展的主体就是无产阶级的观点。

针对阿尔都塞的"历史过程无主体"的论断,汤普森指出,历史是一个"无法掌控的人类实践",具有鲜明的主体性,其中,每一小时都是"一个形成的时刻,选择可能的时刻,前代人与后代人力量的时刻,对立(阶级)界定和拼搏的时刻,或者欺骗迹象的时刻"①。汤普森进一步认为,社会历史是由人,特别是由下层民众创造的,而社会历史的进步同样是由他们推动的,"一个正义而人道的未来社会的根源可以在英国过去的大众性民主斗争中发现"②。

安德森将阿尔都塞的"历史无主体论"斥责为"极端的结构主义",他指出:"如果结构单独在一个超越所有主体的世界中得到公认,那什么能够确保它们的客观性呢?极端的结构主义也决不会比它所宣告的人类的毁灭再剌耳了。"③ 安德森还重视社会主体的积极作用,认为阶级斗争是解决结构危机的一种根本方式,认为社会主义的代理人依旧是工人阶级,社会主义的策略依旧是革命主义。"如果无产阶级在资产阶级的社会之内把自己局限于特殊的合作利益,并努力改善其状况——有时是令人满意的,但也无法免除自己的世界历史任务,即把人类从资本主义和战争的束缚中解放出来。"④

面对后现代主义者否认社会历史发展主体的观点,伊格尔顿明确指出:"人类的存在历程无论如何应该是'主体'完满实现其自然属性的过程。"⑤ 他从人的"身体"来重建文化主体,"身体"既指具体感性的生物性的存在,也指劳动和社会关系的存在,人的类本质是自由自觉的活动,人正是通过实践活动来实现自己的感性活动主体的角色,而要推

---

① Perry Anderson, *Arguments within English Marxism*, London: Verso, 1980. p. 17.

② Edwin A. Roberts, "From the History of Science to the Science of History: Scientists and Historians in the Shaping of British Marxist Theory", *Science and Society*, no. 4, 2005, pp. 529–558.

③ 佩里·安德森:《当代西方马克思主义》,余文烈译,北京:东方出版社1989年版,第68页。

④ Perry Anderson, *The Antinomies of Antonio Gramsci*, New Left Review, 1976(100), p. 18.

⑤ 马海良:《文化政治美学——伊格尔顿批评理论研究》,北京:中国社会科学出版社2004年版,第224页。

动社会历史的发展就需要建立无产阶级的主体性。

霍布斯鲍姆所指出:"马克思主义及其在知识上的影响的历史的出发点是群众性社会主义运动"①,英国"新左派"在现实政治斗争寻找社会历史发展动力和根据,寻求西方发达资本主义转向社会主义的主体力量,突出了无产阶级历史主体的地位,这对于继承和发展马克思主义社会历史主体思想具有积极的意义。

二、社会发展的目标:社会主义

第二次世界大战之后,尤其是1968年法国"五月风暴"之后,社会运动发生了巨大的变化,新型社会运动形式层出不穷,包括反核运动、女权运动、民族解放运动、生态运动、妇女运动、同性恋权利运动、动物权利运动等新社会运动风起云涌,围绕着种族、环境、性别、民权等问题形成了强烈的政治认同,表达了对当代资本主义的不满和抗争,促进了资本主义社会的自我反思,推进了社会的发展与进步,但是这些运动的参与者"什么也不要求,至少不要求政府让渡给他们任何明确的东西,同时他们要求一切:要求自由;他们不要求政权,他们没有试图夺取政权,因为今天对于我们来说,需要消灭的是使权力成为可能的那个社会结构本身"②。可以看出,这些社会运动具有多元化主体和多元化目标的特征,偏离了社会主义运动的目标,不再把工人阶级作为唯一的主体,这对于社会主义思想和运动的发展具有巨大的冲击作用。在这种形势下,英国"新左派"仍然坚信社会主义制度的优越性,将社会主义作为社会发展的目标,并以此争取无产阶级和人民大众的解放。"社会主义的目标不是创造一个在剥削社会中机会的平等,而是一个平等的社会,一个合作的团体。这一目标的前提条件是为消费而生产取代

---

① 霍布斯鲍姆:《马克思和历史》,易克信译,载《第欧根尼》1985年第1期,第85页。
② 参见徐崇温主编:《西方马克思主义理论研究》,海南:海南出版社2000年版,第30页。

为利益而生产。社会主义社会或落后或发达,或贫穷或富裕,它与资本主义社会的区别不在生产力的发展水平上,而在对产品的特定关系上,在于社会追求的目标和整体运转方式。"①

英国"新左派"在批评资本主义经济的不公正、经济运行的矛盾和缺陷的基础上,认为社会主义是理性、科学和进步的社会形态,是人类社会发展的未来和幸福保证。汤普森认为:"资本主义的发展在实现'人类的本性'方面已经明显地暴露出它的局限性,因此,必须通过革命来超越这种局限,这只能是社会主义的逻辑。"② 霍布斯鲍姆也提出:"我们不得不为西欧无产阶级的自由而工作,所有其他目标都附属于这个目的。"③

面对各种社会运动思潮的兴起及其对社会主义运动造成的冲击,安德森坚持社会主义是当代社会发展的目标和方向,他认为新型的社会运动并不能取代社会主义运动的有效性,而社会主义方向恰恰是其他社会运动的基本目标,只有实现了社会主义这一根本目标,其他社会运动所提倡的性别、生态、和平等问题才能得到真正的实现。"'科学的社会主义'……是理解当前和把握未来的事业———一项带有无产阶级革命理念的政治工程。"④ 因此,必须将社会主义目标作为当前社会运动的方向,才能真正实现社会的发展与进步。

面对西方资本主义社会的社会发展问题,威廉斯将其归结为资本主义对于自然与人类自身的控制和支配,这种社会发展模式造成了一系列的严重问题,威胁到了人类社会的生存和发展。鉴于此,威廉斯则预设了一种被称做"共同文化"的理想社会主义的社会,"我们需要一个共同的文化,这不是为了一种抽象的东西,而是因为没有共同的文化,我

---

① E. P. Thompson,"At the Point of Decay",in E. P. Thompson & Kenneth Alasdair (eds.),*Out of Apathy*,London:Stevens & Sons Ltd.,1960,pp. 3 – 4.

② E. P. Thompson,*The Poverty of Theory and other Essays*,New York:Monthly Review Press,1978,p. 357.

③ Eric Hobsbawm,*The History of Marxism*,p. 254.

④ Perry Anderson,*Arguments within English Marxism*,p. 84.

们将不能生存下去"①。而这种"共同文化"的社会发展模式要求社会成员共同创造社会价值与财富,实现了社会平等,"在此社会里,有关阶级的讨论可以用共同的平等成员关系来代替,这就是共同文化的观念"②,威廉斯力图用这种共同文化的社会发展模式代替资本主义的社会发展模式,实际上,这种共同文化的发展模式与社会主义社会模式具有内在的一致性,即反对资本主义私有制及其导致的社会控制发展模式,实现人与自然、人与社会的共同发展与和谐进步。

三、社会发展的优先途径:发展先进的文化意识

面对已经完成工业化和高福利的晚期资本主义工业社会,工人阶级的阶级意识和反抗意识在资本主义文化霸权的压迫下已经严重弱化,社会发展的主体地位和根本力量受到资本主义物质层面和精神层面的压制,这种情形下,工人阶级难以担负起促进社会发展和进步的历史使命。因此,英国"新左派"认为,在当前社会形势下,唤醒人民大众的文化意识,对于凝聚工人阶级的社会力量,实现社会主义,具有根本性的意义。因而,英国"新左派"都把文化研究放在核心地位,把唤醒大众文化意识,争取人民大众的文化意识的解放,作为一种实现社会主义,促进社会发展的优先途径。

汤普森主张要创造一种具有历史进步性的工人阶级文化,工人阶级的文化是一种"新兴文化",即"新的意义和价值、新的实践、新的含义和经验不断地创造出来"③。"我们能够确定新的工人阶级意识并赋予

---

① 雷蒙德·威廉斯:《文化与社会》,吴淞江、张文定译,北京:北京大学出版社1991年版,第395页。

② Lisley Johnson, *The Cultural Critics: From Matthew Arnold to Raymond Williams*, London: Routledge&Kegan Paul, 1979, p. 72.

③ 威廉斯:《马克思主义文化理论中的基础与上层建筑》,见《马克思主义美学研究》(第2辑),桂林:广西师范大学出版社1998年版,第337页。

其目标。此外，我要说的是，努力确定这种意识是社会主义者不变的工作。"①"经济关系同时也是道德关系；生产关系同时也是人与人之间的关系……阶级斗争的历史同时也是人类道德的历史。"②

威廉斯设想的"共同文化"发展模式更是力图通过文化观念的改造和文化形式的创新来实现人类的平等与解放，通过小规模的革命过程，创造一个具有共同价值和共同文化观念的社会。在这一社会中，平等的成员关系代替了阶级的等级，充分参与的社会主义民主及其机构为文化共享创造了条件，也为文化的融合提供了可能。③伊格尔顿继承了威廉斯的这一思想，在共同文化的理想社会中，依靠"共同文化"所培育的新的主体力量，实现大同世界。因此，伊格尔顿认为社会主义的根本目的就是建设一种理想的文化——"更丰富、更多样、更开放、更灵活、更自由"④的文化，强调通过马克思主义理论对社会主体意识的批判，破除资本主义意识形态的束缚，树立新型的文化意识，以便达到人的解放。

甚至主要从科学技术层面批判资本主义社会发展模式的柯亨，也提出一种"可及优势平等"的概念，以建立一个每个人都处于平等的关系之中的社会主义共同体，在这个共同体能够包容多元化的价值观，"所有人都已经普遍接受一个平等主义理想的社会中，一个切实可行的正义体制也需要考虑平等之外的其他重要的人类共享的价值"⑤。

"没有哪一种民族文化的内部拥有所有必需的资源——它们都潜在地源于世界各地的文化。恰当有效的办法是对全部地区性文化遗产资源

---

① Harvey J. Kaye, Keith Mc Clellandeds and E. P. Thompson: *Critical Perspectives*, Philadelphia: Temple University Press, 1990, p. 218.

② E. P. Thompson, *Socilist Humanism: an Epistle to the Philistines*, the new reasoner, 1957, (1), 122.

③ Lisley Johnson, *The Cultural Critics: From Matthew Arnold to Raymond Williams*, London: Routledge & Kegan Paul, 1979, p. 72.

④ 特里·伊格尔顿：《历史中的政治、哲学、爱欲》，马海良译，北京：中国社会科学出版社1999年版，第142页。

⑤ 转引自乔瑞金等：《英国的新马克思主义》，北京：人民出版社2013年版，第352页。

的主动意识,这些资源在支撑相邻和有关文化(对全球资本主义)的斗争中起着作用。"① 安德森认为任何一种进步的社会发展模式都需要一种道德文化意识的想象和支撑,才能使革命的先进的社会主义思想获得工人阶级的真正认同和接受,因而我们也要发展一种道德的社会主义,在实现文化认同和解放的基础上实现社会主义的目标。

四、简评

英国"新左派"在马克思主义理论和学说遭到种种质疑和危机的时刻,始终坚守着马克思的革命设想,期待着马克思主义理论和工人阶级实践的完美结合,期待着社会从"必然王国"向"自由王国"的转变,坚持与守望本身对于马克思主义理论的发展与创新具有积极的意义。面对资本主义的各种问题与弊端,英国"新左派"以实现社会主义为目标,以工人阶级作为社会发展进步的主体力量,通过文化意识批判,来实现西方社会的发展与进步,推进了马克思主义社会发展理论的深度。"英国新左派所开创的精神空间,给当代学术界留下了广泛而不可磨灭的巨大影响。在文化和政治意识方面,它对众多知识分子和学术圈之外的积极分子(特别是英国的)也发挥了相当大的影响。但这个理念也产生了一种新的实践,即去发现新的社会主义政治。"② 这种新的社会主义的政治力图在英国等发达资本主义国家的现实问题之中,坚持马克思主义的基本观点,寻求在新的历史语境中实现社会主义和人类解放的新途径,以实现马克思主义理论的本土化与实践化,实现了马克思主义理论发展史上的一次重要尝试与创新。

英国"新左派"的社会发展理论在承认阶级意识对立冲突的基础上,将工人阶级视为社会发展的主体,将社会主义视为社会发展的目

---

① 佩里·安德森:《文明及其内涵》,载《读书》1997年第12期。
② 列奥·潘尼奇:《作为社会主义知识分子的拉尔夫·密里本德》,见张亮编:《英国新左派思想家》,南京:江苏人民出版社2010年版,第159页。

标,力图通过培养与发挥工人阶级的主体意识与文化道德意识,来争取自身的解放,既凸显了当今资本主义社会中文化意识问题在社会发展过程中的重要性,揭示了晚期资本主义社会中工人阶级主体意识对于社会发展的重要作用,为复兴社会主义运动提供了一种新的思路与方法;同时又弥补了经典马克思主义理论在文化意识方面的某些不足,英国"新左派"在批判苏联社会主义模式的基础上,提出发展社会主义必须以培养人的主体意识为优先途径,重视破除资本主义文化霸权,树立工人阶级的阶级意识,建立先进的阶级文化与共同文化,以此实现真正的社会主义,这对于社会主义发展模式的创新无疑具有重要的价值。

关于社会发展过程中发生的变化与新特征,马克思主义认为我们必须从经济层面与精神层面进行分析,"在考察这些变革时,必须时刻把下面两者区别开来:一种是生产的经济条件方面所发生的物质的、可以用自然科学的精确性指明的变革,一种是人们借以意识到这个冲突并力求把它克服的那些法律的、政治的、宗教的、艺术的或哲学的,简言之,意识形态的形式"①。可以看出,英国"新左派"的社会发展思想在社会发展主体、社会发展目标与社会发展的途径等方面注重于意识形态形式方面的分析,但是在某些方面过于强调文化意识因素的作用,从而忽视了马克思主义社会发展理论的经济物质因素。汤普森呼吁建立反抗资产阶级文化的新兴的无产阶级文化主体,把"社会主义的人道主义"视为"向人的回归,从抽象概念和经院教条回到真正的人,从欺骗和虚构回到真正的历史"②。而这种社会主义的人道主义则忽视了社会发展过程中的物质利益以及阶级意识形态的对立性,看不到经济因素在社会发展中的基础性作用,甚至将文化意识因素与道德因素混为一谈,"经济关系同时也是道德关系;生产关系同时也是人与人之间的关系

---

① 《马克思恩格斯选集》第 2 卷,北京:人民出版社 1995 年版,第 33 页。

② E. P. Thompson, *Socialist Humanism: an Epistle to the Philistines*, the new reasoner, 1957, (1), p.109.

……阶级斗争的历史同时也是人类道德的历史"①。这就违背了马克思主义关于看待社会发展的方法论原则,"我们判断这样一个变革时代也不能以它的意识为根据;相反,这个意识必须从物质生活的矛盾中,从社会生产力和生产关系之间的现存冲突中去解释"②。如果没有社会主义的经济基础的完善,仅靠新的社会主义主体的意识形式去促进社会主义运动,无疑是一种美好的理想。而威廉斯的"共同文化"思想也忽视了当代主义社会条件下,由于经济利益的根本对立而导致的意识形态的对立性,而从整个人类层面涉及其"共同文化"的社会主义,"在共同文化中体现的是一种更广义上理解的民主———一种生命的平等,而不是狭义上的阶级或政党的平等"③。可见,威廉斯在设计"共同文化"的主体的时候,已经超出了阶级的范畴,走向一种抽象的人类生命概念,在这一点上,其学生伊格尔顿就明确指出了威廉斯的错误:"在反对他所认定的操纵性抽象概念,为人们进行辩护的时候,威廉斯用自由人道主义的短暂变化代替了革命变化的理论工具……在拒绝资产阶级的'大众'定义时,威廉斯同时坚定地拒绝了革命的定义。"④

"批判的武器当然不能代替武器的批判,物质力量只能用物质力量来摧毁;但是理论一经掌握群众,也会变成物质力量。理论只要说服人,就能掌握群众;而理论只要彻底,就能说服人。"⑤ 英国"新左派"看到了马克思主义理论在社会进步与人类解放中的重大作用,力图通过宣传马克思主义理论的革命性内容,来促进工人阶级主体意识的觉醒和文化自觉,产生巨大的工人阶级革命力量,从而复兴社会主义运动,实现人类的解放,"这个体系旨在理解意识形式,即人们在各个时代借以

---

① E. P. Thompson, *Socilist Humanism: an Epistle to the Philistines*, ,the new reasoner, 1957, (1), p. 122.
② 《马克思恩格斯选集》第 2 卷, 北京: 人民出版社 1995 年版, 第 33 页。
③ 乔瑞金等:《英国的新马克思主义》, 北京: 人民出版社 2013 年版, 导论第 39 页。
④ Terry Eagleton, *Criticism and Ideology*, London: Verso, 1976, p. 32.
⑤ 《马克思恩格斯选集》第 1 卷, 北京, 人民出版社 1995 年版, 第 9 页。

体验他们的社会的观念、价值和感情……这种理解有助于我们的解放"①。但是他们恰恰忽略了一个前提,即理论武器必须借助物质武器才能发挥真正巨大的革命功能,如果仅仅在文化意识方面张扬工人阶级的主体性意识,凝聚工人阶级的阶级认同,而不从物质层面去进行社会主义的革命活动,那么就不能真正地消灭资本主义的物质基础——私有制与资本,从而也不能真正地消灭资本主义的意识形态。因此,英国"新左派"的社会发展理论尚处于"批判的武器"阶段,继续转化为"武器的批判",唯有如此,才能真正地推进当代西方资本主义社会向社会主义社会的转化,才能促进社会的真正发展与人类的解放。

(作者陈治国系山西大学马克思主义哲学研究所讲师,哲学博士,研究方向:西方马克思主义哲学)

---

① 特里·伊格尔顿:《马克思主义与文学批评》,文宝译,北京,人民文学出版社1980年版,第2—3页。

附 录

2013 年马克思主义哲学大事记

一、2013 年举办的马克思主义哲学重要学术会议

1月8日,由中国社会科学院马克思主义研究院马克思主义原理部主办的首届马克思主义基本原理学科学术年会在北京举行。来自中国社科院、北京大学、中国人民大学、浙江大学、武汉大学、兰州大学和辽宁大学等全国20多所高校和科研机构的专家学者80余人参加了会议。会议重点围绕"马克思主义整体性研究"这一主题展开了深入研讨。中国社科院学部委员、马研院院长程恩富教授分析了当前国内马克思主义整体性研究的现状,提出推进马克思主义整体性研究的新思路。武汉大学梅荣政教授着重从马克思主义原理与马克思主义各主要部分的原理之间的关系这一角度阐述了马克思主义的整体性。中国人民大学哲学院院长郝立新教授认为,马克思主义基本原理的整体性研究应从两个维度展开:一是对马克思主义基本理论的全面理解和把握;二是对马克思主义基本理论内在的逻辑关联的梳理和澄清,包括观点与观点的关联,部分与部分的关联,以及每一个观点的涵义的完整把握。

4月6日,由中国社会科学院马克思主义理论学科建设与理论研究工作领导小组创办的"马克思主义哲学论坛"在北京举行了首届论坛,来自中国社会科学院、中央党校、北京大学、中国人民大学、北京师范大学、南开大学、武汉大学等单位的专家学者各抒己见,进行了气氛热

烈、成果丰硕的研讨。中国社会科学院副院长李捷指出当前的马克思主义哲学存在着理论思维上不深刻、阐释力不足的问题,难以应对不断变化的社会现实,没有成为群众手中的思想武器,存在着理论与实践两张皮的现象。中国社会科学院侯惠勤认为学术界用非意识形态化的观念解读马克思主义哲学,疏远了共产主义这一前进目标;中国人民大学陈先达教授认为当前马克思主义研究存在的突出问题是马克思主义研究者缺乏立足于实践追求真理的精神,推进马克思主义哲学中国化、时代化、大众化不仅需要有三种眼光:世界眼光、历史眼光和理论眼光,还需要"顶天立地"。北京师范大学教授张曙光认为,实现了中国化、时代化、大众化的马克思主义哲学必然是综合性的,囊括了众多异质因素于一身的。

4月12—14日,由苏州大学哲学系举办的"2013年度长三角马克思主义哲学博士点论坛"在苏州召开,来自5所院校的专家学者以及部分杂志社编辑共计36名代表参加了本次会议。本次会议的主题为"马克思主义哲学的当代任务与前沿问题"。会议由苏州大学任平教授主持。会议上,首先按照惯例由复旦大学、南京大学、苏州大学、上海财经大学、南京政治学院等各校代表介绍了一年来各自马克思主义哲学博士点学科建设的基本情况,研究进展情况以及在博士培养方面所进行的改革。苏州大学的任平教授,复旦大学的陈学明、余源培、吴晓明教授,南京大学的姚顺良教授,南京政治学院的何怀远教授,上海财经大学的马拥军教授等各位专家学者围绕"资本创新"、"对马克思主义的理论自信"、"马克思主义哲学如何切中时代把握当今问题"等这一"马克思主义哲学的当代任务与前沿问题"议题展开了热烈的讨论。

5月5日,在马克思诞辰195周年之际,由北京大学马克思主义哲学研究中心、文献研究中心、青年哲学论坛、"马克思学"论坛共同主办的"马克思的'新哲学':原型、流变与发展"学术研讨会在北京大学哲学系举行,来自北京大学、中国人民大学、清华大学、中国政法大学及中国社会科学出版社等高校和科研机构的30余位专家学者参与了此次研讨会。北京大学丰子义、王东、聂锦芳、陈志尚、赵家祥教授,清华大学韩立新教授,中国人民大学张文喜、张立波、安启念教授,中国政法大学张秀琴教授等围绕马克思的哲学观、哲学体系和哲学思维的特点,恩格斯、列宁对马克思主义哲学的理解和阐释,苏联哲学原理教科书与马克思主义哲学的关系,西方马克思主义对马克思主义哲学的解释和重构,马克思主义哲学形态的当代发展等重要问题展开了广泛的讨论,并对最近出版的《马克思的"新哲学"——原型与流变》、《21世纪哲学创新宣言》两本书进行了深入的评议。聂锦芳教授阐述《马克思的"新哲学"——原型与流变》一书,是对马克思主义哲学形态演变历程的梳理,以及由此引发的一系列问题的分析。《21世纪哲学创新宣言》一书则是黄枬森教授晚年所领衔的四卷本《马克思主义哲学创新研究》的评论集。

5月11日,由全国经济哲学研究会、中国社会科学院哲学研究所《哲学研究》杂志社、上海财经大学人文学院、上海财经大学现代经济哲学研究中心联合主办,《社会科学报》协办的全国经济哲学研究会成立大会暨学术研讨会在上海财经大学召开。与会嘉宾主要是来自中国社会科学院、清华大学、中国人民大学、复旦大学、南京大学、中共中央党校、中南财经政法大学、湖南师范大学、南京师范大学、上海财经大学、河北大学、辽宁大学等国内知名高校和科研院所的哲学、经济学专家学者40余人。上海财经大学校长樊丽明教授全程听取了与会专家学者的报告,中国社会科学院哲学研究所原所长李景源研究员回顾了中国马克思主义哲学史研究的发展历程,对哲学、经济学以及跨学科研究的必要性进行了深入的剖析,阐明开展经济哲学研究对于我国经济社会发展的重要理论意义和现实意义。复旦大学余源培教授认为,中国当务之急是要提高全社会从上到下驾驭资本的能力,纠正资本和劳动关系当中的异化现象,而经济哲学是马克思主义通向实际的一条道路,经济哲学研究会在这方面必将大有用武之地。中共中央党校研究生院院长韩庆祥教授、清华大学哲学系邹广文教授、南京大学哲学系主任唐正东教授、复旦大学邹诗鹏教授、中南财经政法大学龚天平教授、河北大学宫敬才教授、辽宁大学郭忠义教授等专家从不同角度诠释了经济哲学研究会成立的意义，作了精彩的发言。

7月13日，由山东社会科学院哲学所和中国社会科学院哲学所《哲学研究》编辑部联合举办的"马克思主义哲学当代形态"学术研讨会在山东省济南市召开。来自中国社会科学院、上海社会科学院、山东社会科学院、武汉大学、山东大学、山东师范大学、山东省委党校等科研机构和高校的30多位专家学者出席了会议。与会学者围绕"马克思主义哲学当代形态的认识和建构"进行了热烈地研讨。对于"马克思主义哲学的当代形态是什么"这一问题，学者们认为关键是把握马克思主义哲学的基本精神：就是理论与实际相统一、认识世界与改造世界相统一。对于"马克思主义哲学当代形态的构建方法"这一问题，学者们则认为要将马克思主义哲学与各种非马克思主义哲学进行比较和区分，厘清中国马克思主义哲学的性质定位、人文立场与社会本位的关系以及马克思主义哲学自身概念体系与中西哲学问题域之间的合理张力与内在衔接等诸多关系。中国社会科学院哲学研究所所长谢地坤、《求是》杂志文化部主任李文阁、山东社会科学院哲学研究所所长郝立忠等专家学者也围绕议题作了精彩的发言。

7月13—15日，在马克思逝世130周年、毛泽东诞辰120周年之际，为学习贯彻党的十八大精神，由中国历史唯物主义学会和贵州大学主办、贵州大学人文学院承办的全国"历史唯物主义与民族复兴之路"理论研讨会在贵州省贵阳市举行。来自中国社会科学院、中央文献研究室、北京大学、中国人民大学、国防大学等全国高校、科研机构和党校的近百位专家学者出席了研讨会。会议共收到论文360余篇，入选80余篇。会议开幕式由贵州大学常务副校长封孝伦主持，贵州大学党委书记姚小泉教授致欢迎词，中国历史唯物主义学会会长、中国社会科学院学部委员李崇富研究员致开幕词，中国历史唯物主义学会常务副会长、中国社会科学院国家文化安全与意识形态建设研究中心主任侯惠勤教授和中国历史唯物主义学会副会长、国防大学原副校长许志功教授分别作了主题报告。与会学者围绕会议主题，从"对中华民族伟大复兴'中国梦'内涵的深入解读"、"中国特色社会主义的道路、理论体系和制度的系统阐发"、"毛泽东开创马克思主义中国化的理论贡献和历史功绩"等方面进行了深入的探讨和交流，达成了广泛的学术共识，取得了重要的理论成果。

7月15—16日，由中国马克思主义哲学史学会、中国马克思主义研究基金会主办，内蒙古大学哲学学院承办，《教学与研究》编辑部、中国理论网协办的"中国道路与马克思主义哲学研究"理论研讨会暨中国马克思主义哲学史学会2013年年会在内蒙古大学哲学学院学术会议中心召开。来自北京大学、中国人民大学、复旦大学、南京大学、南开大学、武汉大学、中央党校、中央编译局等87个学术单位的160余名学者参加了此次大会。在为期两天的会议上，先后举行1场主题报告、2场大会发言、6场专题发言和1场自由发言，50余位学者围绕"中国道路、中国经验与中国梦的哲学问题"，"中国道路、中国经验与马克思主义创新"，"马克思主义哲学与当代中国发展中的问题"，"生态文明建设"，"中国化马克思主义与马克思主义哲学史"等议题展开激烈的讨论。此次会议为马克思主义哲学研究的学者提供了一个交流思想的学术平台。

7月17—18日，由上海社会科学院哲学研究所、《哲学分析》编辑部、华东师范大学人文社会科学学院、生活·读书·新知三联书店联合主办的"《人类行动与实践智慧》学术研讨会暨第六届《哲学分析》论坛"在上海社科院举行，来自北京大学、北京师范大学、武汉大学、厦门大学、西南大学、杭州师范大学、复旦大学、华东师范大学、上海大学、上海社会科学院的近30位专家学者围绕杨国荣教授的新作《人类行动与实践智慧》展开深入的讨论。杭州师范大学副校长何俊教授认为，《人类行动与实践智慧》与《成己与成物——意义世界的生成》二书都围绕实践这一主题，前者是从目的性实现的路径与可能性分析人的行为与实践智慧，而后者则是从目的性的意义上所做的分析。北京师范大学江怡教授充分肯定了杨国荣教授中西汇通与交融的治学方法，认为其研究视野很宽、很广，使用的资源非常丰富。北京大学哲学系王中江教授认为杨国荣教授的大作《人类行动与实践智慧》系统地讨论了人类行动与实践智慧的问题。厦门大学哲学系陈嘉明教授认为《人类行动与实践智慧》中对"势"、"几"、"数"、"运"等中国传统哲学概念的诠释,使我们能够了解到传统中国哲学关于可能与现实、必然与偶然等观念的特殊的表达与思想以及和西方哲学的差别。

9月26—27日,第十届全国马克思主义论坛在西安隆重召开。本届论坛由中央编译局和解放军西安政治学院联合主办。来自中央编译局、中央党校、中国社会科学院、北京大学、解放军西安政治学院等70余家科研院所的专家学者,以及《人民日报》等多家新闻媒体的记者150余人参加论坛。中共中央编译局局长贾高建、解放军西安政治学院院长张本正出席论坛开幕式并讲话。与会专家学者以"马克思主义理论与中国道路"为主题,围绕"马克思主义经典理论的继承与发展"、"马克思主义中国化时代化大众化与中国道路"、"实现中国梦的理论基础和价值支撑"、"马克思主义军事指导理论创新"等议题进行了深入讨论。贾高建局长强调,要完成好马克思主义理论研究的各项任务,就要重视马克思主义经典著作的编译工作,要进一步整合国内外资源,建构种类齐全、形式多样的马克思主义经典著作版本体系,为马克思主义理论研究提供可靠的文本依据。论坛召开期间,还为本届论坛"青年优秀论文"获得者颁奖。

10月26—27日,第十三届"马克思哲学论坛"在北京大学举行。本届论坛由中国社会科学杂志社和北京大学哲学系联合主办,主题为"马克思主义哲学史研究:经典与当代"。来自北京大学和中国社会科学院、中共中央党校、中共中央编译局、中国人民大学、清华大学、北京师范大学、复旦大学、南京大学、武汉大学、南开大学、吉林大学、辽宁大学、黑龙江大学、中山大学、华中科技大学、华中师范大学、苏州大学、江苏师范大学等单位的近200位专家学者参加论坛。北京大学常务副校长吴志攀教授、《中国社会科学》杂志副总编辑余新华编审出席开幕式并致辞,北京大学哲学系丰子义教授代表主办单位发表了热情洋溢的讲话。此次论坛采取主题报告与分组讨论的形式进行,研讨议题包括"马克思主义哲学史学科反思与方法论检讨","马克思主义哲学史上重要文本、人物和思想研究"，"马克思主义哲学史研究与马克思主义哲学理论创新"，"国际视野中的马克思主义哲学史研究"。与会学者围绕马克思主义哲学发展的历史与理论逻辑、理论研究与现实问题、文献考证与文本解释等诸种关系进行了审慎辨析，结合马克思主义哲学史上的一系列经典文本，深入探讨了当今马哲史研究的各种范式，并提出重写马哲史的方法论自觉问题，共同致力于马哲史学科的合理建构与健康发展，为当代中国的马克思主义哲学创新奠定深厚的学术基础。

11月23—24日，由《中国社会科学》、《哲学研究》、《马克思主义与现实》、《中国人民大学学报》四刊主办，西安电子科技大学人文学院、吉林大学哲学社会学院、哲学基础理论研究中心承办，以"思想中的时代——中国思想理论反思与创新"为主题的"四刊论坛"在西安电子科技大学举行。来自北京大学，中国人民大学、中国政法大学、复旦大学、南京大学、南开大学、中山大学、武汉大学、山东大学、西安交通大学、陕西师范大学等20多所高校的45名专家教授，和来自《中国社会科学》、《哲学研究》、《哲学动态》、《马克思主义与现实》、《中国人民大学学报》、《中国哲学史》、《江海学刊》、《南京社会科学》、《人文杂志》、《社会科学战线》、《河北学刊》、《学术研究》等期刊单位的24名代表应邀参加了本次论坛。《中国社会科学》副主编孙麾研究员、吉林大学资深教授孙正聿随后分别代表主办方和参会学者致辞。孙麾说，"四刊论坛"的创立旨在促进形成共同理念，在关注现实中实现马克思主义理论的创新，通过组织和整合，推动中国哲学社会科学的进一步发展，同时对中国哲学的时代化起到积极的推动作用。孙正聿代表与会学者表达了对论坛主题"思想中的时代"的共同关切、对本次论坛研讨成果的期待。开幕式结束后，论坛安排了六场专题报告会，中国政法大学资深教授李德顺、吉林大学资深教授孙正聿等近25位知名专家学者作了发言。

12月20—21日，第十届马克思主义哲学创新论坛："马克思主义与中国文化传统的现当代转化"在上海复旦大学召开。本次论坛由青年哲学论坛、《哲学研究》杂志社、《哲学动态》杂志社、复旦大学哲学学院共同主办。来自北京大学、北京师范大学、复旦大学、吉林大学、南开大学、南京大学等高校的 50 余位学者参加了本次会议。会议分为大会发言和专场发言，在大会发言中，余源培、李德顺、欧阳康、王南湜、丰子义、刘森林、韩立新、孙承叔、聂锦芳、刘怀玉、李文阁、张文喜等知名教授作了精彩发言，研讨专场则分为不同主题的 3 场：现代性及文化阐释专场、思想史即理论发展专场和外马及社会理论专场，在不同专场发言中，专家学者围绕不同主题各抒己见、气氛热烈。

12 月 21 日，由江苏师范大学、《江海学刊》主办，江苏师范大学哲学范式研究中心承办的"中国马克思哲学高峰论坛（2013）"在江苏师范大学召开。论坛以"学术图景转换与创新"为主题，重点讨论了当代中国马克思主义哲学研究范式图谱、学术图景及其转换研究、马克思主义研究中的学派问题、马克思主义哲学创新学术史书写及其方法论、马克思主义现实性与当代中国重大问题等专题，李景源、欧阳康、王南湜、任平、丰子义、吴晓明、段忠桥、杨金海、唐正东、何中华等知名专家分别就相关问题进行主题发言。来自中国社会科学院、北京大学、中国人民大学、复旦大学、南京大学、华中科技大学、南开大学、中山大学、清华大学、苏州大学、辽宁大学、山东大学、山西大学、华东师范大学、上海财经大学、江苏师范大学等高校，以及中央编译局、《中国社会科学》编辑部、《新华文摘》编辑部、《哲学研究》编辑部、《马克思主义与现实》编辑部、《哲学动态》编辑部、《教学与研究》编辑部、《江海学刊》编辑部等单位的 40 余位知名专家、学者参与了本次论坛。

二、2013 年出版的马克思主义哲学研究主要著作

陈先达：《处在夹缝中的哲学——走向 21 世纪的马克思主义哲学》，北京：北京师范大学出版社 2013 年 1 月版。

张云飞：《马克思、恩格斯"论东方村社"研究读本》，北京：中央编译出版社 2013 年 6 月版。

何中华：《历史地思：马克思哲学新诠》，济南：山东人民出版社 2013 年 5 月版。

乔瑞金：《英国的新马克思主义》，北京：人民出版社 2013 年 2 月版。

陈新夏：《唯物史观与人的发展理论》，南京：江苏人民出版社 2013 年 1 月版。

张雷声：《为什么要坚持马克思主义》，北京：中国人民大学出版社 2013 年 1 月版。

张文喜：《重建历史唯物主义历史总体观》，北京：中国人民大学出版社 2013 年 3 月版。

孙正聿：《思想中的时代：当代哲学的理论自觉》，北京：北京师范大学出版社 2013 年 1 月版。

贺　来：《"主体性"的当代哲学视域》，北京：北京师范大学出版社 2013 年 3 月版。

高清海：《找回失去的哲学自我——哲学创新的生命本性》，北京：北京师范大学出版社 2013 年 1 月版。

孙伯鍨：《历史实践与社会》，南京：江苏人民出版社 2013 年 5 月版。

唐正东：《资本的附魅及其哲学解构：唐正东集》，南京：江苏人民出版社 2013 年 5 月版。

张一兵：《实践塑形与社会历史构境：张一兵集》，南京：江苏人民出版社 2013 年 5 月版。

侯惠勤：《马克思主义理论研究与学科建设年鉴》（2013 总第 4 卷），北京：中国社会科学出版社 2013 年 7 月版。

张　亮：《马克思的哲学道理及其当代延展》，南京：江苏人民出版社 2013 年 5 月版。

陈学明：《20 世纪西方马克思主义哲学历程》，天津：天津人民出版社 2013 年 2 月版；《永不消逝的"幽灵"——重读〈共产党宣言〉》，北京：人民出版社 2013 年 4 月版。

孙承叔：《资本与历史唯物主义：〈资本论〉及其手稿当代解读》，上海：复旦大学出版社 2013 年 5 月版。

邹诗鹏：《转化之路：生存论续探》，北京：中国社会科学出版社 2013 年 10 月版。

俞吾金：《重新理解马克思——对马克思哲学的基础理论和当代意义的反思》，北京：人民出版社 2013 年 7 月版。

王南湜：《中国哲学精神重建之路：马克思主义哲学中国化探讨》，北京：北京师范大学出版社 2013 年 3 月版。

刘景泉：《马克思政治哲学对自由主义的超越》，天津：南开大学出版社 2013 年 7 月版。

李佃来：《废黜自我·马克思、青年黑格尔派及激进社会》，北京：北京师范大学出版社 2013 年 9 月版。

聂锦芳：《马克思的"新哲学"：原型与流变》，北京：中国社会科学出版社 2013 年 5 月版；《〈资本论〉及其手稿再研究：文献、思想与当代性》，北京：经济科学出版社 2013 年 7 月版。

杨　耕：《马克思主义哲学基础理论研究》，北京：北京师范大学出版社 2013 年 4 月版；《为马克思辩护——对马克思哲学的一种新解读》，北京：北京师范大学出版社 2013 年 1 月版。

韩秋红：《现代性的迷思与真相——西方马克思主义的现代性批判理论》，北京：人民出版社 2013 年 12 月版。

郑忆石：《马克思的哲学轨迹》，上海：华东师范大学出版社 2013 年 5 月版。

衣俊卿：《当代学者视野中的马克思主义哲学·东欧和苏联学者卷》（第 2 版）上下卷，北京：北京师范大学出版社 2013 年 10 月版。

三、2013 年发表的马克思主义哲学研究的重要论文

发表在《中国社会科学》上的马克思主义哲学研究论文主要有：

唐正东：《历史唯物主义的方法论视角及学术意义——从对西方学

界的几种社会批判理论的批判入手》，2013 年第 5 期。

张　盾：《马克思政治哲学中的个人原则与社会原则》，2013 年第 8 期。

汪信砚：《西学东渐与马克思主义哲学中国化》（英文），2013 年第 3 期。

发表在《马克思主义与现实》上的论文主要有：

陈学明：《20 世纪西方马克思主义哲学发展历程及主要特征》，2013 年第 2 期。

胡大平：《从马克思主义的后现代化看后现代》，2013 年第 6 期。

聂锦芳：《关于重新研究"巴黎手稿"的一个路线图》，2013 年第 3 期。

谢永康：《理论批判与改变世界——从康德到阿多诺的哲学实践》，2013 年第 6 期。

王南湜：《理论与实践的多重关系或理论的多重用途析论——一个基于马克思主义哲学在中国早期发展历程的考察》，2013 年第 1 期。

胡为雄：《马克思对政治的分析》，2013 年第 2 期。

安启念：《马克思关于"自动的机器体系"的思想及其当代意义——兼论马克思主义哲学时代化的文本依据问题》，2013 年第 3 期。

段忠桥：《马克思正义观的三个根本性问题》，2013 年第 5 期。

韩庆祥、陈远章：《马克思主义中国化时代化大众化要论》，2013 年第 3 期。

张文喜：《唯物史观语境中的正义理论之基本特征》，2013 年第 5 期。

孙正聿：《现代化与现代化问题——从马克思的观点看》，2013 年第 1 期。

曹典顺：《"中国道路"的哲学意蕴》，2013 年第 6 期。

发表在《学术月刊》上的马克思主义哲学研究论文主要有：

李佃来：《阿多诺与西方马克思主义的终结：一个再审思》，2013年第12期。

王晓升：《政治的终结与后现代政治哲学的崛起》，2013年第9期。

发表在《现代哲学》上的马克思主义哲学研究论文主要有：

姜永刚：《浪漫主义的现实突破和逻辑桎梏——马克思哲学的隐秘实质》，2013年第5期。

张正光：《马克思主义中国化视域下的非马克思主义者探论》，2013年第4期。

发表在《学术研究》上的马克思主义哲学研究论文主要有：

崔唯航：《理论自觉与马克思主义哲学中国学术话语体系的当代建构——对近年来马哲研究的一个有限观察和评论》，2013年第1期。

庄友刚：《历史唯物主义视野中的空间生产研究：原则与理路》，2013年第7期。

李佃来：《论马克思政治哲学研究的历史主义方法》，2013年第11期。

杨 楹：《马克思生活哲学的出场、实质及其意义》，2013年第3期。

《当代中国马克思主义哲学研究》
编辑部征稿启事

  《当代中国马克思主义哲学研究》是江苏师范大学当代马克思主义哲学范式创新研究中心与中共中央编译局江苏师范大学发展理论研究中心共同主办的学术刊物，每年出版一辑。本刊的办刊主旨是全面介绍、客观评价、深入研究当代中国马克思主义哲学研究的状况及相关热点问题，进一步推动马克思主义哲学的繁荣和发展。

  本刊诚挚欢迎广大马克思主义哲学研究的专家、学者，围绕本刊的主旨给予投稿。稿件一经采用，即付稿酬。投稿内容不限，但对于所投稿件本刊编辑部有删减（非修改）的权利。如不同意修改，请在投稿时注明。因篇幅等原因，对不同意删减的文章一般不予采用。

编辑部地址：江苏省徐州市铜山区上海路 101 号江苏师范大学《当代中国马克思主义哲学研究》编辑部

邮编：221116

联系人：冯建华 **邮箱**：isfjh@jsnu.edu.cn

图书在版编目(CIP)数据

当代中国马克思主义哲学研究.2014/任平主编
—北京:中央编译出版社,2014.12
ISBN 978-7-5117-2285-0

Ⅰ.①当… Ⅱ.①任… Ⅲ.①马克思主义哲学-研究-中国 Ⅳ.①B0-0

中国版本图书馆 CIP 数据核字(2014)第 199105 号

当代中国马克思主义哲学研究.2014

出 版 人:刘明清
责任编辑:李媛媛
责任印制:尹 珺
出版发行:中央编译出版社
地　　址:北京西城区车公庄大街乙5号鸿儒大厦B座(100044)
电　　话:(010)52612345(总编室)　　(010)52612335(编辑室)
　　　　　(010)52612316(发行部)　　(010)52612317(网络销售)
　　　　　(010)52612346(馆配部)　　(010)66509618(读者服务部)
传　　真:(010)66515838
经　　销:全国新华书店
印　　刷:北京金瀑印刷有限责任公司
开　　本:787 毫米×1092 毫米　1/16
字　　数:330 千字
印　　张:22.75
版　　次:2014 年 12 月第 1 版第 1 次印刷
定　　价:50.00 元

网　　址:www.cctphome.com　　邮　箱:cctp@cctphome.com
新浪微博:@中央编译出版社　　微　信:中央编译出版社(ID:cctphome)
淘宝店铺:中央编译出版社直销店(http://shop108367160.taobao.com)

本社常年法律顾问:北京市吴栾赵阎律师事务所律师　闫军　梁勤
凡有印装质量问题,本社负责调换。电话:010-66509618